語文叢書 1-2

漢字教育論

韓國語文教育研究會 編

도서출판 월인

『語文叢書』 간행에 부쳐

鄭 琦 鎬
(社團法人 韓國語文會 理事長)

19세기 末 우리는 西歐를 맞았다. 개인의 자유에 바탕한 민주사회, 과학의 뒷받침으로 이룬 산업사회가 거기에 있었다. 처음 열린 문으로 이른바 文明이 밀려들고, 그 文明따라 우리의 '向'이 西歐로 돌았다. '西歐와 같이 되는 것'이 우리의 指標가 되었고 西歐와 같이 되는 것을 開化·近代化라고 했다. 일찍 西歐를 체험한 몇몇 지식인, 우리에 앞서 西歐化의 길을 걷는 이웃 日本의 발전을 보면서 그들을 따르려 한 몇몇 위정자들이 開化·西歐化의 앞에 나섰다. 그들은 西歐와 다른 우리 것을 否定하며, 西歐와 같은 우리 것을 내세우며, 西歐를 그대로 옮겨 우리 사회를 西歐와 같은 사회로 바꾸려 했다. 그런 改革이 西歐 '周邊'으로의 편입이라는 생각과는 다른 방향이었지만 그러나 그들을 先覺(者)·先驅(者)·志士라 한 데에 그 때의 일반 趨勢가 잘 드러난다.

인간 사회는 語文으로 營爲된다. 자유 민주도 민권도 산업사회도 語文과 더불어 있는 것이다. 語文에 의지하지 않는 文明은 없다. 19세기 末 우리가 접한 놀라운 文明의 西歐 사회는 西歐 語文의 사회다. 우리 後進 사회와 더불어 있는 語文은 어떤가? 西歐와 다른 것을 否定하는 '先驅'들에게 처음부터 表音文字 alphabet만으로 적혀 내려오고 또 그것만으로 적고 있는 西歐 語文과, 처음부터 表意文字 漢字만으로 적혀 내려오고 450년 전 소리글자 '正音'이 만들어졌는데도 漢字를 주로 쓰고 있는 우리 語文

의 文字가 대비되었다. 쉬움과 어려움의 皮相이 드러나는 것이었다. 26 대 5만여 字數, 단순 대 복잡한 字形. 우리 文盲은 漢字 때문이라 했고 漢字를 後進사회 停滯의 元兇이며 西歐化의 걸림돌로 규정했다. 우리에게는 西歐와 같은 表音文字 正音이 있는데도 그 漢字를 써왔다니 — '先驅'들은 漢字를 廢棄하고 正音만 쓰는 것이 西歐 文明사회化의 길이라고 했다. 文字를 그 '語' 속에서 생각하지 않고 그저 그 겉모양만 西歐에 비겨 생각한 것이다.

더구나 開化와 더불어 밀려 온 外勢 침략의 角逐 속에서 끝내 이 나라 망하고 日帝 식민지로 전락하여 正音은 民族의 至寶, 克日의 表徵이 되었다. 史上 처음으로 語學會가 창립되고 正音의 정리 연구가 이루어졌다. 세계에 자랑할 우리 表音文字 正音은 世宗 創制의 이름부터 漢字語라 폐기되고 '한글'이 되었다. 日帝의 탄압 속에서 語學會의 '語'보다 앞서 이루어진 이 때의 한글 表記法 정리, 한글 연구는 일찍 없었던 빛나는 成果로 평가된다. 開化 先驅들을 이은 몇몇 後繼들의 한글전용 주장은 그만큼 당당했고 民族 更生의 길을 생각하는 亡國民들의 視線을 모았다. 한글전용을 주장하는 先驅들밖에 한글을 전용하는 사람도, 실제로 漢字가 폐기될 수 있을 것으로 생각하는 일반도 없었던 이 때 이들 開化 後繼들의 한글전용론에 대한 다른 論議는 없었다.

1945년 8월 西歐의 힘으로 우리는 日帝에서 解放되었다. 全民族의 흥분 감격 속에 새로 탄생될 독립국 어문 정책을 담당할 사람들은 한글전용론자밖에 없었다. 이들은 漢字를 폐기하고 한글전용을 法令化했다. 美 軍政 아래서다. (日本은 美 軍政의 漢子폐지 권고를 연구 조사 끝에 거부했다.) 오랜 半植民地 植民地에서 解放된 흥분 감격에 매몰되어 이 한글전용(法制化)이 무엇을 의미하는 것인지 그것에 대하여 깊이 생각하는 사람도 아는 사람도 별로 없었다.

비록 開化 이래 한글전용론이 있어왔다 하더라도 유사 이래 써 온 漢字, 現實로 그렇게 쓰고 있는 漢字를 폐기하고 500년 전에 창제된 소리글자만을 쓸 것이라면 그에 앞서 당연히 漢字가 어떤 글자며 어떻게 해서 그것을 쓰게 되었으며 그 漢字를 써 온 歷史가 어떠하며 그 結果로 우리'말'이 어떻게 되었는가? 그것의 소리만을 적을 수 있는 것인가? 그렇게 적었을 때의 결과는 어떠할 것인가에 대해 그만한 조사 연구 검토가 다시 있어야 하고 一般의 생각도 널리 묻고 그런 뒤에 국가 시책으로 결정했어야 할 것임에 틀림없었다. 그러나 그런 過程은 없었다.

漢字는 文字가 없었던 우리가 大陸에서 받아들인 문자다. 發生 초의 表意를 그대로 지닌 세계 유일의 文字, 이 지구상에서 가장 많은 人口가 사용하는 文字다. 그 漢字는 우리가 상호간의 통신을 하고 아래로 시달하고 위로 보고해온 사회구조 속의 문자다. 책을 읽고 지식을 넓혀서 우리 사상 理念이 형성되고 禮法을 갖추어 그것에 따라 사람다운 行動을 했다. 인명, 지명, 사회제도명을 만들어 적고 그 속에서 살았다. 그 산 역사를 적어 보존했다. 사회 발전에 대응하는 새로운 말을 만들어 왔다. 그것으로 韓國語에는 固有語層 위에 두꺼운 漢字語層이 形成되었다. 視覺을 통하는 이 圖形의 表意漢字들을 聽覺 기호로 적어서 그 의미가 통할 수 있는가? 한글만으로 이 韓國語는 그 기능을 잃어가고 傳統文化는 끊기고 有史 以來의 혼돈 속에서 다만 쉬운 것만 좇는 어처구니없는 韓國人이 되어 가고 있다. 뜻과는 상관없이 글자 소리만을 낸다고 文盲에서 벗어나는 것은 아니다. 글자 소리만 내는 새로운 文盲民族이 되어가는 것이다.

이런 사태에 직면하여 뜻 있는 분들이 모여 1969년 韓國語文敎育硏究會를 창립하고 우리 語文 지키기, 바르게 계승하기에 나섰다. 그것은 곧 韓國의 傳統 文化의 바른 계승이요, 韓國人다운 韓國人이 되게 하는 길이요, 그것으로 새 時代에 대처하여 바르게 살아갈 수 있는 韓國人이 되게 하는 길이다. 以來 37年 語文敎育硏究會는 學校漢字敎育復活, 한글전용으로 일그러진 韓國語文의 是正에 힘을 다해왔다. 우리가 발표한 聲明, 要路에 보낸 建議 이루 헤아리기 어렵다. 지난 10月까지 學術發表會·講演會 163회, 500여 페이지의 季刊學術誌 『語文硏究』는 131號가 간행되었고, 每月 會報 『語文생활』을 발행하고 있다. 이제 우리가 쌓은 이 結果들을 정리 『語文叢書』를 편집 公刊하여 우리 뜻을 天下 公民과 함께 하고자 한다.

「語文叢書」는 그 동안의 우리 業績을 整理하여 우리 語文의 나아갈 길을 提示하고자 하는 것이 우리의 目的이다. 語文研究會·語文會를 創立 主導해 온 初期 先學들의 論說들까지 모두 이에 包含된다. 그러나 語文의 걸어 온 길 나아갈 길을 정리하는데 있어 그것은 비단 우리 會의 業績에만 限定되지 않을 것이다. 우리는 韓國 語文의 제 모습을 바르게 밝혀내기 위하여 近代 以後의 韓國 公刊物 속의 모든 論說들을 수집 정리하는 作業을 게을리하지 않을 것이다.

뿐만 아니라 우리의 企劃에는 韓國 語文의 歷史·現況에 대한 斯界 碩學들의 論稿의 請託 刊行이 들어 있다. 우리 語文의 바른 表記가 다만 文字의 比較論的 形體로 限定될 수 있는 것은 아니다. 그것은 말을 적는 것이다. 말을 적는 文字는 말과 함께 말 속에서 생각되어야 할 것이다. 韓國語學의 權威를 위하여 우리는 새로운 挑戰을 계속해 나아갈 것이다.

「語文叢書」 刊行에 즈음하여 우리 責務의 무겁고 큼을 새삼스럽게 느낀다. 우리 事業이 영원하기를 기약하면서 眞理는 萬人과 함께 追求하는 것임을 명심하는 바이다.

차 례

합리적인 語文政策을…

姜 信 沆

1930년 忠南 牙山 출생. 현 성균관대 명예교수. 韓國語文敎育硏究會 회장 역임. 이 글은 1981년 11월 1일자 『週間朝鮮』에 실렸던 글로서, 英語 早期敎育論에 대한 논란이 일고 있던 당시 시대 상황 속에서 오히려 漢字 早期敎育論을 주장하고 있다는 점에서 주목할 만하다. 아울러 가장 합리적인 어문정책을 수립하기 위해서는 오늘날의 우리 언어생활상을 소상히 조사 분석하여야 하므로 이를 전담할 기구가 설치되어야 하며, 또한 우리말 어휘 교육이 강화되어야 함을 역설하고 있다.

이왕이면 漢字 早期敎育도

국민학교부터 영어교육을 실시하게 되었다는 소식을 들었을 때, 그 성과의 크고 작음을 말하기에 앞서서, 모든 일을 왜 이다지도 늘 서두는지 의아하게 느낀 사람이 비단 필자만은 아니었을 것이다. 어떤 이는 말하기를, 영어조기교육에 대한 논의는 이미 10년 전부터 있었다고 하지만, 과문인 탓인지 몰라도 우리는 별로 들어본 적도 없을 뿐만 아니라, 그렇게 10년씩이나 논의되어 왔기에 내년부터 서둘러 실시하기에 이르렀다고 한다면, 이보다 더 긴 기간에 걸쳐서 우리와 천년 이상이나 인연을 맺어온 漢字의 早期敎育조기교육을 부르짖어 온 이들의 말에는 왜 귀를 안 기울여, 이 문제에 대해서는 결단을 내리지 못하고 있는지 알 수가 없다.

어떤 이는 또 말하기를, 미국에서 독일어・불어 교육을 일찍부터 시켜보았더니 큰 효과가 있었다고 한다. 그것은 당연한 이야기다. 그들이 교육시킨 것이 외국어라고 하더라도, 한국어나 中國語를 일찍부터 교육시킨 것이 아니라, 그들의 말과 한 뿌리에서 갈라진 이웃나라 말을 가르쳤기 때문에 큰 성과를 거두었을 것이다. 이런 論法으로 나간다면, 우리 국어와 밀접한 관계에 있는 漢字교육도 일찍부터 실시해야 되지 않았겠는가. 우리는 어려서, 다섯 살 때 書堂에 다니면서 아무런 '苦痛없이' 한자(千字文)를 배운 경험이 있다. 당시보다 사람들의 지능이 더욱 발달되었다는 오늘날에 있어서는 오히려 네 살 때부터 실시해도 되지 않겠는가! 더군다나 영어 단어는 5백 단어를 배운다면 그것으로 끝나지만, 큰 造語力을 가진 漢字를 일찍부터 5백자 정도 배워 둔다면 이미 수천 단어의 漢字語를 배운 것과 마찬가지 효과를 가져 올 것이므로 漢字교육도 빠르면 빠를수록 좋을 것이다.

그렇다고 필자가 이 글에서 漢字의 早期敎育만을 부르짖기 위하여 말을 하고 있는 것이 아니다. 따지고 보면, 모든 事理가 다 그렇다는 뜻이다. 이번의 영어조기교육 실시 결정이, 과연 충분한 연구와 조사를 바탕으로 해서 결정지어진 것인지 의심스럽다는 것이다. 정말 모 교수가 '잘만 한다면' 하고 근심한 것처럼, 잘 안 되었을 때의 결과도 충분히 검토하였는지, 함께 걱정해보는 것이다.

시급한 조사-연구기관의 설치

8・15 광복 이후의 語文政策을 되돌아보면, 어떤 중요한 문제를 결정할 때마다 언제나 너무 서두는 느낌이 없지 않았다. 그래서 늘 제대로 효과를 거두지 못했다. 미군정시대에 '날틀' '배꽃큰아가씨배움집' 식의 어떤 개인이 만든 듯한 낱말을 대중에게 강요하여 오히려 역효과를 가져온 일로부터 시작하여, 李博士 때의 '한글波動파동'이 그랬었고, 古蹟고적까지도 한글로

'광화문'이라고 써 붙일 때도 그랬다. 그런가 하면, 근래에는 지나치게 漢字나 漢字語를 관공서에서 남용하고 있다. 이러한 모든 현상을 볼 때마다 우리의 좁은 소견인지 몰라도, 왜 애당초부터 좀더 신중을 기하지 못해서 제대로 효과를 거두지 못하는지 안타까울 때가 많다. 그렇게도 모든 일을 서둘러 결정하기 전에, 좀더 차분히 조사-연구를 거듭하고 이를 바탕으로 한 어문정책 실시를 갈망해 왔건만, 當路者들은 이에 조금도 귀를 기울이지 않는 것으로 보인다.

오늘날 우리의 언어생활은 참으로 복잡하고, 하루 속히 해결을 지어 국민들의 말하기 · 쓰기 · 듣기 생활을 편안하게 해야 할 일들이 산더미처럼 쌓여 있다. 좀더 합리적인 맞춤법, 외래어표기, 국어의 로마자표기, 진정한 우리말의 보존과 발전, 漢字-漢文교육, 게다가 이번에 등장한 영어조기교육까지 예를 들자면 끝이 없다. 그러나 이런 중대한 일들은, 아무리 일이 급하다고 하더라도 불과 몇 사람의 의견만을 가지고 이리 갔다 저리 갔다 할 수 있는 성질의 것이 아니다. 그러기에 기회 있을 때마다 오늘날의 우리 언어생활상을 소상히 조사 분석할 기구를 설치하고, 이 기구의 업적을 바탕으로 해서 가장 합리적인 語文政策을 수립하도록 건의해온 학자들이 많았고, 필자도 그 중의 한 사람이었다.

더욱이나 지난 연말을 전후하여, 우리들의 절실한 소망인 이러한 기관의 설립이 當局者에 의하여 추진될 듯하여 쌓이고 쌓인 숙제의 실마리가 풀릴 듯하더니, 그 뒤 또 다시 감감소식이 되고 말았으니, 어느 시기에 가서야 이러한 중대한 문제들이 해결될 것인지 궁금하기 그지없다.

그 어렵고 험난하고 나라가 거의 망해 가던 光武광무-隆熙年間융희년간(1907-1909)에도, 국가에서는 국어문제의 중대성을 인식하여 '國文硏究所국문연구소'를 설치하고 당대의 전문가들을 전부 위원으로 모시어 당시 국가와 민족이 당면하고 있던 국어의 합리적인 표기법 해결 등, 국어정리사업을 적극적으로 추진하기 위하여 국어-국문에 대한 조사-연구를 깊이 행하도록 했었다. 그런데도 8 · 15 광복과 더불어 다시 우리말을 되살리게 된 지 36년간이 흘러가도록, 이런 중요한 국가적 과업을 전담할 기구와 인원이 없을 뿐만 아니라, 지금까지 미력하나마 이러한 과업을 담당해왔다고 보아야 될 문교부의 編修局편수국마저 이번에 기구축소라는 명분 아래 개편 축소되고 말았다. 그러니 각 나라마다 건국과 더불어 국어·국문자 문제를 가장 중시하여 마치 어문정책의 성공 여부가 그 국가와 운명을 함께 하는 것처럼 힘을 기울이고 있는 것과는 너무나도 대조적이라고 아니할 수 없다.

올바른 國語敎育도 중요

우리가 우리의 언어생활을 중시하고 올바른 어문정책의 시행을 촉구하는 이유는 무엇인가. 그것은 말할 것도 없이 국어 없이 우리는 단 하루도 사회생활을 영위할 수 없으며, 우리의 국어생활이 곧 우리의 文化水準을 말하는 것이며, 국어에 의해서만 우리의 문화유산을 자손만대에 전할 수 있기 때문이다.

그런데, 우리는 과연 지난날에 얼마나 우리의 말과 글을 갈고 닦으려고 노력해왔던가.

19세기말까지는 좋았건 싫었건 漢字와 漢文의 영향 아래에서 우리말이나 우리글을 갈고 다듬을 겨를이 없었고, 오히려 5백 년 전에 쓰던 순수 고유어조차 漢字語한테 밀려난 예가 있으며, 日帝統治下 30여년 간에는 일본어라는 강요된 외국어에 억눌려서 국어생활을 올바르게 영위할 수도 없었다. 따라서 역사상 우리가 처음으로 '마음껏' 우리말·우리글로 언어생활을 할 수 있게 된 것은 8·15광복 후의 일이라고 할 수 있다. 그러기에, 그때 광복과 더불어 마땅히 우리 생활의 구석구석까지 스며들어와 있던 일본말의 어휘들을 대대적으로 씻어버릴 강력한 어문정책을 실시했어야 옳았었다. 그러나 실지에 있어서는 한낱 표기수단에 불과한 한글전용이냐 漢字混用이냐 하는 문제를 가지고 정열을 다 소모해버린 느낌이 없지 않다.

국어를 사랑하고 우리말을 옳게 발전시키는 일은 결단코 이런 표기문제에만 국한되는 일이 아니었을 것이다.

그런데도 모든 일을 極에서 極으로 가도록 처리하고 획일적으로 처리하려는 사고방식 때문에 일이 언제나 시끄러워진다. 오늘날 이 표기문제는 신문-잡지 편집인들에 의하여 현명하게 처리된 것으로 보인다. 좀더 대중성을 띤 대중잡지나 문학책과 사회면 운동란의 기사는 한글로 하고, 정치 경제면의 기사는 漢字를 섞어 쓰고 있는 방법이다. 학술서적이나 학술논문도 이런 식으로 하면 될 것이다. 그런데 언제나 쉽다 어렵다 하는 것을 기준으로 삼아 주장들을 되풀이하고 있는데, 우리가 한글을 單音文字이면서도 音節文字처럼 쓰고 있는 한에 있어서는 一音節單位일음절단위로 되어 있는 漢字와 별 차이가 없어서, 日, 月, 天, 下, 左, 右는 어렵고 밝, 훑, 넋, 꽥 등은 쉽다고 우길 수만은 없는 것이다.

그러나 이런 모든 주장도, 세밀한 조사와 충분한 연구의 결과로 어느 쪽으로든 가장 우리의 언어생활에 有益유익하고 우리의 文化水準을 높일 수 있는 방향으로 결정되어야 하는 것이다. 그러나 이런 조사나 연구도 어느 개인의 힘으로 해나가기에는 너무나도 벅찬 일이다. 마땅히 여러 研究家들의 衆智중지를 모아 해결되어야 하는 것이다. 그리고 여기서 분명히 해둘 것은 쉽다 어렵다 하는 것이 중요한 것이 아니라, 필요하면 아무리 어려워도 가르치고 배워야 한다는 점이다. 어렵기로 말하면 프랑스어의 표기나 아랍어의 표기처럼 어려운 것이 없는 데도 오늘날 세계 도처에서 이를 배우려고 앞을 다투고 있는 것을 보면, 필요하면 배우는 것이고, 어렵다는 것도 훈련에 의하여 얼마든지 극복될 수 있다는 것을 증명하고 있다. 漢字가 어렵다고 하지만 훈련받은 10억 人口가 自由自在로 쓰고 있고, 쉽다는 한글도 대학교수들이 앉아서 '더우기'냐 '더욱이'냐 하고 고개를 내젓고 있는 것을 볼 때, 역시 교육이 중요하다는 것을 알 수 있다.

요는 어떠한 내용을 표기하느냐 하는 것이 문제지, 어떻게 표기하느냐 하는 것은 그렇게 큰 문제가 아닐 것이다. 그렇더라도 표기문제가 가장 합리적으로 마련되어야 함은 두말할 나위도 없다. 다만, 국어문제라고 하면 마치 표기문제가 전부인 양 생각해온 관습에서 하루 빨리 벗어나야 한다. 우리는 표기문제 못지않게 알찬 국어교육에 더 힘을 기울여야 될 것이다.

하루 빨리 다듬어져야 할 우리 낱말

가르쳐지고 쓰여지는 내용이 알찬 것이 되려면 우리 문화 전반에 걸쳐서 수준이 높아져야 할 것은 물론이려니와, 이를 나타내는 우리말 낱말들이 하루 빨리 더욱 다듬어져야 할 것이다.

흔히 국어사전에 수록되어 있는 낱말들의 절반이 漢字語라고 하지만, 필자가 요새 조사해본 결과로는, 요즈음 우리나라 신문에서 쓰는 낱말의 70% 이상이 漢字語이며, 이런 漢字語 증가현상은 새로운 文物制度가 발달될 때마다 더욱 늘어나는 추세에 있다. 이런 추세로 나간다면 신문-잡지는 한글로만 썼을 뿐이지 멀지 않아 내용은 漢字語 투성이의 글이 되고 말 것이다.

과거 천여년 간, 우리는 漢字나 漢文 덕택에 文化生活을 누려온 것은 사실이다. 그리고 우리말에 동화된 漢字語가 外國語 아닌 外來語라는 것도 사실이다. 그러나 '생각'이나 '살펴본다'보다는 '思惟사유'나 '考察고찰한다'고 하는 표현이 더 무게 있어 보이고, '보리' '가을갈이' 보다는 '大麥대맥' '秋耕추경'을 더 권위 있는 行政言語로 쓰고 있는 동안은 우리말의 발전이란 기대할 수 없을 것이다.

그렇다고 지금까지 몇 분이 해온 것처럼, 대중이 쓰는 말을 바탕으로 하지 않고, 자기가 머리로 생각해낸 말을 대중에게 강요할 때, 우리말 다듬기가 언제나 실패로 돌아가고 마는 것이다.

대중들은 '새치기', '깜박이', '짚고 넘어간다'처럼 자연스럽게 새 말을 만들어내고, 매스컴도 '내다본다', '못을 박았다'와 같이 널리 받아들여질 표현들을 쓰고 있다.

그러므로 우리가 우리말을 갈고 다듬을 때에는, 언제나 대중이 쓰는 말, 대중을 바탕으로 한 말을 염두에 두어야 할 것이다.

말은 쉴 새 없이 변하는 것이지 타락하는 것이 아니다. 그러나 '아버님 대갈님에 검불님이 붙으셔서' 식을 면하려면 어떤 기준은 있어야 한다. 이 점이 가장 어려운 문제인 것이다. 규범을 중시하는 사람들은 날로 변해가는 언어 현상을 '타락한 것'·'속된 말'로 여기기 쉽고, 일반 대중들은 이러한 규범에도 아랑곳없이 십년 전의 말이 다르고, 5년 전의 말이 다르다. 따라서 어느 선을 기준으로 해서 우리 언어생활의 본보기를 삼을 것인가 하는 것도 衆智를 모아 결정해야 할 것이고, 이런 중지를 집약시킬 기관이 필요하다.

언어교육에서 가장 중요한 것은 무엇보다도 정확한 낱말교육과 낱말실력을 증대시켜주는 일일 것이다. 정확한 文章構造(文型)의 교육도 중요하겠지만, 결국은 각 개인이 되도록 많은 어휘를 구사해서 깊이 있는 내용을 정확하게 표현할 수 있도록 끊임없이 낱말들을 되풀이해서 학습시키는 일일 것이다. 그런데 아직까지 우리들은 각급 학교에 따라서 몇 단어씩 가르쳐야 하는지 기초어휘 등의 기준조차도 분명하지 않은 것같이 보인다. 문명인이 제대로 문화생활을 영위하면서 살아나가려면 적어도 2만 정도의 어휘실력을 가지고 이들을 마음대로 구사하면서 언어생활을 해야 한다는데, 과연 우리의 어휘실력은 어느 정도이며 각급 학교의 교육과정에서 이런 면에 유의하고 있는지 궁금하다.

그러므로 영어조기교육도 좋고 漢字早期敎育도 좋으나, 이에 못지않게 순수한 우리 고유어의 교육에도 힘을 기울여야 될 것이라고 생각한다. 오늘날 우리말은 세계에 뻗어나가고 있는데 漢字語·西歐語系 外來語 투성이의 국어를 가지고서야, 그것도 20% 미만의 고유어만 가지고서야 당당하게 행세를 하기가 힘들 것이다. 그러니 좀더 잊어버렸던 우리 고유어나 아름다운 사투리에 대한 공부에 힘을 써서 우리의 낱말실력을 더욱 풍부하게 해야 될 것으로 여긴다.

(「週間朝鮮」'週間時論', 1981. 11. 1)
〈成均館大敎授·國語學/ 어문연구 31·32호〉

共有傳統과 固有文化

-東亞 3國의 文化交流와 새로운 文化造成을 위하여

高 柄 翊

1924~2004년. 慶北 聞慶 출생. 서울대 총장, 한국정신문화연구원 원장 역임. 한국 역사학계의 巨木인 필자는 역사학자의 시각에서 한국, 중국, 일본의 東亞 三國은 고유 문화를 가지면서도 한자를 매개로 한 공통 문화를 가지고 있으므로, 향후 동아 삼국의 문화 교류와 새로운 문화 조성을 위하여 기초 한자 1,800자의 학교 교육이 필요함을 力說하고 있다.

韓中日의 東아시아 三國이 共通의 文化傳統을 오랜동안 지녀왔다는 것은 일반적으로 認定되는 사실이다. 이들은 공통적으로 漢字 漢文을 媒介매개로 하여 儒敎유교 및 佛敎의 儀禮方式의례방식과 價値觀가치관을 오래 지녀왔었다. 儒敎經典과 漢文文學이 공통적으로 3국의 知識層지식층의 古典敎養의 양식이 되어왔다. 西歐서구문화를 도입하고 革命혁명과 戰亂전란을 겪으면서도 東亞의 3국에서는 이런 전통이 拂拭불식되지 않고 아직 공통적으로 남아있다고 보는 것이다.

그러나 三國의 相異点상이점도 이에 못지않다. 言語 文字가 다르고, 인간생활의 기본인 衣食住가 아주 다르며, 歲時風俗세시풍속도 다른 점이 많다. 삼국의 相異함은 유럽 各國이나 中東의 各國間의 차이보다 크다 할 것이다. 이는 近世 數世紀동안 3국이 모두 海外와의 來往내왕과 貿易무역을 단절시키고 鎖國政策쇄국정책을 追求추구했기 때문에 상호의 疏遠소원관계와 接

觸접촉의 缺如결여로 더욱 달라지게 된 것이다.

삼국은 疏遠時代 이후 現代에 들어와서 오늘날까지 백여 년 동안 友好平和關係를 수립하지 못하고 있다. 日本이 明治維新명치유신으로 근대적 强國으로 등장하면서 西歐의 帝國主義膨脹政策제국주의팽창정책을 본받아 東亞의 여러 지역에 식민 지배를 수립하여 갈등 紛爭분쟁 戰亂이 계속되었고 二次大戰후에는 共産陣營공산진영과 自由資本陣營자유자본진영과의 이데올로기 對立으로 역시 전쟁까지 일어나서 東亞 지역은 臺灣대만, 北韓을 포함해서 지금도 平和 友好의 確立확립에는 이르지 못하고 있다. 유럽이나 北美의 각국들의 相互友好關係에 비하면 훨씬 뒤떨어진다.

현재도 文化交流는 제한적으로밖에 이루어지지 않고 있다. 물론 以前時代보다는 비교할 수 없을 정도로 교류가 활발해진 것은 사실이다. 航空항공 등의 交通과 電信 등의 通信의 획기적인 발달로 인해서 人員과 物資의 交流는 급속도로 增大증대해 나가고 있다. 그러나 역시 유럽이나 北美의 나라들 사이의 교류와는 비교도 안 될 정도로 적다고 할 수 있다. 지리상으로 서로 더 隔離격리되어 있기 때문이기도 하다.

人員의 來往부터 많은 制約제약을 받고 있다. 한국과 중국과의 외교관계 수립으로 이 지역의 긴장이 크게 완화되었지만, 북한 및 대만을 위요한 관계에 있어서는 아직 대립과 긴장이 높다. 인원의 방문에 있어서는 査證사증의 발급이 까다롭고 제한적이며 북한의 경우에는 사실상 여행은 불가능한 형편이다. 東亞의 나라들은 이 지역 밖으로는 餘他國들과 査證免除條約사증면제조약을 광범하게 체결하고 자유로이 來往하게 하면서도 서로의 국민들의 自由내왕은 크게 制限하고 있는 것이다. 여기에는 물론 정치적 및 경제적 등 여러 가지 理由가 있기는 하나 기이한 現象의 하나임이 틀림없다.

대중문화의 교류도 특히 미미하다. 가요 음악이나 영화 연극의 상호교류도 적고 이웃나라의 신문 잡지들을 일반인들이 정기구독하는 예는 극히 드물다. 東亞 삼국의 大都市의 地下鐵의 販賣臺판매대 등에서 이웃나라의 신문 잡지가 꽂혀져서 판매되는 광경을 볼 수는 없어서 유럽 같은 곳과 비교가 된다. 이들 三國은 이웃 것에는 무관심하면서 도리어 歐美의 영화, 연극, 신문, 잡지는 많이 도입하고 있는 것이다. 심지어 동아삼국 자체의 소식과 상황을 이런 구미의 정보매체를 통해서 간접적으로 얻기도 한다. 여기에는 言語障壁언어장벽이라는 문제가 크게 介在개재된다 할 것이다.

언어장벽의 克服극복은 어려운 문제이다. 중국어나 일본어나 한국어 중의 어느 하나가 三國의 共通語로 사용될 수도 없다. 삼국의 언어 문자는 모두 고도로 발달되어 사회생활이나 고등교육에 불편이 없고 동남아 몇 나라에서 대학 강의를 과목에 따라 영어로 해야 하는 사정과는 물론 전연 다르다. 또 漢字 漢文이 千年이상 공통적으로 사용되어 왔지만 이것이 간단한 筆談필담이상으로 意思疏通의사소통의 언어적 역할을 할 것을 기대하기도 어렵다. 더구나 현재에는 그 漢字자체가 혹은 變容변용되고(중공의 簡字간자) 혹은 忌避기피되고(한국) 혹은 使用減少사용감소되고(일본) 혹은 또 아주 廢用폐용되기도(북한) 하여 公用性이 현저히 감소되어 있는 것이다.

결국 앞으로 삼국이 각기 자국민으로 하여금 學校教育과 社會教育에서 이웃나라의 언어를 습득하도록 노력하게 하는 것밖에 없다. 다행스럽게도 동아삼국은 15억 인구에 언어는 세 가지만으로 通하게 되어있다는 점이다. 유럽의 EU같은 데서는 小國들의 언어까지 同等하게 존중해야 하는 입장 때문에 현재 11개 언어를 公用으로 지정하여 同時通譯동시통역해야 하는 관계로 全體職員 5천여 명 가운데서 통역요원이 半數를 넘는다는 복잡한 현상을 나타내고 있다. 東亞에서는 회의 등의 公用語는 세 가지만으로 될 수 있다. 더구나 세 나라 語彙에는 漢字에서 유래하는 공통적인 單語들이 극히 많다는 것도 습득을 한결 용이하게 해주는 요인이 된다. 앞으로 중등학교의 교과과정에 이웃의 아시아 言語를 넣을 필요가 높아지며 대중에 의한 대중문화의 교류가 촉진되어야 한다.

중국어나 일본어를 배우려는 사람은 물론 한자를 배우게 되지만 그렇지 않은 사람도 基礎기초적인 漢字는 일정한 정도는 필수적으로 익히도록 해야 한다. 일본의 常用漢字(1,945字, 1981년 制定)나 우리의 基礎漢字(1,800字,

1972년 制定)를 학교교육에 必須教科필수교과로 철저히 실시함이 바람직한 것이다.

그러나 장차 아시아의 지위가 높아지고 역할이 커진다 하더라도 아시아 言語로서 세계를 상대로 하기는 어려운 것이 현실이다. 결국 현실적으로 世界 公用語로서의 역할이 점점 증대되고 있는 英語를 사용하지 않을 수 없다. 이것은 世界化의 교섭 교류에 필요할 뿐 아니라 東亞自體 내의 교섭 교류에도 효과적인 媒介言語가 되어가고 있다.

문화의 교류에는 각국의 중앙정부나 단체의 노력이 물론 필요하다. 교류를 촉진시킬 정책을 개발 실시하고 삼국이 상호 조정함이 필요하다. 또 예컨대 수없이 새로 쏟아져 나오는 과학기술 등의 術語술어, 사회제도 등의 用語들을 되도록 공통되도록 조정한다면 그것도 상호이익이 될 것이다. 과거 一世紀전에 서양문화를 도입할 적에 주로 일본 측이 먼저 新造한 漢字譯語를 중국도 그대로 採用채용한 바가 많았다. 오늘날에는 삼국이 時差가 없이 거의 동시에 新譯語신역어를 만들어야 할 필요에 직면하기 때문에 어떤 조정기구를 갖는다면 새 학문과 기술의 도입 및 발전에 기여할 것이다.

그러나 폭넓은 교류를 위해서는 民間에 의한 地方單位의 사업으로서 大衆文化를 교류시키는 일이 효과적이라 할 것이다. 더구나 生活과 밀접한 관련을 갖는 대중문화를 주 대상으로 할 적에 삼국 國民들은 親近感과 共屬意識공속의식을 높이게 된다. 상호의 언어습득은 더욱 필요하게 될 것이다.

문화교류를 增大시키는 목적이 理解의 增進과 友好적인 關係의 增大일 터인데, 또 한편으로 서로 우호적인 心情이 造成되어야만 교류가 촉진된다는 循環순환관계가 있다. 지난 一世紀동안의 상호 대립과 갈등을 청산하면서 미래를 향한 자세가 필요하다. 유럽공동체가 12개국 대표들로 共同의 歷史教科書를 만들어 보았는데 성과는 의심스러우나 좋은 생각임에 틀림없고 우리 삼국도 고려해 볼 일이기도 하다.

그리고 東亞 삼국은 전통적으로 국가 간의 平等관념을 발전시키지 못하고 오히려 差等觀念에 젖어왔기 때문에 이의 拂拭도 필요하다.

그밖에 이 지역에서 가끔 외쳐지던 아시아主義도 主唱國의 覇權意圖패권의도를 隱蔽은폐하는 것이든지 또는 西洋문화에 대한 소박한 東洋文化 優越主義우월주의의 산물이었는데, 차후는 地域利己主義에 빠짐이 없이 현대의 지나친 技術至上과 個人自由至上의 病弊병폐에 대응하는 새로운 문화의 造成을 志向해서 노력함이 바람직한 일이라 할 것이다.

〈前 서울大學校 總長/ 어문연구 87호〉

漢字의 理解

孔 在 錫

1937년생. 중국문학 전공. 고려대학교 명예교수 역임. 中國語文學 전공자가 쓴 이 글은 漢字에 대한 歷史的 이해를 증진시키는 데 도움이 되므로 一讀할 필요가 있다. 한자의 발전을 文字制度의 발전, 字體 발전, 그리고 문자통일과정 등으로 나누어 살펴보고 있다. 고대 陶器上의 刻劃이 한자의 기원임을 지적하고, 한자의 字體는 圖畫文字→甲骨文字→金文→篆文→隸書→楷書→簡字의 방향으로 변화하고 있음을 지적하고 있다.

Ⅰ 古代 陶器上의 刻劃

文字는 言語를 表記하는 수단으로 일종의 刻書記號각서기호(符號부호)이다. 이 言語表象의 文字는, 어떤 民族에 있어서도, 約定俗成약정속성의 過程과정을 거쳐, 점차 發展되어 온 것이다. 人類는 文字生活을 갖게 되며 새로운 文化를 創造하는 데 더욱 더 便利함과 進步的 契機계기를 갖게 된 것이다. 지금 文字가 없었다고 假定한다면, 바로 文字의 貢獻공헌을 짐작하고도 남음이 있을 것이다.

漢字는 과연 어느 때 起源되었을까 하는 疑問의문을 하나의 어리석은 質問질문으로 돌리기에는 너무나도 막연한 논리가 되겠기에 오늘날 가장 믿을 만한 說을 제시하여 漢字에 대한 歷史意識을 갖게 하고자 한다.

지금까지 古文字 研究家들은 古器物을 통한 實證的실증적 資料자료에 依

據의거하여 漢字의 起源問題를 다루어 왔으니 그 중에서 가장 信憑性신빙성이 있는 西安 半坡반파 遺址유지에서 出土된 陶文도문의 測定年代측정년대를 6080±110～5600±105로 보는 見解를 말할 수 있다. 이 半坡 遺址는 新石器 時代의 仰韶文化앙소문화의 典型전형으로 紅質黑紋홍질흑문의 彩陶채도가 특징으로 된 것이다. 이들 彩陶上에 文字와 類似유사한 簡單간단한 刻劃된 符號들이 있고 이 符號와 陶器上의 花紋화문과는 判異하게 다른 形便형편임을 볼 수 있는 것이다. 또 黑陶上에도 이러한 符號들이 나타나고 있어(彩陶에 비하여 그 수가 적다) 이러한 符號가 漢字의 起源問題에 연계시켜 볼 때 相當한 類似點이 있음을 認定인정하게 되는 것이다. 즉 後代에 出土된 銅器동기나 陶器 기타의 物品들에 나타나는 여러 가지 符號와 一脈 相通되고 있고, 특히 殷代은대의 銅器上에 나타나고 있는 族徽족휘의 刻劃과는 아주 類似한 것이다.

彩陶나 黑陶上에 나타난 花紋이나 刻劃된 符號는 顔料안료(물감)나 붓(筆)을 사용하여 유연하게 花紋을 그려 넣은 것을 볼 수 있다. 결국 이들 器物上의 刻劃이 漢字의 原始段階원시단계라고 추정한다면 文字의 起源이 圖畫的도화적 手法에서 발전하고 있다고 볼 수 있다. 實物을 통한 漢字起源의 推定年代는 지금으로부터 6천여 년이 된다고 볼 수 있다.

Ⅱ 漢字의 字體變化

漢字의 初期 形態는 刻劃된 符號들로부터 그 모습을 볼 수 있고 그들의 모양은 圖畫的인 方法에서 비롯된다. 그러므로 文字의 初期現象을 보면 圖畫文字라는 名稱명칭을 붙이게 된다. 圖畫文字를 또 象形文字상형문자로 부르는 것은 그 表形이 象形的 方法을 쓰고 있기 때문이다. 圖畫文字가 象形文字와는 다른 점을 논한다면 文字의 概念개념을 言語를 대신하는 音聲을 갖고 있는가 하는 점에 두고 있을 때 근본이 된다. 漢字의 最古文

字로 볼 수 있는 甲骨文字갑골문자에서 象形文字들을 보면 이들이 훌륭히 言語를 대신하고 있음을 볼 수 있다.

漢字는 圖畫文字로부터 象形文字로 發展하면서 커다란 變化를 하게 되었으니 刻劃한 筆劃이 簡單化되어 象徵的상징적 方法이 表意機能표의기능을 강하게 드러내게 된 것이다. 그러나 字體들은 固定되지 못하고 있어 여러 가지 異體들을 갖고 있다.

漢字의 字體를 理解하자면 먼저 그 변화 발전된 몇 가지 커다란 시기를 구분하여 파악함이 편리하다. 즉 漢字를 古文字, 近古文字, 近代文字, 現代文字로 나누어보게 된다.

이들 중에서 古文字가 가장 복잡하여 다시 ① 殷代文字 ② 周代文字 ③ 六國系文字 ④ 秦系文字로 區分하여 볼 수 있다. 古文字라고 하면 圖畫文字로부터 殷代의 甲骨文, 西周의 銘文명문(鍾縣文종현문), 六國系의 古文을 말하고 近古文字도 秦代의 小篆소전을 近代文字는 隷書예서 이후 楷書해서를 말하는 것이고, 現代文字는 現代의 正字(簡字포함)를 말하는 것이다. 일반적으로 '古文'이란 명칭을 많이 쓰고 있는데 許愼허신의 「說文」이나 「漢書 藝文志」에서 말하고 있는 古文은 籒文주문·篆文전문, 그리고 다른 字體는 모두 古文을 지칭한 것이니, 孔子壁中書공자벽중서, 銅器上동기상의 銘文 등도 모두 이에 포함되는 것으로 秦代 이전의 文字들을 총칭한 것이다.

이들 古文字의 材料재료로는 龜甲獸骨귀갑수골, 銅器陶器동기도기, 玉器, 石器, 土墳토분, 竹簡, 兵器, 古錢고전, 貨布화포, 刻石각석 등 多樣다양하다.

字體別로 그 변천 형태를 보면 圖畫文字→甲骨文字→金文→篆文→隷書→楷書→簡字의 방향으로 변화하고 있음을 볼 수 있다.

Ⅲ 漢字의 統一運動

漢字가 生成되어 變化·發展하는 과정에서 字體가 固定되지 않은 古文字 段階가 가장 混亂혼란한데, 字形의 固定化와 文字 整理정리를 文字의 統一運動통일운동으로 볼 수 있다. 禮記예기 中庸중용에 "今天下車同軌, 書同文, 行同倫"이라고 한 말 가운데 '書同文'이란 말을 보면 이것이 文字의 統一을 단적으로 표현하고 있는 것임을 알 수 있다.

六國系文字가 상당히 混亂되고 있는 점은, 春秋戰國時代춘추전국시대에 社會의 變動변동이 심하고 百家가 爭鳴쟁명하는 主義主張들이 솟아 나왔기 때문에 文字도 雜多잡다하게 平天下를 함에 文字도 統一을 하여야 한다는 생각이 크게 들었던 것이다.

지금 볼 수 있는 文獻上에 나타난 文字統一은 「史籒十五篇」을 들 수 있다. 「漢書 藝文志」에 "史籒篇名, 周時史官教學童書也"라고 한 것이 있고, 許愼의 「說文」에도 "宣王太史籒, 箸大篆十五篇, 與古文或異"란 말이 있어 이 「史籒篇」이 學童들의 教科書임이 틀림없다면 이러한 책에 사용되어진 文字가 바로 그 당시 統一된 字體였다고 할 수 있다.

오늘날 볼 수 있는 西周의 銘文들은 그것이 주로 銅器上에 鑄造주조된 것이라 字形上으로 異形을 보이지만 一定하게 筆寫를 한다면 一源的인 것임을 알 수 있다. 그러므로 周 宣王선왕 때의 「史籒篇」이 周代 文字統一의 先聲임을 알 수 있다.

秦代의 文字統一은 秦始皇이 '同書文字'를 꾀한 것이 中國歷代上 가장 劃期的인 일일 것이다. 秦代 李斯이사의 「倉頡篇창힐편」은 「史籒篇」보다 약 5백년 뒤에 나온 것이지만 秦代의 爲政者들이 文字統一을 위하여 새로운 教學書를 만들게 된 業績업적이 아닐 수 없다.

李斯의 「倉頡篇」뿐만 아니라 趙高의 「爰歷篇원역편」, 胡母敬호모경의 「博學篇박학편」 등 文字書는 秦代 文字統一運動의 하나의 標本표본인 것이다. 이들 책들은 모두가 周代의 「史籒篇」을 基本으로 하여 엮어졌지만 오직

字體만은 小篆으로 改革하여 일대 변화가 일어난 것이다. 이것은 漢字의 字體變化의 政盟分정맹분이 되고 있는 것이다. 小篆이 周代의 史籒에 기본하고 있지만 字形面에서는 하나의 革新이고 또 秦의 文字와 不合하는 다른 文字의 사용을 禁止하였으니 秦始皇의 文字統一運動은 그의 政治的 平天下와 아울러 中國歷代의 大事가 아닐 수 없다.

秦代 이후 小篆으로의 字體 固定은 그 施行이 오래가지는 못하였다. 이미 一般大衆들은 隷體예체를 사용하여 그것의 通用이 流行되었던 것이다.

秦은 그 王國을 오래 지속시키지 못하고 바로 漢帝國이 建立되었는데, 漢은 그 形勢가 擴大확대되어 밖으로 뻗어나가 이로 인하여 漢文, 漢字라는 名稱을 갖게 된 것이다.

漢代의 文字統一運動은 秦代를 이어받아 더욱 固定化의 길을 걷게 되었다. 즉 秦代부터 活用된 隷體(隷書)가 固定이 되었다. 西漢末 東漢初에도 秦代의 「倉頡篇」의 영향을 받아 여러 가지 文字書들이 行世되었으니 이것은 初學의 基礎가 되는 文字整理運動에 있어 중요한 일이다. 漢代 初期에 閭里여리의 書師들이 秦代의 字書를 합하여 「倉頡篇」을 만들어 3천 3백字를 수록하였고, 小學의 始祖라고 할 수 있는 宣帝선제때의 張敞장창은 「倉頡故창힐고」, 「倉頡篇」, 「訓纂篇훈찬편」 등을 만들었고, 揚雄양웅은 「訓纂篇」(5천 3백 40字 수록), 武帝무제때 司馬相如는 「凡將篇범장편」, 元帝때 史游사유의 「急就篇급취편」, 和帝때 賈魴가방의 「滂熹篇방희편」 등 여러 가지 文字를 整理한 文學書들이 出世되었던 것이다.

秦代의 文字統一을 거쳐 漢代에는 隷體로의 固定으로 文字統一運動이 文字整理運動으로 번져나가 여러 가지 字書들이 續出하게 된 것이다. 이것은 또한 周代의 經典들이 古文으로 記錄되어진 것을 漢代의 今文(隷體)으로는 理解하기가 容易하지 못하여 여러 가지 經典注釋경전주석의 學風이 盛하게 된 理由도 한 가지 原因이 된다고 하겠다. 그 중에서 가장 劃期的인 大事로 許愼의 「說文解字」의 著作이라 할 수 있다. 그는 經典解釋에 있어 單字의 本義를 重視하여 9천 3백 53字를 注釋한 文字學의 精華정화인 이 책을 A. D. 102年代에 만들어 中國文字學에 있어 最大의 공적을 남긴 것이다. 說文의 字體는 小篆으로 記錄하여 漢字의 本義 파악에 더욱 더 충실을 기하였고 許愼 이전의 모든 文字學 材料들을 수집·정리하여 劃期的인 著作을 남긴 것이다.

文字學史의 立場에서 본다면 秦始皇代의 小篆으로 字體統一과 漢代 許愼의 「說文解字」의 制作이 兩大事로 꼽히게 된다.

漢代 文字統一에 큰 영향을 준 것은 許愼의 說文과 賈魴의 三倉과 더불어 東漢 靈帝 熹平 4年(175)에 세워진 熹平石經희평석경인 것이다. 이 石經은 蔡邕채옹 등의 上奏상주로 五經의 經文을 刻石한 것이다. 이러한 刻石을 이어받아 漢 이후 魏위 正始元年(240)에 三體石經이 있게 된 것이다. 이들 石經의 字體가 文字統一運動에 있어 字形의 基本으로 커다란 영향을 주게 된 것이다. 漢代의 字體는 隷書로 固定化한 것이다.

漢을 지나 六朝時에 들어와서 中國은 다시 한 번 文字面에서도 混亂의 시대를 맞게 되고 그러므로 唐代에 들어와 또다시 文字의 整齊運動정제운동이 일어나게 된다.

즉 顔師固안사고의 字樣, 杜廷業두정업의 經典分毫正字경전분호정자 등의 정리는 모두가 文字統一運動의 一環이다. 가장 영향이 큰 운동은 唐 玄宗 開元 23年(735)에 만들어진 開元文字音義를 들 수 있다. 이것은 隷體로 文字의 音義를 整理한 것으로 唐代 文字整理에 큰 영향을 준 것이다. 唐代의 字體를 固定한 것으로 石經을 들 수 있는데 開成石經으로 一名 雍石經옹석경이라고 하는 것으로 周易주역, 尙書상서, 毛詩모시, 周禮, 儀禮, 禮記, 春秋左氏傳, 公羊傳, 穀梁傳곡량전, 孝經, 論語, 爾雅이아 등 12種의 經典을 刻石하였던 것이다. 이 刻石의 字體는 眞書(楷書)로 歐陽詢구양순, 虞世南우세남, 褚遂良저수량, 薛稷벽직 등 當世의 有名한 書道家들의 書法으로 썼던 것이다. 이것은 開成 2年(837)에 完成되었으며, 그 字體가 今隷(眞書)로 되어 漢字字體의 固定化에 一大 劃期的 貢獻공헌을 하게 된 것이다. 이로부터 唐末의 印板과 宋代의 印板에 의하여 지금의 楷書體가 固定된 것이다.

彫板印書조판인서는 唐明宗 長興3年(932)에 九經印板이 있었고, 宋 景德2年(1005)에 九經이 覆刻복각되었으니 唐末 宋代에 들어와 木板에 의한 字體의 固定을 보게 된 것이고 이로부터 宋體·明體·淸體의 字形 固定化가 있게 된 것이다. 宋代 이후에는 印刷技術과 字形과 밀접한 관계를 갖고 또한 여기에 字典類의 등장으로 文字의 字體는 固定이 되어 온 것이다.

淸末 民國을 거쳐 現代에 이르러 漢字改革에 대한 運動이 계속되어 文字整理運動은 다시 한 번 변화를 하기 시작하고 있다. 現代의 漢字簡化運動한자간화운동은 西歐言語學의 言語發展 理論에 힘입어 文字의 機能에 대한 새로운 認識에서 出發하고 있으니 한 말로 표현하면 文字機械論的 立場에서 出發하였다고 보겠다. 종래의 文字 神聖論이 아니고 文字가 하나의 文化工具에 不過하다는 생각이다.

여기에 言語와의 相互 밀접한 관계를 고려하여 拼音制度로의 발전에 연계시켜 表意制度의 漢字를 表音方法으로 전환시켜 나가야 할 것을 전제로 하는 過渡的 段階로의 漢字簡化運動을 추진하고 있어 現在의 簡字體를 正字로 規定하고 있는 것이다. 여기에는 人爲的 作用이 크다고 보겠으나 字形變化面자형변화면에서 볼 때 커다란 改革임에 틀림이 없다. 결론적으로 漢字의 字體變化는 상당히 多樣한 變化를 하여 오고 있어 6천여 년 동안 7, 8次의 변형이 이루어지고 있는 것이다.

Ⅳ 漢字의 制度變化

文字制度란 文字의 構造方式을 말하는 것으로 여기서는 字形이 아니라 文字構成要件을 論하게 되는 것이다.

앞에서도 말하였지만 文字의 初期段階는 圖畫文字로 시작되는 것이 世界文字의 共通點이고 또한 世界 最初의 文字들이 모두 象形文字로 이루어지고 있음을 볼 수 있다. 이들 文字는 表形的 方法을 위주로 하여 形體

로 직접 言語上의 意義를 표시하게 되는 것이다. 이집트의 象形文字, 바빌론의 楔形文字설형문자, 중국의 象形文字들은 모두가 이런 종류에 속한다.

表形方法에서 한 걸음 더 나아가면 表意方法을 쓰게 되니 表意方法으로 字形을 사용하여 言語上의 意義를 표시함에 몇 가지 表意符號를 결합하거나 어떤 符號부호는 音을 表示하게 되기도 하니 이런 文字를 表意文字라고 부른다. 漢字는 바로 이 表意文字의 범주에 속한다(指事지사, 會意회의, 形聲형성 방법).

위와는 다르게 言語의 音聲을 대표하는 拼音方式의 表音文字들이 있으니 현재 대부분의 나라들이 사용하고 있는 拼音文字가 그러하다.

그러나 漢字는 그 특성이 文字制度上으로 볼 때 表形→表意文字로 定着이 되어 表意方式에 약간의 表音的 方法을 가하여 表音文字(形聲)로 固定된 것이다. 이러한 과정을 文字의 起源과 결부시켜 보면, 表形的 方式인 象形文字의 段階는 아주 이른 시기였고, 즉 殷代의 甲骨文 이전이고 表意方式에 表音的 方式을 가한 것도 殷代 中葉중엽에서 말기에 이르기까지 形聲文字의 生成을 볼 수 있으니 이미 이 시대에 漢字의 文字制度上의 變化는 固定化된 것임을 알 수 있다. 殷代 이후 現代까지의 文字制度上의 變化는 없는 것이고, 다만 形聲方式에 의한 個別文字의 增加증가로 表意機能을 삼아 온 것이다.

그러므로 文字制度的 變化는 文字構成 初期段階에 약간 있었고 形聲文字로의 意音制度에 이르러서는 아무런 變化를 하지 않고 있는 것이다. 그러나 文字發展의 추세를 보면 表形→表意→表音(拼音文字)의 길을 걷고 있는 것을 알 수 있어 表意性이 强한 漢字도 表音의 길을 걷지 못한다고 보기는 어려운 것이다. 다만 완만한 변화를 견지한 漢字의 文字制度를 어떻게 급속히 拼音化할 수 있을까 하는 의문을 갖게 한다. 그러나 現今의 世界文化의 變化 추세는 表意文字가 拼音化의 길로 매진하게 하는데 과거의 文化 환경보다는 몇 배의 좋은 환경을 제공하여 주고 있는 것이다. 그리하여 지금 中國人들은 文字統一運動의 歷史的 變遷의 一環으로, 첫째

簡化, 둘째 標準中國語(普通話보통화)의 普及, 셋째 語音 拼音文字로의 表記를 추진하여 가고 있는 것이다.

Ⅴ 結　語

以上, 漢字에 대한 理解를 어떻게 가질 것인가 하는 점을 그 起源으로부터 現在에 이르기까지 字體와 文字統一運動 文字制度面에서 그 槪略的 大綱대강을 考察하였다. 이것은 漢字는 一元的 變化 發展을 하여온 悠久유구한 歷史를 갖고 있는 文字이기 때문에 그 時間的 特性을 잊기가 쉬워 漢字에 대한 歷史性을 환기시키고자 함에 있다.

대체로 漢字의 發展을 다음과 같이 간략히 圖式化도식화하여 理解함에 편의를 圖謀도모코자 한다.

文字制度

圖畫文字(B. C. 4,000～5,000)→表形文字→表意文字(象形文字－B. C. 1348)→意音文字(形聲文字-B. C. 1112)

字　體

圖畫文→甲骨(殷)→金文(周)→篆文(秦)→隸書(漢)→楷書(唐)→簡體(現代)

文字統一

周, 史籒篇→秦, 倉頡篇→漢, 說文解字, 三倉, 熹平石經→唐, 開元文字音義, 開成石經→宋代印板→漢字簡化

〈高麗大 鳥致院分校 敎授 中國文學/ 어문연구 31·32호〉

漢字教育은 初等學校부터

郭 仁 成

1928년생. 이 글은 초등학교 現場에서의 목소리라는 점에서 주목할 만하다. 필자는 우리말을 한글로 쓰고 읽을 수는 있어도 漢字를 배제하고는 正確한 의미나 概念 파악이 매우 어려운 실증적 사례들을 제시하고, 초등학교에서 14年間 漢字教材를 만들어 하루 2字씩 한자지도를 실시한 경험의 결과, 漢字가 어렵다는 認識은 한낱 杞憂기우에 불과하며, 학생들이 흥미를 가지고 별 무리 없이 학습하는 것을 확인하였으므로, 한자교육을 국어교육의 일환으로서 초등학교부터 필수적으로 실시하는 것이 바람직하다는 주장을 펼치고 있다.

1. 한글專用과 관련된 몇 가지 事例

우리는 이미 오랜 옛날부터 漢字를 사용함으로써 우리의 文化, 특히 言語에 至大한 영향을 끼쳐왔다. 우리말 가운데 한글이 아니면 完全表記가 불가능한 固有語는 24%에 불과하며, 漢字가 없으면 그 存在 自體가 불가능한 漢字語가 약 70%를 차지하고 있다.

그러므로 우리말을 한글로 쓰고 읽을 수는 있어도 漢字를 배제하고는 正確한 의미나 概念把握이 매우 어렵다. 읽을 수 있다고 해서 語彙어휘의 概念이나 글의 內容을 理解하지 못하면 무슨 의미가 있겠는가.

한글專用과 관련이 있는 것으로 생각되는 斷片的인 事例 몇 가지를 列

擧하면

1) 某 日刊新聞 記事中 "정성이 담긴 '화전'의 꽃향기"라는 標題표제가 있었다. 정성 들여 가꾼 화초밭 즉 '花田'에 꽃향기가 가득하다는 뜻으로 생각하고 記事를 약 30줄 읽어 내려가서야 진달래꽃잎을 따서 만든 '花煎'임을 알게 되었다. 國語辭典에 의하면 '화전'의 同音異義語는 火田, 花煎, 花田, 和戰, … 등 8개의 語彙가 있다.

2) 貿易무역센터 空港터미널 壁에 『전일공취항개시』라는 弘報物홍보물이 높이 걸려 있었다. 同行한 친구가 뜻을 몰라 어리둥절하는 것을 보고 '전일공'은 '全日本航空會社'가 아니겠는가 하고 서로 웃고 말았다.

3) 某 週刊新聞에 '어머니회(子母會)'라는 記事가 실려 있었다. 괄호 안에 漢字를 表記표기한 것까지는 좋았으나, 姉母자모의 뜻으로 쓴 漢字의 表記가 子母임을 보고 苦笑를 금치 못하였다.

4) 現在 人氣裡에 放映中방영중인 코미디프로에 프로性格에 걸맞지 않게 每週매주 故事成語가 등장하고 있다. 그 중 하나 『大義滅親대의멸친』의 뜻풀이를 하면서 『大儀滅親』이라는 카드를 提示하는 장면이 放映되었다. 漢字를 제대로 알고 쓴 것인지 궁금하다.

5) 某 放送局의 修能對備수능대비 프로에서도 孔子가 뜰을 거닐면서 가르침을 주었다는 故事를 이야기하는 도중에 『過程訓과정훈』이라는 字幕이 放映되었다. 『過庭訓』이 옳지 않을까.

6) 農協농협에서는 『身土不二』라는 造語에 이어 『農都不二』라는 造語를 農協中央會 外壁에 揭示게시하고 있다. 萬一 한글로 『농도불이』라고 表記했으면 설명을 듣지 않고는 보는 사람들이 어리둥절하였을 것이다.

7) 우리나라에는 표충사가 여러 곳에 있다. 密陽에는 表忠寺와 表忠祠가 있고, 海南, 淸州에는 表忠祠가 있다. 한글 表記만으로는 寺와 祠의 區別이 不可能하다. 이러한 例는 連覇연패와 連敗, 社會와 司會, 國家와 國歌 등 우리말에 헤아릴 수 없이 많다.

8) 어떤 敎養講座교양강좌에서 젊은 史學專攻 敎授의 講義 중 '東' 字를

板書판서하는데 木을 쓴 다음 日을 쓰는 것을 보고 講義에 興味흥미를 잃었다는 어느 參席者참석자의 말이 무엇을 意味하는 것인지 되새겨볼 만하다.

9) 某 新聞社 取材취재팀이 서울市內 6개 大學 圖書館도서관의 올 1學期 圖書貸出도서대출 順位 集計를 分析한 결과, 대부분이 武俠小說무협소설과 漫畵만화가 上位圈을 차지하고 있고, 專攻書籍전공서적 및 社會人文 教養書籍 貸出은 극히 低調저조한 것으로 나타났다고 한다. 眞理의 象牙塔상아탑을 자처하는 大學에서 가벼운 읽을거리만을 좋아하는 風潮풍조는 매우 심각한 일이 아닐 수 없다.

위와 같은 事例들은 극히 枝葉的지엽적인 것에 불과하나, 端的단적으로 우리의 知的水準을 보여 주는 것으로써 周邊주변에서 얼마든지 찾아볼 수 있는 것이 現實이다. 漢字教育不在에서 온 결과라 할 수 있다.

2. 나의 漢字教育 體驗

나는 80年 3月부터 94年 2月 停年까지 14年間 漢字教材를 만들어 2學年부터 6學年까지 아침 自習時間에 하루 2字씩 漢字指導를 실시한 경험이 있다.

그 成果 및 反應을 간단히 소개하면

1) 漢字가 어렵다는 認識인식은 한낱 杞憂기우에 불과하다는 確信확신을 갖게 되었다. 처음에 반대하던 低學年 教師들도 漢字教育을 실시한 지 1개월도 못 되어 漢字早期教育에 찬성할 뿐 아니라, 學生들도 흥미를 가지고 別無理 없이 學習하는 것을 확인하였다.

2) 漢字學習을 통해서 漢字語의 정확한 概念을 이해할 수 있고, 語彙力이 향상되어 學習能力 향상에 도움이 된다는 것이 대다수 教師들의 意見

이다.

3) 지금도 때때로 卒業生으로부터 또박또박 漢字를 섞어 쓴 便紙편지를 받는 경우가 있다. 대부분 學生들이 初等學校 때 漢字를 배운 德澤덕택으로 어려운 낱말의 뜻을 확실히 알 수 있고, 다른 공부에도 크게 도움이 되어 初等學校에서 漢字를 배우지 못한 친구들의 부러움을 사고 있다는 것이다.

4) 學父母들의 반응은 한마디로 絶對贊成절대찬성이다. 本人들은 中學校부터 漢字를 배웠으나 漢字文盲한자문맹이 된 것은 어려서부터 배우지 않았기 때문이라면서 漢字早期教育을 熱望열망하고 있으며 지금은 오히려 子息들에게 배우는 형편이라고 한다.

5) 學生들이 漢字를 배우면서부터 學習能力이 向上되었으며 人性教育에도 크게 도움이 된다는 것이 教師와 學父母들의 공통된 意見이다. 學父母들로부터 고맙다는 말을 들을 때가 많다. 다른 곳으로 轉勤전근한 교사 중에는 漢字教育을 하지 않는 學校가 많아 매우 아쉬워하며 擔任담임 단독으로 指導하는 경우가 많다.

6) 80년 당시 初等學校 漢字教育이 허용되지 않은 時期에 漢字早期教育의 필요성을 切感하고 荒蕪地황무지를 開拓개척하는 心情으로 推進추진한 결과, 차츰 많은 學校에서 漢字教育의 필요성을 認識하고 指導하는 學校가 확산되었으며 地方에서도 많은 學校에서 教材와 指導方法에 대한 문의가 많아 漢字教育에 대한 관심도를 알 수 있었다.

3. 漢字教育은 初等學校부터

1) 漢字教育은 初等學校부터 實施실시하는 것이 바람직하다.

早期教育은 세계적인 趨勢추세일 뿐 아니라 우리 어린이들은 무엇이든 가르치면 배울 수 있는 能力을 가지고 있다. 漢字가 어렵다는 것은 杞憂에 지나지 않는다. 어려서 배운 것이 오래 記憶될 뿐 아니라 배움에는 適期가 있는 것이므로 漢字教育은 初等學校부터 실시하는 것이 바람직하다. 이웃 日本에서는 幼稚園유치원 어린이들에게 漢字를 指導하여 成果를 거두고 있다니 깊이 새겨볼 일이다.

2) 漢字教育은 選擇이 아니라 必須的으로 이루어져야 한다.

現在 漢字教育은 學校長 재량으로 선택하되 正課外 時間에 指導하도록 되어 있다. 漢字는 우리말 生成의 바탕이며 祖上代代로 사용해 온 悠久유구한 歷史를 지니고 있는 엄연한 國字이다. 이러한 漢字를 다른 趣味活動취미활동처럼 選擇的으로 指導해도 된다는 것은 바꾸어 생각하면, 선택하는 學校가 없어도 그만이라는 것이 아니겠는가. 學校長에게 재량권을 부여하여 所信있는 教育을 하도록 한 것은 좋으나 選擇하지 않는 학교 學生들에게는 漢字學習의 기회를 상실하게 될 것이므로 教育의 機會均等기회균등에 역행되는 처사라 아니할 수 없다.

그러므로 漢字教育은 正課時間에 必須的으로 이루어져야 한다.

3) 漢字教育은 國語教育의 一環으로 이루어져야 한다.

지금까지의 漢字教育은 國語教育과는 별개의 領域영역으로 관심 있는 學校나 教師에 의해서 몇 字씩을 指導해 온 것이 사실이다. 그러므로 漢字教育의 本質에 비추어 볼 때 그 효과는 미미하다.

漢字教育은 國語教育의 正常化를 위해서 國語科에 포함해서 段階的단계적으로 指導하는 것이 바람직하다. 혹자는 教科書에 漢字를 병용하면 國語時間이 漢字時間이 될 것이라는 걱정을 하는 사람이 있으나, 漢字로 表記된 語彙의 뜻을 漢字의 訓과 音으로 지도하면 語彙의 뜻풀이와 漢字學習은 저절로 해결될 뿐 아니라 語彙力이 향상되어 오히려 一石三鳥의 효과를 거둘 수 있다.

4) 漢字教育은 初等學校 1학년부터 段階的으로 지도하되 6年 동안에 1,000字는 지도하는 것이 바람직하다.

1학년은 約 50字, 2학년 100字, … 5,6학년 250字 정도를 지도하면 될 것이다. 法定授業日數가 연간 220일이므로 平均的으로 1학년은 週 1字, 高學年은 1日 1字 정도를 學習하면 될 것이므로 別無理가 없음은 명백한 일이다.

쓰기보다는 읽기에 重點을 두고 訓과 音을 정확히 지도하며 쓰기는 高學年에게 크게 부담이 되지 않도록 指導한다. 漢字는 造語力이 탁월하므로 1,000字 정도의 漢字習得만으로도 풍부한 語彙와 正確한 우리말의 槪念을 파악하는 데 크게 도움이 될 것이다.

5) 우선 國語敎科書만이라도 현행 國定制度와 함께 國漢混用 敎科書의 檢認定制度검인정제도를 병행하는 것이 좋지 않을까 생각된다. 그렇게 함으로써, 無秩序무질서한 漢字敎材의 난립을 막을 수 있고, 더욱 內容이 충실한 國語敎科書의 발행도 기대할 수 있을 것이다.

4. 맺 음 말

이제 漢字敎育의 필요성을 더 이상 强調강조할 필요도 없이 모든 學父母들이나 社會輿論사회여론이 이를 잘 말해 주고 있다. 언젠가 某 新聞社에서는 '亞太時代「우리들의 國際文字」漢字를 배웁시다'라는 特輯특집을 마련한 적이 있었으며, 많은 大企業에서는 新入社員 採用試驗채용시험에 漢字能力을 반영하고 任職員硏修임직원연수를 하는 것 등은 漢字의 중요성과 필요성을 認識한 결과 취해진 조치라 할 수 있다.

國際化時代를 맞아 中國, 日本, 臺灣대만, 東南亞 각국 등 漢字文化圈國家들과의 交流擴大교류확대, 交易增進교역증진은 물론, 國際競爭力强化에 있어서 漢字知識은 엄청난 자산이요 무기가 아닐 수 없다.

그러므로 漢字에 대해서 白眼視백안시하거나 어렵다는 先入觀을 버려야 하고 漢字는 한글과 더불어 우리글자, 國際文化라는 인식의 전환이 필요하며 語彙力 擴充확충과 불편 없는 活用能力을 갖도록 하기 위해서 漢字敎育

은 初等學校 1학년부터 國漢混用으로 된 敎科書에 의해서 國語敎育의 일환으로 지도하는 것이 바람직하다.

〈前 서울新寺初等學校長/ 어문연구 95호〉

우리나라 漢字教育의 當面課題

金 東 吉

이 글은 80학년도 대입 예비고사 漢文科 출제에서 한문과 교육의 目標를 평가해 볼 수 있는 문제를 출제하지 않은 데 대한 문제점을 문교당국에 건의하고, 漢文 교육을 실효성 있게 추진하기 위해 1) 한자의 字體, 2) 基礎漢字의 消化, 3) 教科書의 內容 등에 대한 문제점을 지적하고 있다. 끝으로 是非가 되고 있는 漢字早期教育에 대하여 국민의 생활무기로서의 한자를 조기에 교육할 필요성이 있음을 역설하고 있다.

지난 11月 6日에 施行시행된 '80學年度 大學入學 豫備考査예비고사에 나타난 漢文科 문제를 보고 놀라움을 禁할 수 없었다.

그것은 教育課程令이 規定규정하고 있는 漢文科 교육의 目標를 評價평가해 볼 수 있는 問題라고는 단 한 문제도 出題하지 않음으로써 漢文科를 사실상 有名無實한 것으로 만들어 버렸기 때문이다.

두말할 것도 없이, 豫備考査는 大學進學을 위한 關門관문이어서 學生 個個人의 現實的 利害와 直結되는 制度이기 때문에 예비고사의 出題傾向출제경향은 직접적으로 고등학교 교육의 內容을 좌우하고 있는 것이 教育界의 현실이다.

그렇다면, 문교부는 이 考査를 고등학교에서 教育課程令이 指向하는 교육이 실시되도록 誘導유도하는 制度的 裝置장치로 삼아야 할 것은 물론, 그를 總合的총합적으로 評價해 보는 制度的 機會기회로 삼을 수 있는 문제를

出題함으로써, 그 評價의 결과는 文敎政策문교정책을 樹立하는 데 귀중한 資料자료로 活用되어야 할 것으로 본다.

이 같은 重要性을 띤 예비고사의 문제를, 敎育課程令에 違背위배되게 출제하였다는 것은 결국 一線敎育者에게 '漢文科 교육은 獨立敎科目으로 다루지 않아도 좋다'는 暗示암시를 준 것과 다름이 없다.

배우고 쓰기에 어려운 漢字를 쓰지 않아야 되겠다는 현실적 自覺에도 불구하고, 文化民族으로서의 오늘과 내일을 잘 살기 위한 슬기로서 漢文科 도입이란 果斷과단을 내린 文敎部가 이 같은 暗示를 내렸다는 것은 큰 不幸이 아닐 수 없다.

그래서 이 같은 不幸이 다시는 되풀이되지 않기를 文敎當局者에게 建議건의하면서, 漢文 교육을 위해 留念유념해야 할 몇 가지 問題點을 指摘지적하려 한다.

1

漢字 내지 漢文敎育에 대한 墨守的묵수적이고도 講壇的강단적인 論爭이야 光復後 지금까지 되풀이되고 있지만, 敎育은 내일로 미룰 수 없는 오늘의 문제라는 것을 깨닫지 못한 결과로, 한글專用論과 國漢混用論의 是非만을 展開해 왔다.

그러던 중, 이번의 敎育課程令에는 이 是非의 兩極양극을 中和한 制度的 措處조처가 反映반영되었기에, 文敎部가 一貫性일관성 있는 文敎施策문교시책으로 그 實效를 거두어 줄 것을 마음속으로 바라고 또 바라왔다.

그러면, 우선 먼저 이번에 실시된 예비고사 중에서 漢文科와 관련 있는 문제만을 가려 뽑아보자.

'고등 국어'(교과서)의 문장 제시

6. 윗글 중의 '굴욕'과 '오욕'의 한자가 모두 맞는 것은?

ㄱ) 屈辱－汚辱　ㄴ) 屈慾－五慾　ㄷ) 屈慾－汚辱　ㄹ) 屈辱－五欲

'고등 국어'의 문장 제시

14. 밑줄 친 '공명'에 알맞은 한자는?

ㄱ) 公明　ㄴ) 共鳴　ㄷ) 功名　ㄹ) 空名

※ 다음 각 물음에 답하여라.

48. 다음 중 하나는, 造語의 방법이 나머지 것과는 다르다. 어느 것인가?

ㄱ) 日月　ㄴ) 殘月　ㄷ) 心身　ㄹ) 晝夜

50. 밑줄 친 부분에 해당하는 한자가 바른 것끼리 묶인 것은?

부활 / 명령 / 남녀노소

ㄱ) 復 / 命 / 小　ㄴ) 複 / 今 / 小　ㄷ) 復 / 命 / 少　ㄹ) 複 / 今 / 少

이상의 네 문제뿐인데, 이를 보면 다음과 같은 의문점이 제기된다.

첫째, 漢文科를 왜 독립된 教科目으로 인정하지 않았는가 하는 문제다. 教育課程令에는 國語科와는 독립된 必修教科目필수교과목으로 漢文科를 규정해 놓았고, 문교부가 예비고사의 수험과목을 발표할 때에도 「國語·漢文」이라고 하여 國語科에서 독립한 漢文科라는 것을 명백히 한 바 있다.

그런데도, 위에서 본 바와 같이 獨立教科目으로서의 漢文科는 인정하지 않고, 國語 문제의 사이사이에 漢文 아닌 漢字 문제를 끼워 넣어, 漢文科 교육을 國語科 교육의 한 領域영역으로 간주해 버렸다.

國語科의 교육을 통해서는 漢文科에서 指向지향하는 목표가 달성될 수 없다는 생각에서, 漢文科를 國語科로부터 獨立시켜 별개의 教科目으로 만든 文教部가, 구태여 예비고사에서는 國語科의 한 範疇범주로 간주했다는 것은 비록 교육과정령에는 그렇게 규정되어 있다 하더라도 文教部로서는 漢文科란 독립 교과목은 인정할 수 없다는 방침을 간접적으로 표시한 것이라고 추측된다. 만일 이 추측이 잘못이라면, 이는 漢文科의 교육 목표는 國語科의 교육을 통해서도 능히 달성할 수 있다는 어처구니없는 문교부의 錯覺착각에서 비롯된 큰 失策실책이라 여겨진다.

그렇지 않고서야 어떻게, 國語科에 독립된, 별다른 교육 목표를 가진 漢文科를 國語 문제를 통하여 評價해 보려고 試圖시도하였겠는가 하는 의문이 제기된다.

둘째, 漢文解讀한문해독의 기능을 신장시켜서, 漢文으로 표현된 우리 文化와 東洋文化를 이해하게 하여, 民族文化 발전에 기여하게 한다고 教育課程令에 명시돼 있는 漢文科의 교육 목표는 무시되어도 상관없겠는가 하는 문제다.

왜냐하면, 위에서 摘記적기한 4개항의 문제로서는 교육과정령이 명시하고 있는 漢文科 교육 목표를 評價할 수가 없기 때문이다.

물론 漢文教育은 漢字教育을 그 始發點시발점으로 삼지만, 그러나 國語教育의 一環일환으로서의 한자교육과 漢文教育을 위한 한자교육에는 그 목적과 방법에 있어 엄연히 구분된다.

이를 다른 측면에서 말한다면, 前者는 國漢混用을 하기 위하여 실시하는 국어 어휘로서의 漢字語 교육이요, 後者는 漢文을 讀解하기 위한 한 過程으로서 실시하는 漢文 중의 漢字 교육이라는 뜻이다.

이런 관점에서 위의 네 문제를 보면, 이는 모두가 前者에 해당하는 문제이며, 後者와는 관련성이 거의 없다. 다만, 48번만은 억지로 後者와의 연관성을 찾을 수는 있으나, 이에도 高校入試와 大學入試는 교육 과정상의 단계적 차이가 있어야 한다는 점에서는 여전히 再考의 여지가 있다.

셋째, 漢文科 교육의 評價 문제를 이같이 漢文教科書를 무시하고 國語教科書에서 出題하기로 한다면 왜 漢文教科書를 따로이 만들었는가 하는 문제다. 더구나, 資格자격을 갖춘 漢文科 教師의 確保확보조차 至難지난한 與件下여건하에서, 漢文科 교육이 국어 교과서를 통해서도 可能한데, 한문 교과서를 따로 만들어 學生들에게 가르친다는 것은 모든 面에서 浪費낭비일 뿐이다.

예비고사의 문제가 각 教科目의 評價尺度라고 볼 때, 위와 같은 漢文科 문제라면, 차라리 漢文教科書를 없애고, 國語教育의 한 領域영역으로 삼아 國語教科書를 통해 漢字教育을 실시하는 것이 教育效果面에서 훨씬 經濟的경제적·合理的합리적이라 할 수 있다.

漢文教育을 시킨다는 것이 學生들에게 精神的 負擔感부담감만 주어 결과적으로는 漢文으로 표현된 우리 文化에 대한 嫌惡感혐오감만 助長조장하는 逆效果를 招來초래한다면 이는 당초부터 하지 않는 것만도 못하게 된다.

2

漢文教育을 實效性 있게 추진하기 위해서는 그 基本與件으로서의 다음의 諸點제점을 默過묵과할 수 없을 것 같다.

兵士가 싸움터에 나가기 위해서는 기본적인 군사훈련과 적절한 武器무기를 갖추어야 하듯, 漢文教育의 實效를 거두기 위해서도 우선 먼저 갖추어야 할 基本與件이 있지 않겠는가? 이를 갖추지 않고 漢文教育을 한다는 것은 銃총도 주지 않고 싸움터로 나가도록 督戰독전하는 無謀함이라 여겨진다.

1. 漢字의 字體에 대하여

漢字의 字體는 時代의 進展진전과 함께 변천해 왔고, 지금도 그 변천은 漢字의 簡素化간소화라는 측면에서 계속되고 있다.

그런데도, 문교부가 漢文教育用 基礎漢字기초한자를 選定公布선정공포하면서 그 字體에 대해서는 一言半句의 言及도 하지 않아서, 教育의 現場에서는 큰 混亂혼란을 빚고 있다.

‘卽즉’字를 예로 든다면, 敎科書에서만도 ‘卽·卽·即’ 등의 세 字體가 쓰이고 있다. 여기에 出版社에서 내놓는 學習參考書학습참고서 또한 各樣各色의 字體를 사용하고 있어서, 학생들에게 주는 混亂은 千態萬象천태만상이다.

들은 바에 의하면, 文敎部는 그냥 막연히 「康熙字典강희자전」의 字體를 따른다는 時代에 뒤진 安逸안일한 생각으로 對處하고 있다 하니, 그렇게 無誠意한 자세로써 어떻게 漢文敎育의 목표를 달성하겠는가 하는 의구심이 날 정도이다.

두말할 것도 없이, 「康熙字典」은 近 3百年 전에 발간된 字典이라, 그 동안에 일어난 字體의 변천은 反映반영되어 있지도 않으며, 더욱 우리나라의 文字生活과는 맞지 않는 事例도 있다는 점을 인정하여야 할 것 아니겠는가?

그러면, 敎育의 現場에서 混亂을 빚고 있는 實例를 類型別로 간추려 보자.

① **本字와 古字·略字·俗字 등의 관계** 「康熙字典」에 의하면 ‘冰’은 本字, ‘氷’은 俗字다. 그러기에 一種敎科書인 中學漢文에서는 ‘冰’字를 썼고, 二種敎科書인 高等漢文에서는 두 字가 體系 없이 쓰이고 있다. 그런데, 우리의 文字生活에서는 ‘冰’은 이미 古字化되어 버리고 俗字가 通用字로 쓰이고 있다는 사실을 外面할 수 있겠는가?

② **譌字와자 문제** 우리들이 쓰는 ‘慈’는 ‘慈’의 譌字다. 아마도 ‘慈’가 ‘慈’의 譌字임을 알고 있는 사람조차 극히 드문 우리의 現實에서, ‘慈’가 「康熙字典」의 字體라 하여 本字를 굳이 써야 하겠는가?

③ **劃數의 차이에서 야기되는 字體의 混亂 문제** ‘流(9)－流(10)’ ‘臣(6)－臣(7)’ ‘致(9)－致(10)’ ‘政(8)－政(9)’ 등의 例에서 앞의 것은 「康熙字典」의 字體요 뒤의 것은 우리들의 現用字體현용자체다. 이럴 때 「康熙字典」의 字體를 固守하여 꼭 앞의 字體로써 교육해야 할 것인가?

④ **변으로 쓰일 때의 字體 문제** 「食」이 변으로 쓰일 때에는 ‘食·

> 倉·食'으로, '示'는 '示·ネ'로, 그 字體가 多樣한데, 이것도 그냥 默認묵인하고만 있어야 하겠는가?

나는 꼭 略字를 써야 한다거나, 現用字體를 따르는 것이 옳다는 식의 主張을 내세우려는 것은 아니다. 어떤 字體, 가령 「康熙字典」의 字體를 따르겠다면 그 字體를 標準字體표준자체로 삼는다는 明確한 方針이 있어야 한다는 뜻에서 하는 말이다.

效率的효율적인 漢文敎育을 하자면 字體의 混亂이 없도록 標準字體의 選定이 時急시급하다는 것을 提言제언하는 바이다.

2. 基礎漢字의 消化에 대하여

敎育課程令을 보면 高等學校에서 履修해야 할 漢文科의 授業 單位 배당은

⎧ 人文系(必修)……4단위~6단위
⎩ 實業系(選擇)……2단위~4단위

로 되어 있다.

고등학교에서 이만한 단위 배당이라면, 적어도 高等學校用 基礎漢字 9百 字는 다 배울 수 있도록 漢文敎科書를 編修하는 것이 옳지 않았겠느냐 하는 생각이 든다.

그런데, 人文·實業 共用의 高等漢文Ⅰ 교과서 다섯 種을 살펴보니, 그 중의 한 권은 이에 대한 配慮배려를 했으나, 나머지 네 권은 모두 이를 眼中에도 두지 않고, 6單位를 履修이수했을 때에만 9百字를 다 배울 수 있도록 엮어져 있다.

따라서, 漢文을 必修해야 하는 人文系 고등학교를 졸업했는데도 基礎漢字 9百字도 다 못 배우고 졸업하는 학생이 많이 생긴다는 二律背反的인 矛盾모순이 나타나게 마련이다.

理想論이야 어떻든 간에, 2單位를 履修이수하는 실업계 고등학교의 학생들은 기초 한자 9百字 중의 3分의 1인 3百字 정도밖에는 배우지 못한다는 不合理性은 是正되어야 하며, 明年度부터라도 이를 是正할 수 있는 方案이 모색되어야 할 것 같다. 문교부의 誠意성의 있는 措處조처를 바라마지 않는다.

3. 教科書의 內容에 대하여

이에 대해서는 다음의 두 가지 측면에서 살펴보기로 하자.

첫째, 題材面제재면에서의 內容

文教部가 教科書 편찬의 指針에서, 題材 選定은 우리나라 것과 中國의 것이 6대 4의 比率을 유지해야 한다고만 밝혀 두었다.

그래서인지는 몰라도, 5種의 漢文教科書에 採錄채록된 題材는 文章數로는 3百이 넘고, 그 出典 내지 領域영역도 多樣하다.

교과서마다의 特色이 있다는 점에서 좋게도 評할 수는 있으나,

(가) 다섯 권의 교과서가 選定한 3百이 넘는 題材 중에서 5種의 교과서가 다같이 題材로 選定한 것은 단 한 文章도 없다.

(나) 題材의 難易度에 대한 視點도 교과서마다 달라서 고등학교 教材로서는 부적당하다고 생각되는 文章도 있다는 등의 흠이 눈에 뜨인다.

6年마다 교과서를 改編개편해 나가겠다는 문교부의 方針이고 보면, 이 교과서로써 공부하는 학생들은 한글 專用政策의 덕택으로 漢字 내지 漢文과는 因緣을 끊고 있었다는 점을 감안하여 좀더 쉽고, 좀더 親近感을 느낄 수 있는 교과서로 만들었어야 했으리라 여겨진다.

둘째, 註釋의 正確性

우리나라에서 刊行된 字典이나 玉篇을 뒤적여 보면 '佟동'의 음이 무엇인지 똑똑히 밝혀 둔 책이 없다.

명색이 漢字文化圈에 드는 文化民族으로서는 有口無言이랄 수밖에 없

는 부끄러움마저 切感하는 우리의 現實에서, 교과서인 高等漢文의 註釋주석이 정확해야 한다는 것은 再言의 여지조차 없다.

다음에 드는 예는 우연히 발견한 일이지만, 우리나라 漢學界의 泰斗태두라 할 수 있는 이우성·이동환·임형택 세 분이 共著한 문운당 刊行의 「漢文 I」의 135페이지에

〔鹿柴(녹시) 사슴의 우리란 뜻으로……〕

와 같이 주석되어 있다. 「柴」字는

① 시……섶, 땔나무……佳의 韻統
② 채……우리, 울짱……卦의 韻統

와 같아서 '鹿柴'는 '녹시'가 아니라 '녹채'로 읽어야 하는데도 이 같은 失手를 저질렀는데, 著者의 權威권위 때문에 一線敎師나 학생들에게 미치는 영향은 우리들의 상상을 훨씬 넘어서고 있다.

물론 失手이겠지만, 앞에서 말한 것처럼 漢字音마저도 제대로 밝혀 줄 字典 하나 없는 우리들이라는 점을 감안하여, 문교부나 著者가 좀더 親切하고도 細心한 注意를 교과서 제작에 기울여 주었으면 하는 욕심이 생긴다.

하기야, 文敎部 자체가 이들 교과서를 無視하고 있는지도 모를 일이지만…….

4. 漢字 早期敎育의 是非에 대하여

漢字敎育을 國民學校 때부터 하는 것이 옳으냐 그르냐의 문제를 놓고 TV對談을 하는 프로가 얼마 전에 있었다.

한글專用論과 國漢混用論의 兩側代表 두 분씩이 나와 벌인 對談이었는데, 결국 굽힐 줄 모르는 兩極의 主張 때문에 收穫수확은커녕, 입씨름 말리기에 진땀만 빼는 司會者사회자를 보는 정도로 끝나버린 對談이었다.

傾聽者경청자로서 失望한 것은 2世國民의 교육을 위한 가장 眞摯진지하고도 生産的인 對談이라는 분위기는 찾아볼 수 없고, 지금껏 되풀이해 온 論爭의 復習을 위한 對談이었다는 점이다.

대담의 主題가 漢字의 早期教育조기교육 문제였다면 좀더 科學的이고 統計的인 資料에 근거하여 어떤 結論을 얻기 위한 방향으로 말이 오고 갔어야 하지 않겠는가? 더구나, 오늘 내일로 미룰 수 없는 教育의 문제이고 보면, 그 重大性을 깊이 깨닫고 討論토론하는 姿勢자세가 있어야 했으리라 여겨진다.

사실, 한글專用이냐 國漢混用이냐의 衒學的현학적이고도 講壇的강단적인 激論격론은 4半世紀 이상의 세월에 걸쳐 귀 아프게 들어 왔기에, 각 主張의 長短點을 잘 알고 있는 우리로서는 더 듣고 싶지도 않으며, 이들 論爭이 우리 文化發展에 寄與기여한 貢獻度공헌도보다는 國民教育에 미친 混亂이 더 컸다는 사실을 아는 우리들이 아닌가?

漢字早期教育論이 한글專用政策에 밀리어 숨도 제대로 못 쉬다가, 지금 다시 고개를 든 것은 中學校와 高等學校에서 漢文教育을 必修教科目으로 履修이수시키게 된 狀況의 변천 때문이다.

다시 말하면, 國民學校 때부터 한 字 두 字씩 아무런 抵抗저항도 받지 않고 익혀 나갈 수 있는 數百字의 漢字를, 구태여 中學校에 들어와서 새삼스레 많은 努力과 새로운 精力을 傾注경주해서 배우게 할 필요성이 있겠는가 하는 것이 早期教育論者들의 主張인 것 같다.

이 같은 論據를 뒷받침할 수 있는 實例를 몇 개 들어보자.

{ 산이 높다……산(5획)
  山이 높다……山(3획)

법을 만드는 국회……법(10획)
法을 만드는 국회……法(8획)

형님이 오셨다…형(7획)
兄님이 오셨다……兄(5획)

반은 너가 가져라……반(7획)
半은 너가 가져라……半(5획)

이들 例는 劃數面획수면에서 漢字敎育이 한글교육보다 더 어렵지 아니하다는 主張의 論據논거가 되겠지만, 이 외에도 語義混同어의혼동의 防止, 造語力조어력의 伸張, 文意理解의 迅速性신속성 등 많은 長點을 列擧할 수 있다.

더구나, 固有語보다 훨씬 더 많은 漢字語의 한글表記로 말미암아 일어나는 여러 가지의 不便, 中高等學校에서의 漢文敎育과 국어 교과서의 漢字並記 등 여러 가지 狀況까지 곁들여 생각할 때, 漢字를 忌避기피하는 나머지, 能率的·效率的인 漢字早期敎育論을 반대하게 된다는 것은 참으로 어리석은 일이 아닐 수 없다.

漢字의 知識에 대한 문제는 사실 敎育을 시키느냐 안 시키느냐 하는 次元에서보다 國民의 生活武器로서의 漢字를 어떻게 하면 國字로 消化할 수 있겠는가의 次元에서 論議되어야 할 문제일 것 같다.

이 길만이 文化民族으로서의 오늘을 사는 우리의 슬기요, 民族文化를 斷絶단절없이 꽃 피워 나가는 우리의 지혜임을 거듭 강조하고 싶다.

〈東亞出版社 國語科長/ 어문연구 25·26호〉

國民學校부터 漢字를 가르치라

金 東 旭

1922~1990년. 忠南 洪城 출생. 문학자. 연세대 교수, 예술원 회원, 민족문화추진회 회장 역임. 어문연구 14호의 〈卷頭言〉으로 실린 이 글은 數學이나 科學보다도 言語生活이나 文字生活은 제 일차적인 命題라고 지적하고, 수천년의 예지와 創意力의 근원인 한자를 기억력이 가장 왕성한 초등학교 때부터 가르칠 것을 주장하고 있다.

知識이라는 것은 多多益善이라 알아서 나쁠 것은 없다. 이탈리아의 어느 言語學者는 96개국 말을 알고, 文學評論家문학평론가 르네 웰렉은 26개국어를 안다 하여 우리와 같이 海外에 가보지 못한 사람이 벙어리 노릇하는 것을 못내 부끄럽게 생각한 적이 있다. 이리하여 '아는 것은 힘이다'라는 命題가 우리 같은 사람에게 있어서도 切實한 憧憬동경의 對象이 되어 있다.

漢字도 이와 못지않은 하나의 知識이다. 그래서 나는 국민학교부터 漢字를 가르치라고 主張한다. 그 이유는 간단하다. 漢字가 아직 우리 주위에 살아 있고 現實的으로 使用하고 있는 이상 이 現實을 無視할 수 없을 뿐만 아니라, 가장 記憶力기억력이 왕성한 국민학교 때부터 漢字를 가르치라는 것이다. 이렇게 主張하면 일부에서는 나보고 事大主義者니 금방 나라를 팔아먹는 逆賊역적같이 몰아댄다.

그럴까? 그렇다면, 國家에서는 莫大한 돈을 들여가며 義務敎育의무교육을 하고 있는데 더구나 義務敎育을 받고 있는 국민학교 학생은 그분들의 實驗

對象실험대상이 아니라는 것을 분명히 알아 둘 필요가 있는데 또 義務敎育은 完成敎育이라는 것도 알고 있을 터인데, 中·高·大學에서 배우라고 하지만 못 가는 아이도 있는데, 新聞·雜誌가 오랜 經驗경험으로 아직까지 漢字를 쓰고 있는데 - 이것을 고치지 못하고 애매한 아이들만 눈 뜬 장님을 만들고 있느냐 말이다. 또 그분들이 우리 辭典의 60여 %가 漢字語라는 것을 모를 리 없다. 몇 백자의 漢字, 1,800여자의 漢字를 알고도 그 60여 %의 半은 解讀할 수 있다는 것도 알고 있을 것이다. 더구나 그분들은 漢字를 많이 아니까 한글專用해도 不便을 느끼지 않을 것이다.

나는 보통학교 출신이라 4학년 때의 여름방학 宿題숙제가 매일 하루에 漢字 2,000자씩 쓰는 것이었다. 당시는 苦痛고통스러웠다. 선생을 怨望원망하기도 하였다. 그러나, 그 德澤덕택으로 지금도 2,000자란 漢字를 使用하고도 또 그 이상의 漢字를 알고 지내고 있다. 그 때 내 나이 지금의 국민학교 5학년 학생의 나이다. 이렇게 하면 되는 것이다. 그런데 지금은 그분들이 漢字는 한 字도 가르쳐서는 안 된다는 것이다. 그 漢字를 가르치는 時間에 科學을 가르치고 數學을 가르치라고 主張한다.

그런데 그 사람들은 잊고 있다. 數學이나 科學보다도 言語生活이나 文字生活은 第一次的인 命題인 것을! 國家的인 次元에서 보더라도 과거 2,000년 동안 蓄積축적된 文化財를 몇몇 專門家를 養成해서 學者로 만들어, 이를 飜譯번역 解讀시키겠다지만, 이것이야말로 百年河淸을 기다리는 격이 될 것이다. 지금은 舊世代가 있으니 可能하겠지만 앞으로의 일이 걱정이다.

나는 대학 일학년의 국어를 해마다 맡고 있다. 첫 시간에 들어가 履歷書이력서를 써워 본다. 이것은 옛날 보통학교에서는 6학년 때 하던 일이다. 그 나타난 결과는 오늘날의 대학생의 漢字實力이 옛 국민학교 6학년 實力보다도 못하다는 사실이었다. 자기 現住所·本籍본적을 漢字로 못 쓰는 사람도 간혹 있을 정도이고, 더구나 이력서의 形式에 맞도록 쓰는 학생은 10여 년 동안 한 사람도 없었다. 이렇게 生活國語를 度外視도외시하고 數學을 가르치고 科學을 가르쳐서 무엇을 하겠다는 말인지 모르겠다.

그래서 나는 主張한다. 記憶力이 旺盛한 시기에 漢字를 가르치라. 국민학교 6년이란 세월을 허송세월시키지 말라.

漢字는 수천년의 叡智예지와 創意力의 根源인 것이다. 時空을 超越초월한 古代의 傳統과 文化의 結晶결정을 국민학교부터 익히면서 東洋人으로서의 自覺과 世界的 視野시야에서 한국을 바라다보는 文化移植문화이식을 體驗的으로 直感시킬 수 있을 것이기 때문이다.

〈延世大教授・文博, 어문연구 14호〉

漢字文化와 한글文化

金 成 植

1908~1986년. 平南 平原 출생. 고려대학교 명예교수 역임. 文字의 사용이 한 민족의 문화를 형성하는 요체인데, 우리 민족의 경우는 오랜 기간 漢字를 사용하여 문화를 형성하여 왔음을 강조하고, 첫째로 우리 민족의식의 寶庫인 傳統文化를 연구하기 위해, 둘째로 古典敎育을 받은 敎養 있는 指導者를 양성하기 위해, 마지막으로 문화의 二元主義, 곧 고등문화와 대중문화의 병존을 위해 漢字와 漢文을 교육하여야 한다고 역설하고 있다.

民族과 民族을 구별하는 것은 血統이 아니요 文化다. 헤르더의 말과 같이 世界는 마치 百花가 競演경연하는 花壇화단과 같이 多趣多樣다취다양한 文化를 가진 민족이 서로 文化面에서 경쟁하는 場所다. 個人文化가 鄕土文化로, 그것이 다시 民族文化로 발전하여 한 時代의 世界文化를 형성하는 것이다.

그러므로 어느 민족이나 그 生의 目的은 文化創造와 발전과 交流에 있다고 하겠다. 歷史는 간다. 로마도 가고 히브리도 가고 헬라도 갔지만 그들이 남긴 文化는 지금까지 世界人이 享有하는 寶物보물이 되고 있다. 文化는 그 민족의 生命이라고도 하겠다.

文化는 人類가 불과 文字를 使用함으로써 急進展하였다. 불의 使用으로 文化의 물질적인 面이, 그리고 文字의 使用으로 그 精神的 知的인 面이 창조되고 발전된 것이다. 그리하여 文字를 일찍 使用한 民族이 文化民

族이 되었던 것이다. 그뿐만 아니라 文字에 의해서 傳統的 文化가 기록되고 간직될 수가 있는 것이다. 그런데 文字는 한 民族의 유구한 歷史 속에서 創始되고 발전되어 왔다. 우리 민족의 경우에는 한글이 創始되기 이전에는 漢字를 사용하였다. 國語의 太半이 漢字에서 由來된 것은 그것을 말하여 준다. 마치 西洋에서 로마人이 헬라語에서 라틴語를 발전시켰고 오늘의 西歐人이 라틴語에서 各自의 國語를 발전시킨 것과 같다. 라틴語는 西歐의 共通的 國際語가 된 것 같이 漢字는 東洋의 共通的 國際的 文字라고 하겠다. 그리고 지금의 西洋人이 라틴語를 外國語로 생각하지 않는 것과 같이 漢字는 적어도 韓國이나 日本에서 外國文字로 취급될 성질의 것은 아니다. 이런 점에서 보면 一部 한글 學者들이 漢字나 漢文을 外國語로 간주하고 이를 배격하려는 생각을 갖고 있는 것은 온당하지 못한 것으로 본다. 東洋에 있어서 가장 오랜 文化的 傳統을 가진 나라는 中國이었고 中國의 漢文化圈內에 들어 있었기 때문에 韓國이나 日本이 文化民族으로 成長할 수가 있었다. 漢文化圈外에 있는 민족이 文化的으로 후퇴하고 있는 이유도 거기에 있는 것이다. 東洋뿐만 아니라 西洋에서도 마찬가지였다. 로마帝國의 지배를 받아 라틴文化圈內에 듦으로써 불란서나 스페인, 그리고 영국 西歐 어느 나라보다 앞섰던 것이 아닌가? 로마의 支配를 받지 못한 東歐나 러시아는 라틴文化圈外에 있었다. 때문에 文化的으로 뒤질 수밖에 없었던 것이다. 그러므로 數千年동안 文化를 창조하고 育成하고 발전시킨 漢字를 外來字라고 배격할 이유는 하나도 없다. 文化民族이란 外來文化를 自己化시킬 수 있는 才能이 있는 民族을 가리키는 말이니 그런 점에서 우리는 훌륭한 文化民族이라고 아니 할 수 없다.

우리가 漢字를 배우고 漢文을 읽을 수 있도록 교육하여야 된다는 이유는 세 가지가 있다고 하겠다. 하나는 우리 傳統的 文化가 모두 漢文으로 되었기 때문에 그것을 연구하려면 漢字뿐만 아니라 그 文章도 배워야 된다는 말이다. 傳統文化는 우리 民族意識의 寶庫다. 우리 민족의 모든 思想,

思考方式, 生活樣式, 그리고 윤리와 도덕이 전통 문화 속에 있다. 或者는 이 전통 문화를 알리기 위해서는 漢字와 漢文敎育을 전문화해야 된다고 주장한다. 그러한 한 가지 分明히 알아 둘 것은 文化가 專門化되면 멀지 않아서 古典硏究家가 소멸된다는 것이다. 모든 계산을 컴퓨터로 하면 人間의 科學的 思考能力은 쇠퇴하게 마련이다. 언제나 文化는 普遍化되어야 그 중에서 特殊한 전문가가 나오게 된다. 따라서 漢文硏究와 교육도 普遍化되어야 앞으로 貴重한 存在로서의 漢學者가 배출되게 된다. 그리고 우리의 古典이 漢文化의 영향을 받아 形成된 것이니만큼 中國의 古典도 우리의 古典의 一部가 된다는 것을 알아야 한다. 19世紀 헬라가 터어키로부터 독립하려는 전쟁을 시작했을 때 西歐人은 헬라愛護運動 Phil Hellenism을 일으켰었는데 그것은 헬라의 古典을 西歐人의 古典으로 보았기 때문이다. 또 한 가지 좀 色다른 이야기이지만 日本이 中國을 侵犯할 때 岩波書店主人 岩波茂雄은 日本의 文化를 育成한 中國(漢文化)에 대해서 思惠를 갚는다는 것이 고작 총과 칼로 하는 것이냐고 日本軍閥을 罵倒매도하였던 것인데 이것도 漢文化를 日本文化의 一部로 생각했었기 때문이다. 이런 것들은 崔萬理一派와는 전혀 다른 일이었다.

둘째로 指導者 養成을 위해서 漢字와 漢文을 교육해야 되겠다. 或은 한글만 알고는 지도자가 되지 못하는 法이 어디에 있느냐고 항의가 있을 수도 있다. 그렇게 된다면 多幸일지도 모르나 現在는 물론 앞으로도 漢字를 모르는 사람은 지도자 되기가 힘들다. 왜냐하면 西洋에서도 마찬가지지만 무릇 지도자는 古典敎育을 충분히 받아 敎養이 높은 사람이라야 한다. 英國 같은 데에는 實際로 그렇게 되어 있다. 물론 例外는 있지만. 英國의 옥스퍼어드나 케임브리지 두 大學은 意識的으로 古典 Greek-Latin 교육에 힘을 쓰고 이 두 大學에 들어가려면 퍼블릭 스쿨에서 古典語를 충분히 修學하여야 한다. 그리고 특히 政治的 지도자는 대개 이 두 大學의 出身인 것이다.

바커 E. Barker의 말과 같이 英國의 首相이나 大臣과 같은 高級公務員

은 대개 이 두 大學出身으로 定해져 있다는 것이다. 이것은 헬라·로마의 古典教育이 지도자로서 資質을 갖추는 데 얼마나 必要한가를 말한 것이다. 古典教育은 教養있는 젠틀맨을 養成하는 데 없어서는 아니 된다. 젠틀한 人間은 現代的 教育보다 古典教育이 낫다. 오늘날 韓國의 지도자는 古典教育을 받지 못한 사람이 많고 따라서 젠틀하기보다는 러프한 사람, 즉 러프맨 Rough-man이 많이 있게 되는 것이다. 韓國史에서 보는 兩班階層 또는 선비가 모두 四書三經과 같은 古典教育을 받은 사람이었다는 것은 英國의 紳士와 같은 바라고 하겠다. 왜 古典教育이 지도자로서 있어야 되느냐 하면 古典은 壓縮된 現代的 思想이요 무엇보다도 人間性의 基本에 근거한 人間學이기 때문이다.

마지막으로 漢字·漢文教育의 必要性은 文化의 二元主義, 즉 高等文化와 大衆文化의 並存을 위해서다. 엘리트文化와 庶民文化는 文化程度가 높은 나라에는 어디나 있었고 또 있다. 아프리카와 같은 地域에는 原始文化는 있어도 高等文化가 없다. 그러니까 文化는 向上되지 못하고 있다.

우리의 경우에는 漢字文化는 高等文化요 한글 文化는 大衆文化라고 하겠다. 大衆文化는 國文學史에 의하면 壬亂 이후 庶民層서민층의 擡頭대두로 발달되었다고 하는데 上流社會에서는 李朝末期까지 漢文을 사용하였다. 그리하여 한글 文化는 上流層에 침투하지 못했고 또 마찬가지로 漢文文化는 一般大衆 속에 뿌리를 깊이 내리지 못했다. 한글 創制 초기에는 漢文文化와의 충돌이 있었던 것은 누구나 아는 사실이다. 이렇게 해서 高等文化와 大衆文化의 交流는 正路를 밟지 못했다. 그러나 과거 우리 민족이 두 개의 文化를 가지고 있었다는 것은 文化民族으로서 손색이 없는 것이라고 하겠다.

우리가 高等文化와 大衆文化의 並存병존을 주장하는 데는 두 가지 이유가 있다. 하나는 高等文化가 있어야 大衆文化의 質的 向上이 이루어진다. 美國移民은 文字 그대로 烏合之卒오합지졸의 사람들이었다. 그러나 清教主義 puritanism라는 高等文化에 의해서 오늘의 우수한 文化를 美國이 가질 수가 있었다. 英國의 19世紀 俗物主義 philistinism도 宗教의 復興으로 타락되지 않았다. 물론 高等文化는 大衆的은 아니다. 그러나 이것이 있어야 庶民文化가 向上된다. 漢字文化도 少數人의 文化임에는 틀림 없으나 그래도 한글 文化를 向上시키는데는 커다란 役割역할을 한다. 實際로 漢字를 아는 學生과 모르는 學生을 비교해 볼 때 前者가 우수하다는 것은 누구나 알고 있다. 해방 이후 우리 文化가 低俗化된 이유 중의 하나가 漢字廢止에 있다고 하겠다.

또 한 가지 이유는 文化의 多元化를 위해서 漢字를 사용해야 되겠다는 것이다. 비단 漢字뿐 아니라 西歐語도 우리 문화를 多彩다채롭게 하여 준다. 文化의 二元主義는 四元主義 내지 八元主義로 文化를 多趣多樣하게 만든다. 文化의 多元化가 文化民族의 자랑할 만한 일이다. 美國文化의 特異한 점은 世界 어느 민족보다 文字 그대로의 多元文化를 가진 데 있다고 하겠다. 누구나 享有할 수가 있는 文化를 가진 나라가 바로 美國이다. 그와 반대로 文化의 單一化는 문화의 退步만 가져올 뿐이다. 그러므로 筆者 個人의 意見으로는 우리 文化의 多元化를 위해서 漢字는 두고 두고 사용해야 된다고 본다.

〈慶熙大教授 · 文博/ 어문연구 9호〉

文化上의 孤兒가 되지 않기 위하여 漢字도 배워야 한다

金 成 植

1908~1986년. 平南 平原 출생. 고려대학 명예교수 역임. 이 두 편의 글은 韓國 史學 發展에 크게 공헌한 필자가 1959년 〈사상계〉와 1962년 〈동아일보〉에 각각 실은 논설로서, 당시 한글專用論이 격심하지도 않은 시대에 펼친 先見的 名論調라는 점에서 『어문연구』에 재록한 것이다. 첫 번째 〈文化上의 孤兒〉는 러시아가 로마문화와의 단절로 인해 문화상의 孤兒가 된 예를 제시하면서 한자 폐지 또는 부사용은 우리 나라를 아시아 문화권에서 벗어나 문화상 고아로 만들 우려가 있음을, 두 번째 〈漢字도 배워야 한다〉는 한글전용론자들이 주장하는 한문 전용의 害毒은 일본의 예를 봐도 근거 없으며, 전통문화와의 연결과 新文化의 창조를 위해서 한자 교육이 반드시 필요함을 역설하고 있다.

이 두 篇의 論說은, 한글專用의 妄論이 激甚격심하지도 않았고, 또 따라서 그에 대하여 우리의 反對論이 砲門을 열기보다 훨씬 以前에 發表된 先見的 名論調이다. 舊稿구고이지마는, 그 속에 들어 있는 변치 않는 原理의 新趣신취를 찾아 맛보기 위하여 여기에 再錄한다. <編輯者>

文化上의 孤兒

西歐文化史上에서 볼 때 러시아는 文化上 孤兒고아라고 한다. 그것은 러시아는 西歐와 같이 一定한 文化的 遺産유산과 文化史的 背景을 갖지 못하였다는 말이다. 10世紀에 그리이스正教가 傳播전파되었다고 하나, 그것은 어디까지나 宗教的 活動에 그쳤고, 西歐文化의 一部인 그리이스의 古典文化는 전하지 못하였다. 13世紀에는 蒙古族몽고족의 支配지배를 받아 東洋的인 要素가 많이 남아 있고, 17世紀 末期에 피오트르大帝가 西歐化政策을 强行하였으나, 그것은 어디까지나 억지 春香格춘향격으로 皮相的이었고, 러시아人의 精神을 西歐化시키지는 못하였다. 이리하여 러시아는 系統계통 없는 文化上 孤兒가 된 것이다.

그와 反面에, 西歐는 系統 있는 여러 차례의 文化的 變動변동을 겪어 왔다. 西歐는 古로마帝國의 支配 밑에서 로마文化에 접하였고 로마教會를 통하여 基督教기독교를 信奉신봉하였으며, 그리이스·로마의 古典文化의 洗禮세례도 받았고, 共通的인 封建制度봉건제도와 騎士道기사도도 알았다. 都市復興도시부흥과 大學을 共通的으로 가졌었고, 文藝復興문예부흥과 宗教改革의 文化上 變動도 經驗하였으며, 啓蒙思想계몽사상과 프랑스革命을 다 같이 지내서 西歐文化圈을 形成하기에 이른 것이다. 그러나 러시아는 以上의 모든 文化史的 契機계기를 經驗경험하지 못하여 西歐文化圈內에 들지 못하였고, 文化史上 庶子 노릇밖에 할 수가 없었다.

이 文化上의 孤兒, 혹은 庶子 러시아는 19世紀에 무던히 西歐化하려고 애를 썼다. 그러나 西歐와 같은 文化史的 契機계기를 가지지 못한 러시아는 西歐化의 正路를 걸어가지 못하고 終當종당에는 비뚤어진 길을 걸을 수밖에 없었다. 그것은 西歐文化의 異端者이단자, 共產主義의 길을 취하였던 것이다. 토인비에 의하면 西歐基督教社會는 基督教式으로 生活하지 못하였기 때문에 共產主義공산주의 異端者가 나왔다는 것이다. 이 共產主義야말로 庶子 러시아의 취할 길이었다. 이리하여 우리는 連綿연면한 文化的 傳統을 가지지 못한 러시아의 運命을 두렵게 생각하는 바이다.

그런데, 우리나라는 中國과 日本과 더불어 아시아文化圈內에 속하는 나라요, 共通的공통적인 文化史的 契機를 經驗하여 온 나라다. 西歐文化의 二大基礎라고 하면 그리이스思想과 基督教思想이요 아시아의 그것은 佛

敎와 儒敎유교이겠는데, 우리 民族은 中國이나 日本 사람과 같이 이 系統 있는 文化的 傳統을 모조리 받아 가지고 지금에 이른 것이다. 西歐에 있어서 라틴語를 통하여 이 나라 文化와 저 나라 文化가 交流되고 理解되었다고 하면, 아시아에서는 漢文을 통하여 그러하였던 것이다. 하나의 言語는 하나의 言語圈을 形成하는데 基本條件이 되었던 것이다. 스페인이 모슬렘 敎徒교도의 文化圈內에 있다가 西歐文化圈으로 되돌아온 것도 라틴語를 통해서였다. 그뿐만 아니라, 中世西歐人은 라틴語를 알았으므로 各國으로 不便 없이 旅行여행할 수가 있고, 서로 交通할 수가 있었던 것과 같이 아시아 各國도 漢文을 使用하였으므로 使臣들과 碩學들이 서로 오가고 할 수가 있었던 것이다. 그리하여 라틴語는 西歐의 國際語였고, 漢文은 아시아의 國際語여서 이 말을 모른다는 것은 그만큼 文化的 共同體에서 벗어나는 일이 되었다.

그러나 지금 韓國의 形便으로 보면 아시아文化圈에서 벗어나 韓國的인 文化圈을 形成하려는 傾向경향을 나타내고 있는 것 같다. 그것은 解放해방 이후 漢字를 廢止폐지 또는 制限하는 데서 오는 結果이었다. 解放 이후 社會의 輿論을 無視한 一部 한글學者의 反動的 行爲에 의하여 漢字는 이 社會에서 점점 사라지고 말게 되었다. 學校敎壇학교교단에 서는 사람으로 經驗하는 것은 같은 學年에서 年齡이 높아 漢字를 아는 學生은 漢字를 모르는 年少한 學生보다 學問의 實力이 優越우월하다는 것과, 또 每年 大學의 新入生의 實力이 低下된다는 것이다. 漢字를 모르는 學生은 아는 學生보다 제대로 文章을 엮지도 못하고, 또 讀書力도 不足한 것이다. 이미 나는 漢字를 廢止 또는 不使用으로 韓國의 民族은 그 歷史的 傳統에서 解放되었다고 말한 적이 있다. 그것은 그것대로 解決되는 問題가 아니다. 韓國이 漢字를 使用치 않음으로써 우리는 아시아 文化圈에서 벗어나고 있다는 사실을 알아야 한다. 漢字를 使用치 않는다고 하여서 文化가 向上되고, 그것을 使用하므로 그만큼 文化가 뒤떨어지는 것은 아니다. 文化의 向上과 發展은 주로 社會制度에 있는 것이다. 中國의 文化的 停滯정체는 그 文字

에 있다기보다는 그 社會制度의 나쁜 곳에 있다고 보아야 할 것이다. 日本은 우리보다 漢字를 더 많이 使用하면서도 아시아에서 앞선 길을 가고 있지 않은가? 이대로 가면 韓國은 그 자체의 歷史와 文化를 모르게 될 뿐만 아니라, 아시아의 文化的 共同體에서 떠나게 된다. 오늘의 韓國은 過去의 繼續계속이요, 過去의 韓國은 아시아文化圈 안에서 자라 온 나라다. 이 엄연한 歷史的 事實을 無視한 政策으로 오늘의 韓國은 思想的 貧困과 文化的 低下를 經驗하고 있다. 漢字廢止를 主張하는 사람 중에는 "現在를 보지 말고 未來를 보라. 우리는 한글로 새로운 文化를 創造하여 우리 民族은 물론 아시아 各國 사람으로 하여금 우리의 文化에 젖게 하며, 우리의 한글을 배우게 하고, 나아가서는 世界人에까지 우리의 文化를 미치게 하면 되지 않느냐?"고 말할 사람이 있을지도 모를 일이다. 그렇게 되면 오죽 좋으랴. 그러나 가죽이 있어야 털이 나는 법이다. 가죽의 한 部分은 漢字다. 漢字는 우리 國語의 一部가 되어 있다는 것을 歷史는 가르치고 있고, 漢字廢止는 文化의 混亂과 低下를 우리에게 가져온 것밖에 없다.

여기까지 쓰고 나니 바이블의 蕩子탕자 譬喩비유가 생각이 난다. 어떤 傳統이 있고 家法이 있고 生活의 安定性이 있는 家庭에 厭症염증을 느낀 아들이 자기의 몫을 타 가지고 世上에 나가 제멋대로 살다가 거지가 되어 다시 自己父親의 집으로 돌아온 이야기다. 지금 世界의 知性人의 눈초리가 東洋文化 속에서 무엇을 찾으려고 헤매는 이 때에, 漢字를 廢止함으로써 東洋文化에 無知하게 되는 우리 民族은 돌아오는 蕩子가 되겠는가? 文化上의 孤兒가 되겠는가? (1959. 9. 思想界)

漢字도 배워야 한다

한글專用과 漢字廢止를 다시금 主張하는 사람이 있다. 더구나 革命期라고 하여서 이 機會에 漢字를 모든 刊行物과 文書에서 송두리째 뽑아 없애자는 소리다. 한글專用을 固執고집하는 사람은, 一般的으로 漢字는 배우기 어렵고 쓰기에도 不便하며 또 남의 글이라는 것을 强調하고 있다. 그러나 이것은 되지 않은 소리다. 아무리 어렵고 不便한 남의 글이라도 우리 生活에 必要하면 使用하게 되는 것이요, 그런 境遇경우에 다만 制限하여 쓰자는 소리는 있을 수 있다.

事實 우리의 日常生活이나 또는 學問生活에 漢字가 必要하여서 使用하고 있지 않은가? 또는 舊韓國은 漢文專用의 害毒해독으로 망하였다고 主張한다. 이것은 國史를 全然 모르고 하는 소리다. 李朝는 爲政者의 黨派싸움과 虐政학정으로 망하였다는 것은 三尺童子라도 알고 있는 事實이다. 日本은 儒敎와 漢文을 崇尙숭상하고도 忠君愛國의 國民道德을 세워, 우리보다 앞선 나라가 되었던 것이 아닌가? 漢字를 使用하는 것은 國民의 自尊心에 어긋나고 事大思想의 根據근거가 된다는 것을 말한다. 지금 英語에 열중하고 있는 것은 自尊心과 事大思想에는 關係가 없다는 말인가? 文化가 앞선 나라의 言語를 배우고 使用하는 것은 後進國民의 피할 수 없는 事情이다. 그뿐만 아니라, 漢字는 우리 글자 以前부터 使用한 글자요, 우리의 말 大部分이 漢字에서 생겨났으며, 우리의 古典이 모두 漢文으로 되어 있다는 것을 알아야 한다. 또는 事大思想도 사람이 가르쳤지 漢文이 가르친 것은 아니다.

다음에는 漢字를 使用하면 '知識貴族지식귀족'이라고 한다. 도대체 '知識貴族'은 누가 만들었으며, 80% 이상 漢字를 모르는 사람은 누가 만들었는가? 學問에 從事하는 사람이 必要해서 漢字를 使用하면 '知識貴族'이라는 것은 어처구니없는 소리이다. 한글을 發表한 지 五百年이 지났으니 한글專用은 時機尙早시기상조가 아니라고 한다. 五百年이면 어떻고 千年이면 어떠랴. 한글이 學問上 術語로 使用되기에는 아직도 어림이 없는데 있어서 말이다. 西洋의 各國語는 六百餘年 전부터 꾸준히 發展했고 古典語의 글자와 音을 그대로 따서 學術語에 使用해 왔기 때문에 지금 各國語로 新文化創造에 充分한 바가 있다. 그럼에도 불구하고, 18世紀까지 科學者 뉴

우튼은 라틴語로 著書를 냈고 史家 랑케도 19世紀 中葉 라틴語로 大學正教授대학정교수의 就任演說취임연설을 하였으며, 옥스퍼드大學은 今日에도 卒業式에 라틴語를 使用한다는 것이 아닌가? 카톨릭에서 라틴語를 公語로 使用하고 있음을 除外하고라도, 漢字는 西洋古典語와는 달리, 아직도 우리에게 살아 있는 글자다. 東洋에서 통하는 글자가 漢字다. 좌우간 教科書가 한글로 되고 看版간판과 또 一般雜誌일반잡지가 한글로 되어 있으며 漢字를 모르는 사람이 많아져 가니 한글만 專用하자고 主張한다. 이것은 코 막고 답답하다는 소리와 같다. 責任책임 없는 소리다. 解放 이후 젊은 世代에게 한글專用의 教育을 官權으로 强行해 놓고, 漢字에 無識한 國民이 많아져 감을 보고 "보라! 歷史가 證明하리라! 한글은 반드시 專用되고 漢字는 없어지리라!"고 良心이 있는 사람이면 말할 수 없으리라. 좋다. 한글專用에는 一理가 있다. 그러나 一理로써 九理는 支配하지 못한다. 보라, 國民學校에서 高等學校에 이르기까지 漢字使用을 禁止했기 때문에 어떠한 結果가 나타났는가를. 소위 學問의 殿堂전당이요, 新文化創造의 場所로 보는 大學의 質이 차차 낮아 가고 있지 않은가? 解放初期나 中期의 大學生보다 지금의 大學生의 實力이 얕아지는 것은 漢字와 漢文에 그만큼 어두워졌기 때문이 아닌가? 漢字를 아는 學生이 모르는 學生보다 學究에 우월하고 言動에 重厚중후한 것은 무슨 理由일까? 學生들이 輕薄경박하여지고 實力보다 要領요령을 爲主로 하는 傾向은, 결국 한글 便利主義편리주의의 영향을 받았기 때문이다. 시끄럽고 努力이 많이 드는 漢字를 없앴으면 좋겠다는 것이 學生들의 말이다. 이런 생각이 漢字 이외의 다른 學問에도 미치어 學問의 世界에 깊이 파고들려는 생각이 學生들 간에는 적어지고 있다. 漢文을 아는 世代와 모르는 젊은 世代間의 世代意識도 漢字教育의 無視에서 생긴 바가 많다. 지금 젊은 世代에는 傳統的 文化의 傳授전수가 斷絕단절되어 있다. 도대체, 한글專用을 固執하는 사람은 歷史의 法則을 모른다. 西洋의 近代文化도 古典을 등에 지고 생긴 것이 아닌가? 우리가 新文化를 創造하려는 경우에도 우리의 古典이나 中國의 古典을 無視할 수는 없지 않느냐 말이다. 그렇다면 學生들에게 古典을 가르치기 위하여 漢字는 불가불 使用되어야 할 것이다. 漢字는 우리를 傳統的 文化에 連結시키는 동시에 新文化創造의 方便도 되는 것이다.

或者혹자는 傳統을 無視한다. 그러나 傳統的 文化에서 飛躍비약하면 生命이 짧고, 傳統的 文化에 뿌리를 박고 자라난 文化는 生命이 길다는 것을 알아야 한다. 어린 草木을 移植이식할 때에는 原土를 뿌리에 붙여야 산다. 한글로 新文化를 創造하려면 당분간 漢字가 밑받침 노릇을 하여야 한다. 文化의 向上은 그 質의 向上을 優位로 하고 大衆을 끌어올리는 데 있다. 發達된 社會는 多元社會요, 거기는 多元的 文化가 必要하다. 多元的 文化가 있는 곳에 文化는 發展하게 마련이다. 制度는 하룻밤 새에 만들 수 있으나, 文化는 長久한 歲月을 요한다. 그러니까 文化의 急變급변은 精神的 混亂과 文化的 後退만 가져온다. 그것을 우리는 解放 이후 오늘에 이르기까지 經驗하고 있는 것이다. 우리는 아시아의 文化圈에서 孤立할 수는 없다. 이제 革命政府는 우리의 知的 低下를 막고 文化의 向上을 위하여 明年度 教科書改編時 制限된 漢字를 括弧괄호안에 넣어 學生들로 하여금 必要한 漢字를 배우도록 하여야 될 것이다. (1962. 2. 東亞日報)

〈本會理事, 慶熙大教授 · 文博/ 어문연구 10호〉

오늘의 敎育
-漢字敎育은 국민학교부터

金 永 驥

이 글은 朴正熙 前大統領의 恩師로 널리 알려진 敎育界의 元老 金永驥 先生의 인터뷰를 再錄한 것으로, 이 가운데는 국민학교 한자 교육 철폐에 반대하며 漢字敎育은 국민학교부터 이루어져야 하다는 것, 문교부가 제정한 常用漢字 정도면 충분하다는 것, 그리고 국어순화 운동의 의의는 있으나, 국어순화에 한계가 있다는 것 등 어문정책과 관련된 견해가 포함되어 있다.

本稿는 1976년 8월 25일 『敎育世界』社가 은퇴한 교육계의 元老이신 金永驥先生을 인터뷰한 것으로, 때마침 文敎部의 갑작스런 國民學校 漢字敎育 철폐와 관련, 여기 再錄한다. <編輯者>

日帝治下의 식민지 교육에서 大邱師範學校대구사범학교 敎諭교유로 한국인 학생들에게 우리 민족의 역대 『時調百首集』을 엮어 민족혼의 북채로 抗日精神을 북돋우다가 大田 형무소에서 옥고를 치른 바 있는 金永驥(75)박사는 朴正熙大統領의 은사로 널리 알려져 있기도 하다. 金박사는 교육계를 떠난 지금에도 <漢字敎育의 早期實施> 등 略字制定의 시급함을 주장하고 있는데, 교육계의 원로인 金박사가 본 오늘의 교육을 들어 본다.

—선생님께서 교단에 서 계실 때 역사적 인물 중 어떤 분의 德化를 가장

으뜸으로 손꼽아 가르쳤는지요?

「우리 민족의 역사를 詳考상고할 때 그 공적과 덕화가 위대했던 두 분에는 文에 있어서는 世宗大王, 武에 있어서는 忠武公충무공 이순신장군을 들어 가르쳤습니다.

특히 세종대왕은 나 자신이 이분에게 미치다시피 해서 지난 3월에는 경기도 여주에 모신 세종대왕 영릉의 성역화 건의문을 대통령께 제출해서 5월 4일 1억 3천여 만원의 예산을 들여 이 지역의 성역화 사업을 추진했습니다.

그분의 나라 사랑, 백성을 사랑하는 마음이 곧 교훈입니다. 그분이 우리 한글을 만드시고 반포해서 이제는 한글의 세계적 우수성이 곧 우리 문화의 긍지가 돼 있습니다만 세종임금께서는 항상 쉽게 배워서 우리의 말과 뜻을 백성들이 서로 불편 없이 충분히 통할 수 있게 하는 것이 소망이셨습니다.

항상 상감이 계시는 궁궐과 멀리 떨어져 있는 낙도 산간의 백성들이 임금에게 호소하고 싶은 것이 무엇인지 알아보려고 애썼고, 그래서 신하들을 보내 낙도에 있는 외로운 사람들의 사정을 알아 오도록 했습니다.

그런데 돌아와 보고하는 신하의 보고서나 낙도 백성의 호소문은 모두 한문이라 평소 백성끼리 주고받는 가장 알아듣기 쉬운 말을 쓸 수 없고 뜻도 제대로 나타내지 못해 隔靴搔癢격화소양이었습니다.

신을 신고 발바닥을 긁는 격이라 가려운 곳을 시원하게 긁지 못하는 안타까움이었죠.

이 일을 위해서 직접 成三問·申叔舟 두 신하를 불러 당시 중국에서 만주의 요동 땅에 귀양하고 있는 성음학자를 열 세 번이나 찾아보게 했습니다.

지금 같으면 비행기나 기차를 타고 간다지만 그 때 사정으로 遼東요동까지 열 세 번이나 보냈으니 그 정성이 얼마나 지극하였으며 나라 사랑과 백성을 아끼고 사랑하는 마음이 얼마나 지극한 것입니까? 마침내 이렇게 해서 한글을 만들어 냈습니다.

지금 우리는 학교 교육에서도 세종임금님의 이 나라와 백성을 사랑하는 마음을 교육 속에 뿌리내려야 합니다.」

—선생님의 교단생활 중 가장 잊혀 지지 않을 때는 언제인지요?

「대구사범학교 교유(교사)시절입니다. 그러나 같은 사범학교라도 서울사범은 1종이고 나머지 평양·대구사범은 2종으로 한 급 낮았습니다. 이런 시대였지만 학생들은 모두 열심이었고 민족정신이 강했는데 그 때 제자 중엔 朴大統領박대통령도 있었습니다.

제가 대구사범에서만 10년을 근속했는데 <민족의 선배로서 후배인 秀才들을 위해서는 징역을 산대도 좋다.>는 각오로 우리 조상들이 남긴 역대 『時調百首集』을 엮어 학생들에게 가르쳐 주었습니다.

주로 고려가 무너질 때의 정포은 선생과 그 어머니가 아들에게 준 <까마귀 싸우는 골에 백로야 가지 마라. 성난 까마귀…>, <이 몸이 죽고 죽어 일백 번 고쳐 죽어/임 향한 일편 단심…> 등 날마다 한 수씩 가르쳐 주고 그 다음 날 시간엔 꼭 외어 보도록 해서 그런지 그 때의 제자 중에 시조 몇 수 못 외는 사람은 없었습니다.

이렇게 일본인 교사들 모르게 가르쳐 준 민족혼의 교육은 끝내 일본 경찰들의 눈에 띄어 대전 형무소에 끌려가 옥고까지 치렀는데 내가 가장 고맙게 여기고 역시 교육의 힘이 무서운 것이라는 느낌을 받은 것은 지난 71년 1월 7일에 朴大統領께서 <정신적 자원개발>이란 휘호를 <김영기선생 7순에 즈음하여>라고 써 줘서 이걸 대구에서 옛 제자들이 마련한 나의 『古稀論文集고희논문집』에 수록한 일입니다. 나는 이것을 朴大統領이 나를 위해 써 주신 것이기도 하지만 <정신적 자원개발>을 정책적으로 착안하셨다는 사실에서 더욱 교육자의 보람을 갖게 되는 것입니다.」

—한글 전용화와 漢字敎育復活 문제로 관련 학계의 찬반이 일고 있음은 어제 오늘의 일이 아닌데 이 문제에 대한 평소의 생각은 어떤지요?

「한자는 근대식으로 볼 때 대단히 불편한 문자입니다. 배우기 어렵고 쓰기 어렵고 인쇄하기 어렵고, 다만 보기 하나는 세계 제일입니다. 글자는 보기 위해서 만들어진 것으로 이 점에서는 무서운 매력을 가지고 있습니다.

그러나 쓰기에는 아주 불편합니다. 전보도 못 칩니다. 그래서 중국 사람들은 집집마다 1천자 가량 추려서 만든 전보용 책자가 따로 있습니다. 그래서 글자에다 번호를 매겨 두고 전보칠 때는 번호로 칩니다. 받은 사람은 그 번호대로 글자를 대조해서 뜻을 알게 됩니다.

그러나 漢字의 매력은 세계 어떤 나라에서도 보기 어려운 뜻글의 상징체로서 과시합니다. 일본도 가나(カナ)가 소리글자로서 만들어져 쓰고 있지만 가장 가치 없는 어줍잖은 문자입니다.

그러나 세계적으로 제일 획이 적어요. 그런데도 읽기가 대단히 어려워 <가나>만으로 된 책이 하나도 없습니다. 책은 보기 위해서 만드는 것인데 뜻을 담아서 보기엔 어려워 완전한 소리글자가 못 됩니다.

그렇지만 우리 한글은 완전한 글입니다. 소리 나는 대로 따라 쓸 수 있고 타이핑도 가능합니다. 세계적으로 우수한 문자입니다.

이런 한글을 두고 전용하느냐 겸용하느냐로 다투는 것은 좀 생각해 볼 일입니다.」

—그렇다면 **漢字教育** 부활은 타당하다는 주장인지요?

「이 문제에 대한 질문이나 대답이 급하지 않습니다.

지금 중국에서도 한자 때문에 골치를 앓고 있습니다. 新疆省신강성 지역에서는 벌써부터 문자 개혁을 시도하고 있는데 이 개혁은 저들의 광범한 지역에서는 어렵습니다.

그리고 중국에서 문자가 개혁된다 해도 일본에서는 한자가 남게 될 겁니다. 왜냐? 필요하기 때문이지요.

일본은 한자를 받아들였으되 자기들 나름으로 소화해서 略字를 제정해서 音과 訓으로 쓰고 있습니다. 우리보다 앞선 셈이지요.

우리도 한자를 우리나라에 들여왔으면 씹어서 새겨서 생활화했어야 합니다. 지금 우리는 무엇보다 한자의 약자 제정을 서둘러야 할 때입니다.」

—한자의 약자 제정이나 국·한문 혼용이 한글전용화에 어떤 영향을 줄

것으로 봅니까?

「西浦 金萬重의 「漫筆錄만필록」에 보면 <우리나라 사람들 중에 우리의 말과 글을 두고 남의 것을 즐겨 쓰는데 이것은 앵무새가 사람의 말을 흉내 내는 것과 같고 세간의 아녀자들끼리 주고받는 하찮은 말이 오히려 남의 글과 말을 빌어 쓴 논리보다 낫다>고 했습니다. 나라 사랑은 우리의 말과 글을 아끼는 데서 비롯됩니다.

세종임금이 아무리 훌륭하다 해도 우리말이 2천년 동안 한자 문화권에 속박되어 완전히 유린되었으므로 당장은 한글이 전용되기 어렵습니다. 흔히들 한글전용을 표기의 전용화로 알고 있는데 이건 잘못입니다.」

—요즘 벌이고 있는 국어순화운동은 어떤가요?

「순수한 국어순화가 어렵습니다. 우리말의 8할이 한자어일 정도로 근원이 뽑혀져 있어 어렵습니다. 이런 속에서 순화다 전용이다 해 봐야 어렵죠. 다만 늦었지만 이런 주장이나 운동은 시작에 의의가 있으므로 높이 평가해야죠. 또 언어는 누가 제정하는 것이 아니고 백성들이 항용 많이 쓰는 말을 다듬어 써야 순화가 됩니다.」

—漢字가 어렵다고 하는데 이걸 쉽게 빨리 배울 방법은 없겠는지요?

「漢字는 문교부가 제정한 상용한자면 됩니다. 신문도 이 범위에서만 쓰도록 계도하여 어렵지 않게 해야 합니다. 그리고 **漢字教育**은 **國民學校** 1학년부터 하루 한 자씩만 가르쳐도 6년이면 2천 2백자쯤 배우게 됩니다. 학교~가정이 협력해서 학교 가는 날은 학교에서, 안 가는 날은 집에서 이렇게 한 字씩 가르쳐 주면 어려울 것 없습니다. 그래서 상용한자는 중학교까지 다 배워 고등학교에 가면 충분히 보고 쓸 수 있게 해야 합니다.」

—孝에 대한 생각은 어떠신지요?

「갈수록 세대차가 무서워 할아버지가 손자를 가르칠 수 없게 됐습니다. 걱정입니다. 孝란 동양식의 대가족 중심의 전통 사상인데 서양식으로 핵가족제가 더욱 부채질해서 점점 어렵습니다. 그러나 막상 핵가족제인 미국사람들이 오히려 토요일이면 부모를 찾아보고 인사하는 등 효성이 지극합니다.

학교 교육을 통해 어려서부터 <내 부모는 내가 아니면 누가 모시고 보살필 것인가>를 가르쳐 이걸 생활화하여 풍토화시켜, 갈수록 무서워지는 윤리 타락을 막아야 합니다.」

연전까지만 해도 <大韓三樂會長>으로 퇴직 교원들의 노후 생활을 보살피는 데 앞장섰던 김박사는 제갈공명의 말대로 <항상 자기 생각과 뜻을 편안하고 담박하게 먼 데까지 비추고 밝게 갖는 것>이 左右銘이라면서 「부디 **高等學校**를 나오고도 **신문 한 줄 못 읽는 일**이 어서 **없어졌으면** 한다.」고 아쉬워했다.

〈前서울市教育委員 · 文博/ 어문연구 13호〉

國民學校教育과 語文教育

金 圓 卿

1929년생. 忠南 唐津 출생. 서울교육대학교 명예교수. 이 글은 發達心理學의 시각에서 人間의 기본이 되는 성격이나 행동, 언어나 인지력, 지능의 개발 등이 모두 어린 시기에 이루어진다는 점을 지적하고, 綜合性의 原理나 基礎教育의 原理 중에서 가장 으뜸이 되는 것은 言語 教育이므로, 우리나라도 선진 외국에서처럼 初等學校에서 自國語 時間을 40% 以上線으로 늘려야 하고, 漢字를 基礎 부분만이라도 가르쳐야 한다고 주장하고 있다.

人間은 教育에 의해서 完成된다는 말을 합니다.

그러나 그 教育 중에서도 가장 중요한 教育은 幼兒期유아기와 少年前期의 教育 즉 國民學校教育입니다. 그 理由는 國民學校時期의 教育은 高等學校나 大學의 教育처럼 特定한 教科나 學科目의 論理的 體系를 傳受전수시키는 教育이 아니라, 人生 全體에 대한 基礎教育기초교육이 된다는 점에 있으며 人間의 特殊특수한 일부분의 훈련이 아니라 한 人格體 전부에 잠재되어 있는 可能性을 모두 자극해 주고 고루 教育하는 全人的인 教育이라는 점에 있습니다.

人間은 70세, 80세 살지만 그 80년 동안 살아갈 基礎나 기반은 10세 前後까지 完全히 닦아지며, 그때에 얼마나 健全건전하게 제대로 바탕을 쌓아 올렸느냐에 따라서 80세까지 제대로 흔들림 없이 살아갈 수가 있다는 것입니다. 이것은 人間의 기본이 되는 性格이나 行動도 대체로 어린 시기에 자리가 굳혀지고 言語나 認知力, 知能의 開發도 어린 시기에 이루어진다는 것이 오늘날의 發達心理學의 理論입니다.

따라서 國民學校에서의 基礎敎育은 다른 어떤 敎育보다도 重要하며, 基礎敎育이 허물어지면 그 다음의 敎育은 물론 제대로의 성취가 어려운 것입니다. 國民學校敎育은 主知主義敎育이 아니라 잠재되어 있는 人間의 全能力을 골고루 자극하는 敎育이요, 人間 全體의 發達을 시도함과 동시에 人間性을 啓發계발하여 조화롭고 완전한 人格을 육성하는 全人敎育단계인 것입니다.

특히 兒童期의 敎育은 論理에 호소하는 高等學校보다는 실제 지도가 더 어렵고 그 理論 역시 쉽게 정립하기가 어려운 교육단계입니다.

그렇기 때문에 國民學校 敎育課程은 가르쳐야 할 範圍범위나 系列이 高等學校의 敎育課程보다 어렵고 綜合性종합성을 띠고 있습니다. 그 綜合性의 原理나 基礎敎育의 原理 중에서 가장 으뜸이 되는 것은 漢字敎育이며 言語의 敎育입니다. 事實 國民學校敎育의 모태는 言語敎育이며 모든 敎育의 기반은 國語(言語) 敎育으로부터 시작해서 國語敎育으로 끝나는 것입니다.

말이나 文字敎育은 모든 學問(敎育) 중에서 가장 轉移性전이성이 많으며 基本이 됩니다.

우리나라는 國語敎育의 敎科時間 비율이 다른 科目全體에 비해서 30%가 넘지를 않으나 東南亞 諸國은 平均 30~35%나 되고 유럽의 先進國 國民學校에서는 自國語敎育을 45~50% 실시하고 있습니다.

이것은 한마디로 말해서 國民學校敎育은 國語敎育이 절반을 차지하는 셈이며 國民學校 때는 國語敎育만 제대로 하면 다른 모든 敎科는 그 바탕 위에 쌓아 올릴 수가 있다는 것입니다. 國語科目은 모든 敎科의 道具敎科도구교과이며 基礎敎科입니다. 땅을 파는 사람은 예리한 연장 즉 삽을 가져야 하듯이 國民學校 때에는 튼튼한 言文의 能力을 키워주는 것이 敎育의 핵심입니다.

그리고 또 한 가지 생각해 보아야 할 문제는 言語나 語文教育은 그것이 커서 知識으로 배우느니보다 言語躍進期언어약진기(언어학습 효과기)인 國民學校 연령 때 集中的으로 가르치는 것이 效果的입니다. 兒童期에는 言語習得力이나 암기력이 뛰어나서 보고, 듣고, 익힌 것을 곧 自己의 것으로 자리 잡게 할 수가 있습니다. 따라서 先進國 國民學校 教育課程을 보면 國民學校 때 自國語만이 아니라, 하나나 둘 外國語의 基礎를 쌓게 하고 있음을 봅니다. 어린 時期에는 어렵지 않게 語文에 接近접근할 수 있을 뿐만 아니라, 일단 자리를 굳히면 그것이 成人의 경우처럼 쉽게 잃어버리거나 잊혀지지가 않습니다.

나는 이러한 見地에서 우리나라 語文政策이나 國語教育면에서 크게 反省할 점이 있다고 말하고 싶습니다.

그것은 國民學校에서의 週當 國語教科時間이 美國이나 西獨, 英國, 프랑스 등 여러 나라에 비해서 너무나 적은 것이 하나요, 國語教科에서 실제 社會에서 엄연히 使用하고 있는 語文 즉 漢字를 가르치고 있지 않은 점입니다.

國民學校教育은 人生 80年의 基礎를 쌓는 교육이요, 全人의 教育이어야 합니다. 그리고 國民學校教育은 그 나름으로 完成教育이요, 獨立된 單位의 獨自的인 教育인 것입니다.

國民學校를 나오면 어떤 理由를 막론하고 그 나라 語文을 對할 수 있고, 使用할 수가 있으며 表現할 수가 있어야 하는 것은 너무나 당연한 論理인 것입니다. 왜냐하면 위에서도 言及하였지만 國民學校教育은 우리나라도 9個教科로 나누어 가르치기는 하지만 사실상 國語教育, 言語教育, 語文教育에 모두 귀결되는 것입니다. 國語의 토대를 튼튼하게 만들면 다른 教科는 高學年에 올라가 自然히 알게 되는 것입니다. 道德의 내용, 反共의 내용, 地理·歷史의 내용, 實科 등 教科書의 내용을 國語教科書 속에 넣었다 해서 달라지는 것은 아닙니다. 글을 읽고 내용을 알며 무엇을 말하고 있나를 아는 힘, 즉 讀解力독해력, 語文解得力어문해득력, 言語驅使力언어구사력, 內用把持力내용파지력, 論理의 傳達力이 문제되는 것입니다.

그런데 文字 自體를 모르거나 어휘를 접해서도 漢字語가 가지는 意味類推의미유추가 전혀 안 되어서 國民學校만 나와서는 社會에 나와 日常生活의 신문하나 못 읽고 간단한 잡지·廣告·情報조차 읽을 수가 없고 쓸 수가 없다면, 이는 큰 문제가 아닐 수 없습니다.

지금 우리나라의 경우는 社會에서 널리 쓰는 語文을 國民學校教育만 마친 兒童은 전혀 받아들일 수가 없으며, 中學校에서도 漢文을 外國語를 다루듯이 週當 한 時間 정도 배워서는 도저히 社會에 나와 효과적인 語文生活을 할 수가 없습니다.

이것은 먼 장래 한글만 쓰건 漢文까지 쓰건 전혀 별개의 次元에서 깊이 反省되어야 할 문제입니다. 社會에서 절대로 없어지질 않고 쓰여져야 할 語文이라면 이것을 國民의 基礎教育分野에서 教育을 하지 않으면 아니되며 마땅히 學習을 시켜야 합니다.

우리나라는 外國에서처럼 國民學校에서 自國語時間을 40% 以上線으로 늘려야 하고, 다른 나라에서처럼 語文教育에 치중해서(外國語도 약간 가르쳐도 무방하지만) 社會에서 널리 쓰는 漢字를 基礎부분만 가르쳐야만 합니다. 漢字가 中國文字냐 韓國文字냐의 是非는 오늘날 社會에서 사용하여 편리하고 轉移價전이가가 높고 實用的이라는 利點이점과 相殺이 안 되는 문제입니다.

우리는 漢字 즉 「中國文字」, 表意文字 즉 「어렵고 發達되지 못한 文字」, 漢字使用 즉 「事大主義」…… 등 관념에서 脫皮탈피해야 합니다. 배우기는 다소 어려워도 일단 배우면, 무한히 效用性이 큰 글자를 가지고 있으면서 이것을 教育의 효과적인 시기에 왜 가르치는 것을 주저하여야 합니까. 설사 그것이 外國文字(아니 外國에서도 쓰는 文字)라도 이미 우리의 것이 되었고, 우리의 모든 古典은 물론 東洋 20億의 共通文字인 바에야 國際化時代 文化交流의 의미에서나 固有文化傳承고유문화전승의 뜻에서도 漢字는 가르쳐야만 합니다. 그리고 그것은 教育의 基礎를 닦는 國民學校 시기에 基礎부문을 가르치는 것이 교육적이고 효과적입니다. 社會나 日常生活에서는 쓰면서 그 글자는 中學校때부터 外國語로써 가르치는 것은 문제점이 있으며 이것은 再檢討되어야만 할 課題입니다.

〈서울教育大學教授(文博)/ 어문연구 53호〉

제 글을 남의 글로 아는 멍청이

-東方文字의 槪念을 밝히며

金膺顯

1927년 서울 출생. 저명한 서예가인 필자는 여러 가지 論據를 들어 漢字라는 명칭은 잘못된 것이며, 한자는 바로 東夷文字이지만 東方文字로 부르는 것이 타당하다고 주장하고 있다. 필자가 내세우는 논거들은 더 檢證되어야 할 것이지만, 이런 주장의 연장선상에서 필자가 한자를 외래문자로 간주하고, 한자를 교육에서 배제하려는 잘못된 현실을 호되게 꾸짖고 있는 점은 주목할 만하다.

우리 東方歷史에는 文字創製문자창제에 관하여 特別특별한 記錄이 보이지 않는다.

文字의 創制者로 皇帝황제의 史官 蒼頡창힐이 鳥獸蹏跡조수제적의 자취를 보고 나누어진 理致이치로 서로 다른 것을 알 수 있어 처음 書契서계를 만들었다고 東漢의 許愼허신이 說文解字序에 적은 것이 처음이다. 물론 文字를 創制하느라면 더 나아가 奎星규성을 우러러 圓曲원곡의 勢세를 보고 龜文鳥跡의 形象을 살펴 널리 모든 아름다움을 採擇채택하여 字를 合하니 이것을 古文이라 한다고도 하였다.

우리 國史大事典에 보면 神誌는 檀君朝鮮 때 記錄을 맡아 보았다는 사람으로 神誌仙人이라 불렀다하며 그의 著述저술을 神誌秘詞신지비사라고 한다. 平壤평양 法首橋법수교 밑에서 읽을 수 없는 글이 나타났는데 이를 檀君 때 쓰던 神誌文이라 보는 이도 있으며 高麗 肅宗숙종 때 金謂磾김위제가 遷

都천도를 主張하는 上疏文에 神誌秘詞를 引用하였다는 記錄이 高麗史에 보이고, 檀君의 가르침을 적은 三一神誌도 神誌가 썼다고 하였다.

皇帝의 史官 蒼頡과 檀君의 史官 神誌가 모두 四千年 以前의 人物이며 또 이들이 文字를 創制하였다거나 記錄을 擔當담당하였다는 事實도 共通한다.

그리고 蒼頡의 鳥跡書碑조적서비와 海東歷代名家筆譜해동역대명가필보에 실린 神誌筆跡이 同一한 것으로 보이고 또 慶南 南海郡 尙州面상주면 尙州里 岩面에 새겨진 刻石각석도 이와 脈맥을 같이 한다는 것은 偶然우연이 아니다.

東方文字의 根源을 여기서 찾자는 것은 아니다. 일찍이 周武王주무왕이 殷은의 紂주를 치고 殷이 滅亡하였다는 事實이 問題이다.

周武王이 西에서 일어나 河南省하남성 一帶로 進攻진공함으로써 東夷族系동이족계의 殷朝가 滅亡하였고 紂에 의하여 갇혔던 箕子기자는 풀려났으나 周에 稱臣칭신하지 않고 朝鮮으로 가서 人民이 좇아 임금을 삼으니 곧 箕子朝鮮 元年과 周武王 元年(紀元前 1122)이 같은 해가 된다.

中國大陸의 黃河文明은 東夷文化동이문화의 精髓정수이고 보면 지금 殷墟은허의 甲骨文字도 따라서 東夷族이 創制한 것이 된다. 이 보다 千八百年이나 앞선 山東의 魯北龍山城址노북용산성지인 丁公遺址出土刻字陶片정공유지출토각자도편의 發見으로 東方文字의 性格이 뚜렷하여졌음은 두말할 나위 없는 일이다.

그리고 東方文字는 中國大陸에서 數千年 동안 發展되어 왔고 또한 우리 東國에서도 같은 期間에 걸쳐 使用하되 彼此피차 같은 脈絡맥락으로 또 同一하게 呼吸호흡한 바 唯獨유독 漢文字로 일컫는다는 것은 一方的인 僭稱참칭이라 아니할 수 없다.

本來 文字로 일컫던 것을 近來 漢文字 乃至 中國文字로 稱하게 된 것은 各民族의 固有文字와 區別하기 위하여 붙여진 名稱임에는 틀림없으나 이 일컬음이 正當한가 하는 問題에 대하여 言及하려 함은 무엇보다도 우리의 問題이다.

우리는 數千年來 모든 典籍이 또 日常生活의 用語가 모두 東方문자로 記錄되고 叙述서술되어 왔으며 그 뿐 아니라 永遠히 東方文字로부터 離脫이탈할 수 없는 運命에 놓여 있음은 否認할 수 없는 事實이다.

그렇건만 이제와서 이 우리 文字인 東方文字를 漢文字로 몰아치고 外來文字化하여 온 無知를 뚜렷이 밝히지 아니할 수 없는 일이 되었기에 굳이 붓을 든다.

中國의 漢代는 西紀前 206年에 비롯되었고 丁公遺址정공유지 刻字로부터 逆算역산한다 하더라도 2千年이나 뒤지는 터라 東方文字를 漢文字라 일컬음은 穩當온당치 아니함은 自明한 일이다.

어느 中國人은 文字가 漢水邊에서 發生하였기 때문에 漢文字라 한다고 强辯하는 것을 들었으나, 이 또한 正當한 主張이라 할 수 없다.

漢水는 中國의 陝西省 寧羌縣北영강현북에서 發源한 漾水양수가 東으로 흘러 沔水면수가 되고 다시 東으로 흘러 漢水로 일컬어졌으니 漢文字 發生의 漢水邊說도 該當해당하는 것이 못된다. 丁公遺址의 刻字나 殷墟은허의 甲骨文字와는 東西의 懸隔현격함은 勿論이다.

文字의 音韻上 問題에 있어서도 우리의 現在 字音이 大陸의 古代音과 同一한 例를 보아도 理解되는 일이거니와 世宗大王의 訓民正音 制定目的이 音韻의 正確정확한 表記에 있었다는 것을 忘却망각하여서는 아니 된다.

訓民正音의 名稱이 뜻하는 것처럼 우리의 正音은 表音을 하기 위한 發音符號발음부호로서 人間의 言語 뿐 아니라 禽獸의 울음소리는 물론 바람이나 물 흐르는 소리까지 表現할 수 있는 가장 正確한 符號이다.

以上의 論據논거로 漢文字는 바로 東夷文字이나 凡稱범칭 東方文字로 함이 옳다는 主張이다.

이 理論을 反對할 根據를 찾지 못하는바 오늘에 이르러서는 中國이나 日本까지도 納得납득하는 現實에 놓여 있음을 덧붙인다.

하물며 우리 一部에서 이 東方文字를 外來文字視하고 百年大計인 教育에서까지 排除배제하고 있는 現實은 차라리 慘憺참담하다고 表現할 수밖에 없다.

더욱 오늘날 新韓國을 建設하려는 氣運이 澎湃팽배하고 人文社會를 이룩하려한다면 무엇보다도 語文敎育부터 그 方向을 올바르게 設定하지 아니할 수 없는 일이다.

〈本會理事 · 東方硏書會長/ 어문연구 79호〉

漢字가 가지고 있는 또다른 威力
-構圖記憶力形成과 向中心性

金 熙 模

1921년 清州 출생. 이 글은 幼兒教育 전공자의 實驗的 고찰이 곁들여 있다는 점에서 주목된다. 필자는 유아교육의 현장 실험을 통해 漢字에 構圖 記憶力을 증진시키는 힘이 있으며, 아울러 向中心性의 의식구조를 형성하는 힘으로 작용할 수 있음을 지적하고 있다. 곧 지능의 요소인 기억력에는 음률 기억력, 순서 기억력, 구도 기억력의 세 종류가 있는데, 한자 교육을 통해 구도 기억력이 현저히 증진된 사례를 실험을 통해 밝히고 있다.

元來 글자란 사람과 사람 사이에 만든 約束약속이라고 볼 수 있다. 다시 말하여 '가'라고 그리고 '가'라고 부르고 '母'라고 쓰고 어머니로 아는 식으로 서로 約束하고 意思傳達의사전달의 方便으로 만들어진 것이라고도 볼 수 있다.

이리하여 이런 글자들 中에서 좋은 글자 좋지 못한 글자를 따질 때 서로 約束하기 쉽고, 約束을 나타내기 쉬운가를 論議논의하게 되는 것이다. 다시 말하여 그 글자를 배우기 쉽고 쓰기 쉬운가를 一次的으로 論議하게 되는 것이다. 이런 一次的인 問題에서 볼 때 한글은 優秀한 글자임에 틀림이 없다.

그 다음으로 좋은 글자로서 갖추어야 할 點은 그 約束을 서로 맺은 사람이 얼마나 되고 얼마나 오랜 동안 지켜져 왔는가 하는 것이 問題가 된다고 본다. 좋은 글자는 正確하게 또 綿密면밀하게 많은 사람이 오랜 歲月을 두고 여러모로 가꾸어 왔어야 한다고 본다.

한글로 서로 約束을 맺은 사람은 南北韓 合하여 5千萬이고 그것이 쓰여진 期間은 5百年 程度인데 比하여 漢字圈은 中共, 日本, 臺灣대만, 越南월남을 合하여 10億을 넘으며 2千年 以上의 歷史를 가지고 쓰여져 있으니 比할 바가 되지를 않는다.

이러한 글자의 根源的근원적인 問題에 이어 漢字가 人類文化에 미치는 힘은 그 外에도 數없이 많을 것이다. 이런 中에서 또 하나 漢字가 가지고 있는 무서운 힘이 있음을 알아야 할 일이 있다.

知能의 源泉的원천적인 要素요소에 記憶力기억력이라는 것이 있다. 그 몇 가지 重要한 것을 들어보면 詩나 노래와 같은 것을 외는 音律記憶力음율기억력이라는 것이 있고, 舞踊무용이나 라디오, 體操체조와 같이 順序를 외는 順序記憶力순서기억력이 있고, 바둑판의 布石을 한눈에 외든가 어떠한 符號부호를 全體的으로 외는 構圖記憶力구도기억력이라는 것이 있다.

元來 記憶이란 反復과 訓練方法훈련방법에 따라 向上하는 것이지만 幼年유년일수록 非常히 高度化될 수 있는 能力이 있다.

그리고 그 中 構圖記憶力養成에는 여러 用具를 使用하나 바둑, 그림 또는 符號를 使用하여 왔던 것이다.

元來 漢字는 象形文字에서 出發한 것으로 보아, 어떠한 뜻을 가진 符號부호라고 보아도 좋을 것이다. 따라서 이 漢字를 어떤 뜻을 가진 符號로 하여 構圖記憶力 增進증진의 教具교구로 使用할 수 있는 것이다. 다만 從來의 글자를 가르치기 爲해서만 하던 方式이 아니고 構圖記憶力을 늘리기 爲한 方式으로 조금만 바꾸면 되는 것이다.

어떠한 幼兒教育도 그러하지만 教育課目이 무엇이든, 그 材料가 어떠한 것이든 간에 가르치는 사람이 意圖하는 것이 뚜렷할 때는 그 課目이나 教材와 關係없이 그 意圖하는 것이 어린이들에게 자라게 마련인 것이다.

漢字로 幼兒들에게 構圖記憶力을 形成시키는 일도 그러하다. 漢字를 가르치기 爲한 漢字工夫가 아니고 構圖記憶力을 늘리기 爲한 漢字工夫

는 若干약간 달라져야 한다.

普通보통 옛날이야기를 하면서 그 이야기 中에 나오는 重要한 部分을 漢字로 보여주는 方法을 쓴다. 例를 具體的으로 들면 어떤 착한(善) 아이가 길(道)가에서 돈(錢)을 주어서 경찰서(警)에 가져갔더니 상(賞)을 받았다는 이야기를 괄호 속의 漢字를 보여주면서 되풀이하고, 여러 가지로 알아맞히는 놀이를 하는 方法을 쓴다. 그러면 어린이들은 自身들이 가지고 있는 認識인식에 따라 착하다는 뜻과 길이라는 것 等을 이 漢字라는 符號에 集約하여 생각게 되는 것이다.

이렇게 符號로서 記憶된 漢字는 劃數획수가 많아 一見 어른들에게는 힘들게 생각되는 글자 例를 들어 거북 '龜구'라든가 돼지 '豚돈' 같은 漢字는 도리어 좀처럼 다른 글자와 헛갈리는 일이 없는 것을 볼 수 있다. 다만 그 글자가 提示될 때 얼마나 興味를 가지고 그 뜻이 印象 깊게 받아들여졌는가가 重要한 것이다. 또 때로는 '步'와 '少'가 混沌혼돈되는 것을 보는데 이는 少의 形態에서 오는 印象이 弱하여 全혀 다른 뜻의, 또 關聯性관련성도 없는 일과 錯覺착각하는 것으로 생각되는 것이다.

그래 보니까 構圖記憶力을 늘리는 方途로서의 漢字工夫에서는 若干의 技術的 面이 必要하여진다. 例를 들어 人・木・月・日・石・大 等 基礎的기초적인 글자를 먼저 가르치고 複雜한 다른 글자의 構成 中에서 미리 아는 部分이 있는가를 찾게 하는 方法 等이다.

이렇게 各漢字全體에서 오는 印象뿐만 아니라 그 構成까지 細密히 보는 觀察力까지 促進촉진시킬 수 있는 것이다. 圖形으로서의 漢字는 아름답기도 하지만 同時에 均衡균형이 있는 符號로도 볼 수 있다.

우리 才能開發研究會에서 다음과 같은 實驗을 해 본 일이 있다.

한 幼兒教室에서 6個月間 上記한 方法으로 漢字를 가르치고 또 다른 教室에서는 漢字놀이를 全혀 시키지 않았다. 그 後, 이 두 教室의 어린이를 한 堂에 모이게 하여 다음과 같은 그림을 그리게 하였다. 큰 白紙에 나뭇가지를 그리고 그 左側에 큰 잎사귀 3枚, 다른 右側에는 작은 잎사귀 4

枚를 붙여서 그렸다. 이 그림을 說明 없이 보여주고 잠시 後에 이 그림을 가리우고 그 그림을 생각나는 대로 圖畫紙에 그리게 하였다. 그 結果 매우 재미있는 事實을 볼 수 있었다.

漢字놀이를 하지 않은 班의 어린이 그림에서는 나뭇가지에 잎사귀가 그려지기는 하였으나 나뭇가지의 位置가 大部分 中心을 벗어나 있고 어떤 것은 大端히 기울어져 있는 것도 있었다. 그리고 左右의 잎사귀의 數가 틀린 것이 많고 잎사귀의 크기가 左側이 크고 右側이 작은 標本을 따른 것은 거의 없었다. 이에 反해 漢字놀이를 했던 班반의 어린이들의 그림에서 뚜렷이 볼 수 있었던 것은 나뭇가지가 畫面의 中心에 直立하여 있었던 일이었다. 左右의 잎사귀의 數도 左3, 右4로 바르게 그린 어린이가 많고 左의 잎사귀를 크게 그린 어린이도 있었던 것이다.

이 實驗의 結果는 漢字敎育이 어린이에게 觀察力을 높여 준다는 것으로 말할 수 있다. 그러나 그것만으로 簡單간단히 보고 넘길 수 없는 다른 事實이 있음을 생각게 하는 것이다.

뜻을 가진 符號로써 배운 漢字는 어린이에게는 그 構圖가 아름답고 同時에 均衡균형이 잡혀 있고 劃間에 相互 關聯性이 있게 느껴지는 構圖記憶力이 形成되어지는 것같이 생각된다.

例를 '明'字에 두면 無條件 밝을 명으로 어린이에게 알릴 수도 있지만 이것이 해의 日과 밤을 밝히는 月로 이루어진 것을 알게 하면 서로 사이의 連關性연관성이 安靜 있게 보이고 글자 全體가 均衡있게 느껴지리라고 생각되는 것이다. 이렇게 反復되고 蓄積축적된 構圖記憶力은 여러 漢字中에서 共通點을 發見하게 되리라고 생각된다. 特히 均衡이라는 것이 있는 곳에는 中心이 있다는 것을 알게 되고, 圖形에서 얻은 事實이 意識構造에까지 影響영향을 미치지 않는가 하는 것을 推理추리케 하는 것이다. 다시 말하여 構圖로서 가르친 漢字의 影響은(勿論 漢字의 意味에서 오는 影響도 곁들이겠지만) 事物間의 關聯性을 생각하는 思考方式과 均衡을 잡아주는 데는 中心이 있다는 것을 漢字符號가 占하는 立體的인 空間에서 中心을 잡으려는 向中心的 思考方式을 促求촉구하게 하지 않을까 하는 생각을 해 보는 것이다.

意識構造의 形成에 있어 幼年期에 無意識中에서 이루어진 것이 決定的결정적 基礎役割기초역할을 하고 있음을 볼 때 漢字가 單只 構圖記憶力을 높여 준다는 機能的인 面만이 아니라 意識構造의 底邊저변에까지 關與할 수 있으리라는 것을 생각하는 것이다. 過去 우리 선비들의 思考方式의 根源的인 面을 따지고 보면 이런 向中心的인 面이 있었음을 볼 때 이를 漢字의 構圖的 機能에서 根源되는 點이 있었을지도 모른다고 생각한다면 이는 너무 飛躍된 推理일까.

萬若, 萬의 一이라도 漢字에 構圖記憶力의 增進과 함께 向中心性의 意識構造의 形成에 힘이 있다면, 果然 이런 威力위력 있는 글자가 또 어디 있을까 하는 것을 생각하는 것이다.

〈韓國才能開發研究會會長/ 어문연구 25 · 26호〉

漢字教育 國民學校부터 한漢混用 教科書로
-제6차 初中等學校 교육과정 改定試案에 대해서 한마디

南 廣 祐

1920~1997년. 京畿 廣州 출생. 인하대 명예교수, 國語學會 理事長, 國語國文學會 代表理事, 韓國語文敎育硏究會 會長. (社)韓國語文會 理事長, 韓國漢字能力檢定會 會長 역임. 『石井式 漢字敎育』의 창시자인 日本의 石井 勳의 실험을 통해 漢字學習이 어린이들의 知能을 현저하게 향상시키는 힘이 있는 것이 밝혀진 사실을 소개하고, 우리 조상들도 조선 시대 어린 나이부터 한자 학습을 시킨 지혜가 있었으며, 개화기와 일제시대까지도 漢字교육의 脈이 이어져왔으나, 美軍政下 한글전용 교과서가 등장하더니, 급기야 1970년 한글전용이 단행되었음을 지적하고 있다. 뒤이어 韓·中·日 三國에서 19세기 후반부터 한자가 수난을 받아왔으나, 점차 한자 학습의 중요성이 강조되어 漢字교육이 강화되는 추세에 있음을 살펴보고, 한자문화권의 도래를 전망하며, 한자학습의 중요성을 다시 한번 강조하는 한편, 국한 혼용이야말로 이상적인 표기법임을 역설하고 있다.

日本 어린이의 知能이 世界 第一位

日·英·美·佛·西獨의 5개국 學者가 협력하여 이들 다섯 나라의 어린이들 지능검사를 한 결과 日本어린이의 평균 IQ는 111임에 비해 다른 네 나라 어린이의 IQ는 100이었다.

歐美학자는 漢字학습에 그 원인이 있는 것으로 생각하고 漢字의 學習은 복잡한 구성을 파악하는 幾何學的기하학적 감각을 발달케 하는 것이 아니냐 추측하고 있다.

日本의 石井 勳(1992. 11月 15日~16日, 韓中우호협회 주최 漢字문화권內의 漢字생활문제 국제토론회 참석)은『漢字學習은 어린이들의 知能을 현저하게 향상시키는 힘이 있다.』라는 발표로 제6회 세계 인간능력 개발회의에서 金賞을 받은 바 있다.

그는『漢字를 기억하는 능력은 1학년이 가장 강하고 상급생이 될수록 약해진다. 유치원생은 小學校 1學年보다도 강하다.』는 실험을 바탕으로 주장하고 있다.

石井 勳이라는 사람은『石井式 漢字教育』의 창시자다.

그의 경력은 특이하다. 패전 후 고등학교 英語教師를 하다가 뜻한 바 있어 중학교 1학년을 담임했는데 그 학생들의 읽기와 쓰기의 능력이 얼마나 낮은 것인가를 알았다는 것이다. 그후 그는 八王子市 교육위원회 지도주사가 되어 中·高校도 담당하는 것이지만 되도록 小學校를 방문해서 특히 漢字教育이 이래서는 안 된다는 생각이었고『드디어는 小學校부터 다시 시작해보자 직접 가르쳐 보지 않고는 아는 것도 탁상의 空論에 불과하다.』고 생각했다. 그는 그후 소학교 1학년 선생이 되었고 유치원 선생이 되어 漢字教育의 실험으로 세계적으로 주목받는 인물이 된 것이다.

그는「나의 漢字教育(私の 漢字教育)」「漢字에 의한 才能開發(漢字による 才能開發—三歲からの 漢字教育)」이라는 책 등을 내기도 했다.(語文研究 55·56호 pp.454~469「石井式 漢字教育」필자의 글. 1987.11)

그는 다년간의 연구실험 결과

(1) 漢字가 가나보다도 기억하기 쉽다.

(2) 漢字는 일찍 교육에 提出한 만큼 유리하다.

(3) 漢字는 어느 정도 수 많이 제출하는 편이 좋다. 아무 漢字나 덮어놓고 많이 제출하라는 것이 아니다.

라는 주장을 서슴지 않는다.

그는 실험결과 「『九』보다는 『鳥』가, 『鳥』보다는 『鳩구』가 쉽다.」라는 것이다. 그럴 듯하다. 「비둘기 『鳩』라는 것은 구체적인 새 이름이지만 「새(鳥)」는 「까마귀」 「까치」 「꾀꼬리」 「참새」 「닭」 「학(鶴)」이라는 구체적인 여러 「새」를 체험한 다음에 생기는 개념이요, 「九」는 「새(鳥)」보다 추상적인 개념이다. 실제로 어린이들은 하나 둘 셋, 잘 나가다가도 엉뚱하게 여섯 다섯 식으로 수의 차례를 뒤집는 경우가 있음을 흔히 보지 않는가.

앞에서 그가 말한 「漢字는 어느 정도 수 많이 제출하는 것이 좋다.」라는 말은 구체적으로 「雨」字와 관련 「雲·雪·雷·電」을 가르치자는 것이다. 충분히 수긍이 가는 말이다.

어린 나이에 漢字를 가르친 우리 조상들의 지혜

옛날 우리 조상들에 의해 어린 나이에 漢字를 가르친 선험이 우리에게 있다.

千字文이나 類合유합, 訓蒙字會훈몽자회 등에 의해 漢字교육을 해 온 것이다. 이것이 일제에 의해, 해방 후에는 한글전용이라는 대세에 짓눌려 망각의 늪으로 빠져 버린 것이다. 우리의 語文정책이 감정으로 흐른 것이다.

石井 勳의 주장은 무슨 새로운 대단한 주장이 아니다. 누구나 조금만 생각하면 깨달을 수 있는 주장이다.

崔世診의 訓蒙字會(중종 22년, 1527년) 「身體」부문에

> 體肩臂肝肺腸胃···각 글자에 들어 있는 '「月」육달월'은 「육체」의 뜻이 있음.

등 글자가 들어 있다.

新增類合(선조 9년 1576년) 「地理」부문에

> 溪泉洞池沙混江湖浪波・・・
> -'氵삼수변 水물수변'의 漢字는 「물」과 관계있는 글자

등 글자가 나온다. 이 訓蒙字會나 新增類合이 부문별로 漢字를 모아 가르치도록 한 것은 우리 조상들의 슬기로써 우리 후손들이 배울만한 슬기다.

우리 祖上들은 漢字부터 가르쳐

우리 조상들은 어린이들에게 앞에서 말한 대로 千字文이나 訓蒙字會 등으로 漢字를 가르쳤는데 「天하늘 천 地따 지 父아비 부 母어미 모」식으로 그 뜻과 음을 가르쳐 온 것이다. 이것이 우리 漢字 교육방법의 전통이었다.

漢字를 배운 다음에 童蒙先習 등 책을 가지고 文章공부를 시작하여 四書五經 등 공부로 들어간 것이다.

새삼 설명이 필요 없는 당연한 공부 순서인 것이다.

개화기・일제시대 漢字교육 脈 이어져

개화기 이래로 교과서를 보아도 국어교과서는 물론, 修身・윤리 교과서 등 모든 교과서가 국한혼용문이었다.

일제시대의 보통학교 졸업생들이 비록 日語시간에 비해 적은 시간의 국어(당시는 조선어라 함)교육을 받았으나 모든 과목에 漢字가 섞인 日文교과서를 가지고 교육을 받았기 때문에 국문 또는 日文으로 된 책이나 신문을 읽을 수 있었고 사무처리능력이 있어 書記나 우편배달부나 代書士노릇

도 했던 것이다.

뿐인가, 지금의 중·고등학교 정도만 졸업하고도 漢字실력을 바탕으로 독학하여 변호사·의사 시험에도 합격하고 문인·언론인도 되어 현재 활동하고 있는 유명한 人士가 얼마나 많은가.

美 軍政下 한글전용 교과서

그런데 해방이 되자 美軍이 진주하고 미군정하에서 조선 교육심의회의가 열려 「漢字사용을 폐지하고 초등·중등학교의 교과서는 전부 한글로 하되, 다만 필요에 따라 漢字를 도림(괄호)안에 적어 넣을 수 있음」이라는 결의를 하여 미군정청이 이를 재가하였으니 한글전용 교과서는 이렇게 해서 탄생한 것이다. 말하자면 미군정의 유산이다.

이 심의회에서 한글전용 교과서를 적극반대한 이로는 玄相允(보성전문교장, 보성전문은 현 고려대), 趙潤濟(서울대 교수)등이 있었으나 대세에 밀려 역부족이었다.

그러나 1945년 12월에 나온 「초등국어 교본」 난외에는 여자(女子) 효자(孝子) 부모(父母)등 괄호 안에 漢字를 넣는 배려를 했던 것이다.

한글전용법안(1948)
漢字使用에관한建議案(1949) 可決

편자는 韓語研 창립 10주년 기념특집호(語文研究 24호 1979.11)에

한글전용법안(1948)
漢字使用에관한建議書(1949) 可決을 오늘의 時點에서 되새겨 본다

라는 글을 쓴 일이 있다.

위 漢字使用에 관한 건의안에 근거하여 1951년에 常用漢字 1千字, 1957년에 3百字 추가, 1965년에는 국어교과서에 漢字 노출 교과서로 하는 조처가 취해진 일이 있다.

1970년 한글전용 단행, 그 후

1970.3 각급학교 모든 교과서를 한글로 개편하고 중학교·실업고등학교 한문교육을 폐지(長官 權五柄)한 후 1971.3.8 한국어문교육연구회(회장 李熙昇) 등 20개 학술단체가 「漢字교육부활촉구건의서」를 발표하였다.

이런 건의·성명·청원 등은 3共 이래로 5共 6共때 걸쳐 40回나 있었으며 학술원·대한교육연합회·국어국문학 국어교육 관계 유관 학술단체를 비롯한 73개 학술단체의 동조, 각계 각층의 저명인사의 호응이 있어왔을 뿐만 아니라 言論의 절대적인 지지가 있어 왔다.

<각종 조사에 나타난 국민학교 漢字교육 지지도>

1. 국민학교에서 漢字교육실시에 대해(1988.3.1 한국갤럽조사연구소 여론조사)

① 찬성 70.9%

② 4학년까지에 시작 71.7% (4학년 시작 43.5% 포함)

③ 800字 정도 61.9%, 1,000字 정도 30.5%, 1,200字 이상 6.3%

2. 국민학교 學父母의 輿論여론조사(仁川教大附國 1986.10.16 발표)

꼭 必要하다. 89.6%

3. 大學生의 輿論조사(89.3.16「東亞日報」보도 16개大 2,431名 조사. 江原·京畿·慶熙·公州師大·檀國·東國·放通大·서울教大·서울大·成均·水原·淑明女大·外大·仁荷大·中央大)

국민학교에서 漢字교육은 실시되어야 한다. 80.5 %

4. 국민학교의 漢字敎育, 正科時間에 國漢混用교과서로 施行建議 (1988.5.26)

韓國語文敎育研究會, 국어국문학회, 국어학회, 韓國國語敎育研究會, 한국국어교육학회, 韓國語文敎育會

이와 같은 취지의 建議(1991.8 현재)署名者 13,649名

韓國語文敎育研究會會員 (社團法人 韓國語文會)	979名
국어국문학회 會員	503名
前·現職 總理·長官	74名
前·現職 大學校總長	37名
學·藝術會員	113名
學術·文化團體長·學者·敎授	403名
前·現職 國會議員	488名
言論人·出版人	85名
社會團體長·辯護士·藝術人·其他	614名
儒敎會本部 直送	4,607名
大韓三樂會 會員등	5,764名

韓·中·日 三國의 常用漢字와 漢字교육 현황

같은 漢字문화권이었던 월남은 19세기 불란서 통치하에서 로마字가 국자로서 보급되어 漢字를 제일 먼저 버렸다.

韓·中·日 세 나라의 漢字문제에 있어서 각 나라마다 漢字수가 많고 배우기 어렵고 쓰기 어려워 자연 문맹이 많았었다는 민족적 자각에서 각각 표음화 운동이 벌어졌으나 한편으로 적잖이 외세의 사주 내지 비호 아래 진행되었음을 인식할 필요가 있다.

19세기 중엽 이후 韓·中·일 3국이 모두 표음화 운동이 고개를 쳐들었고 중국의 문자개혁은 실로 국제 공산당과 소련의 문화침략 음모로 그 주역은 스탈린이었다 한다. 毛澤東이 중국의 공산화를 위해 批孔反儒운동을 벌이고 한때 로마字化를 궁극의 목표로 했었음은 알려진 사실이다.

패전한 日本이 미국교육사절단으로부터의 로마字 移行의 시사도 있어 漢字제한의 기운이 충일했었다.

北韓은 해방직후 소련에서 돌아온 金日成 집권하 전통문화를 파괴하고 한글전용을 실시했었다.

韓·中·日 세나라의 漢字수난은 백 수십년 계속된 것이다.

그러나 이제 韓·中·日 3國의 文字연구는 과학적으로 진척되어 상용한자수는 약 2~3千字 안팎이면 되는 것이다. 漢字의 어려움은 특히 쓰기[書寫서사]에 있는데, 획이 많은 漢字는 약자로 획을 줄여 쓰고 漢字 워드프로세서·컴퓨터의 발전도 급진적이다.

○ 中國···毛澤東 집권후 강력한 文字 개혁정책을 추진, 1952년 6월 常用字表 2千字라는 것이 있었는데 최근 중국문자개혁위원회 한자처에서 나온 자료에 의하면 상용한자 3,500字(상용한자 2,500·次상용한자 1,000)로 되어있다. 1977년에 발표되었던 漢字간략화안 제2차안은 1986년에 試用을 중지하는 등 漢字에 대한 정책전환의 조짐이 있으며 소학교 6년 동안에 가르치는 漢字수는 3,189字이다.

○ 日本···1946년 當用漢字 1,850字 1951년 인명용 漢字별표 92字이던 것이 1981년부터 1,945字의 상용한자와 166字의 인명용 漢字를 써오던 日本은 다시 118字의 인명용 漢字를 추가하고 있다. 한편 1946년 881字이던 교육용 漢字는 1968년에 996字로 다시 최근 1,006字로 늘어났다.

특히 1년 76字→80字, 2년 145字→160字, 3·4년 각 195字→200字로 하급반의 교육 漢字수를 늘리고 있다.

○北韓···해방후 한글전용이던 북한은 64·66년 두 차례에 걸친 金日成 교시에 의해 68년부터 漢字교육을 부활하고 한문시간에 국한문혼용 독본에 의해 漢字教育이 행해지고 있다.

우리 국민학교 5학년부터 中2까지 1,500字, 대학까지에는 3千字의 漢字교육을 하고 있다 한다.(語文硏究 59·60호)

79년 평양에서 발행한 漢文교육용 「국한혼용독본」과 83년 3월 북한의 「인민학교, 고등중학교 과정안」에 의하면 고등중학교 1학년(우리 국교 5학년)부터 국한혼용독본으로 漢字교육을 하고 있으며 우리 國5에서는 주(週)2시간, 국6에서는 1학기에 주 2시간, 2학기에 1시간씩의 漢字교육을 하고 있는 것으로 보인다.(語文硏究 61호)

國校「영어·컴퓨터·漢字 신설」 중학「漢文을 국어로 통합」에 한마디

第5차 교육과정에서 없었던 漢字교육을 제6차 교육과정 試案시안에서 선택으로나마 신설한 것은 進一步라고 할 수 있다.

그러나 漢字를 英語나 컴퓨터와 동렬상에 놓고 생각하는 것은 잘못된 발상이다.

오늘날 우리나라 교육에 있어 量의 팽창에 반비례하여 質의 저하가 문제인 바 대학생이 신문하나 제대로 못 읽고 대학교재를 제대로 못 읽는 상황이다.

중고등학교에서 1800字의 기초한자를 배운 대학생의 25%가 大韓民國을 제대로 쓰지를 못하고 千字의 글자를 가르치는 책이라 그 이름이 千字文인 것을 天字文으로 쓴 학생이 43.3%나 됐다는 통계가 있다. 가장 기억력이 왕성한 초등학교 시절에 漢字를 정식으로 가르치지 않은 까닭이다.

한편 운동원 학생이 대학신문을 장악하여 「로동신문」닮은 신문을 발행하면서 툭하면 정권타도를 부르짖고 사회문제, 학교문제를 들고 나와 혼란을 조장하고 있는 것이다.

1970학년부터의 초·중·고 교과서의 순한글 개편직후 동양 철학자 李相殷이상은(고대 교수)은『한국 精神文化의 천박성은 누가 조장하고 있는가?』라는 글에서 다음과 같이 말하고 있다.

『漢字·漢文에 대한 경멸심리를 학생들에게 조장하여 조국의 문화와 나아가 동양문화 일반에 대한 그릇된 관념을 가지게 하여 따라서 조국의 역사와 문화전통에서 절연되어 감으로써 외래문화에 대한 맹목적 추수(追隨)로 기울어져 自我상실의 결과를 가져 온다.』(語文硏究 제1호 1973.10)

지당한 말씀이다.

우리가 국민학교부터의 漢字교육을 부르짖고 모든 교과서에 漢字를 섞어 써야 한다고 주장하는 큰 이유가 바로 이 자아상실을 막고 이 혼란을 막아 보자는 충정에서이다.

국민학교부터 漢字교육이 왜 필요한가를 구체적인 예를 들어 論하기로 하자.

국민학교의 경우, 현행 교과서에 漢字音이 '가'로 된 서로 다른 글자 '家·歌·加·價·街·可·假·架·苛' 등 9字이며, 그것들이 다른 글자와 어울려 造成된 單語가 초등학교 교과서에만 48單語가 나오지만 이들 造語수는 놀랍게도 764단어(辭典통계)나 된다.

① 이들을 '家 집 가, 價 값 가, 加 더할 가'식으로 가르치면 이 글자들이 앞뒤에 놓여 이루어진 말의 뜻이 분명해진다.

② 발음지도가 쉬워진다. '假·可·架·苛'字는 긴소리요, '家·價·歌·加·街'등이 짧은 소리임을 가르치면 '家電製品·歌手'의 '가'를 길게 발음하는 잘못은 저절로 없어진다.

③ 동음이의어 구별이 쉬워진다. 가구(家口·家具)·가사(家事·歌詞·假死)·가정(家庭·假定)·국가(國家·國歌)의 뜻 구별, '家事·歌詞'와 '假死', '家庭'과 '假定'의 발음구별이 쉬워진다.

등의 利點이 있다.

그런데 이것들의 뜻부분을 가린 채, 音 곧 발음기호로만 가르치니 이는 마치 영어를 발음기호로 써서 가르치는 것보다 더 심한 무리가 생기게 된다.

그리하여 교과내용을 충분히 이해하지 못하게 되고 그것이 축적됨으로 해서 교육과정 성취도의 저조를 가져옴으로써 머리를 나쁜데로만 써 오늘날의 혼란한 사회현상을 빚어내게 된 것이다.

한국어문교육연구회는 일찍부터 이 근원적 문제를 우려하여 특히 국민학교에서의 漢字교육의 부활을 주장하고 여러차례에 걸쳐 정부에 건의한 바가 있다.

그러나 20여년이 지나도록 반영이 안 된 채 그 결과는 갈수록 심각의 度를 더해 가고 있다고 본다.

이상과 같은 현실은 漢字말의 모태가 되는 漢字교육이 국어교육의 지름길이며 모든 교육의 효율을 증진시키는 요체임을 인식해야 한다는 우리의 주장을 이해케 할 것이다.

漢字교육은 국민학교부터 철저히 하되 국민학교에서 1千字 정도, 중학교까지에 2千字 정도의 읽기를 완성하고 고등학교까지에는 단계적으로 쓰기까지의 완성을 목표로 하면 되리라 생각한다. 국어에서 배운 漢字는 다른 교과서에도 적절히 섞는 것이 바람직하다고 생각한다.

○ 漢字교육의 기저 위에 漢文教育의 강화는 바람직하며 漢文교재로는 史觀 및 윤리(옛 古典)적인 것을 우선적으로 하면 좋겠다. 윤리적 위기를 절감하고들 있지 않은가.

○ 英語교육의 국민학교 도입은 신중을 기하는 것이 좋은 듯하며 국제화시대에 대응하는 차원으로 고학년에서 로마字의 기본발음과 그 자형을 익혀 국어의 로마자 표기에 대한 기본적인 이해를 가지도록 하는데 그쳤으면 한다.

끝 맺 이

8개 국어에 능통한 홍콩의 저명인사며, 北京 국제한자연구회와 홍콩어문학회 명예회장인 安子介는 『漢字를 배우게 되면 사람은 더 똑똑하게 된다.』라고 말하였다.

徐德江(중국사회과학원 정책실장)은 21세기 「漢字發揮威力時代한자발휘위력시대」(漢字의 위력을 발휘할 시대)라 하고 『과학적인 漢字교육은 인류의 지혜와 잠재능력을 개발하는 골든 키다.』라고 말하고 있다.

日本의 石井 勳의 주장과 맥을 같이 하는 것이다. 나도 전적으로 동감이다. 漢字교육은 지능계발에 있어 절대적이며 사고력·추리력을 기르는데 큰 영향을 끼친다고 생각한다. 日本이 세계 제1의 독서국임은 小·中·高를 통해 모든 교과서에 漢字를 섞어 철저하게 교육을 한데서 얻어진 결과인 것이다.

결론컨대 현시점에서 우리의 경우, 국제무대에서 漢字문화권 시대가 도래한 것이며 中日과의 각축 속에 선진을 지향하고 있는 바

1. 中日 틈새에 끼어 있는 지정(地政)학적인 조건
2. 우리의 전통문화가 漢字문화다.
3. 우리말의 70%가 漢字말이며 그리고도 등뼈와 같은 존재다. 따라서 국어교육의 지름길이 漢字교육에 있으며 知力高揚지력고양을 위한 독서력은 漢字의 힘에서 비롯된다.
4. 전통윤리는 우리의 古典을 읽는데서 되찾을 수 있다. 고전 읽는 힘을 길러 민족성 회복을 꾀할 일이다.
5. 韓·中·日 세 나라의 현용 상용한자나 그 약자가 얼마간 다르다고 하나 그 대체에 있어 크게 다른 것이 아니므로 문화교류를 위해서나 交易의 실리를 위해서나 漢字는 존중되고 그 교육은 철저히 해야 된다. 컴퓨터 시대에 「漢字의 復權복권」은 당연한 大勢라고 생각한다.

漢字는 시간과 공간을 초월한 존재이며 시각성・조어력・축약력이 한글에 비해 월등한 글자다. 또한 漢字로 표기할 수 없는 말들은 한글이 보완해 주는 것이다. 漢字는 이천년 이상을 차용해 온 漢字말을 적는 國字요, 한글은 世宗이 만들어준 우수한 國字다. 한글과 漢字는 현대 國語를 표기하는 상보적(相補的)인 國字다. 표음・표의의 각 장점을 이용할 수 있는 國漢混用體制야말로 理想的이라고 아니할 수 없다.

〈韓國語文敎育硏究會 會長/ 어문연구 73호〉

國語傳統性回復

南 廣 祐

1920~1997년. 京畿 廣州 출생. 인하대 명예교수, 國語學會 理事長, 國語國文學會 代表理事, 韓國語文敎育研究會 會長. (社)韓國語文會 理事長, 韓國漢字能力檢定會 會長 역임. 漢字 교육이 국어 교육뿐 아니라 모든 敎育의 效果를 증진시킬 수 있고 道義 교육에도 일조가 될 것이고 주장하고 있는 이 글은 우선 우리말 한자어에는 중국식 한자어, 일본식 한자어, 국산 한자어 등이 있지만, 이 모두 우리말 방식대로 읽히므로 결국은 우리말임을 우선 지적하고, 한자어를 순우리말로 바꾼 용어 가운데 상당수가 전통적 造語法에 맞지 않는 생경한 用語임을 예를 들어가며 밝히고 있다. 그리고 한글 愛用 정신은 좋으나 한글 전용은 得보다 失이 많고 漢字語의 뜻을 정확하게 알고 그 발음도 옳게 하려면 국민학교부터 점차적으로 漢字교육을 철저히 해야 한다고 주장하고 있다.

訓民正音 제정 후 訓民正音을 이용해서 이루어진 초기의 작품인 龍飛御天歌용비어천가·月印千江之曲월인천강지곡·釋譜詳節석보상절이 모두 國漢混用이다. 世宗이 한글전용을 주장한 것도 아니다. 訓民正音 제정 전에는 불완전하나마 漢字의 音·訓을 이용해서 저 新羅巡狩碑신라순수비에 나타난 誓記體서기체나 鄕歌를 적은 鄕札향찰이나 吏讀이두·口訣구결 등 모두가 漢字를 이용한 文字生活이었다. 그러는 동안에 자연 漢字말의 비율이 높아져 현재는 사전 통계로 약 70%라고 한다.

그 漢字말 중에는 父母·兄弟·山川·草木 같은 中國産漢字語가 가장

뿌리가 깊고 數字가 엄청나리라. 日語 중에도 이 中國産漢字語彙가 많을 것임은 물론이다. 그런데 19세기 後半부터는 日製漢字語도 한몫 끼어들기 시작하여 활보하게 되었다.

漢語外來詞詞典(中國外來語辭典, 83년 上海辭書出版社刊)에 의하면 安打안타·保險보험·保障보장·本質·必要·標本·表決·波長·不景氣·常識·乘客승객·抽象추상·出版·出口·處女地·處女作·代表·單位·單行本·單元·登記·低調저조·低能·地下水·電報·電話·電池전지·電波·動力·獨占·對照대조·反對·方針·公報·公營공영·公債공채 등이 다 日製語다. 지금은 中國에서도 그대로 쓰이고 있다. 日·韓·中共用語인 셈이다.

漢字語중에는 中日에 뿌리를 둔 것뿐 아니라 國産漢字語도 그 숫자가 엄청나다. 檀國大東洋學硏究所에서 나온 韓國漢字語 사전에는 약 15만 단어가 실릴 것이라는 것이다. 三寸·三從·上監상감·上典·下待하대·下人·不直·丈人·丈家·妻家·妻弟·姑從고종·姨從이종·甥姪생질·伐草벌초·八字·先山·不出·不察불찰·心思 등이 그것이다.

中國에서만 固有의 뜻으로 쓰이는 飯店반점·東西·火車도 있고 일본 固有의 漢字語 家來·小憎소증·酒場주장 같은 것도 있지만 三國에 通用되는 漢字語가 많은 것이 현실이다. 이 경우 韓國音으로 읽으면 韓國語, 日本音으로 읽으면 日本語, 中國音으로 읽으면 中國語가 되는 것이다. 아버지·어머니·할아버지·할머니 하는 순 우리말에서 친근감을 느끼는 것은 人之常情이지만 父母·祖父母도 우리 漢字音으로 읽으면 국어인 것이다.

漢字에 四難이 있다하여 그 短點이 지적되기도 하고 각각 文盲문맹이 많았던 현실에서 美·蘇소 兩大세력의 영향도 있어 라틴文字化論, 漢字制限 가나文字論, 한글專用論 등이 대두되어 漢字退勢한자퇴세의 기운이 특히 二次大戰후 自省자성의 소리와 함께 그런 大勢에 놓이기도 했으나 이제 개괄적으로 漢字回生의 기운이 완연한 듯하며 중국에선 漢字落後論을 단연 否定하고 21세기는 漢字威力發揮時代한자위력발휘시대라고 高唱고창하게 되었으며, 漢字는 中國의 五大發明 중 하나라는 주장이 나오고 있다.

江澤民 總書記총서기는 「海峽兩岸해협양안의 漢字는 종전대로 現狀을 유지하고 장래의 討論을 기다린다」라고 하고 書法에 대해서는 「藝術創作이므로 繁體字번체자로 쓰건 簡體字간체자를 쓰건 作者의 風格과 習慣에 따라야 할 것이다」라고 한 것은 含蓄性함축성 있는 指示다.

中國이나 日本, 韓國을 비롯한 亞洲의 新興工業國群은 亞太時代의 主役들이요, 漢字使用圈한자사용권은 날로 躍進약진해 갈 조짐이다. 이제 漢字落後論은 淸算청산되어야 하며 物質文明에 짓눌렸던 東洋三國은 찬란했던 東洋文化의 繼承發展계승발전에 협조하여야 한다.

컴퓨터 時代에 그 存在價値가 半減반감한 簡體字, 文盲退治문맹퇴치의 一念으로 濫造남조되었던 簡體字에 대해 中國大陸에서 反省이 이루어져 同文化圈間의 交流·交易·交信 등 여러 面에서 相互理解를 增進증진시키는 契機가 되었으면 한다.

우리의 경우 中國과는 사정이 달라 세계에서 가장 우수하다는 한글을 가지고 있다. 소리를 적을 수 있는 글자만도 2,793字(초성 19 × 중성 21 × 종성대표음 7)나 된다. 한글이 있으므로 常用漢字는 2千字면 족하다.

그런데 漢字에는 그 視覺性, 造語力, 縮約力축약력이 있어 한글에 比해 그 기능이 월등하고 時空을 초월한 長點이 있다. 다만 漢字音이 490 개쯤이어서 자연 同音異義語가 많고 한글일가(전력, 전선, 전직, …), 한글형제(고전, 사전, 선전, …)가 너무나 많아 한글 표기만으로는 그 뜻 識別식별이나 그 발음 구별이 어려운 것이 사실이다.

예부터 지금에 이르기까지 國漢混用이 主流였고 小說, 諺簡언간 등이나 聖書 등 한글전용도 있었다. 그 경우에 따라 自由롭게 쓰게 하는 것이 正道다. 그게 傳統回歸전통회귀의 길이다.

李熙昇著 國語學論攷국어학논고 제1집(1947년)에 新語濫造問題라는 一文이 있다. 朝鮮語文學會報 제6호(1933년 2월)의 글이다.

「周時經 선생은 國語文典과 말의 소리에서 물건을 '몬', 공기를 '노', 注

義를 '잡이', 例를 '보기', 품사를 '씨', 名詞를 '임', 動詞를 '움', 학교를 '배곧'이라 하여 우리말에 歸化된 漢字語를 모조리 축출하고 국어식 탈을 쓴 新語로 하려는 노력이 보인다」라고 하여

첫째, 君臨군림했던 漢字에 대한 反感.

둘째, 外來風潮가 侵入침입하는 一面, 甲午更張갑오경장 후 自我에 대한 覺醒각성 高調로 排外思想배외사상이 言語에까지 미친 일.

셋째, 言語學의 知識이 너무 어두웠던 일.

이런 운동이 民衆에게 대환영을 받았고 필자 또한 그와 같은 新語를 만들어 본 일도 있었다. 그러나 時代는 흘렀다. 周時經 선생의 新語創出의 動機는 충심으로 敬仰경앙하는 바이지만 결과에 있어서는 도리어 怪奇괴기를 極하여 난삽하므로 선생의 학설 보급에 지장이 적잖은 것은 周선생을 위하여 애석한 일이라 하였다.

通知를 「두루알이」, 토요일을 「흙날」해야 自我意識에 충실하다는 근거가 어디에 있는가. 學校·文法·名詞가 국어가 아니라면 도대체 어느 나라 말인가. 中國, 日本에서는 「학교, 문법, 명사」라고는 발음하지 않는다.

현실적으로 우리 사회에서 가장 많이 아는 말을 말살시키려 하지 말고 잘 培養배양정리하기에 노력해야 할 것이다. 新語의 濫造남조를 言語의 平易化평이화라 생각한다면 망녕된 생각이 아닐 수 없다. (내용을 필자가 줄여 썼다.)

아직도 傳統的 造語法에도 맞지 않는 生硬생경한 用語 등은 이제 과감히 버려야 한다. 뿐만 아니라 세모꼴 네모꼴이 좋을 듯하나 二等邊三角形이등변삼각형 正四角形 正多角形을 어떻게 할 것인가. 염통은 좋다 치더라도 염통마비는 어색하고 밥통(胃위)은 좋으나 밥통(病병)은 곤란하며 허파는 괜찮을 듯 하나 허파결핵은 아무래도 어색하지 않은가.

「例를 보자」하면 자연스러울 것을 「보기를 보자」는 부자연스럽고 「××일보 2面에 난 記事」는 자연스럽고 「교과서 5페이지」하면 자연스러울 것을 「쪽」은 우습다. 「쪽」은 「이쪽 그쪽 저쪽」이거나 「한쪽 구석」, 「두 쪽에 내

어」처럼 쓰이는 말이다. 傳統的 造語法에 맞는 따개, 손톱까께, 조이개, 신발닦게 등을 권장하면 쓰일 수 있을 것이다. 「함깨자리 나란히마디」 같은 말은 전통적 조어방식에 맞지 않으므로 어색하다.

李熙昇 선생은 國語學論攷에서 「外來語 이야기」(41년 2월 春秋 제2권 제3호)란 一文도 쓴 일이 있다. 「外來語를 받아들이게 되는 것은 社會的 原因이 가장 重大하지마는 心理作用도 또한 크다」라 하여 「1. 好奇心호기심 2. 衒學的현학적 태도 3. 語彙의 淸新한 맛 4. 外來語는 疎遠소원한 反面에 莊重장중한 맛이 있다」라는 要旨의 指摘을 했다. 外來語가 늘어나는 것은 자연의 추세라고 할만하다.

그러나 오늘날의 현상은 너무나 무질서한 外來語의 洪水요 生硬한 外國語의 남용이 귀나 눈을 자극한다. 우리는 文化民族이라는 自矜자긍과 국어 사랑의 精神을 가진다면 어느 정도 自制가 가능하고 우리말化의 노력도 있어야 한다.

姓名 3字는 漢字로 쓰는 것이 傳統的이다. 戶籍호적에도 漢字가 아닌가. 사무 능률상 한글을 쓸 경우도 있겠으나 姓名 3字를 얼마나 所重하게 생각해왔는가.

日前에 權씨 한분을 만났더니 남의 姓을 略字로 쓰는 失禮를 犯하는 사람이 있더라는 지적을 한 일이 있다. 한글 宗氏가 얼마나 많은가. 趙・曺, 鄭・丁, 全・田・錢, 具・丘, 夏・河 등 許多하다. 그런데 이들을 한글 표기로 할 경우 글자의 구별이나 발음의 구별을 못하게 되는 문제가 있다. 長短구별을 하는 것이 전통적이다.

9월 28・29 韓中日 國際회의 席上에서 中國 周四川 교수가 한글 표기의 경우 周씨, 朱씨(마침 延邊연변에서 온 朱成根씨가 있었다)가 同姓이 되지 않는가라는 指摘으로 姓名의 한글 표기의 부당함을 지적하기도 했다. 한글 표기의 경우 同名異人이 얼마나 많은가. 言論에서의 姓名 표기는 가지각색이다. 이래도 과연 좋은 것인가?

地名 표기도 그렇다. 紙上에 광주, 신사 등 표기를 접하는 경우가 있다.

光州, 新寺이겠거니 하지만 廣州, 新沙洞신사동도 있지 않은가. 이 경우 「廣州」의 「廣」은 긴소리다.

신문 記事에서 鄧이후, 5억弗, 濠호, 伊후보, 南阿共남아공, 결승砲포, 智異山, 和蘭人화란인, 國手戰도전 5番棋번기, 印尼인니, 田中딸, 泰 등 表記가 얼마나 알아보기 편리한가. 이것이 傳統에 가까운 표기다. 이 경우 「鄧」은 등, 「印尼」는 인니, 「田中」은 전중으로 읽으면 된다. 그게 국어 傳統이다.

폐단이 없는 限 한글愛用 정신은 좋으나 한글전용은 得보다 失이 많고 漢字語의 뜻을 정확하게 알고 그 발음도 옳게 하려면 국민학교부터 점차적으로 漢字교육을 철저히 하되 6년 동안에 千字 정도의 기초 한자를 바를 정 正, 옳을 의 義 식으로 가르치는 것이 傳統的이다.

音과 訓을 가르치고 쓰기는 쉬운 것부터 그 半 정도의 숫자만 익혀도 될 것이다. 이제 컴퓨터 時代이므로 漢字의 音·訓과 字形만 익히면 쓰기의 어려움은 컴퓨터가 代行해 주게 되었다.

이렇게 漢字 교육을 하면 국어 교육의 效率효율뿐 아니라 모든 教育의 效果를 增進증진시킬 수 있고 道義 교육에도 一助일조가 될 것이다.

〈韓國語文教育研究會長·仁荷大名譽教授·水原大待遇教授/ 어문연구 83호〉

漢字 좀 가르치시오

-在日同胞는 漢字 敎育을 願하고 日本人은 漢字 使用을 願하고 있다

柳 根 秀

1921년 日本에서 출생. 이 글에서 語文運動과 관련된 내용은 앞의 두 절에서 확인된다. 첫째 절에서는 일본 입국 수속時 한자를 제대로 알지 못해 곤욕을 치른 일화를 제시하며, 漢字敎育에 힘을 기울여 같은 漢字文化圈인 東洋에 있어서의 창피한 일들을 免해야 한다고 주장하고, 둘째 절에서는 한국을 여행하는 일본인이 한글전용 표지판 등으로 인해 불편을 겪은 일화를 제시하며 漢字敎育과 漢字使用의 중요성을 강조하고 있다.

筆者는 近年에 日本을 자주 드나들 機會가 있었다. 따라서 日本人들과 우리 同胞들을 많이 만나게 되었다. 그 중에는 靑年學徒들과 政治人들과 社會指導者사회지도자들과 公的으로 或은 私的으로 만나 對談대담할 경우가 많았다.

그 중에서 知識層에 屬하는 在日同胞指導層에 있는 분들이 "제발 우리 나라 젊은 사람들에게 漢字 좀 가르쳐 주시오. 창피해 죽겠어요" 하는 것이고, 韓國을 자주 드나드는 日本人들은 "제발 좀 漢字를 使用해주시오"라고 哀願애원하다시피 한다. 우리 韓國은 分明히 漢字文化圈에 屬하는 나라이고 國民이고 漢字文化를 가지고 누리고 있는 이 나라가 왜 이런 소리를 들어야 하는가 하는 안타까운 心情으로 한글專用의 弊害폐해가 얼마나 큰가를 새삼 吟味음미하지 않을 수 없다.

1. 在日同胞는 왜 漢字教育을 願하는가

이 質問에 대하여 다음과 같은 實例를 들 수가 있다.

有力한 在日同胞 한 사람이 우리나라의 最高學府를 나온 엘리트青年을 技術研修를 위해서 日本에 招請을 했다. 研修生들이 東京 成田國際空港에 到着하는 날 空港에서 入管手續을 할 때의 이야기다.

法務省入國管理局법무성입국관리국에 提出하는 入國申告書에 留宿할 곳을 記入하는데 留宿하는 곳은 '千葉縣松戶市천엽현송호시'였다. 그런데 이 엘리트青年은 '什葉縣神戶市'로 記入한 것이다. 이것을 받아든 入國官吏는 묻는다. '神戶市'는 '兵庫縣'에 있다고 했다. 日本에는 什葉縣이라는 곳도 없거니와 神戶는 兵庫縣으로서 大阪에 가까운 곳이라고 親切하게 說明했다. 이 青年은 東京에서 내리는 것이 便利하다고 들었다고 우겨댔다.

이윽고 入國官吏가 招請狀을 보자고 했다. 千葉縣이고 '松戶市'가 틀림이 없었다. 이 官吏는 韓國의 엘리트青年을 흘겨보면서 "이 글자는 神字가 아니라 松字입니다" 하고 말하고 入國記錄카드를 修正하여 接受접수하였다는 이야기가 훗날 韓國記者團에 傳해져서 漢字를 배우지 않은 世代의 苦衷고충을 同情하였다고 한다.

在日同胞 知識人들이 이 이야길 듣고 얼마나 창피해 했는지 모른다고 했다. 그리고 筆者에게 "우리 젊은이들에게 부디 漢字教育 좀 本格的으로 해주었으면 좋겠다……"고 眞心으로 말하였다.

實相 日本에서는 유치원 아이들에게 漢文字를 가르치고 있으며 그 效果가 대단하다고 한다. 유치원에 가는 어린이는 벌써 교통신호 색깔 외에 左·右 앞으로(前進)·停止정지 등의 글자는 읽을 수 있어서 漢字教育이 實生活에 有益하다고 한다. 그런데 우리는 大學에서도 漢字를 제대로 教育하지도 않고 官公署관공서에서는 한글 전용으로 고집을 하고 있으니 우리의 文字文明은 이대로 後退만 하고 있을 것인가. 在日교포가 아니더라도 이제는 좀 외치고 싶다. 제발 좀 漢字教育에 힘을 기울여, 같은 漢字文化圈

인 東洋에 있어서의 창피한 일들을 免해야 하지 않겠는가고 소리치고 싶어진다.

2. 日本사람은 왜 漢字使用을 願하는가

日本天皇이 우리 大統領의 손을 잡고 今世紀의 한때 遺憾스러웠던 일을 사과하고 다시는 그런 일이 없도록 해야겠다는 말은 韓·日 兩國의 새로운 歷史의 展開라고 볼 수 있다. 따라서 日本 안에 있는 日本機關 日本人들은 韓國을 向한 積極的인 움직임이 눈에 뜨이게 나타나 보인다. 日本에서 일고 있는 '한국붐'은 '한국어 공부'다. 일간 신문이 서울 88 올림픽을 목표로 한국말을 배우자고 前提하여 매일같이 '한국말 공부'欄을 마련해놓고 있는가 하면, 韓日 親善團體친선단체에서는 거의가 '한국어 강좌'를 열고 있다. 그 內容은 여러 가지다. 가르치는 사람의 質에 따르기도 하지만 會話를 中心으로 하는 것이 大多數로 그 중에는 相當한 高級班도 있어 歷史文明文物에 대한 것이나 藝術예술 文藝에 대한 것도 있다. 大衆的으로는 去年 여름부터 流行 歌手나 樂士, 舞踊家무용가들의 公開公演이 두드러져 있고 지금 한창 流行하고 있는 술집에서 노래 부르는 '가라오께'에서 韓國歌謠가 4, 5曲은 반드시 불려지고 있다.

이 雰圍氣분위기 속에서 韓國을 理解하려고 힘쓰는 日本人들 중에는 韓國을 다녀간 사람들이 相當히 많다. 그 중에 大多數는 "韓國은 왜 漢字를 使用하지 않는지 모르겠다. 우리가 한국을 旅行여행할 때 너무나 不便하다"고 하며 "道路案內板은 모두가 한글이고 英字뿐이니까 困難곤란이 많아요. 英字도 正確하면 좋은데 BUSAN으로 表記했다가 PUSAN으로 表記한다든지 TEAGU를 DEAKU로 한다든지 一定하지 않아서 곤란한데 이럴 때 釜山, 大邱로 漢文字를 쓰면 얼마나 簡便하고 쉬운가. 道路의 案內板, 高速道路 標示板, 驛의 案內板, 重要名所 案內 등을 漢字로 적어 주면 얼마나 좋겠는가. 그런데 무슨 까닭으로 漢字를 안 씁니까? 하기야, 戰後 잠깐 동안 '가나' 專用의 愚를 犯한 적이 있기는 하지만, 文化民族으로서 韓國이 東洋의 文化圈이 되는 漢字文化를 度外視하는 政策이나 行政은 있어서는 안 됩니다. 지금의 한글政策을 이대로 繼續계속해 나간다고 하면 韓國文化는 孤立되고 말 것입니다. 그래서는 안 되니까 부디 漢字敎育을 많이 하고 漢字를 많이 使用해서 東洋漢字文化圈의 20億 人口가 함께 누리는 文化의 惠澤혜택과 또 새로운 文化歷史를 創造하기 위하여 漢字를 많이 써 주길 바란다"고 切望하고 있다.

결코 이것은 日本人만의 要望만은 아니다. "自由中國도, 香港향항:홍콩도, 印尼인니:인도네시아도, 中共 등 漢文字를 使用하는 모든 國民과 國家의 要望일 것이고, 우리나라가 先進國家로 發展해 나갈수록 그 要望은 더욱 높아질 것이다.

3. 日本은 왜 우리를 알려고 힘쓰는가

日本歷史의 形成期에 日本國家의 創建에 있어서 日本의 政治와 文化와 經濟, 學問과 藝術에 대하여 우리가 寄與기여한 功績공적은 實로 컸다. 지금까지 숨겨 온 事實들을 이제부터는 드러내고 是認하고 相互理解하여 새로운 時代에 臨하고자 兩國 指導者들은 다짐을 하고 있다.

韓·日 兩國間에 가로 놓인 많은 問題들 가운데 當面한 經濟問題나 政治問題는 專門家들에게 맡긴다고 하더라도 文化藝術은 民間에서 自由로이 交流하면서 實踐에 옮겨가야 할 것이다. 最近에 筆者가 만난 日本의 知性人 한 사람이 이런 말을 했다. "파칭코는 亡國의 遊戲유희입니다"고 이 말을 筆者에게 해 주는 意味는 分明하다.

日本에는 現在 全國 1萬 2千개의 파칭코 遊戲場이 있는데 그 經營者경영자의 3分의 1이 韓國人이라는 事實 때문이다. 亡國의 遊戲를 韓國人이

日本에서 經營하고 있다는 말이 된다. 그러나 나는 이 말을 듣고 "그러길래 우리나라에서는 파칭코를 許可하고 있지 않지요"라고 答하고 말았지만 뒷맛이 개운치 않았다. 日本의 그 知性은 우리와 더 親해야 할 韓國人은 더 健全한 職業을 가져야 되지 않느냐……는 생각이겠지……. 그러나 그 후에 자세히 調査를 해 봤더니 1萬 2千개의 파칭코店鋪점포 중 약 半이 되는 6千餘店이 韓國人(이 속에는 朝總聯系조총련계가 約 1,000名, 中立系가 約 500名이 包含)이고 總年間賣上額은 約 10兆円에 達한다고 하니 놀라운 일이며, 이들의 背後에는 大概대개가 組織(깡패)이 뒷받침을 하고 있어서 都市나 시골의 要地에 店鋪를 펴고 있다.

亡國의 遊戱에 關係하지 않고 健全하고 發展的인 事業에 同參하는 同胞社會가 돼야 큰 소리를 할 수가 있는 것이 아닌가. 또한 우리들이 日本에 있는 우리 同胞와 日本人에게 해야 할 일은 우리 民族의 長點을 자랑스럽게 보이고 傳承하는 義務를 느끼도록 해야 한다. 우리의 長點은 무엇이며 우리 傳統은 무엇인가?

日本人들이 日本에서 보고 있는 韓國人은 '보잘 것 없는 民族'으로 여기고 있는지도 모른다. 所謂 在日同胞 第1世는 勞務者노무자로 勞動者로 徵用징용으로 勤勞動員이 돼서 잡혀간 同胞들이 그 數의 殆半태반을 넘는다. 제대로 敎育을 받지도 못한 그들이 日本에 끌려가서 바른 우리의 美風도 傳統도 모르면서 日本的인 生活의 混同이 妙한 오늘의 在日同胞를 만들었고 2世와 3世들은 한글과 韓國語를 모르는 韓國人이 되고 말았으니 問題가 적지 않은 것이다.

4. 日本 東京에 왜 우리 韓國大學을 못 세우는가

앞서 말한 대로 日本 사람은 韓國을 알고자 하는 熱意가 넘쳐서 熱心히 韓國을 공부하여 韓國의 歷史와 韓國의 文化를 相當히 깊이 알게 되어

가고 있으나 우리 同胞들은 우리 歷史에 대해서나 우리 國家의 現在와 未來에 대하여 特別한 關心을 기울이지 않으니까 공부하는 日本人보다 知識이 뒤떨어진다. 뒤떨어지면 無視當하기에 알맞아진다. 在日僑胞재일교포의 地位向上은 在日 교포의 敎育向上에서부터 始作할 것이 切實히 要請된다.

日本에 千字文을 갖다 가르친 王仁博士에 대해서 日本 學者들은 否認하지는 않는다. 다만 表面에 내세워서 이야기하길 좋아하지 않을 뿐이다. 그런데 더 重要한 이야기는 日本人들이 文學의 神으로 받들어 섬기며 日本 全國에 數百에 이르는 管原神社(스가하라진자)에서는 符籍부적으로 管原神社가 파는 '文學符'가 數十億에 達하고 日本의 公務員考試나 國家司法·行政考試나 大學入試에 반드시 이 '文學符'를 산다고 한다. 그것은 管原神社의 神主인 管原道眞이 日本의 文學者를 代表하기 때문이다. 그런데 그 管原道眞은 王仁博士의 5代孫이라는 事實을 아무도 말하지 않는다. 大阪府 枚方市에 가면 王仁博士 顯彰會현창회가 있고 그 顯彰會에서는 每年 陰曆음력으로 3月 3日에 祭享을 올리는데 純韓國式인 祝文축문과 儀式으로 進行한다. 그 顯彰會에 保存되어 있는 王仁博士의 系譜계보를 보면 분명히 5代孫으로 記錄되어 있다.

그뿐 아니라 王仁博士의 무덤 앞에는 管原道眞의 有名한 詩歌인 "東風이 불거든 香氣피워라, 梅花 꽃이여 主人이 없다고 봄을 잊을손가……"라는 歌札가찰이 서 있다. 이런 事實을 우리 同胞들이 알고 자랑스럽게 日本人에게 傳하면서 韓國人의 矜持긍지를 가지고 살아야 할 것이다.

愛鄕心이 强하고 愛國心이 남달리 强한 在日同胞 한 분은 筆者에게 이런 말을 했다. "日本과 正常 國交를 맺고 있지 않은 朝總聯系는 버젓이 '朝鮮大學'을 가지고 金日成 精神을 가르치고 있는데 正常 國交를 가지고 같은 自由主義路線을 걸으면서 또 大韓民國 民團系의 韓國人이 越等월등하게 많은데 어째서 日本 東京에 韓國大學, 우리 大學이 없습니까" 라고 抗議하듯이 말한다.

"中·高等學校를 日本學校에서, 그리고 大學마저도 日本大學에서 공부하고나면 韓國精神은 어디에 붙어 있겠습니까! 힘이 들더라도, 어렵더라도 이런 時機에 日本 東京에 우리 韓國大學을 꼭 세워 주도록 우리 政府가, 우리 文敎當局이 각별히 硏究해서 對處해 주면 좋겠습니다"라고 懇切간절히 請했다. 懇願간원했다.

어째서, 무슨 까닭으로, 이제까지 우리 大學이 東京에 서지 않았는가. 그런대로 理由가 없는 것은 아니다. 그러나 2世 3世의 將來를 위해서 꼭 必要한 것이 우리 大學의 設立이라고 하면 우리 政府, 우리 立法府, 在日同胞機關에서 硏究하고 努力해서 하루속히 實現해서 百年大計의 在外同胞對策이 세워지기를 바라는 마음 懇切하다.

〈文博, 本會慶北支部長/ 어문연구 44호〉

大學 基礎教養漢文 教育의 현황과 전망

文 斌 永

1941년 釜山 출생. 현 韓國語文會 이사, 인하대학교 교수. 현직 교수가 대학 교육 현장에서 實證的 조사를 행하였다는 점에서 그 의의를 찾을 수 있는 이 글은 2003년 4월부터 약 2개월간 전국 197개 4년제 대학과 154개 전문대학에 대한 인터넷 검색과 전화 설문의 방법을 통해 대학 기초교양한문 교육의 현황을 조사한 보고서의 성격을 갖는다. 이 조사에 의하면, 94%에 해당하는 185개 大學, 즉 우리나라 大學의 거의 전부가 全校 次元의 적극적인 基礎教養漢文 教育을 실시하지 않고 있으며, 전문대학의 경우도 거의 모든(98% 152개 대학) 전문대학이 별도의 基礎漢字-漢文 教育을 실시하지 않는 것을 알 수 있다. 또한 설문 조사에 의하면, '한글세대'라고 自他가 공인하는 현재의 대학생들 대다수가 일상생활(77%)이나 대학공부(91%)를 위한 기초 한자-한문교육의 필요성을 인정하고 있으며, 그 교육 시기도 초등학교 때부터라는 의견(53%)이 우세한 것을 확인할 수 있다.
이런 조사를 바탕으로, 필자는 보통교육의 정상화가 이루어지기까지는 대학 나름의 최선의 방법과 내용을 가지고 학생들에게 단단한 漢字 基礎를 지니게 함으로써 낙후된 우리 대학 교육의 수준을 끌어올리도록 해야 한다는 결론을 내리고 있다.

Ⅰ. 緒 論

漢字는 그것이 싫든 좋든, 그것을 쓰든 안 쓰든 우리말 語彙의 根幹이다. 따라서 漢字能力이 語彙力어휘력과 직결됨을 부인할 수 없다. 특히 컴퓨터 관련 과목처럼 西歐語 일변도의 專門用語인 몇몇 분야를 제외하고는,

거의 대부분 專攻 分野의 거의 대부분 學術用語가 漢字語인 高等敎育 단계에서는 漢字 基盤기반의 語彙能力이 공부의 成敗를 좌우한다고 해도 지나친 말이 아닐 것이다.

前年에 筆者가 在職하는 학교의 碩士課程에 몽골 留學生이 있었다. 이 학생은 몽골에서 學部課程을 마치고 곧바로 韓國에 왔는데 發音이 다소 부자연스러울 뿐 日常的인 國語使用能力은 탁월했다. 그런데 이 학생이 첫 學期 講義를 들으면서 敎材-한글로만 표기된 교재 포함-의 내용이 이해되지 않아 대단한 어려움을 겪는 것을 보았다. 그 어려움의 가장 큰 원인이 漢字 問題임을 알아내는 일은 그리 어렵지 않았다. 한국어과에서 4년 동안 韓國語를 공부하면서 漢字를 한 글자도 배운 일이 없는데, 그런 상태에서도 日常會話나 문학 작품 등의 讀解에는 漢字 基盤의 語彙力이 문제되지 않았으나, 그에게는 단순한 發音標識일 수밖에 없는 한글 표기 漢字語들의 개념을 일일이 따로 익혀 文意를 이해한다는 일이 이만저만 고통이 아니었던 것이다. 어쨌든 이 학생은, 漢字能力을 바탕으로라야 우리 文語가 제대로 解得된다는 사실을 깨닫고 둘째 셋째 학기를 거치며 비상한 노력으로 漢字를 익혀 무난히 學位課程을 마칠 수 있었다.

그런데 近來 우리 사회에서 자주 거론되는 大學生들의 國語能力 低下 현실에 想到상도하면, 위의 例話가 단지 外國人 留學生의 문제만이 아니라는 것을 實感하게 된다. 1970年代 초반 初·中等學校 敎科書에서 漢字를 모두 排除배제했던 사태 이후 한 世代 남짓 줄곧 표류해 온 文字政策과 거기에 따른 國語敎育의 總體的 不實이 오늘날 이 社會에 半文盲의 量産을 가져다준 것이다. 이와 같은 현상은 필연적으로 우리 젊은이들로 하여금 충실한 敎養 讀書와 효율적인 專攻 공부에서 멀어지게 하여 全般的인 大學敎育의 不實을 結果케 한다고 볼 수 있다.

Ⅱ. 大學 基礎教養漢文 敎育의 現況

1970年代 初까지만 해도 初等學校 4學年부터 中・高等學校에 걸쳐 漢字가 混用된 국어교과서를 통해 漢字를 체계적으로 가르치고 배웠으며, 社會的으로도 常用漢字 1,300字(1954년 제정)가 각종 定期刊行物이나 出版物에 그야말로 常用되어 大學에서 基礎教養漢文을 별도로 가르칠 필요가 없었다. 大學에서는 基礎 水準이 아닌 高級의 漢文古典을 教養으로 講義할 뿐이었다. 그러나 1970年 당시의 軍部正權이 '한글전용법'(1948)의 强力 施行시행을 들고 나와 초・중・고등학교 모든 교과서에서 漢字를 모조리 빼버리는 愚擧우거를 敢行함으로써 跛行的파행적 國語教育의 歷程은 막을 열게 되었다.

3年 뒤 그나마 失政을 깨닫고 是正한다고 했으나, 제3차 教育課程(1973)이 시행되기 시작한 1975年부터 중・고등학교 국어나 국사 등 교과서에 한하여 制限的인 漢字를 괄호 속에 倂記병기하게 함으로써, 여타 교과와 初等學校 教科書에서는 漢字가 완전히 사라진 채 30여년을 지나 오늘의 상황에 이른 것이다. 또 教育課程에서 漢文을 별도의 교과로 처리하고, 中・高 각 900字씩 1,800字의 "한문 교육용 기초 한자"를 制定하여 마치 外國語처럼 가르치도록 하였던 바, 전체 國語 語彙의 69%[1)]가 漢字를 根幹으로 삼고 있어, 어차피 漢字를 가르치고 배워야 한다면 國語教育의 한 과정으로, 漢字가 混用된 全教科의 教科書로 공부하는 것이 훨씬 더 效率的효율적이라는 점을 제대로 인식하지 못한 크나큰 失策이었다고 해야 할 것이다.

이러한 정책의 亂脈난맥을 겪으면서 學生은 학생대로 教師는 교사대로 基礎的인 漢字-漢文의 學習과 指導에 소홀해지면서 결국은 全般的인 國語 學力의 低下가 加速化가속화되어 왔다고 할 수 있다. 그런데 4차(1981),

1) 이운영(2002 : 50, 88)의 통계에 의하면 『표준국어대사전』의 주표제어 440,594語 중 한자어가 304,096語로 69.0%다.

5차(1987) 教育課程까지 그래도 명목으로나마 時間表에 들어가던 '한문'이라는 教科가 6차 教育課程(1992)에서는 選擇科目선택과목(중학교의 경우 컴퓨터 및 환경 과목과 함께 하는)으로 밀리더니, 2000년부터 시행에 들어간 7차 教育課程(1997年)에서는 中學校의 경우 아예 教科目도 아닌 이른바 '재량활동'의 한 가지가 되면서 선택의 기회마저 더욱 축소되고, 선택을 한다 해도 有名無實한 천덕꾸러기로 전락하기에 이르렀다.

普通教育에서의 이러한 문제는 곧바로 大學教育의 문제로 이어졌고 개개 大學의 입장이 다양하여 一律로 규정하기 어렵다 하겠으나, 일찍이 問題意識을 갖게 된 일부 大學들은 종래의 '教養漢文'을 개편하여 한동안 여기에 대처하는 노력을 보이기도 하였으나, 1980年代 중반을 전후한 時期 이후, 國語能力의 提高제고와 관련한 基礎的 教養漢文 教育은 거의 그 기능을 상실했었다고 할 것이다. 그러다가 최근 大學教育의 不實과 大學生들의 學力 低下 問題가 대두되면서 극히 일부 대학들이 다시 基礎教養漢文 教育을 실시하고 있는 것으로 여겨진다.

<표 1> 大學 基礎教養漢文 科目 開設 現況

구분	개설형태	4년제 대학		전문대학		비고
		대학 수	백분율	대학 수	백분율	
개설	전체 교양필수	12	6%	3	2%	
	교양선택	118	60%	32	20%	
	학과별 교양			6	4%	
비개설		67	34%	114	74%	
합계		197	100%	155	100%	

<표 1>[2]에 의하면 2003年 現在 우리나라 총 197개 4년제 대학의 6%에 해당하는 12개 大學이 '전체 교양필수'로 基礎教養漢文을 가르치는 것

으로 되어 있다. 교양선택으로 漢文을 개설한 大學이 60% 118個校로 상당한 數字이나 대부분이 基礎教科라기보다는 中上級의 教養科目이어서 그 선택의 비율이 극히 낮은 수준일 수밖에 없을 것이므로, 결국 94%에 해당하는 185개 大學, 즉 우리나라 大學의 거의 전부가 全校 次元의 積極的적극적인 基礎教養漢文 教育을 실시하지 않는다고 할 수 있겠다. 專門大學의 경우도 마찬가지여서, 155개 전문대학 중 3개를 제외한 거의 모든 專門大學(98% 152개 대학)이 별도의 基礎漢字-漢文 教育을 실시하지 않는 것으로 나타나 있다. 결국 우리나라 거의 전체 大學이 학생들의 부실한 文語 處理能力을 방치한 채 교육을 행하고 있다는 얘기가 된다.

本稿에서 設問調査설문조사의 대상으로 삼은 ㅇ大는 4년제 綜合大學校로서, 앞서 제시한 <표 1> 첫 줄의 6% 12개교 중 하나다. 단 한 군데 大學校 대상의 設問調査 결과를 가지고 우리나라 전체 대학생의 基礎教養漢文 교육에 대한 실상을 논의하는 것은 무리라 하겠으나, 미흡한 대로 漢字-教養漢文 문제에 대한 대학생들의 意識 水準이나 생각을 가늠해 보는 데 一助일조가 될 것으로 여겨진다. ㅇ大는 지난 20年 가까이 必須教養漢文이 教育課程에서 제외됐다가 2000學年부터 『생활한문』(1학점 2시간)을 1학년 전체 教養必須교양필수로 開設하여 금년이 4년째다. 教材는 漢字-漢文 공부의 가장 基礎的인 내용을 시작으로 生活文 속의 漢字語, 漢字成語, 漢文古典의 短文 등으로 구성되고, 끝에 漢字語 쓰기 연습장이 붙어 있다.

---

2) <표 1>의 현황은 2003년 4월부터 약 2개월간 전국 197개 4년제 대학과 154個 전문대학에 대한 인터넷 검색과 전화 설문의 방법으로 조사한 것이다.

<표 2>[3]

설 문		우리 대학의 [생활한문] 과목 필요하다고 생각한다.						
구 분		신 입 생			재 학 생			합계
		인문사회계	이공계	계	인문사회계	이공계	계	
매우 그렇다	응답 수	75	36	111	38	54	92	203
	백분율	33%	21%	28%	28%	37%	32%	30%
조금 그렇다	응답 수	103	90	193	61	52	113	306
	백분율	46%	52%	48%	45%	35%	40%	45%
별로 아니다	응답 수	26	33	59	26	24	50	109
	백분율	11%	19%	15%	19%	16%	18%	16%
매우 아니다	응답 수	13	8	21	7	9	16	37
	백분율	6%	5%	5%	5%	6%	6%	5%
잘 모르겠다	응답 수	9	7	16	4	8	12	28
	백분율	4%	4%	4%	3%	5%	4%	4%
계	응답 수	226	174	400	136	147	283	683
	백분율	100%	100%	100%	100%	100%	100%	100%

대다수 受講 學生들은『생활한문』科目에 이렇다할 흥미나 적극성을 보이지 않은 채 적당히 시간을 때우고 學點이나 받겠다는 受動的인 자세로 임하는 것으로 여겨졌으나, 막연하게나마 한자 공부의 必要性에 대해서는 매우 肯定的인 생각을 가지고 있는 것으로 나타났다. <표 2>에서 보는 바와 같이 大學 基礎教養漢文 教育의 必要性에 대하여는, 아직 과목을 듣지 않은 新入生(76%)이나 이미 수강한 在學生(72%)이나 대다수(75%)가 共感을 표시한 데 반해 강한 否定의 應答(5%)은 극히 미미한 수준임을 보여준다. 科目을 履修이수한 理工系 學生들 중 相對的으로 많은 應答者(37%)들이 강한 肯定의 반응을 나타낸 것이 눈에 띄는데, 이것은 象徵상징이나 譬喩비유 등으로 不透明불투명한 用語가 많은 人文系에 비해 理工系 쪽 用語

3) <표 2>에서 '신입생'은『생활한문』講義를 듣지 않은 학생들이고, '재학생'은『생활한문』과목을 이수한 2, 3, 4학년 學生을 가리킨다.

가 意味的으로 透明하기 때문이라고 여겨진다.

<표 3>

<설문-재학생> 『생활한문』 수강이 전공이나 교양 공부에 도움이 되고 있다.				
구 분		인문사회계	이공계	계
매우 그렇다	응답 수	17	26	43
	백분율	12%	18%	15%
조금 그렇다	응답 수	35	34	69
	백분율	26%	23%	24%
별로 아니다	응답 수	52	42	94
	백분율	38%	29%	33%
매우 아니다	응답 수	18	23	41
	백분율	13%	16%	14%
잘 모르겠다	응답 수	14	22	36
	백분율	10%	15%	13%
계	응답 수	136	147	283
	백분율	100%	100%	100%

그러나 이처럼 教養漢文 教育의 必要性에 큰 共感을 나타낸 履修者들이 실제로 科目을 공부한 결과에 대해서는 별로 滿足을 느끼지 못하는 것으로 조사되었다. 『생활한문』 受講이 教養이나 專攻 공부에 도움이 되고 있다는 應答(39%)보다 그렇지 못하다는 쪽(47%)이 더 많았는데, 이 경우도 크게 뜻밖의 반응으로 볼 수는 없다고 하겠다. 왜냐하면 1학기 週當 2시간 강의를 가지고는 教材의 절반도 제대로 소화할 수 없는데다, 教養必須라서 할 수 없이 들어와 듣기만 하는 식의 공부로 기대만큼의 成果를 거두기는 애당초 無理이기 때문일 것이다. 『생활한문』 강의에 대한 自由 意見을 쓰도록 한 設問에서도 많은 應答者가 "강의가 재미없다, 벼락치기 외웠다 잊어버리는 공부로 남는 것이 없다"고 답한 것을 볼 수 있다.

한편 『생활한문』 과목의 時間數를 늘릴 필요가 있는가 하는 물음에 대해서는 대체로 否定的(64%)이었다. 漢字-漢文은 어렵고 재미없다는 오래된 固定觀念에 따라 필요한 줄은 알지만 하기는 싫다는 생각이 그대로 드러난 결과라 하겠다. 理工系 在學生들이 비교적 높은 肯定率(38%)을 보인데 반해 理工系 新入生들이 가장 많은 否定的 應答(74%)을 보인 것은 흥미롭다. 고등학교 때 漢文을 거의 전혀 공부하지 않은 현재의 理科系 新入生들이 상대적으로 '漢文' 과목에 대해 더 큰 負擔感부담감과 拒否感거부감을 가졌을 수 있다고 여겨진다.

<표 4>

설 문		『생활한문』 과목 시간 수를 늘릴 필요가 있다.						
구 분		신입생			재학생			합계
		인문사회계	이공계	계	인문사회계	이공계	계	
매우 그렇다	응답 수	19	7	26	17	28	45	71
	백분율	8%	4%	6%	13%	19%	16%	10%
조금 그렇다	응답 수	51	27	78	32	28	60	138
	백분율	23%	16%	20%	24%	19%	21%	20%
별로 아니다	응답 수	111	187	198	60	59	119	317
	백분율	49%	50%	50%	44%	40%	42%	46%
매우 아니다	응답 수	38	42	80	19	23	42	122
	백분율	17%	24%	20%	14%	16%	15%	18%
잘 모르겠다	응답 수	7	11	18	8	9	17	35
	백분율	3%	6%	4%	6%	6%	6%	5%
계	응답 수	226	174	400	136	147	283	683
	백분율	100%	100%	100%	100%	100%	100%	100%

<표 5>

<table>
<tr><td colspan="2">설 문</td><td colspan="7">일상생활에서 한자 1,800자 정도가 필요하다.</td></tr>
<tr><td colspan="2" rowspan="2">구 분</td><td colspan="3">신입생</td><td colspan="3">재학생</td><td rowspan="2">합계</td></tr>
<tr><td>인문사회계</td><td>이공계</td><td>계</td><td>인문사회계</td><td>이공계</td><td>계</td></tr>
<tr><td rowspan="2">매우 그렇다</td><td>응답 수</td><td>75</td><td>47</td><td>122</td><td>54</td><td>45</td><td>99</td><td>221</td></tr>
<tr><td>백분율</td><td>33%</td><td>27%</td><td>31%</td><td>40%</td><td>31%</td><td>35%</td><td>33%</td></tr>
<tr><td rowspan="2">조금 그렇다</td><td>응답 수</td><td>94</td><td>73</td><td>167</td><td>63</td><td>67</td><td>130</td><td>297</td></tr>
<tr><td>백분율</td><td>41%</td><td>42%</td><td>42%</td><td>46%</td><td>46%</td><td>46%</td><td>44%</td></tr>
<tr><td rowspan="2">별로 아니다</td><td>응답 수</td><td>42</td><td>34</td><td>77</td><td>15</td><td>27</td><td>42</td><td>119</td></tr>
<tr><td>백분율</td><td>19%</td><td>20%</td><td>19%</td><td>11%</td><td>18%</td><td>15%</td><td>17%</td></tr>
<tr><td rowspan="2">매우 아니다</td><td>응답 수</td><td>7</td><td>8</td><td>15</td><td>2</td><td>2</td><td>4</td><td>19</td></tr>
<tr><td>백분율</td><td>3%</td><td>5%</td><td>4%</td><td>1%</td><td>1%</td><td>1%</td><td>3%</td></tr>
<tr><td rowspan="2">잘 모르겠다</td><td>응답 수</td><td>7</td><td>12</td><td>19</td><td>2</td><td>6</td><td>8</td><td>27</td></tr>
<tr><td>백분율</td><td>3%</td><td>7%</td><td>5%</td><td>1%</td><td>4%</td><td>3%</td><td>4%</td></tr>
<tr><td rowspan="2">계</td><td>응답 수</td><td>226</td><td>174</td><td>400</td><td>136</td><td>147</td><td>283</td><td>683</td></tr>
<tr><td>백분율</td><td>100%</td><td>100%</td><td>100%</td><td>100%</td><td>100%</td><td>100%</td><td>100%</td></tr>
</table>

<표 5>에서는 日常生活에서의 漢字知識의 필요성에 관해 물었는데, <표 2>의 大學教養漢文教育의 必要性(75%)의 경우보다도 좀더 높은 肯定的 應答率(77%)을 보이고 있다. 理工系(72%)에 비해서 人文社會系, 그 중에서도 특히 在學生이 가장 높은 긍정적 반응(86%)을 나타냈다.

<표 6>

설 문		대학이나 대학원 공부에 기본적인 한자 지식이 필요하다.						
구 분		신입생			재학생			합계
		인문사회계	이공계	계	인문사회계	이공계	계	
매우 그렇다	응답 수	135	71	206	85	48	133	339
	백분율	60%	41%	52%	62%	33&	47%	50%
조금 그렇다	응답 수	80	84	164	46	69	115	279
	백분율	35%	48%	41%	34%	47&	41%	41%
별로 아니다	응답 수	7	11	18	1	21	22	40
	백분율	3%	6%	4%	1%	14&	8%	6%
매우 아니다	응답 수	0	4	4	2	6	8	12
	백분율	0%	2%	1%	1%	4&	3%	2%
잘 모르겠다	응답 수	4	4	8	2	3	5	13
	백분율	2%	2%	2%	1%	2&	2%	2%
계	응답 수	226	174	400	136	147	283	683
	백분율	100%	100%	100%	100%	100&	100%	100%

한편 日常生活에서보다도 大學이나 大學院 공부에서의 漢字能力의 必要性에 대해서는 더욱 높은 肯定的 應答率(91%)을 보이고 있어, 한자에서 점점 멀어지는 것으로 단순히 치부되어 온 오늘날의 젊은 '한글 세대'도 漢字의 必要性과 重要性에 대한 意識이 상당히 높은 수준임을 感知케 한다고 하겠다. 이 경우에도 역시 人文社會系 쪽의 肯定的 應答이 95%(부정적 응답은 3% 미만)를 上廻상회하여, 거의 전부라고 할 수 있는 人文社會系 大學生이 자신들의 漢字實力과 무관하게 大學 공부에서의 漢字의 重要性에 共感을 피력한 것으로 볼 수 있다.

Ⅲ. 大學 基礎敎養漢文 敎育의 展望

오늘 우리의 大學生들에게 있어 수준 높은 敎養과 效率的효율적인 專攻전공 공부를 위한 國語能力, 그 중에서도 漢字基盤의 語彙力이 전반적으로 水準未達 상태임은 否認할 수 없는 현실이다. 이제는 偏狹편협한 獨善을 버리고, 이 국어교육의 總體的인 不實을 타개하기 위한 漢字敎育 問題에 衆智중지를 모아야 할 때다. 문제를 放置방치한 채 계속 責任所在나 따지는 일은 이제 그만두고, 現實的인 問題解決 方案을 함께 摸索모색하도록 해야 할 것이다.

가장 근본적인 해결책은 普通敎育의 단계에서 基礎漢字를 충실하게 익힐 수 있도록 모든 制度와 裝置를 정비하고 그것을 효율적으로 運營운영하는 일일 것이다. 무엇보다도 현재 국어과 교육과정에는 漢字-漢文이 全的으로 배제되어 있고 '한문'이 별도의 選擇敎科 내지 裁量活動재량활동 領域으로 編制되어 有名無實한 지경에 이른 現狀況을 바로잡아 正常化하는 것이 중요하다. 기초적인 漢字-漢文을 국어과 교육과정의 틀 안에서 가르치고 배워야 하며, 모든 교과의 기본적인 漢字用語를 漢字로 표기한 교과서를 통해 語彙力 提高와 함께 해당 敎科의 學習에도 效率性을 기하게 해야 할 것이다.

<표 7>

<table>
<tr><td colspan="2">설 문</td><td colspan="7">대학 입학 전에 한자 교육이 필요하다</td></tr>
<tr><td colspan="2" rowspan="2">구 분</td><td colspan="3">신입생</td><td colspan="3">재학생</td><td rowspan="2">합계</td></tr>
<tr><td>인문사회계</td><td>이공계</td><td>계</td><td>인문사회계</td><td>이공계</td><td>계</td></tr>
<tr><td rowspan="2">매우 그렇다</td><td>응답 수</td><td>76</td><td>54</td><td>130</td><td>42</td><td>51</td><td>93</td><td>223</td></tr>
<tr><td>백분율</td><td>34%</td><td>32%</td><td>33%</td><td>31%</td><td>35%</td><td>33%</td><td>33%</td></tr>
<tr><td rowspan="2">조금 그렇다</td><td>응답 수</td><td>111</td><td>92</td><td>203</td><td>73</td><td>80</td><td>153</td><td>356</td></tr>
<tr><td>백분율</td><td>49%</td><td>53%</td><td>51%</td><td>54%</td><td>54%</td><td>54%</td><td>52%</td></tr>
<tr><td rowspan="2">별로 아니다</td><td>응답 수</td><td>22</td><td>14</td><td>36</td><td>14</td><td>9</td><td>23</td><td>59</td></tr>
<tr><td>백분율</td><td>10%</td><td>8%</td><td>9%</td><td>10%</td><td>6%</td><td>8%</td><td>9%</td></tr>
<tr><td rowspan="2">매우 아니다</td><td>응답 수</td><td>8</td><td>7</td><td>15</td><td>2</td><td>3</td><td>5</td><td>20</td></tr>
<tr><td>백분율</td><td>4%</td><td>4%</td><td>4%</td><td>1%</td><td>2%</td><td>2%</td><td>3%</td></tr>
<tr><td rowspan="2">잘 모르겠다</td><td>응답 수</td><td>9</td><td>7</td><td>16</td><td>5</td><td>4</td><td>9</td><td>25</td></tr>
<tr><td>백분율</td><td>4%</td><td>4%</td><td>4%</td><td>3%</td><td>3%</td><td>3%</td><td>4%</td></tr>
<tr><td rowspan="2">계</td><td>응답 수</td><td>226</td><td>174</td><td>400</td><td>136</td><td>147</td><td>283</td><td>683</td></tr>
<tr><td>백분율</td><td>100%</td><td>100%</td><td>100%</td><td>100%</td><td>100%</td><td>100%</td><td>100%</td></tr>
</table>

<표 7>에서 보는 바와 같이, 현재 대학생들의 의견도 大學入學前 漢字敎育이 꼭 필요한 것으로 조사되었다. 전체적으로 85%가 긍정적인 응답을 한 반면 부정적인 답은 12%에 불과하다.

한편 아래의 <표 8>에 보이는 대로 基礎漢字敎育의 적절한 시작 시기를 묻는 질문에 대해 中·高等學校(46%)보다는 初等學校(53%) 때라는 응답이 우세했다.

<표 8>

설 문		대학 입학 전에 한자 교육이 필요하다면 어느 단계부터 가르치는 것이 적당하다고 생각하는가?						
구 분		신입생			재학생			합계
		인문사회계	이공계	계	인문사회계	이공계	계	
초등 1학년	응답 수	26	21	47	16	28	44	91
	백분율	14%	15%	14%	13%	22%	18%	16%
초등 3학년	응답 수	30	11	41	15	14	29	70
	백분율	16%	8%	12%	13%	11%	12%	12%
초등 4학년	응답 수	20	22	42	9	17	26	68
	백분율	11%	15%	13%	8%	13%	10%	12%
초등 5학년	응답 수	30	21	51	13	12	25	76
	백분율	16%	15%	15%	11%	9%	10%	13%
중학교 1학년	응답 수	67	57	124	58	47	105	229
	백분율	35%	40%	37%	49%	36%	42%	39%
고등학교 1학년	응답 수	16	9	25	7	10	17	42
	백분율	8%	7%	8%	6%	8%	7%	7%
기 타	응답 수	1	2	3	1	2	3	6
	백분율	1%	1%	1%	1%	1%	1%	1%
계	응답 수	190	143	333	119	130	249	582
	백분율	100%	100%	100%	100%	100%	100%	100%

위에서 提起한 국어교육의 정상화를 위해서는, 우선 政策의 틀이 바뀌고 후속 조치들이 뒤따라 해묵은 不實의 病弊병폐들을 씻어내는 데 상당한 時間과 努力이 필요하므로, 現時點에서는 初·中·高等學校가 담당해야 할 基礎漢字-漢文敎育을 大學이 떠맡을 수밖에 없게 된 것이다.

어떤 경위로건 大學에서 基礎漢文敎育을 담당하게 된 이상 內實 있는 講義가 되도록 해야 할 것이다. 그러기 위해서는 一般 基礎敎養漢文뿐 아니라, 주로 漢字語인 專攻 관련 基本用語를 전공별로 정리하여 익히도록 하는 方案을 강구할 필요가 있다. 설문조사의 自由 意見에도, 이를테면 '法

律 漢字語'처럼 專攻用語를 별도로 가르쳐 달라는 의견이 압도적으로 많았다. 專門 分野別로 각각 數千에서 二萬餘(예컨대 歷史 분야)에 이르는 用語(이운영, 2002:39)를 모두 다루기는 어렵고, 각 전공 분야별 기본 용어를 選定 指導토록 해야 할 것이다.

1970년대 이후 定期刊行物이나 서점 진열대의 新刊圖書신간도서에는 漢字語 漢字表記가 점점 줄어들어 최근에는 일부 學術書籍이나 大學 敎材,[4] 그리고 小數의 新聞·雜誌를 제외하고는 우리글에서 漢字語를 한글로만 表記하는 일이 일반화되었다. 한 世代가 넘는 기간의 政策混亂정책혼란과 敎育不實이 낳은 이른바 한글 세대 대상의 어쩔 수 없는 商術로 招來초래된 현상으로 봐야 할 것이다. 일부에서는 한글 전용의 정착이라고 誤判오판하기도 하나, 이처럼 눈앞의 우리글에서 漢字가 점차 사라져 갈수록, 또 公敎育에서 漢字를 소홀히 다룰수록, 逆說的역설적으로 漢字의 必要性과 重要性에 대한 言衆의 認識은 점점 커지고 있음이 분명하다. 近年 우리 社會에 일고 있는 어린 자녀들에 대한 漢字敎育 열기와 漢字能力檢定試驗 應試者응시자의 가파른 증가 추세, 任用 要件에 漢字能力級數를 포함시키는 기업이나 기관이 점증하는 현상이 그것을 잘 증명해 주고 있다고 하겠다.

V. 結 語

漢字는 너무 어렵고 우리 글자가 아니므로 우리글에서 사라지는 것이 마땅하다고 생각하는 이들이 많이 있다. 그래서 언젠가는 쉽고 우리 것인 한

4) 필자가 재직하는 대학의 構內書店에 진열된 敎材 1,002種을 대상으로 그 表記實態를 조사한 결과, 內容 글의 경우 일부라도 漢字를 混用 또는 倂記한 것이 286종 28.5%이고, 71.6%는 순한글(9.9%) 또는 한글에 로마자 混·倂用(62.6%) 表記였다. 表紙의 表記는 72.2%가 순한글, 漢字 混·倂記가 18.9%였다.

글만을 쓰게 되는 날이 올 것인데 그때까지는 어쩔 수 없이 漢字를 가르치고 배울 수밖에 없다는 생각을 가진 이들도 많이 있다. 일각에서는 각종 出版物에 漢字表記가 줄어들어 별로 눈에 안 띄게 된 현상을 놓고 이제는 한글 전용이 정착 단계에 들어섰다고 速斷속단하기도 한다. 모두가 文字의 意義와 國語 語彙의 특수성을 제대로 인식하지 못한 데서 연유하는 잘못된 생각들이다. 교육 담당자나 정책 당국자들에서부터 학생들에게까지 만연되어 온 이런 그릇된 생각이 오늘날 국어교육의 不實을 불러왔다고 할 수 있다. 漢字教育은 한글전용 때까지의 과도기적 현상이 아니고, 漢字文化圈의 强國들과 겨루기 위해 필요한 것만도 아니다. 漢字教育은 무엇보다도 우리 국민 모두의 수준 높은 國語能力을 단단하게 하기 위해 필요한 것이다.

설문조사에 의하면, '한글세대'라고 自他가 공인하는 현재의 대학생들도 대다수가 일상생활(77%)이나 대학공부(91%)를 위한 기초 한자-한문교육의 필요성을 인정하고 있으며, 그 교육 시기도 초등학교 때부터라는 의견(53%)이 우세한 것으로 나타났다.

정작 글에서 漢字가 사라지고 학교에서 그것을 못 배우는 사태가 심화되면서, 학교 밖에서 학부모와 학생들이 그 문제의 심각성을 먼저 알고 스스로 해결 방도를 찾아 나서고 있는 상황이 되었다. 국어교육의 정상화를 위해 초·중·고등학교에서부터 국어교육의 과정으로 기초적인 한자-한문교육이 제대로 이루어져야 하겠다. 필요성과 당위성을 인식하고 있으면서도 그 '골치 아픈 문제'를 적당히 덮어두고 외면해 온 정책 당국자나 교육 담당자가 적극적으로 나서야 할 차례다. 더 이상 방치하고 私教育에 맡겨둘 일이 아니다.

漢字 問題의 해결 없이 大學教育의 內實을 기대하기 어렵다. 현재 우리나라 197개 4년제 대학 중 12개교(6%)와 155개 전문대학 중 단 3개교(2%)만이 기초교양한문을 필수과목으로 지정하여 가르치는 것으로 조사되었다. 그나마 기초교양한문을 이수한 학생들의 기대나 만족도도 아직은 저조한

수준(39%)에 머물고 있다. 보통교육의 정상화가 이루어지기까지는 각개 대학 나름의 최선의 방법과 내용을 가지고 학생들에게 단단한 한자 기초를 지니게 함으로써 낙후된 우리 대학교육의 수준을 끌어올리도록 해야겠다.

參 考 文 獻

김민수(1999), 『북한의 한자 교육』, <새국어생활> 9-2, 국립국어연구원, pp.93～124.

南廣祐(1989), 『北韓의 漢字敎育』, <語文研究> 61, 韓國語文敎育研究會.

南豊鉉(1999), 『漢字語와 漢字混用』, <새국어생활> 9-2, 국립국어연구원, pp.169～180.

朴慶淑(2001), 『대학생 漢字能力 實態와 한자교육의 必要性』, <語文研究> 111, 韓國語文敎育研究會.

송재소(1999), 『한국의 한자 교육』, <새국어생활> 9-2, 국립국어연구원, pp.125～144.

申昌淳(1992), 『國語正書法研究』, 集文堂.

이운영(2002), 『『표준국어대사전』 연구 분석』, 국립국어연구원.

〈仁荷大 敎授/ 어문연구 120호〉

大學의 漢字敎育 實態와 敎育方向

文 福 姬

1959년 서울 출생. 현 경원전문대학 교수. 이 글은 우선 대학 한자 교육의 필요성을 세 가지 차원으로 나누어 제시하고 있다. 첫째로는 國語敎育의 차원에서 정확하고 원활한 국어 생활을 위해, 둘째로는 人性敎育의 차원에서 인격 형성과 덕성 함양을 위해, 끝으로 知性敎育의 차원에서 학문연구와 진리탐구를 위해 대학에서의 한자 교육이 필요하다는 것이다. 한편 필자가 몸담은 대학에서 실시되고 있는 한자 교육을 例示함으로써 대학에서의 한자 교육의 한 방향을 제시하고 있다.

1. 序 論

人間은 言語를 사용하여 자신의 思想과 感情을 表現하고, 다른 사람의 사상과 감정을 이해하며, 言語를 통해 祖上이 이룩한 文化를 이어받고, 우리가 이룩한 바를 後孫에게 전한다. 이러한 言語는 늘 하나의 共同體와 함께 자라나는데 그 언어 속에는 공동체의 정신적인 傳統이 담겨져 있다. 한겨레의 문화적인 傳統 속에 자라난 얼은 언어를 통해 文化創造의 前提전제가 되며, 힘이 된다. 그러므로 우리는 모든 생활에 作用하는 우리 언어, 즉 國語에 대한 관심을 높여야 하며, 올바른 國語生活을 위해 우리 국어의 過去와 現在를 꿰뚫어 보아야 한다.

우리 국어는 國語辭典 수록 단어의 약 70%가 漢字語이고, 學術典籍학술

전적의 專門用語는 漢字語가 거의 90%에 가까우며, 우리 歷史의 90% 이상이 漢字로 기록되었다. 漢字는 이미 오래 전부터 우리 민족이 사용하여 三國時代나 高麗朝는 물론 朝鮮朝에서 한글이 創製된 이후에도 主文字로 사용되어 우리 역대 왕조에서 公用文字로 쓰였다. 그러므로 2000여 년 간 우리 言語文化에 스며든 漢字, 漢文을 제대로 알지 못하고서는 우리의 言語와 文化를 올바르게 이해할 수 없다.

특히, 大學敎育은 지도적 인격을 陶冶도야하는 것[1]을 目的으로 하고 있다. 즉, 大學은 학생들로 하여금 보다 넓게 인간의 모든 중요한 知的 활동에 참여케 하고 自身과 社會의 諸問題에 적절하게 대응할 수 있는 능력을 養成하는 것[2]이 목적이다.

이러한 大學敎育의 목적과 관련지어 볼 때, 학생들로 하여금 知的 活動에 無理 없이 참여케 하기 위해서 漢字文化圈 속에서 형성된 우리의 국어를 바르게 이해할 수 있도록 해야 한다. 나아가 漢字로 이루어진 많은 典籍 속에 담긴 조상의 얼과 지혜와 傳統文化를 계승 발전시키고, 漢字 중심의 東洋文化圈에서 適應적응해 나갈 수 있는 能力을 길러주기 위해서도 大學에서의 漢字, 漢文敎育은 必須的필수적인 것이다.

우리나라 大學生들이 正常的인 學校敎育을 받았다면, 고등학교까지 12년간의 국어 교육을 받아왔다. 그러나, 과연 大學에 와서 學問을 硏究하고 자기의 思想과 感情을 표현 전달하는데 부족함이 없는 국어의 능력을 지녔는가, 과연 知性人으로서 人格을 陶冶하며 專功分野의 서적들을 讀解하는데 불편함이 없을 정도로 正確한 語彙 驅使力구사력과 이해력을 지녔는가 하는 문제이다.

대학에서 제대로 學問을 硏究하고 眞理를 探究탐구하기 위해서는 이미 과거 우리 學者들이 漢字語로 이루어 놓은 공고한 學問體系를 무시하고는

---

1) 敎育法 제108조.

2) 崔文吉, 專門大學 敎養國語敎育 改善方案 硏究, 『語文硏究』 79號 (1993년 가을), 韓國語文敎育硏究會, p.376.

어려운 현실이다. 따라서 대학에서 학문을 연구함에 있어 전통적 斷切感이 없이 發展할 수 있는 길은 종래의 漢字語 中心體系를 유지하면서 우리 국어의 所重함을 살려 나가는 길이다.

정확하고 원활한 國語生活을 위해서나, 人格形成과 德性涵養덕성함양을 위해서나, 學問硏究와 眞理探究를 위해서 漢字, 漢文敎育은 대학에서 꼭 필요하다. 따라서 대학 교육과정에서 <漢文> 과목을 選擇科目이 아닌 必須科目으로 정하여, 학생들이 반드시 履修이수하도록 하는 것이 바람직하다고 본다. 그러나 현재 대부분 대학의 漢字敎育 실태는 그렇지 못한 상태이다.

이에 비해 대학에서의 漢字敎育의 중요성을 먼저 認識하고, 학교 중점 교육의 하나로 漢字敎育을 강조하고 있는 暻園專門大學경원전문대학을 實例로 들어, 漢字교육의 必要性과 敎育方向을 생각해 보고자 한다.

2. 大學 漢字敎育의 必要性

(1) 正確하고 圓滑한 국어 생활을 위해서 - 國語敎育의 차원

情報傳達 기능으로서 언어는 表現과 理解에 있어 정확한 語彙使用을 필요로 한다. 뜻이 模糊모호한 語彙 사용으로 의미가 잘못 전달된다면 표현한 사람의 의도와는 다른 결과를 초래하게 된다. 평상시 가벼운 대화에서나 글을 쓸 때에도 정확한 語彙使用은 중요한 문제이다.

더구나 모든 분야가 細分化되어 專門的인 지식을 습득하고, 技術의 발달을 주도해 가고 있는 大學에서, 불분명한 言語使用은 바람직하지 못하다. 언어의 정확한 표현은 知性人의 必須要件이라 생각한다. 특히, 指導者나 專門家라면 전달해야 하는 내용을 정확하게 표현할 수 있어야 한다. 뜻이 模糊해서 理論이나 技能기능을 이해하지 못하는 경우가 있어서는 안 되기 때문이다. 표현 자체가 정확해야 혼란 없이 자신의 意思와 전문적인 理論을 전달할 수 있으며, 이해하는 사람도 정확히 意味把握의미파악을 할 수 있어야 같은 내용을 빨리 이해하게 되는 것이다.

言語를 정확히 전달하고, 정확히 이해하기 위해서는 표현하는 사람과 이해하는 사람, 모두의 노력이 필요하다. 言語의 表現과 理解 과정의 문제는 풍부한 語彙力과 정확한 의미 파악이 그 해결책이다. 우리 국어의 정확한 표현과 이해를 위해서는 漢字學習이 큰 도움이 된다고 본다.

우리 국어는 한글로 쓰고 읽을 수 있는 單語도 漢字를 배제하고는 정확한 의미나 개념 파악이 어려운 경우가 많다. 단순한 例로, 한글은 같지만 漢字에 따라 그 의미가 달라지는 同音異義語만 생각해 봐도 정확한 국어 생활을 위해 漢字教育이 必要하다는 것은 再論의 여지가 없다. 漢字教育을 통해, 국어의 70%를 차지하는 漢字語의 정확한 의미를 이해하고, 풍부한 語彙力을 伸張신장시켜 나가는 길이 대학생의 올바른 국어 생활을 이끌어가는 지름길이다.

(2) 人格形成과 德性 함양을 위해서 – 人性教育의 차원

① 西歐社會는 個人主義 타락으로 인한 代價를 톡톡히 치르는 중입니다. 美國은 가정이 파괴되어 반 이상의 어린이가 缺損결손 가정에서 자라고 있어요. 東洋의 儒教的유교적 가치관에서는 資本主義가 고도화되어도 가정의 倫理윤리는 굳건합니다. 東洋精神의 지주인 漢字가 인간적 깊이와 倫理觀을 涵養함양해 주는 역할을 하기 때문이죠. 西歐 사회도 이러한 가족 重視의 倫理觀을 눈여겨 보고 있어요.[3)]

② 지난해 神戶(고베) 中 3年生의 토막살인 사건을 계기로 兒童教育의 개혁을 위해 만들어진 日本 중앙교육심의회 小委員會가 2월 4일 발표한

---

3) 金容三, 國際化 時代의 漢字 복권운동, 『國際化 時代의 漢字 復權운동 시급』, 漢字教育振興會, 1994. p.28.

중간보고서의 한 句節을 인용하면, 최근 늘고 있는 10대 초반의 각종 범죄는 가정과 사회, 학교에서 <心性敎育>이 부족했기 때문이라고 지적하며, …(중략)… 사회 전체에 責任이 있다고 강조했다.[4]

위에 引用한 ①②의 글은 人性敎育의 중요성을 보여 주는 글이다. 위의 글과 굳이 관련지어 말하지 않더라도 大學敎育은 人性敎育을 重視하는 학교교육이 되어야 한다. 사실 대학에서도 情報化時代에 맞추어 專門知識과 技術기술이 강조되고 있으나 이러한 專門化 교육의 反作用도 憂慮우려해야 한다. 대학에서 專門敎育만 강조하면 얻는 것(得)도 있으나 잃는 것(失)도 많다고 본다. 잘못하면 자기 本位에 빠지기 쉽고 기능만을 발달시킨 기계적인 人間이 될 수도 있기 때문이다.

따라서 자기의 人格을 형성하고 德을 갖출 수 있는 敎育이 우선되어야 한다. 즉, 實利를 위한 교육이 아니라, 人間에 대한 이해력을 培養배양케 하고, 倫理와 道德을 아는 참다운 인간을 기르는 人間中心의 敎育이 강조되어야 한다. 漢字, 漢文을 학습하다 보면 사람이 사람답기 위해서는 사람의 도리, 즉 人倫을 지켜야 한다는 지침을 자연스럽게 접하게 된다. 부모에 대한 孝, 형제간의 友愛, 웃어른에 대한 恭敬공경 등의 내용을 담고 있는 文章의 讀解를 통해 질서가 있고 예절 바른 인간으로 나아갈 수 있다. 聖賢성현의 말씀이나 故事를 통해 자기 本位의 삶이 아니라 남을 배려할 줄 아는 心性을 기르게 되고, 삶의 이치와 敎訓을 깨닫게 된다. 이러한 漢字敎育이 결국 人性敎育에 크게 도움이 된다는 점에서 그 필요성이 더욱 요구된다.

(3) 學問硏究와 眞理探究를 위해서 - 知性敎育의 차원

大學은 학생들로 하여금 明瞭명료하고 創意的인 思考力과 價値 판단을 培養배양하게 하고, 伸縮性신축성 있는 思考力과 探究心 같은 폭넓은 知的

4) 「京鄕新聞」 1998. 2. 5(목).

능력을 기르도록 지도해야 한다. 그러나 고등학교까지 入試위주 교육으로 個人主義的 성향이 보편화되어 있는 학생들이 과연, 인간의 다양성과 독자성을 인식하며 진정으로 學問을 硏究할 수 있는 토대를 갖추고 있는가, 學術典籍의 專門用語는 90%가 漢字語인데 과연, 전문 서적을 제대로 읽을 수 있는가 하는 문제이다.

대학인이라면 指導者, 專門家로 나아가는 知性人인데 他人의 말이나 글은 물론 專門書籍의 내용을 명확히 이해할 수 있어야 한다. 말이나 글을 명확하게 표현하고 전달할 수 있는 언어 능력을 지님으로써 學問의 세계에 접근할 수 있고, 그 위에서 眞理를 探究탐구할 수 있다고 본다. 人文科學, 社會科學, 數學, 醫學 등 모든 學術分野에서 專門用語는 漢字語가 많다. 따라서 학문 연구를 위해서도 대학에서의 漢字教育의 必要性은 분명해진다.

그런데 陸軍육군 第3士官學校 金鍾煥 교수의 조사 연구에 의하면, "최근 전국 49개 대학의 61개 학과 대학 졸업생(평균 B학점 이상) 100명을 대상으로 韓國漢字能力檢定會의 4급 문제지로 시험을 치른 결과, 평균 점수가 29.5점이었으며 30점 이하가 63%였다. 또한 자신의 大學과 學科名을 정확하게 쓴 졸업생은 각각 46%, 35% 뿐이고, 父母와 兄弟의 이름을 제대로 못 쓰는 졸업생도 절반이 넘었다"[5]고 한다.

이러한 결과는 고등학교 때까지 學習했어야 할 教育用 基礎漢字(중학교 900자와 고등학교 900자) 1800자를 제대로 학습하지 않았다는 데에 그 原因이 있지만, 학생들이 中·高等학교에서 제대로 漢字教育을 받지 못했다면 최소한 대학에서 그 몫을 맡아 指導해야 할 것이다. 漢字로 쓰여진 書籍들을 읽을 수 없으면서, 학문을 硏究하거나 진리를 探究하는 것은 어려운 일이니, 학문 연구의 기초 작업으로 대학에서의 漢字教育은 선행되어야 한다.

---

5) 金鍾煥, 大學卒業生의 漢字能力調査, 『語文硏究』 95號(1997. 가을), 韓國語文教育硏究會, pp.221～223.

아울러, 과거 우리 學者들이 학문의 기반으로 삼았던 聖賢들의 名 文章을 깊이 있게 학습한다면, 人倫道德의 기준이 되고, 학문하는 사람들의 精神的 基底가 될 것이다. 나아가 명료하고 창의적인 思考力을 배양하는 데 큰 역할을 할 것이다. 日本 노벨 물리학상 受賞者인 湯川秀樹(유가와 히데키) 박사의 自敍傳자서전 한 句節을 인용하여 그 例로 삼고자 한다.

"내가 남보다 特出한 교육을 받은 건 없다. 다만 어려서 할아버지에게 四書三經을 배웠는데 그것이 平生 創意的 연구 활동과 思考에 큰 도움이 되었다."[6]

3. 大學 漢字敎育의 方向

대학에서 漢字敎育이 필요하다는 것은 지금까지 검토한 內容을 통해 더욱 확연해진다. 올바른 국어 생활을 위해서나, 人格形成과 德性涵養을 위해서나, 學問연구와 眞理探究를 위해서 漢字敎育은 필수적이다.

따라서 暻園專門大學(본 대학)에서는 학생들로 하여금 모든 知的 활동에 참여할 수 있는 능력을 培養하고, 指導的 人格을 陶冶할 수 있는 기반을 마련해 주어야 한다는 大學敎育의 目的 아래 漢字敎育의 필요성을 강조하고 있다.

즉, 본 대학에서는 이미 漢字敎育의 重要性을 인식하고, 1996년부터 敎養科 중점 교육의 일환으로 漢字敎育을 제시하고 다음과 같은 方向으로 지도하고 있다.

中, 高等學校에서 제대로 漢字敎育을 받지 못하고 大學에 온 학생일지라도 최소한 대학을 졸업할 때에는 漢字로 쓰여진 新聞이나 專攻書籍을 읽고 이해할 수 있는 능력을 갖추도록 해야 한다. 그러기 위해서는 실생활

6) 金容三, 앞의 글, p.52.

에 필요한 基本漢字 2000字 정도는 學習해야 한다. 그러나 단순히 漢字 글자 자체만을 暗記암기하여 알게 하는 技能的 教科에만 머물게 하는 교육이 아니라, 漢文에 담긴 人生의 지침이나 사람으로서 지켜야 할 道理 등을 터득하여 삶의 지혜를 얻게 하는 全人教育이 되어야 한다는 것을 教科目標로 하고 있다.

이에 따라 본 大學에서 진행되고 있는 漢字教育의 구체적인 方法은 다음과 같이 요약할 수 있다.

① 教科名은 <漢文Ⅰ>, <漢文Ⅱ>로 하여 1학년 1, 2학기 매주 2시간씩 受講하게 한다.

② <漢文Ⅰ, Ⅱ>는 모두 教養科 必須科目으로 정하여, 학생들이 반드시 履修이수하고 졸업해야 한다.

③ 매시간 實生活에 필요한 漢字 위주로 강의하되, 20분 정도를 할애하여 新聞에 나오는 時事漢字 20單語씩을 政治, 經濟, 社會, 文化 등 분야별로 익히게 한다.

④ 學校, 學科名이나 家族名 등 기본적인 漢字쓰기에 관심을 갖고, 강의 시간 20분 정도는 筆順에 대한 바른 이해와 實用單語 쓰기 練習연습을 지도한 후, 과제물 점수에 반영한다.

⑤ <漢文Ⅰ>의 내용은 漢文教科가 딱딱하고 어려운 科目이라는 先入見을 불식시키기 위해 쉬운 내용을 다루되, 故事成語나 俗談과 格言 등을 통해 基礎漢字를 익히고 簡明한 생활의 지혜를 알게 한다.

⑥ <漢文Ⅱ>의 내용은 <漢文Ⅰ>을 토대로 쉬운 短文부터 익히되, 聖賢들의 名文이나 詩文을 통해 삶의 이치와 教訓을 알게 하고, 틀리기 쉬운 漢字와 혼동하기 쉬운 漢字를 중심으로 강의한다.

⑦ 매년 1회 이상 개인별 漢字能力을 객관적으로 평가 認定받기 위해 漢字能力檢定試驗에 응시하도록 勸奬권장하고[7], 漢字級數證을 취득하면

---

7) 暻園專門大學의 漢字能力檢定試驗 응시 현황을 보면,
제8회 漢字能力檢定試驗(1996년 11월 2일) 접수 847명, 응시 602명, 합격 464명

<漢文> 성적에 가산점을 준다.

특히, 요즈음은 資格證자격증에 대한 필요성이 증대하고 있으며, 취업에 대비하여 平生學習의 하나로 漢字를 익히는 것은 바람직한 일이다. 韓電, 大韓航空대한한공, 현대, SK 등의 기업들이 採用試驗채용시험에서 漢字를 重視하고, 일부 言論社는 漢字能力檢定試驗 3급 이상의 資格證자격증 所持者소지자를 優待우대하는 등 最近 사회에서 漢字에 대한 중요성이 강조되고 있다.

이에 따라 여러 大學에서도 漢字에 대한 關心이 높아지고 있는 趨勢추세이다. 梨花女大의 경우, 지난 1997년 9월부터 시작한 漢字特講이 인기 있는 강좌로 자리 잡고 있으며 延世大, 漢陽大도 漢字 교양과목의 인기가 높아지고 있다. 또한 西江大도 교양과목 <漢字 1, 2>가 늦게 가면 자리를 못 잡을 정도로 인기가 높았으며, 慶熙大의 경우, 올해(1998년) 漢醫大 편입 시험에서 漢文試驗을 실시했다. 이러한 趨勢추세는 앞으로도 大學生들에게 漢字習得의 意慾을 증진시키고, 漢字 공부의 重要性을 깨닫게 할 것이다.

4. 結　論

大學에서 제대로 學問을 연구하고 眞理를 探究하기 위해서는 과거 學者들이 漢字語로 이루어 놓은 學問體系를 무시할 수 없으며, 자기의 思想과 감정을 표현 전달하는데 부족함이 없는 國語 능력을 지니기 위해서는 漢字教育이 필요하다. 또한 漢字, 漢文教育은 人性教育에 도움을 주며, 漢字로 쓰여진 新聞이나 專攻書籍을 읽고 이해하기 위해서도 必須的인 교육이다.

(77%).

제11회 漢字能力檢定試驗(1997년 11월 8일) 접수 1723명, 응시 1379명, 합격 647명(47%).

曉園專門大學에서는 漢字敎育의 중요성을 절감하여 1996년부터 敎養科 중점교육의 일환으로 漢字敎育을 실시해 왔다. <漢文> 교과를 교육과정에서 必須科目으로 정해 놓았기 때문에 1학년 학생들은 누구나 漢字敎育을 받도록 되어 있다. 싫든 좋든 1년간 基本漢字 2000字를 중심으로 學習하고 나면, 학점을 따기 위해 부담은 있었지만, 漢字에 대해 관심을 갖게 되었다는 대다수 학생들의 의견이다.

특히, 사회에 나가 실제 필요한 時事漢字나 故事成語, 學校名 등의 實用單語는 반드시 학습해야 할 內容이고, 漢字能力檢定試驗에 응시하여 취득한 급수증은 취업에 도움이 될 뿐만 아니라, 漢字學習의 意慾을 증대시켜 준 可視的인 成果로 볼 수 있겠다.

앞으로, 他 大學에서도 漢字敎育의 필요성을 인식하고, 철저히 교육해 나간다면, 당장 표면적으로 드러나지는 않으나, 漢字敎育이야말로 學問硏究의 기초 작업이며, 倫理와 道德을 아는 참된 人間을 기르는 지름길이라는 것을 알게 될 것이다.

〈曉園專門大學 敎授/ 어문연구 97호〉

中·高 國語敎科書의 問題點
-國語敎科書 改編을 위한 前提

朴 甲 洙

1934년 忠北 沃川 출생. 방송심의위원 역임. 현 서울대학교 명예교수. 향후 교과서 개편에 대한 제언을 위해 쓰여진 이 글은 현행 중·고등학교 국어교과서의 문제점을 體裁, 內容, 表現으로 나누어 살펴보고 있는데, 1) 체재면에서는 가) 국어교육의 본질적 요소가 대단원으로 설정될 것, 나) 교과서 분량을 늘릴 것을, 2) 내용면에서는 가) 국어 외적 요소를 교재의 제재로 선정하지 말 것, 나) 학습자의 발달단계에 맞는 난이도를 설정할 것, 다) 문학작품을 옮겨 싣는 경우 내용을 간이화하거나 변형하지 말 것, 라) 독서와 관련한 단원을 설정할 것, 3) 표현면에서는 가) 문장을 간이화할 것, 나) 常用漢字 1,800字의 범위 안에서 한자어를 노출시켜 교과서를 제작할 것, 다) 用語를 통일할 것, 라) 文體를 다양화할 것 등을 제언하고 있다.

1.

編修局편수국 사건 이후 敎科書 行政에 一大 變革변혁이 꾀해져 요사이 새로운 교과서 집필 작업이 한창 진행 중인 모양이다.

敎科書란 교육과정을 구현한 中核的중핵적 學習資料로서 이의 好 不好는 그대로 교육의 成敗에 직결된다. 따라서 교과서에 기울여지는 敎育界의 관심은 非常한 것이 아닐 수 없다. 「語文硏究」에서 이번에 國語敎材의 問題點을 검토하는 企劃기획을 마련한 것도 바로 이러한 교과서의 막중한 比重에 말미암은 것일 것이다. 이것은 현행 敎科書의 問題點을 검토함으로 보다 바람직한 敎材의 개편을 모색해 보고자 하는 뜻으로 해석된다. 敎材改編은 현행 敎科書의 검토에서부터 출발할 수 있을 것이기 때문이다.

筆者는 이에 中高校 國語敎科書의 바람직한 개편을 위하여 교과서에 대해 평소에 가지고 있던 몇 가지 소박한 見解를 피력해 보기로 한다. 이것은 어디까지나 바람직한 敎科書 개편을 위한 조그마한 提言으로, 現行 敎科書 批判自體비판자체에 目的이 있지 않음은 말할 것도 없다.

2.

敎科書는 앞에서도 言及한 바와 같이 교육과정을 구현한 學習資料이다. 말을 바꾸면 교육과정에 맞추어 편찬된 교육의 媒介體매개체가 교과서인 것이다. 따라서 교과서의 問題點을 검토하기 위해서는 우선 교육과정을 살펴보지 않으면 안 된다.

文敎部令 325호(中學校 교육과정), 350호(人文高 교육과정), 404호(實業高 교육과정) 등에 의하면 교육과정의 구성은 국민 교육 헌장 이념의 구현을 기본 방향으로 하고, 국민적 자질의 함양, 인간 교육의 강화, 지식·기술 교육의 쇄신을 기본 방침으로 하고 있다. 그리고, 이러한 기본 방침은 다음과 같은 세부 항목으로 나누어진다.

(1) 국민적 자질의 함양

① 민족 주체 의식의 고양, ② 전통을 바탕으로 한 민족 문화의 창조, ③ 개인의 발전과 국가의 융성과의 조화.

(2) 인간 교육의 강화

① 가치관 교육의 강화, ② 비인간화 경향의 극복, ③ 근면성과 협동성의 앙양.

(3) 지식·기술 교육의 쇄신

① 기본 능력의 배양, ② 기본 개념의 파악, ③ 판단력과 창의력의 함양,

④ 산학 협동 교육의 강화

<表>

	과 정 (手段)	도 달 점 (目的)
中校(가)	① 국어 사용의 기능 신장	① 효과적인 언어생활 영위
	② 성실한 태도 육성	
高校 1	① 교양생활에 필요한 국어사용 기능	① 효과적이고
	② 성실한 태도 육성	② 품위 있는 언어생활 영위
中校(나)	① 국어를 통해 지식 경험 확대	① 발전하는 사회에 적응
	② 국어를 통해 문제해결력 양성	② 스스로 앞길 개척
高校 3	① 지식 경험의 확대	① 스스로 자기 전도 개척
	② 문제 발견, 해결력의 양성	② 사회 발전에의 적응 및 이의 선도
中校(다)	① 바른 사고력과 자주적 판단력 양성	① 유능한 개인과
	② 풍부한 정서함양, 아름다운 꿈의 배양	② 건실한 국민으로 성장
高校 2	① 사고력 판단력 창의력 함양	① 유능한 개인과
	② 풍부한 정서와 아름다운 꿈 육성	② 건실한 중견 국민으로 성장
中校(라)	① 국어 존중의 뜻 고양	① 민족문화 발전에 기여하려는 결의
	② 국어 문화의 애호	
高校 4	① 국어 및 국어로 표현된 문화 사랑	① 민족문화 발전에 기여
	② 국어 및 국어로 표현된 문화 이해	

이러한 교육과정 구성의 기본 방침 아래 구체화된 學校 교육의 一般目標로는 자아실현, 국가 발전 및 민주적 가치의 강조 등이 들려진다. 各科 교육과정은 이러한 교육과정의 구성의 일반 목표 아래 형성된 것이다. 국어과의 경우 中·高等學校의 一般目標는 各各 네 가지씩이 제시되어 있는데 이것을 알기 쉽게 圖表化도표화하면 앞 表와 같다.

表에 보이는 바와 같이 中·高等學校의 국어과 교육목표는 과정을 中心하여 볼 때 다음과 같은 것이 된다.

① 국어사용의 기능 신장

② 사고력 판단력의 신장 및 정서의 순화

③ 국어에 의한 지식 경험의 확대

④ 국어 및 국어 문화의 이해와 애호 및 민족 문화 발전에 기여

이와 같은 국어 교육의 目標는 高等學校 교육과정 <국어 Ⅰ>의 目標에 좀 더 具體的구체적으로 明示되어 있다.[1)]

그러면 이러한 교육과정이 教科書에 어떻게 반영되어 있는가? 다음에 體裁·內容·表現으로 나누어 살펴보기로 한다.

3.

體裁面체재면에서는 體裁·形式 및 分量 등이 問題가 될 것이다. 그러면 먼저 體裁面에서 單元設定問題를 살펴보기로 하자. 現行 中·高 國語教科書는 옛날의, 단순한 文章羅列式문장나열식 讀本이 아니고, 單元學習 교재로 편찬되어 있다. 따라서 하나의 例로 인문계 고등학교 <국어 Ⅰ>을 보면, <아름다운 청춘, 국어의 이해(1), 반성과 감사, 유월의 이야기, 고전의 세계, 선인들의 지혜, 국문학의 발달, 자연과 인생, 고향의 음성, 언어와 사회> 등 10개의 大單元과 이 大單元을 위한 제재 곧 小單元 40個로 짜여져 있다. 國語科는 內容教科인 동시에 形式(道具)教科란 兩面性을 지닌

1) 고등학교 교육과정 국어 Ⅰ의 목표는 다음과 같이 제시되어 있음.
① 말하기·듣기·읽기·쓰기 등 각 영역의 균형 있는 학습을 통하여 남을 이해하고 자기를 표현하는 기능을 신장시킨다.
② 국어로 표현된 논리와 정서 등을 깊이 이해하게 하여, 사고력·판단력 및 창의력을 기르고 풍부한 정서와 아름다운 꿈을 가지게 한다.
③ 국어 학습을 통하여, 중견 국민으로서의 생활에 필요한 지식과 경험을 넓히고, 문제를 발견, 해결하는 힘을 가지게 한다.
④ 국어 국문학의 기초적인 이론 및 각종 형식의 문장을 학습하게 하여, 국어와 국어로 표현된 문화를 사랑하고 이에 대한 넓은 이해를 가지게 한다.

다. 그러기에 이들 大單元을 보면 그 어느 한 體系만을 취하지 아니하고 이러한 內容教科로서의 기능과 形式教科로서의 기능이란 兩面에서 설정하고 있다. 이것은 국어과의 특성으로 보아 당연한 것이라 할 것이다. 그런데 여기에 注意하여야 할 한 問題가 있다. 그것은 국어과의 이들 두 機能에 속하지 아니한 것이 大單元으로 설정되어진 것들이 많다는 것이다. 앞의 <국어 Ⅰ>의 경우 <아름다운 청춘, 반성과 감사, 유월의 이야기, 선인들의 지혜, 자연과 인생, 고향의 음성> 등의 單元이 그 보기이다. 이러한 大單元들은 앞에서 살펴본 교육과정의 교육목표와 관련을 지어 볼 때 당황하게 되는 단원들이다. 이들 大單元들은 제재의 내용에 따라 억지로 묶인 것으로, 교육과정이 전제된 단원 설정이라 볼 수 없기 때문이다. 한 예를 들어 <유월의 이야기>란 대단원은 교육과정의 어떤 목표를 드러내기 위한 것이라 보아야 하겠는가?(유월에 대한 지식 경험의 확대가 목표일까?) 이것은 제재로 선정된 小單元마저 內容(主題)과 形式이 다 각각인 것이다.

개편될 國語教材는 이러한 教育目標와 유리된 國語教育의 非本質的 요소가 大單元으로 설정되게 하여서는 안 될 것이다. 大單元의 설정은 國語教育의 第一目標가 국어사용의 기능 신장에 있으니 言語活動의 네 領域영역을 주축으로, 여기에 국어 및 國語文化를 아울러 설정하는 方向을 취하도록 할 것이다. 이렇게 하면 非國語的 요소가 교재에 많이 실려 學生들의 흥미를 잃게 하는 것도 방지할 수 있을 것이다.

둘째로 體裁面에서 검토되어야 할 것은 教科書의 分量 문제이다. 現行 教科書의 量에 대해서는 多寡다과의 兩論으로 의견이 갈려지고 있는 것 같다.[2] 筆者의 생각은 이들 兩論 가운데 寡쪽으로 기울어진다. 그것은 앞에

---

2) 多寡에 대한 見解는 모든 現職教師들이 가지고 있을 것이나, 近者에 이에 대한 意見을 紙上에 발표한 것으로는 다음과 같은 것이 있음.
李仁燮 : 國語教育은 改善되어야 한다.
「새교육」 通卷 247號, 大韓教育聯合會, 1975. 5.
吳世夏 : 中學國語와 語文教育의 課題一線教師의 經驗을 중심으로, 「韓國文學」 第2卷 第8號, 韓國文學社, 1974. 8.

서도 언급한 바와 같이 國語科는 內容敎科와 形式敎科로서의 기능을 지니나, 中·高等學校의 국어과 敎育은 形式敎科로서의 기능이 우선한다고 보기 때문이다. 곧 國語敎科書는 많은 읽을거리·들을 거리·쓸거리·말할 거리를 담고 있어 이를 통해 言語 사용의 기능을 신장함으로 다른 敎科 학습에 道具 구실을 해야 한다는 것이다. 그런데 오늘날의 國語敎科書는 量的으로 貧弱하여 道具敎科의 구실을 제대로 하지 못하고 있는 것이다. 다음의 두어 例文을 살펴보자.

(ㄷ) **지선** : 목재 중에는 내부에서 수지가 흘러나오는 것이 있는데, 이것이 지선이다. 목재를 건조시킨 다음에도 수지가 마르지 않아서 계속 진이 나오는 경우가 있는데 이런 목재는 가공에 불편할 뿐만 아니라, 제품 자체도 좋지 못하다.

―중학교 남자용, 기술 Ⅰ. p. 89

1945년 12월 모스크바 삼상(三相) 회의에서 결정된 신탁 통치안이 발표되자, 처음에는 반탁 운동에 참가했던 공산주의자들은 소련의 지령에 따라 하룻밤 사이에 찬탁으로 태도를 돌변하여 온 겨레의 여망을 저버린 채 분열을 조장하였다. 1947년 국제 연합 총회의 결의에 따른 남북한 총선마저 그들에게 승산이 없게 되자, 이를 거부함으로써 민족적 이익을 배반하고 오늘과 같은 민족 분단의 비극을 만들어 내었다.

―일반사회·정치 경제. pp. 5-6

이들 例文은 그리 어려운 글은 아니다. 그러나 이들 두 例文의 경우 밑줄 친 낱말의 풀이 없이 技術과 社會敎科로서의 內容指導가 가능하겠는가? 오늘날의 國語敎育은 국어과 아닌 他敎科에서 많이 꾀해 주고 있다고 할 것이다. 따라서 國語敎科書는 道具敎科로서의 충실한 구실을 할 수 있도록 충분한 학습 내용을 담도록 개편되어야 할 것이다. 이 때 錄音 테이프가 달린 말하기·듣기 敎材, 文型練習문형연습 및 글짓기 학습이 가능한 쓰기 教材 등이 變容변용되어진다면 더욱 理想的이라 할 것이다. 교과서의 分量이 많아지면 學習指導의 方法도 개선되게 될 것이다. 곧 종래에 單元의 特性이나, 學習目標에 구애 없이 千篇一律的이었던 敎師 中心의 講讀강독이 止揚지양되고, 單元目標에 重點을 두어 幹要中心的간요중심적인 學習이 꾀해질 것이기 때문이다. 이렇게 교과서가 개편되면 教材量의 多寡 때문에 시간이 모자란다는 소리도 남는다는 소리도 나오지 않을 것이다. 그리고 上級學校에서는 구태여 教科書外의 文章에서 試驗問題의 地文을 찾지 않아도 좋을 것이고, 學習者는 教科書로서 충분히 국어 학습을 재미있게 할 수 있어 국어 교육은 오랜만에 正道에 오를 수 있을 것이다.

다음은 內容面의 問題點을 살펴보기로 한다. 內容面에서 가장 문제가 되는 것은 앞에서도 言及한 바와 같이 國語教育의 非本質的 要素, 非國語的 要素가 너무 강조되어서는 안 된다는 것이다. 中學校의 경우 일반 목표 (라)項의 도달점 <민족문화 발전에 기여하려는 결의>는 국어과만의 學習目標라고 할 수 없는 것이다. 국사과의 일반 목표 (라)項도 똑같이 문화의 계승 발전을 위해 노력할 것을 도달점으로 하고 있는 것이다.

> (라) 우수한 민족 문화를 창조한 우리 민족의 역량을 이해시키고, 민족 문화의 계승 발전에 힘쓰려는 태도를 기른다.

이러한 文化의 계승 발전이란 말할 것도 없이 국어과보다는 國史科의 보다 本質的 교육 목표가 될 것이다. 국어과의 경우는 모든 民族文化 아닌 國語文化로 한정될 때 本質的 교육 목표가 된다. 따라서 국어과의 경우는 <중학 국어 3-1>의 大單元 <끝없는 만남> 가운데 들어 있는 小單元 <인간 이 충무공(李忠武公)>도 歷史的인 人物 李忠武公을 학습시킴에 目的이 있는 것이 아니고, 국어사용의 기능을 신장함에 一次的인 目的이 있는 것으로 보아야 한다. 성웅 李舜臣 자신에 대해 學習하는 것이라면 그것은 국어과 아닌 國史科의 敎育目標가 될 것이기 때문이다. 국어과의 경우 非國語的 學習材에 의한 지식과 경험의 확대는 副次的인 目的이 될 뿐인 것이다. 따라서 教材 單元은 그 內容的 事實에 치중한 나머지 言語 기능면이 소홀히 되어서는 안 될 것이다. 이런 意味에서 非國語的 要素, 환언하면 國語外的 要素가 많이 제재로 선정되는 것은 피하도록 해야 할 것이다.

둘째로 內容面에서 검토되어야 할 것은 難易度난이도의 문제이다. 교재는 學習者의 심신발달을 고려하여 이에 부합되는 것을 제작하여야 한다. 文章의 길이, 文章의 형태 및 語彙어휘의 分布 등이 學習者의 수준에 상응해야 하는 것이다. 語彙面에서 볼 때 <중학 국어>가 수준이 좀 높은 것으로 일러지기도 한다.[3] 그러나 現實은 他教科와 比較할 때 꼭 높은 수준이라고 할 수만은 없다. 單元에 따라 다르기는 하나 國語教科書는 오히려 他教科에 비해 安易하다는 것이 衆論인 것이다. 이러한 問題는 學習者의 言語發達段階에 대한 充分한 조사가 사전에 先行되어야 함을 意味한다. 그리고 이러한 발달 단계에 부응하는 것이라도 教材의 紙面은 한정된 것이니 보다 알찬 核心資料핵심자료를 싣는 데 유념하여 군더더기 같은 제재는 제외하도록 해야 할 것이다.

內容面에서 셋째로 검토되어야 할 것은 우리 古典作品의 소위 '옮김'의 수록 問題이다. 라도 R, Lado는 外國語教育에서 널리 利用되는 文學이 많이 誤用된다고 말하며 다음과 같은 誤用의 예를 들고 있다.[4]

첫째, 言語能力이 없는 學習者에게 文學의 교육과정을 제공하는 것.

둘째, 有名한 文學作品을 簡易化 *to simplify* 하여 그것을 마치 原本같이 읽는 것.

셋째, 文學作品을 단순화하여 文學으로서가 아니라 目標文化의 정보를

3) 趙文濟 : 現行 教科書에 의한 語文教育, 「韓國文學」 第2卷 第8號, 韓國文學社, 1974. 8.

4) Lado, Robert, Language Teaching—A Scientific Approach, MacGraw-Hill, Inc. 1964 p.141.

위한 교재로 사용하는 것.

넷째, 初步段階에서 文學의 걸작을 선정, 이를 範例로서 學生들에게 使用하도록 하는 것.

이상의 라도의 文學教材의 사용에 대한 경고는 우리의 古典作品 '옮김'의 교육에도 대부분 그대로 적용된다. 一例를 들어 아직 解讀도 제대로 안되는 鄕歌, 그것도 原歌 아닌 소위 옮김이란 형식의 현대판 鄕歌를 中學校 2學年에서 學習시키고자 하는 것은 무엇인가 잘못된 것이라 할 것이다. 2學年의 같은 單元에 麗謠 鄭石歌를 소위 옮겨 실었다는 것도 똑같이 問題가 된다. 이러한 古典作品을 학습하는 것은 그러한 作品을 창작하게 하자는 데 目的이 있는 것이 아니요, 鑑賞감상에 學習目標가 있는 것이라 할 것이다. 따라서 감상은 그러한 作品을 읽을 수 있는 言語能力을 갖추고, 美的 경험의 적응성이 형성될 때 비로소 가능한 것이다. 文學作品은 간이화하거나 變形하여서는 안 된다. 그렇게 되면 그것은 이미 본래의 作品이 아닐 뿐 아니라, 사기 작품이기 때문이다. 따라서 이러한 文學作品의 학습은 라도가 이르는 바와 같이 學習者의 水準으로 끌어내려 改作하기보다 文學作品에 學習者를 맞추는 方法이 좀더 적절하다 할 것이다.[5] 만약 이러한 作品에 대한 學習이 꼭 필요한 경우라면 原作 아닌 作品解說을 통해 꾀하도록 함이 좋을 것이다.

內容面에서 넷째로 검토되어야 할 것은 讀書單元 설정의 問題이다. 單元 설정 기준에 관해서는 앞에서 言及한 바 있다. 그것은 국어의 形式教科와 內容教科로서의 特質을 살려 단원이 설정되어야 한다는 것이었다. 그런데 現行 교과서를 보면 主題에 따른 大單元의 설정이라 해도 당연히 설정될 법한 이 單元이 中·高等學校를 통해 한 번도 선정되어 있지 아니하다. 中高 6年 동안에 겨우 人文系 <국어 II>에 李熙昇의 <독서(讀書)와 인생(人生)>이란 小單元이 하나 있을 뿐이다. 讀書란 읽기의 대표적 지도 사

5) Ibid, p. 155.

항 가운데 하나이다. 그리고 오늘날 무수하게 쏟아져 나오는 書籍을 읽고, 知識과 정보를 얻고 경험을 풍부하게 하며 人間性의 교양을 꾀하게 하는 것은 國語科의 중요한 사명이다. 따라서 讀書行動을 하기 위한 지식과 기술, 광의의 能力과 態度를 확립하여 주는 것은 현재 國語科가 담당해야 할 指導內容인 것이다. 따라서 讀書單元이 마땅히 中・高校에 各各 적어도 한 單元은 설정되어야 할 것이다.

끝으로 表現의 問題를 검토해 보기로 한다. 表現의 問題에는 表記・表現・文體 등의 문제가 포함된다.

첫째, 文章의 간이화의 問題는 여기서도 제기되어야 한다. 이 세상에는 名文이 많이 있지만 교과서에 실을 수 있는 좋은 內容의, 흥미 있는 文章이란 그리 많지 않을 것이다. 그러기에 이미 씌어진 글을 學習者에게 맞게 다듬어서 教科書에 싣게 되는 경우가 있다. 이 때 簡易化는 一部의 表記와 表現에 손을 대는 정도로 文體를 크게 손상시키거나 바꾸지 않는 범위 안에서 꾀해져야 할 것이다. 대부분이 內容이 수정 첨삭될 때 그것은 原作者의 개성적인 표현과는 관계가 없는 것이 되기 때문이다. 一例를 <중학국어 2-1>의 <금강산(金剛山) 기행(紀行)>에서 보기로 한다. 原文의 한 文節에 해당한 부분은 교과서 문장을 中心으로 대조해 보면 다음과 같다 (괄호 안은 교재와 다른 原文, 맞춤법이 다른 것은 문제 삼지 않음).

> 우리는 점심을 먹고 이럭저럭 한 시간이나 넘게(넘어) 기다렸으나, 이내(因해) 운무가 걷히기(걷지)를 아니합니다. 나는 새로 두 시간 되면 운무가 걷히리라고(거드리라고) 단언하고, 그러나 운무 중의 비로봉도 또한 볼 만하다 하며(一景이리라 하여) 다시 올라가기를 시작했습니다.
>
> 동(東)으로 산마루를 밟고(山巓을 밟아) 줄 타는 광대 모양으로 수십 보(數十步)를 올라가면, 산이 뚝 끊어져 발아래 천 길 낭떠러지가(千仞絶壁이) 있고, 거기서 북으로 꺾여 성루(城壘) 같은 길로 몸을 서편으로 기울이고 다시 수십 보를 가면 뭉투룩한 봉두(峰頭)에 이르니, 이것이 금강(金剛) 만 이천봉(萬二千峰)의 최고봉인 비로봉의 머리(毘盧峯頭)외다. 역시 운무가 사방으

로 막혀(四塞하야) 봉두의 바윗돌(바위들)밖에 아무것도 보이지 아니합니다.
그 바윗돌(바위들) 중에 중앙에 있는 큰 바위를(바위는) '배바위'라 하는(는)데, '배바위'라 함은 그 모양이 배와 같다는 것이 아니라, 동해(東海)에 다니는 배들이 그 바위를 표준으로 방향(方向)을 찾는다는 데서 나온 이름(뜻)이라고 안내자가 설명을 합니다. 이 바위 때문에 해마다 여러 천 명의 생명(生命)이 살아난다고, 그래서(그럼으로) 선인(船人)들은 멀리서 이 바위를 향하여(向하고) 제를 지낸다고 합니다. 이 안내자의 말을 참이라 하면, 과연 이 바위는 거룩한 바위일 것이외다(바위외다).[6]

이렇게 改稿되었을 때 이것을 原作者의 글로 볼 수 있을 것인가 問題가 된다. 더구나 改作하는 과정에는 잘못이 바로 잡히기도 하지만, 또 다른 誤膠오교를 빚어내는 일도 많은 것이다. 위의 例文 가운데 <이내(因해), 볼 만하다 하며(一景이리라 하야), 바윗돌(바위들) <2回>, 바위일 것이외다(바위외다)>는 問題性을 안고 있는 것이다.[7] 이 밖에 이 글에는 原文과 다른 많은 誤膠가 범해지고 있다. 몇 개의 例만 더 보이면 다음과 같다.

○ 그리고 평범한 이 봉(峯)이야말로 만 이천 중의 최고봉이요, (平凡한 이 바위야말로) 해마다 수천(數千)의 생명(生命)을 살리는 위대한 덕을 가진 바위외다.[8]
○ 아마도 성인의 공(功)이 이런가(이러한가) 하노라.[9]
○ 그러다가 영랑봉 머리로(呆呆한) 칠월(七月)의 태양(太陽)이 번쩍 보이자 운문의 스러짐이 더욱 빨라져(速하야), 그러기 시작한지 불과 사오 분 후(時)에 천지(天地)는 (그) 물로 씻은 듯이(듯한) 본래(本來)의 제(赤裸裸가 아니라 青裸裸한) 모양을 드러내었읍니다.[10]

---

6) cf. 李光洙 : 「金剛山遊記」 時文社, 大正 13年, pp.114-119.
7) 특히 「볼 만하다 하며(一景이리라 하야)」는 經驗有無의 현격한 차이를 빚어내며, 「바위일 것이외다(바위외다)」는 推斷과 斷定으로 각자의 性格 및 文體上의 커다란 차이를 드러냄.
8) 重文의 한 主語 부분이 落句가 되어 意味의 混亂을 빚어냄.
9) 時調 終章으로 '이러한가'를 '이런가'로 개작하여 '3, 5, 4, 3'의 律調를 깨뜨려 破格詩가 됨. 改作으로 인한 破格은 이 時調外에 두어 首가 있음.

○ 봉의 <u>높이</u>(高)는 겨우 육천 구 척(尺)에 불과하니, 내가(내 키) 오척 육 촌(寸)에서 이마 두 치를 감하면[11)]

○ 하물며 사방(四方)에 이 봉 높이를 당할 자 없으므로, <u>한계</u>(限界)가 무한히 넓어 지름(直徑) 수백리(數百里)의 일원을 <u>일시</u>(一眸)에 내려다 <u>봄에라</u>.(俯瞰하니) 그 웅대하고(<u>壯快하고</u>) <u>숭고한</u>(崇嚴한) <u>맛을</u>(맛은) 실로 비길 데가 없다.[12)]

따라서 文章을 簡易化하기보다 學習者에게 어울리는 文章을 선택하거나, 적절한 水準의 글을 작성 또는 청탁하여 싣도록 할 일이다.

둘째로 문제가 되는 것은 漢字語에 대한 漢字並記問題이다. 中・高校의 국어 교과서에는 漢字語에 필요한 漢字가 並記되어 있다. 그리고 中・高等學校 교육과정에는 국어과와는 별도로 漢文 교육이 부과되기로 되어 있다. 따라서 中・高校에서는 漢字 내지 漢文 교육을 꾀하지 않으면 안 된다. 그러면 국어과 교과서에서 이 漢字 문제를 어떻게 다루는 것이 바람직한가? 現行 교과서에서는 <공부할 문제>에서 漢字를 露出시켜 이것을 學習對象으로 삼으면서, 本文에서는 마치 正式 교육 대상이 아닌 것처럼 漢字表記를 괄호 속에 넣고 있다. 이것은 교육과정 내지 교과서 편찬 취지에 어긋나는 처사라 할 것이다. 더구나 漢字를 괄호 속에 並記한다는 것은 視覺的으로 讀書에 장애를 가져올 뿐 아니라, 귀중한 紙面의 쓸 데 없는 낭비를 가져온다는 점에서 바람직한 일이 못 된다. 따라서 漢字語는 常用漢字 1,800字의 범위 안에서 露出시켜 교과서를 제작함으로 명실상부한 교육대상으로 삼을 것이다. 이렇게 漢字를 露出시켜 國漢混用의 文章을 대하게 되면 漢字의 視覺的 效果 및 有緣性으로 말미암아 독서의 速度와 理

10) 指示冠形詞 '그'의 有無로 表現의 通俗性과 具體性의 차이를 드러냄. 指示冠形詞 '그'는 前文의 '深碧한 東海의'를 지칭하는 것임.

11) '내 키'가 '내가'로 誤記되어 文脈과 意味가 不通케 되었음.

12) '眼界'를 '한계'로 바꿈은 큰 잘못, '한계'로는 意味가 통하지 않음. '一眸'를 '일시'로 고침도 文脈上 바람직하지 아니함. 이것은 다음 시조에 '一眸'가 그대로 쓰인 것으로 보아 分明히 誤記한 듯.

解가 빨라져 현저하게 높은 教育的 효과를 거두게 될 것이다. 그리고 오늘날 漢字를 몰라 社會와 유리된 教育의 단층도 不遠間불원간 메워지게 될 것이다.

셋째로 表記와 表現上의 문제로서 제기되는 것은 用語의 統一問題이다. 같은 內容이 필자가 다름으로 不規則하게 쓰이는 것은 教育의 媒體매체인 교과서에서는 바람직한 일이 못 된다. 이러한 用語의 混亂혼란은 學習者에게 부당한 희생을 강요하기 때문이다. 따라서 앞으로 改編될 교과서는 통일을 기하도록 할 것이다. 그리고 만부득이하여 달리 나타낼 때는 脚注각주라도 붙여 混亂을 피할 일이다. 종래에 지적된 用語 및 表記의 混亂例를 한두 개 보이면 다음과 같다.

○ 고려 가요(高麗歌謠) <中 2-1> : 장가(長歌) <高 1>
○ 별곡체(別曲體) <中 2-1> : 경기체가(景幾體歌) <高 1>
○ 법륭사(法隆寺) <高 1> : 호오류우사(法隆寺) <高 1>

넷째 表現上의 問題로서 文體도 하나의 검토 대상이 된다. 各學年 교재간에 상호 관련을 지어 준다는 意味에서 이 사람의 글이나 저 사람의 글이 같은 양식으로 이루어지는 것은 바람직한 일이 못 된다.

> 여러분은 1학년 때, 문학(文學)이란 무엇인가, 문학에는 어떤 종류의 것들이 있는가, 그리고 우리는 왜 문학 작품(文學作品)을 읽는가 하는 문제에 대해서 그 대강을 공부했다.
>
> —중학 국어 2-1 국문학 이야기

> 여러분은 1학년 때 문학(文學) 일반에 대하여 공부했고, 또 2학년이 되어서는 국문학(國文學)이란 무엇인가, 갑오경장(甲午更張)까지의 국문학에는 어떤 종류의 것들이 있는가, 우리는 왜 국문학작품(國文學作品)을 읽는가 하는 문제들을 공부했다.

—중학 국어 3-1 국문학 이야기

위의 두 例文이 같은 필자에 의해 씌어졌다면 몰라도 필자가 다른데 이와 같이 비슷한 글을 지었다는 것은 이해하기 어려운 일이다. 이들 글은 內容 敎科이긴 하지만 그 形式 또한 學習對象이 되어야 한다. 이러한 意味에서 同一한 文型으로 文頭를 손본 것은 바람직한 일이 못 된다. 學習者는 多樣다양한 文形, 多彩다채로운 文體를 접함으로 보다 많은 學習을 꾀할 수 있는 것이다. 그리고 이러한 導入部는 교과서 本文으로 名文化할 것까지도 없는 것이라 할 것이다. 교사의 導入 설명이나 編者註의 形式은 훨씬 번거롭지 않게 처리될 수 있기 때문이다.

4.

이상 국어 교과서의 問題點을 體裁·內容 및 表現으로 나누어 몇 가지씩 살펴보았다. 時代的인 推移추이와 더불어 敎育의 方向이 바뀌고, 교과서가 바뀌는 것은 당연하다. 개편되는 敎科書의 一新이 있길 바라 마지않는다.

끝으로 問題點을 검토하자니 교재 편찬 관계자에게 결과적으로 本意 아닌 실례를 하게 된 點 理解 있으시기 바란다.

〈서울大敎授·國語學/ 어문연구 17호〉

한글專用 교육의 참담한 현실! 누구의 책임인가?

-대한민국을 「大漢民國」으로, 교육을 「校肉」으로 쓰는 우리 아이들

朴 光 敏

1952년 京畿道 廣州 출생. 韓國語文敎育研究會 研究委員. 이 글은 생활 속의 일상적인 사례와 어린 학생들의 漢字 實力 부족의 실례를 직접 조사하여 한글專用 政策의 폐해를 지적하는 한편, 한자어를 한글로만 표기하여 무슨 뜻인지 알 수 없게 만드는 언론·신문 등의 실태를 한자를 배우지 못한 무식한 대중에게 영합한 商業主義라고 신랄히 비판하고 한자교육 실시를 바라는 한글세대 학부모의 의식조사 등을 통해 한자교육의 필요성을 강력히 주장하고 있다.

최근 漢字에 대한 관심이 높아지면서 국민학교 低學年부터 漢字의 早期교육을 시행해야 한다는 목소리가 점점 높아지고 있다. 그 동안 漢字교육의 필요성을 뼈저리게 느껴온 대다수 學父母와 일선 校長先生님들은 이미 스스로의 판단에 따라 家庭에서, 學校에서 漢字교육을 실시하고 있는 실정이다.

정부는 오랫동안 관습처럼 굳어져온 사회의 부조리와 잘못된 慣行을 뿌리뽑는다 하면서도 정작 가장 時急하게 손질했어야할 '한글전용법'의 改定에는 별 관심도 없는 듯하다. 이에 지난 20여년 이상이나 教育一線의 선생님들과 學父母위에 君臨하며 선택의 여지없이 한글전용을 강요해온 '한글專用論'의 실체와 그 弊害폐해를 돌아보며 우리 語文政策의 현실을 照明조명해보고자 한다.

한글專用이 가져온 웃을 수만 없는 현실
짐승들이 우글거리는 禽獸江山?

'금수면은 금수 때문에 생긴 지명이다'라고 하면 온통 짐승들이 우글거리는 곳이라서 사람 살 곳이 못되는 곳 같은데 경상북도 星州郡 金水面에 사는 분들은 오손도손 좋은 인심나누며 정답게 살아가고 있다. 한글전용의 弊害는 좋은 물이 있어 생긴 '金水面'이라는 아름다운 고장을 사나운 짐승들이 우글거리는 '禽獸面금수면'으로 바꾸어 놓았다.

'사창리'를 '私娼里사창리'라고 하면 강원도 華川郡 史內面 史倉里에 사는 주민들은 화를 벌컥 낼 민망한 일이다. '대마리는 대마를 기르던 곳'이라 하면 사람들은 금방 大麻草를 연상할 것이고 그것을 피우고 싶은 사람들은 당장 대마리로 달려가 그 곳 주민들을 귀찮게 할지도 모르겠다. 이는 강원도 鐵原邑 大馬里의 지명이니 漢字지명으로 비로소 이 곳이 옛날 말과 관련이 있어 생긴 지명인줄 알 것이다.

'미아초등학교'라고 하면 金枝玉葉 남의 자식들을 데려다 '迷兒미아'로 만드는 것이 되니 큰일 날 이름이다. 마땅히 '彌阿初等學校'로 적어야 한다.

착한 어린이들과 훌륭하신 선생님들이 계시는 '오류초등학교'는 한글전용으로 인해 일류도, 이류도 아닌 '五流국민학교'로 불리게 되었다. 역시 '梧柳初等學校'라는 운치를 되찾아 줄 일이다. '소의'라고 하면 '素衣'가 되어 온 학생이 '素服'을 입는 것이 되니 감당 못할 일이다. 마땅히 본래의 훌륭한 뜻을 찾아 義로움을 밝힌다는 '昭義初等學校'라고 적어야 한다.

물론 위에 예로 든 것은 하나의 例話에 불과하지만 마냥 웃어넘길 수만은 없는 심각한 문제가 숨겨져 있음을 그냥 지나칠 수 없다.

어찌 地名뿐이겠는가? 아마도 사람의 이름 또한 한글로만 적는다면 본의 아니게 怨讐가 되거나 놀림을 당하는 분들이 적지 않을 것이다.

대한민국을 大漢民國이라 쓰고 교육을 校肉이라 쓰며, 예절을 福節복절이라 적는 고등학생이 수두룩한 현실에서 宣祖 때의 명신 白沙 李恒福이항복 대감은 꼼짝없이 '白蛇백사'가 될 처지가 되어 버렸고 '고향의 봄'을 작곡하신 洪蘭坡 선생을 기리는 '난파음악제'는 '難破음악제'와 같아 듣기에 민망하다.

필자가 아는, 어느 출판사에 근무하던 次長 한 분은 姓氏가 朱씨여서 늘 '駐車場주차장'이라 불려야 했다. 朱吉蓮주길연을 한글로만 듣는다면 그 音 또한 듣기에 민망하다. 李正表이정표, 裵信子배신자, 韓康壽한강수 등의 이름을 가진 분들을 한글로만 적는다면 영락없이 里程標, 背信者, 漢江水가 될 판이다. 이 이름들은 현재도 실제 사용되고 있는 이름들이다.

우리나라를 大漢民國이라 쓰는 우리 아이들이 우리민족을 '漢民族'으로, 한강은 '恨江'으로, 漢灘江한탄강은 '恨歎江'으로 적는다 해도 이는 결코 우리 아이들의 잘못은 아니다.

점점 어렵게 변해가는 한글 사용법

현재 사용되고 있는 한글맞춤법의 根幹은 1933년 朝鮮語學會에서 체계화한 〈한글맞춤법 統一案〉인데 1945년 이후 정부가 이 案을 받아들이게 됨으로써 확립되었다.

그 후 지난 50여년 동안 한글맞춤법은 많은 變遷을 거듭해 왔는데 그 결과 한글사용법에서도 세대간의 隔差격차는 克明하게 드러나게 되었고 우리나라의 대다수 시민은 가장 쉽게 배우고 쉽게 사용할 수 있다던 한글조차 제대로 쓰지 못하는 새로운 한글文盲 世代마저 탄생시키는 지경에 이르렀다.

이에 우선 적합한 母集團을 선정하여 새로운 한글사용법에 대한 旣成世代의 認知度를 조사해 보기로 했다.

표에 나타난 바와 같이 불과 3,40여년전에 初等교육을 받고 2,30여 년

전에 大學교육을 마쳤을 해방 후 세대의 새로운 한글맞춤법이나 띄어쓰기 규정 등에 대한 認知度는 상당히 낮은 수치를 나타내 주고 있다.

旣成世代의 한글맞춤법 認知度 조사(괄호 안은 백분율)

바른 한글맞춤법	正 答	誤 答	誤 用 事 例
수평아리	1 (1.4)	72 (98.6)	숫병아리 70, 수병아리 2
올바른	56 (76.7)	17 (23.3)	옳바른 14, 옯아른 2
옳은 일	56 (76.7)	17 (23.3)	오른일 5, 올은일 2, 옮은일 1
돌 잔치	36 (49.3)	37 (50.7)	돐잔치 31, 돍잔치 5, 돖잔치 1
수캉아지	3 (4.1)	70 (95.9)	숫강아지 67, 숫캉아지 1, 수강아지 1, 숯강아지 1
우표를 붙이다	49 (67.1)	24 (32.9)	부치다 22, 뿌이다 1, 붇치다 1
난쟁이	72 (98.6)	1 (1.4)	난장이 1
수놈	4 (5.5)	69 (94.5)	숫놈 69
숫총각	63 (86.3)	10 (13.7)	수총각 9, 숯총각1
수캐	19 (26.0)	54 (74.0)	수개 48, 수케 1, 숫캐 2, 숙개 1, 숯개 1
편지를 부치다	44 (60.3)	29 (39.7)	편지를 붙이다 29
쌍둥이	71 (97.3)	2 (2.7)	쌍동이 2
김치찌개	37 (50.7)	36 (49.3)	김치찌게 36
셋째, 넷째	50 (68.5)	23 (31.5)	셋째 네째 14, 세째 네째 6, 세째 넷째 1, 셋쩨 1
남을 좇아가다	7 (9.6)	66 (90.4)	쫓아가다 38, 쫒아가다 11, 쫏아가다 6
집에서 쫓겨나다	40 (54.8)	32 (43.8)	쫒겨나다 14, 쪼겨나다 8, 쫏겨나다 6, 좇겨나다 3
설렁탕	54 (74.0)	19 (26.0)	설농탕 5, 설넝탕 7, 설능탕 4, 설령탕 2, 성능탕 1
수탉	19 (26.0)	54 (74.0)	숫닭 40, 수닭 5, 숫탁 4, 숫탉 3, 숯닭 1, 수탋 1
사용 하시오	43 (58.9)	30 (41.1)	사용하시요 30
떨어뜨리다	59 (80.8)	17 (23.3)	떨어트리다 9, 떠러뜨리다 2, 뜰어트리다 2 外4
하겠습니다	41 (56.2)	32 (43.8)	하겠읍니다 30, 하겠씁니다 1, 하겠슴니다 1
말 할 때까지	7 (9.6)	66 (90.4)	말 할때까지, 말할 때까지, 말 할 때 까지
한 개 두 개	6 (8.2)	67 (91.8)	한 개 두개, 한 개 두개
그 동안 한 번도	4 (5.5)	69 (94.5)	그동안 한번도, 그 동안 한번도

표의 자료 중 맨 아래 세 칸은 띄어쓰기의 認知度를 알아보기 위해 포함시켰다. 측정대상은 研修敎育中인 中堅 공무원들을 母集團으로 하였으며 측정에 응해준 분들은 모두 73명이다.

測定方法은 부득이 받아쓰기 형식으로 조사할 수밖에 없었는데 표와 같이 현행 한글 맞춤법과 띄어쓰기를 모두 맞춘 사람은 단 한 사람도 없었다. 24개 문항 중 열다섯 문항 이상을 맞춘 사람은 10명이었으며, 10개에서 14개 문항을 맞춘 사람은 45명, 6개에서 9개 문항을 맞춘 사람은 18명이었다.

'수평아리'는 정답을 쓴 사람이 단 한 명에 불과했으며 수캉아지, 수탉, 수캐 등 固有名詞를 소리 나는 대로 적는 현행 맞춤법 規定은 거의 認知하고 있지 못했다. '돌잔치', '하겠습니다'. 등의 경우에는 '돐잔치', '하겠읍니다.' 등과 같이 80년도 이전의 맞춤법으로 쓰고 있는 분도 상당 수에 이르러 한글맞춤법 規定의 잦은 變更이 文字 使用의 또 다른 세대 차이를 만들어 내고 있는 것으로 드러났다.

몇 백 년의 오랜 시간을 지나 오늘에 전해진 ≪三國史記≫나 ≪三國遺事≫가 만약 순 한글식 文章으로 남겨졌었다면 그나마 소중한 歷史記錄마저 지금은 한낱 휴지가 되어 없어져 버렸을지도 모를 일이다.

한글이 매우 과학적이고 뛰어난 表音文字라는 점에 異意를 提起할 사람은 없겠으나 그 쓰임새의 변화가 너무나 극심하여 얼마 지나지 않아 읽기조차 어려운 글이 되고 마는 불편함도 있는 것이다.

행정용어 문자사용 實態

현재 政府機關에서는 총무처에서 발행하는 ≪행정용어순화편람≫을 기준하여 행정부의 각종 書式이나 刊行物에 적용하고 있으며 法制處에서도 ≪법령용어순화편람≫을 만들어 각종 法令用語의 순화작업을 하고 있다. ≪행정용어순화편람≫에는 총 8,673 단어, ≪법령용어순화편람≫에는 총

3,880여 단어의 純化對象 용어들이 새로운 用語로 整理되어 政府內 각 部處의 指針書 구실을 하고 있다.

그러나 日帝의 殘滓用語나 외국어와 달리 漢字語는 이미 외국어라고 볼 수 없음에도 불구하고 言語 또는 文字的 특성과 합리성을 배제한 채 한글전용이라는, 억지로 設定해 놓은 틀에 맞춰 한글화 작업을 함으로써 漢字語에 관한한 많은 矛盾을 露呈시키고 있었다.

古材를 폐자재로, 官用車를 공무차로, 棄却請求기각청구를 폐기청구로, 不具를 장애로, 守衛수위를 방호원으로 쓰게 한 것 등은 무리한 한글전용의 논리가 우리 文字生活에 얼마나 많은 혼란을 가져다주고 있는지를 端的으로 나타내 주고 있다 하겠다.

공고, 멸실, 발부, 위촉 육성, 은닉, 첨기 등은 마땅히 鞏固, 滅失, 發付, 委囑, 育成, 隱匿, 添記 등으로 적는 것이 원칙이며 漢字를 모르는 사람들을 위해서라면 괄호안에 한글토를 달든지 한글을 쓴 후 漢字를 토로 달아서 본래의 뜻을 表記해 주는 것이 진정 한글을 바르게 쓰는 길이다. 위 책의 제목이나 단어에서도 보듯이 누가 보아도 漢字語인 낱말들을 단순히 한글로 옮겨 놓았다고 하여 그것을 한글전용이라고 볼 수는 없다.

또한 위 ≪행정용어순화편람≫의 내용을 들여다보면 수 많은 漢字用語들이 語文學이나 漢文學的 특성을 깊이 고려하지 않은 채 관련부처의 담당공무원이 試案을 만들어 자료집을 발간함으로써 본래의 漢字語와는 다른 뜻의 용어들이 상당 수 채택되어 사용되고 있는 것을 많이 발견 할 수 있다.

현재 敎育部 등 語文政策과 관련된 部處의 公文書에는 '받는 곳', '보내는 곳', '붙임' 등과 같은 한글용어들을 일부 사용하고는 있으나 많은 무리가 있는 것으로 보여진다. 한글전용의 명분 때문에 일부 용어를 한글로 바꾸어 쓰고는 있으나 '참조, 경유, 공직기강, 세부시행계획, 가시적, 만전, 이첩, 함양, 동질성, 실효, 학무, 초장학, 연찬회, 개조식, 병행, 송공패, 전수' 등과 같이 거의 대부분의 용어들이 漢字語의 音을 한글로 表記했을 뿐으로 실제 漢字를 모르는 사람이라면 한글로만 쓰여진 앞의 용어들이 무슨 뜻인지 알 수 없을 것이다.

어느 한글전용 知識人의 眞率한 고백

중국이나 동남아를 다녀 온 분들의 이야기를 들어보면 대부분의 看板이나 觀光案內 標識板표지판들이 漢字로 되어 있어서 그리 낯설지만은 않았다는 말을 자주 듣는다.

지난 1967년 당시 한글전용론과 國漢混用論이 팽팽히 자기주장을 펴고 있을 때 한글전용론자로서 大統領이 한글專用 政策을 決心하는데 決定的 影響을 끼쳤다는 ≪文學思想≫ 발행인 任洪彬씨의 告白은 우리나라를 찾는 외국 觀光客들이 느낄 수 있는 마음의 一端을 잘 표현하고 있다.

"1967년 당시 大統領 앞에서 터키의 케말 파샤 將軍과 같은 偉大한 文字改革의 업적을 남기시라는 말까지 하여 대통령을 부추기며 열렬하게 한글전용을 주장했던 나는 어느 해인가 중동의 아랍국가들을 방문할 기회를 가졌습니다. 아랍의 도시들을 돌아보는데 가장 印象的으로 눈에 띈 것은 바로 거리의 간판들이었습니다. 마치 지렁이가 기어가는 듯한 아랍문자를 보고 '저것을 어떻게 문자라고 할 수 있을까?'하며 거리를 걷던 나는 문뜩, '우리나라를 訪問하는 外國人들도 바로 이곳에서 아랍문자를 보고 내가 느끼는 것과 같은 느낌을 가질 것이 아닌가?' 하는 생각이 들었습니다. 그 후 컴퓨터가 등장하고 文字處理에 혁명적인 변화가 이루어지는 것을 보면서, 그리고 한글전용이 漢字文化圈으로부터 우리나라의 文化·經濟的 孤立化를 초래한다는 사실을 痛感하기 시작했고 우리말의 80%를 차지한다는 漢字語를 그대로 두고 漢字만을 없앤 矛盾과 불편함을 느낄 때마다 내가 주장했던 한글전용이 잘못되었다고 생각하게 되었습니다."

任洪彬씨뿐 아니라 많은 분들이 이같은 걱정을 하고 있으며 우리나라를 찾는 외국인들 또한 이같은 불편함을 지적하는 분들이 적지 않다.

지난 1994년 學會 참석차 우리나라를 찾았던 東京大 前 총장 林健太郎 씨의 지적은 우리나라를 찾는 외국인이 느끼는 불편의 한 단면을 잘 말해주고 있다.

"지난 1965년에 한국에 처음 다녀간 후 10년만에 나는 다시 學會에 참가하기 위해 한국을 방문했고 마침 國際交流基金의 일을 하게 된 나는 해마다 서울을 방문하게 되었다. 그 무렵 이미 한국은 高度成長이 시작되어 해마다 高層建物이 들어서고 高速道路가 정비되어 南山에서 바라보는 풍경은 나날이 달라지고 있었다. 이미 親韓的 知識人이라고 스스로 생각한 나는 이같은 현상을 바람직스럽게 보아왔는데 단 한가지 몹시 不便한 점이 있었다. 처음 한국을 방문했을 때는 상점의 看板과 新聞 등에 漢字가 어느 정도 混用되고 있어서 거리를 걷더라도 친근감이 있었고 新聞의 漢字를 읽으며 어느 정도 내용을 알 수도 있었는데 지금은 漢字가 하나도 없다고 할 만큼 한글일색이 되어 버렸다…, 일본에서도 戰後의 이른바 國語改革 중에 漢字排斥, 가다가나 偏重의 思潮가 판을 치게 되었으나 다행히 지식인들의 노력으로 漢字가 사라지지 않았다. 그러나 한국에서는 한글專用의 논리가 일본보다 한층 강해서 보는 바와 같이 표면적으로는 漢字가 死藏사장된 것처럼 되었다.(≪語文硏究≫ 84號)"

'세마사'는 貰馬舍인가 洗馬寺인가?

이에 우리나라 도시와 지방의 看板간판이나 道路 標識板, 觀光案內 標識板 등의 文字使用實態를 먼저 돌아보기로 했다.

먼저 首都圈 일대의 간판을 살펴보기로 했는데 서울이나 地方都市 할 것 없이 모든 간판은 한글과 英語 一色이었다. 서울시내를 돌아보면서 漢字看板을 발견할 수 있는 곳은 거의 없었으며 이는 도로표지판이나 관광안내 표지판들도 마찬가지였는데 다만 麻浦 貴賓路귀빈로 일대의 빌딩에 간간히 漢字看板이 눈에 띌 뿐이었다. 그것은 首都圈의 다른 도시들도 다를 바가 없었는데 큰 기대는 할 수 없었지만 지방도로를 한 번 돌아보기로 했다.

日程이 넉넉하지 못해서 전국을 돌아볼 수는 없었고 京畿 일원과 忠淸南·北道 정도를 돌아보기로 했다.

水原에서 烏山으로 넘어가는 1番國道邊에는 세마사, 정남, 병점, 외삼미동 등을 안내하는 도로표지판이 있었다. '세마사'만 보아서는 말을 빌려주던 집이 있던 '貰馬舍'인지, 말을 씻었던 곳에 세운 '洗馬寺'인지 알 길이 없다. '세마사'를 '洗馬寺'라고 표기했으면 옛날 임진왜란 때 權慄(권율) 장군께서 倭軍과 싸울 때 欺計로서 말을 씻어 적을 물리쳤던 곳에 세운 절이라는 것은 모르더라도 말을 씻던 곳이라는 것은 짐작할 수 있을 것이다. 또한 '정남, 병점, 외삼미동'도 '正南, 餠店, 外三美洞'이라고 漢字를 倂記했더라면 이 고장을 찾는 이들이 地名을 알아보기 쉬울 것이다.

도로의 표지판에, 군수의 이름으로 세워진 안내판에, 경찰서장의 이름으로 내걸린 경고판에, 한적한 국도변의 숲속에까지 한글전용의 그림자는 무슨 말인지 알아보기도 어려운 漢字語를 盜用도용한 채 '이것이 한글전용의 본보기이다.'라고 버젓이 威勢위세를 과시하는 듯했다.

노은영당? 노도래지?
유관순 열사는 회사친구?

'노은영당·노도래지'라고 하면 한글專用敎育만을 받아온 세대는 그 뜻을 알 수 있을까? 이는 忠淸北道 鎭川郡 梨月面에 있는 안내판의 表記이다. 그곳을 취재하러 갔다가 모처럼 처음보는 반가운 표지판을 볼 수 있어 참으로 보기가 좋았다. 새로 세운 듯한 갈색표지판에는 '진천·鎭川·CHIN CHON, 왜가리 도래지·鷺渡來地·Heron arrival place'라고 한글과

漢字와 英文을 倂記하여 길을 안내하고 있었다. 물론 전에 본 한글과 英文만 表記된 불필요한 도로표지판도 곁에 그대로 서 있었다.

'노은영당'은 漢字로 '老隱影堂'이니 宣祖시대 吏曹와 刑曹參判을 지낸 平山 申씨의 中始祖 申礏(신잡)이 늙어 은퇴한 후 이곳으로 물러나 살던 곳이라 하여 老隱室이라 하였으며 후에 그의 影幀을 모신 祠堂을 지어 '老隱影堂'이라 부르는 것이다.

다시 漢字가 倂記된 갈색표지판에 대해 알아보고자 清州에 있는 忠北道廳 관광과에 문의 하였다.

"최근 우리나라를 찾는 日本이나 中國, 東南亞의 관광객들이 가장 불편을 느끼는 것은 도로표지판과 관광안내 표지판이 모두 한글과 영어로만 되어 있는 점이라고 합니다. 그래서 지난해 文化體育部 觀光施設課에서 각 市道에 公文을 보내 관광안내 표지판에 漢字를 倂記하도록 하였습니다. 그래서 해당지역 市・郡別로 몇 개씩의 관광안내 표지판에 한글과 漢字, 영어를 倂記하게 된 것입니다."

-그러면 앞으로 모든 도로표지판에도 漢字를 倂記할 수 있게 된 것입니까.

"갈색표지판은 觀光案內用 표지판이므로 저희가 관리하고 있습니다만 그 이외의 것은 관리관청이 달라서 저희가 관리하지 않습니다."

그래서 도로표지판을 관리하고 있는 모 관청의 建設課에 문의하니,

"≪사무관리실무편람≫에 漢字에 대해서는 언급하지 않고 한글과 영어에 대해서만 지침이 明示되어 있기 때문에 도로표지판에는 漢字를 사용할 수 없습니다"라고 하였다.

≪사무관리실무편람≫에는 도로표지판의 文字表記에 관해 다음과 같이 규정하고 있었다.

"안내지명 등의 로마자표기에 있어서 고유명사는 문화부 장관이 정하는 국어의 로마자표기법에 의하고 보통명사는 영어로 표기한다. 이 경우 그 첫 글자는 큰 글자로, 나머지 글자는 작은 글자로 표기하고 약자가 있는 보통

명사는 약자를 사용한다."

문화체육부 관계자의 말에 따르면, "현재 建設交通部와도 도로표지판에 漢字를 倂記하는 문제를 협의하고 있다"고 하니 그나마 다행일까?

다시 발길을 돌려 독립기념관쪽으로 가 보기로 했다. 獨立紀念館 입구를 들어서는데 '류관순 열사 사우 · RUYKWAN-SUN MEMORIAL SHRINE'이라는 안내표지판이 눈에 띄었다. 漢字를 모르는 한글세대가 이 표지판을 본다면 '류관순 열사는 누구의 회사친구일까?'하고 고개를 갸웃할 것이다. '류관순 열사 사우 · 柳寬順 烈士 祠宇 · RUYKWAN-SUN MEMORIAL SHRINE'이라고 표시한다고 해서 예산이 더 드는 것도 아닌데 영어를 쓰는 것은 事大主義가 아니고 漢字를 쓰는 것은 사대주의라는 발상은 어디에서 비롯된 것일까? 이는 또 다른 文字 사대주의에 다름 아니다.

자기도 모르는 새 이름이 바뀐 靑瓦臺 代辯人

94년 7월, 북한의 金日成 주석이 죽었을 때의 일이다. 모 라디오 방송의 正午 가요프로그램이 방송되고 있었는데 靑瓦臺 代辯人의 발표가 있었다. 당시 靑瓦臺 代辯人은 朱燉植氏였는데 그 방송진행자는 어찌된 일인지 '주돈식 대변인'을 '주철식 대변인' 이라고 발음해 버렸다. 그 진행자는 '燉'字를 '澈'字로 혼동했던 것 같은데 그 분이 방송을 하면서 저지른 자신의 실수를 나중에라도 알았는지 어쨌는지 확인할 수는 없지만 한글전용의 弊害는 이렇듯 우리 사회 곳곳에서 잘못된 위력을 발휘하며 대통령의 입을 대신하는 代辯人의 이름까지 마구 바꾸어 버리고 있었던 것이다.

얼마 후 8월 16일자 모 방송의 저녁뉴스 시간에는 '한강에 오니 준설선이 작업을 시작했다.'는 字幕이 내보내졌다. 물론 漢字를 아는 분들이었다면 그것이 '漢江에 汚泥 浚渫船이 작업을 시작했다.'라는 내용인줄 이해할 수 있었을 터이지만 한글전용만을 강요받으며 공부한 세대는 도무지 무슨 말인지 알 수 없어 답답함을 느꼈을 것이다.

지난 9월 22일 있었던 '한글과 漢字問題 大討論'에서 주제 발표를 했던 한 언론인의 告白은 우리 言論이 처한 현실을 잘 代辯하고 있다.

"작년부터 시작된 일부 保守的 日刊紙들의 漢字에 토달기는 지금 거의 모든 신문에 파급되고 있다. 불가피한 경우 記事本文에 漢字를 쓰되 한글로 토를 달아주는 것이다. 漢字文盲世代의 일탈방지를 위한 신문들의 처절한 전술인데 이는 이미 우리 정부가 교과서에서 괄호안에 漢字를 倂記하는 수법을 연상케 한다. 아울러 독자들의 편의만 생각했지 漢字를 알려는 노력을 포기하게 하는 商業主義的 안이한 수법인 것이다. 신문이란 그런 것이다. 或者는 신문의 啓導的 기능을 내세워 이를 비난하겠지만 시장경제체제 아래 商品으로서의 新聞이 소비자인 讀者들을 계도할 수 있느냐, 영합하느냐 하는 원초적 물음에 직면하게 된다. 오늘의 우리 신문들은 市場經濟 原理에 의한 생존경쟁에 휘말려 상업주의적 체질로 변신한지 오래다. 진실보도나 건전비판이라는 신문 본연의 기능도 실은 이 상업주의의 울타리 안에서만 존재가 가능한게 아닌가 하는 비판을 면할 수 없다."

수혈식석실은 사람 피를 넣어 만든 무덤? 역사유적을 보관하는 역사예정지?

최근 新聞의 보도행태는 이 言論人의 自愧感자괴감 섞인 고백보다도 훨씬 무책임한 一面을 보여주고 있는 바 보도를 위해 만들어진 漢字造語나 일본식 漢字語들마저 모두 한글로 표기하고 있다. 모든 언론은 농협, 축협, 신협, 수협, 임협, 문체부, 교체위, 경과위, 한전, 토개공, 안기부 등의 줄임말까지 한글만을 사용함으로써 언어상의 혼란을 加增가증시키고 있다. 이는 어찌보면 원칙을 지키지 않는 한 단면을 보는 것 같아 섬뜩하기까지 하다. 모두가 성수대교나 삼풍백화점을 지은 사람들이 원칙을 지키지 않은 점을 개탄하지만 우리나라 행정부나 언론이 몇 글자에 불과한 문자 표기에서조차 원칙을 지키지 않고 있는 것은 더 큰 叱責을 받아 마땅하다. 굳이 줄임말을 쓰겠다면 漢字를 쓰는 것이 원칙이다.

일부 언론은 漢字를 모르는 젊은이들에게 영합해 한글전용만이 젊은이들을 위하는 일인양 목소리를 높이며 우리 사회를 염려하는 保守旣成의 목소리를 固陋하다 罵倒하고 있거니와 그나마 적게라도 漢字를 사용하고 있는 시내 일간지를 중심으로 漢字語 사용例를 몇 가지만 들어보기로 한다.

지난 6월 6일자 어느 日刊紙의 보도 내용 중에는 '국내최대 수혈식石室발굴'이라는 보도가 있었으며 지난 9월 20일 어느 방송의 뉴스보도에는 高速電鐵의 慶州 通過問題를 보도한 내용이 있었다. 비춰진 화면에, '鳥瞰圖오감도'는 '조감도'로 쓰여져 있었고 '경주역사 예정지'라는 한글표기도 있었다. 이 내용을 '가야고분의 수혈식 석실발굴', '고속철도 경주역사 예정지'라는 간단한 과제로 그동안 한글전용 교육을 받아온 약 40여명의 대학생과 일반인들에게 질문을 던져 보았는데 실망스럽게도 제대로 답변한 사람이 한 사람도 없었고 어쩌다 대답한 사람은 말하기를,

"수혈식 석실은 혹시 사람을 죽여 그 피를 무덤안에 넣은 것이 아닌가?"

"慶州에 있는 歷史遺物들을 한데 모아서 보관할 歷史 예정지가 아닌가?"

대답한 분들이 漢字에 대해 조금만 공부했었다면 '慶州 驛舍豫定地'를 '慶州 歷史豫定地' 로 알아듣지는 않았을 것이다.

'수혈식 석실'은 '竪穴式 石室'인데 竪는 墓穴을 垂直으로 판 것을 이른다.

아이들을 상대로한 어른들의 치졸한 언론商術

스포츠 신문의 한글表記 百態 또한 그대로 보아넘기기 어려울만큼 무책

임하기까지 하다.

'웅담포, 주간방담, 수상학, 포수, 무턱 교정술, 단승식 고액배당, 출주마 각질, 백구스타, 다낭성 난소증후군, 주전야수 늙은사자, 간자를 배웁시다, 어신, 사시 근시, 공 수 주 완벽'

이는 지난 3월 시내 어느 스포츠 新聞의 記事中 큰 題目들만 뽑아본 것이다. 이 외에도 漢字語의 한글표기는 너무나 많아서 일일이 옮겨 적을 수 없을 정도였다. 수상학은 首相學인지 手相學인지, 포수는 捕手인지 砲手인지, 무턱교정술은 무턱대고 무엇을 바로잡는다는 뜻인지 아니면 턱이 작은 사람을 위해 고쳐준다는 것인지 알 수 없다. 백구스타는 白鷗스타인지 白球스타인지 알 수 없다. '주전야수 늙은사자'라는 제목은 야구선수들을 사나운 '走戰野獸 늙은獅子'로 만들어 버렸다.

우리나라 유수의 言論社들에서 발행하고 있는 스포츠 신문들이 사용하는 포르노성 낱말들은 차마 여기에 옮겨적을 수 없을 정도로 심하여 아직 성숙되지 못한 우리 아이들의 情緖를 갉아먹고 있다는 것을 꼭 지적하고 싶다. 그같은 언론이라면 언론의 자유를 云謂할 자격조차 없다.

신문이 漢字를 배격하고 반드시 漢字로 표기해야 할 漢字語마저 한글로만 보도한다는 것은 지독한 자기중심적 思考이며, 社會公器로서의 기능을 생각하지 않고 아직 自己思考가 成熟성숙되지 못한 젊은이들에게 영합하여 자기 스스로를 欺瞞기만하고 젊은이들의 비위 맞추기에만 급급한 떳떳치 못한 행동이라 아니할 수 없다.

東洋古典에서조차 한글專用이라니…

漢字회피는 비단 신문이나 방송의 例만은 아니다.

현재 국내에서 발행되고 있는 잡지나 출판물 중에서 일부 學會誌나 특수 學術書籍을 제외하고는 모두가 하나같이 讀者意識에 영합하기 위해 안달

하며 稚拙치졸스런 겉치장에만 급급하고 있다.

筆者들이 漢字가 섞인 原稿를 출판사에 들고 가면 아예 出版을 포기해야 할 정도로 우리나라 출판현실은 답답하고 暗鬱암울하기까지 하다. 심지어 漢字가 根幹인 東洋古典 관련 출판물조차 漢字를 아예 빼어 버리거나 첫 번째 등장하는 地名이나 人名에만 마지못해 괄호안에 漢字토를 달아줄 뿐 다음 반복되는 지명과 인명에는 아예 漢字를 배제하는 얄팍한 편법을 쓰고 있는 실정이므로 지명이나 인명을 중간에서 찾아보려면 한 참을 뒤적거려도 찾기 어려운 실정이다.

漢字는 速讀率속독률이 떨어져 독자들이 기피한다는 것이 출판인들이 내세우는 이유이다. 그것은 일면 妥當性 있는 주장같기도 하지만 현명한 正道는 아니다. 서울대학교 명예교수이신 李應百 박사의 지적은 우리 출판계가 어디에서 활로를 찾아야 하는가를 잘 말해주고 있다.

"책이라는 것은 한 번 보고 버리는 것이 아닙니다. 설령 거기에 어려운 用語나 理解하기 힘든 낱말이 있더라도 한 번 두 번 반복해 읽는 동안 때로는 辭典도 찾아보고 스스로 생각도 하며 책을 읽는 것이 진정 공부하는 사람의 자세인 것입니다. 지나치게 細細한 부분까지 풀이한 책은 읽는 사람이 그 책의 깊이, 또는 진리에 다가설 수 있는 길을 막아버리는 것입니다. 생각하지 않으면서 쉽게 읽을 수 있는 책이라면 그것은 이미 책으로서의 價値가 없는 것입니다. 책을 읽으며 독자에 따라 이렇게도 생각하고 저렇게도 생각할 수 있어야 하는 것입니다. 또 같은 책을 읽으면서도 매번 다른 느낌을 가질 수 있는 책이 좋은 책이라 할 것입니다."

결국 言論과 出版이 앞장서서 漢字使用을 기피하는 것은 스스로의 발에 足鎖를 채우는 것과 같다. 읽기 쉬운 한글문장에 익숙해진 독자들은 점점 文字媒體를 멀리하게 될 것이고 일반 대중에게 접근하는 데 있어서 문자매체는 결코 전파매체의 경쟁자가 될 수 없기 때문이다.

國漢混用 교과서를 바라는 선생님들
대부분의 초등학교 漢字교육 실시

현행 5차 초등 1, 2학년 교과서는 듣기 · 말하기, 읽기, 쓰기 등 세 가지 교과서로 나뉘어 있다.

예로부터 우리는 言行一致의 德目을 가장 이상적인 教育形態로 여겨왔다. 그래서 전통교육방식에서는 읽기 따로, 쓰기 따로 듣기 · 말하기를 따로 따로 가르친다는 것은 생각할 수조차 없었다. 이 세 가지 教科書에 바른생활까지 포함시킨다면 어린이들은 言行과 관련된 과목을 네 가지나 배우게 되어 학습부담이 네 배나 加增되고 있다고 볼 수 있다.

초등학교 低學年부터 漢字가 混用된 교과서를 가르친다면 한 권의 교과서로 충분할 것인데 교과서의 과목을 늘려 어린이들에게 몇 배의 학습부담을 주는 것은 억지로 漢字를 없애고자 한 한글전용의 가장 큰 弊害라 할 만했다. 일선에서 어린이들을 지도하고 있는 선생님들은 하나같이 國漢混用 교과서를 만들어줄 것을 요망하고 있었다.

이같은 일선 지도교사들의 認識을 반영하듯 많은 학교와 學父母들은 현재 별도의 한자학습 교재를 가지고 어린이들에게 漢字를 지도하고 있는 실정이다.

현재 栗村奬學會에서는 별도의 예산을 책정하여 1학년에서 6학년까지의 전 학년 교과서를 國漢混用으로 제작하여 전국의 국민학교에 배포한 바 있다. 전라남도의 어느 초등학교는 학부모들의 요망에 따라 別途의 교과서를 만들어 漢字를 지도하고 있으며 이 학교에서 만든 國漢混用교과서는 다른 학교에서도 주문이 몰려 일년여만에 수 萬帙만질이 팔려나갔다고 한다.

京畿道 管內의 초등학교는 거의 대부분이 한자교육을 실시하고 있다고 하며 각 市道 教育廳에서도 漢字教育 試驗對象 학교를 지정하여 실험적으로 漢字교육을 실시하고 있는 것으로 확인되었는데 취재과정에서 만난 初 · 中 · 高等學校 담당선생님들의 공통적 애로사항은 효과적인 教授資料

가 부족하다는 것이었다.

또 초등학교의 경우에는 漢文學을 전공한 교사가 거의 없다는 것도 문제점으로 지적되고 있으며 中·高等學校의 경우에는 영어를 비롯한 입시과목에 치우쳐 漢字교육은 뒷전으로 밀려나 있었고 심지어 國語를 지도하는 일부 교사들조차 漢字를 기피하고 있는 것으로 지적되었다.

中·高等學校 교과서의 경우에는 語文學 계열의 교과서를 통한 漢字교육도 시급하지만 오히려 수학이나 과학과목의 교과서에 사용되고 있는 용어들이 대부분 漢字語인 것으로 드러나 한글전용교육이 얼마나 跛行的으로 우리 교육을 멍들게 하고 있는지 如實히 나타내 주고 있었다.

'집합, 실수체계, 다항식, 항등식, 미정계수법, 지수, 호도법, 잉여류, 명제, 역, 이, 대우, 사칙연산, 동류항, 차수, 동차식, 유리식, 등치법.'

이 용어들은 현재 고등학교 一般數學에서 사용되고 있는 용어들인데 이들 용어 외에도 數學用語의 거의 대부분이 漢字語를 한글로 音만 표기했을 뿐으로 이는 과학과목의 경우에도 마찬가지여서 일일이 그 例를 들 수조차 없을 정도였다. 따라서 漢字를 공부하지 않은 아이들은 자기가 쓰고 있는 용어의 槪念도 모른 채 습관적으로 위의 용어들을 쓰고 있는 것으로 조사되었다.

한글專用教育의 慘憺한 결과! 누구의 책임인가?

그러면 위와 같이 쉽지 않은 전문 漢字語들을 자신도 모르게 日常에 사용하고 있는 우리 학생들의 漢字 쓰기 능력은 얼마나 될까?

이에 이번 취재 중 初·中·高等學生들의 漢字 쓰기 능력을 측정해 보기로 했다. 초등학교는 현재 漢字교육을 실시하고 있는 서울의 한 학교와 지방의 한 학교에 각각 한 학급씩 6학년 어린이들을 母集團으로 조사하였으며 고등학교는 수도권의 학교로서 비교적 우수한 학교로 알려진 학교의 3

학년 한 학급을 母集團으로 조사하였다. 측정방법은 '다음의 낱말들을 漢字로 써 보시오' 하는 내용으로 다음 10개 項의 낱말을 인쇄한 設問紙를 나누어 주고 쓰게 하였는데 결과는 표와 같다.

初·中·高 학생들의 漢字 쓰기 實態 (괄호안은 百分率)

측 정 항 목	한자교육 실시 국민학교(60명)	한자교육 未실시 국민학교(56명)	초등학교 計(116명)	고등학교 3학년(50명)
본인 성명을 쓴 학생	49 (81.7)	36 (64.3)	85(73.3)	49 (98)
부모 성명을 쓴 학생	11 (18.4)	1 (1.8)	12(10.3)	20 (40)
조부모 성명을 쓴 학생	3 (5)	3 (5.4)	6 (5.2)	9 (18)
부모중 한 분만 쓴 학생	8 (13.3)	6 (10.7)	14(12.1)	15 (30)
대한민국	13 (21.7)	11 (19.6)	24(20.7)	32 (64)
애국가	24 (40)	1 (1.8)	25(21.6)	21 (42)
예절	6 (10)	0	6 (5.2)	9 (18)
학교교육	6 (10)	4 (7.1)	10 (8.6)	7 (14)
부모형제	42 (70)	27 (48.2)	69(59.5)	43 (86)
국어	9 (15)	7 (12.5)	16(13.8)	45 (90)
한자	38 (63.3)	18 (32.1)	56(48.3)	38 (76)
본인성명을 쓰지 못함	11 (18.3)	20 (35.7)	31(26.7)	1 (2)
부모성명을 쓰지 못함	41 (68.3)	49 (87.5)	90(77.6)	15 (30)

표의 내용 외에 檀君朝鮮, 道德, 讀書討論, 表音文字, 表意文字 등의 낱말을 더 쓰게 하였는데 모두 쓴 학생은 고등학생 중 한 사람이 있었고 한 초등학생은 檀君, 無窮花, 討, 意 등을 쓰지 못했을 뿐 전 항목을 써서, 漢字교육을 받은 초등학생도 漢字 쓰기에는 고등학생과 큰 차이가 없는 것으로 나타났다.

고등학생 중 본인 성명만을 쓰고 나머지를 쓰지 못한 학생도 14명이나 되었다. 漢字교육을 실시한 초등민학교 학생들 중 상당 수가 부모의 성명은 쓰지 못한 반면 大韓民國, 愛國歌, 禮節, 學校, 父母兄弟 등의 漢字는 쓸 줄 알아서 漢字교육은 가정과 학교에서 함께 행해지는 것이 바람직한 것으로 조사되었다.

漢字교육에 더 열성적인 한글세대 학부모들

그동안 한글전용론과 漢字混用論 사이에서 선택의 여지없이 한글전용 교육을 받은 세대는 지금 30代에서 40代의 학부모가 되어 子女들을 교육시키고 있다.

자신들의 意志와는 상관없이 한글전용교육을 강요 받을 수밖에 없었던 한글세대 학부모들은 자신의 子女들에게 어떤 교육이 행해지기를 바라고 있는지, 또 한글전용 정책과 國漢混用 정책에 대해 어떻게 생각하고 있는지를 알아보기 위해 현재 초등학교 子女들을 두고 있는 학부모들에 대한 設問調查를 실시해 보았다.

設問調查의 母集團은 위 두 개 초등학교의 학부모들을 대상으로 하였으며 다음 7개 項의 질문을 기준으로 조사하였다.

○귀하께서는 별도로 漢文을 공부한 적이 있습니까? ○平素 신문을 읽으시는데 알지 못하는 漢字가 얼마나 되십니까? ○귀하께서는 子女들에게 漢字를 가르치시겠습니까? ○國漢混用문제에 관하여 어떻게 생각하십니까? ○漢字를 가르치면 어떤 점이 좋아질 것이라고 생각하십니까? ○댁의 子女들은 漢字를 어느 정도 쓸 것이라고 생각하십니까? ○國漢混用 문제에 대해 하고 싶은 말씀이 있으면 말씀해 주십시오.

한글세대 학부모의 意識조사(괄호 안은 백분율)

說 問 內 容	수도권 학부모	지방 학부모	計 (111명중)
㉮어려서 書堂에서 공부했다.	2 (3.4)	3 (5.7)	5 (4.5)
㉯중·高校에서 基礎漢字 정도만 공부했다.	36 (62.1)	27 (50.9)	63 (56.8)
㉰평소에 관심이 있어 꾸준히 공부한다.	12 (20.7)	10 (18.9)	22 (19.8)
㉱基礎漢字는 공부했지만 거의 잊었다.	8 (13.8)	13 (24.5)	21 (18.9)
㉮거의 불편을 느끼지 않는다.	31 (53.4)	32 (60.4)	63 (56.8)
㉯漢字를 몰라 답답할 때가 많다.	2 (3.4)	1 (1.9)	3 (2.7)
㉰漢字를 몰라 조금 답답하다.	25 (43.1)	20 (37.7)	55 (49.5)
㉱漢字를 몰라도 답답하지 않다.	0	0	0
㉮별로 漢字教育의 필요를 느끼지 않는다.	0	2 (3.8)	2 (1.8)
㉯반드시 漢字를 가르치겠다.	25 (43.1)	22 (41.5)	47 (42.3)
㉰여건이 허락되는 한 漢字를 가르치겠다.	32 (55.2)	27 (50.9)	59 (53.2)
㉱잘 모르겠다.	1 (1.7)	2 (3.8)	3 (2.7)
㉮지금처럼 한글전용교육을 실시해야 한다.	15 (25.9)	15 (28.3)	30 (27.0)
㉯지금이라도 漢字教育을 시작해야 한다.	43 (74.1)	38 (71.7)	81 (73.0)
㉮思考力이 좋아질 것이다.	21 (36.2)	24 (45.3)	45 (40.5)
㉯道德과 禮節教育에 효과적일 것이다.	23 (39.7)	27 (50.9)	50 (45.0)
㉰어휘력이 좋아질 것이다.	30 (51.7)	12 (22.6)	42 (37.8)
㉱학습능력이 향상될 것이다.	13 (22.4)	10 (18.9)	23 (20.7)
㉮자기 이름과 부모의 성명정도	23 (39.7)	27 (50.9)	50 (45.0)
㉯부모와 형제의 성명정도	13 (22.4)	9 (17.0)	22 (19.8)
㉰부모형제와 祖父母의 성명정도	21 (36.2)	9 (17.0)	30 (27.0)
㉱祖父母와 高祖父母의 성명정도	1 (1.7)	5 (9.4)	6 (5.4)

표의 통계 중 다섯째 項은 複數로 답변해 준 분들이 많아서 백분율이 맞지 않게 되었으며 그 외에 서울 學父母 중 두 분이 4項에, 지방 學父母 중 네 분이 6項에 대하여 답변하지 않았다.

서울과 지방을 합쳐 모두 111명의 학부모가 答辯해 주었는데 2項의 質問에 대해서는 모두 63명의 학부모가 新聞을 읽는 데 큰 불편을 느끼지 않는다고 답했으며 조금 불편을 느낀다는 학부모가 55명으로 新聞에 漢字 使用比率이 다소 늘어나더라도 크게 불편하지는 않을 것으로 나타났다.

子女들에게 漢字교육을 시키겠느냐는 질문에는, 서울과 지방 총 111명의 학부모 중 47명이 반드시 漢字교육을 시키겠다고 대답했으며 여건이 허락되는 한 漢字를 가르치겠다는 대답도 59명이나 되어 子女들에게 漢字를 교육시키겠다는 대답은 모두 106명으로 95.5%나 되었다.

한글專用敎育에 찬성한 學父母들 중에도 子女에게는 반드시 漢字를 가르치겠다는 답변이 서울에 4명, 지방에 2명이 있었으며, 여건이 허락되는 한 漢字를 가르치겠다는 답변도 서울에 10명, 지방에 10명이나 되어 한글專用敎育에 찬성하는 학부모들도 子女들에게는 漢字를 가르쳐야 한다는 생각을 가지고 있는 것으로 확인되었다.

5項의 질문에는 서울과 地方都市의 學父母들간에 약간 다른 생각을 가지고 있는 것으로 드러났는데 漢字敎育으로 기대되는 효과에 대해 서울의 학부모들 중 51.7%가 語彙力이 좋아질 것이라고 답한 반면 地方都市의 學父母들은 50.9%가 道德과 禮節교육에 효과적일 것이라고 답하여 대조를 보였다. 이 項의 답변에서는 많은 학부모들이 複數복수로 답해 주었는데 다음으로 기대되는 교육효과에 대해서는 서울의 학부모들 중 39.7%가 道德과 禮節교육에 효과적일 것이라고 답했으며 지방의 학부모들은 45.3%가 思考力이 좋아질 것이라고 답하여 도덕과 예절교육이 좋아질 것이라는 데에는 서울과 지방의 학부모들이 같은 생각을 가지고 있는 것으로 나타났다.

6項의 질문에는 많은 학부모들이 자기 子女들이 父母와 祖父母의 姓名정도는 쓸 것으로 높은 期待値를 보였으나 앞의 設問紙에 나타난 바와 같이 父母의 姓名은 물론 자기의 姓名을 쓰지 못한 학생도 적지 않아서 학부모들의 期待値와는 상당한 차이를 보였다.

한글전용과 國漢混用에 관해 하고 싶은 말을 해 달라는 7項에 대해서는 다음과 같은 답변들이 있었다.

○漢字교육은 초등학교 低學年부터 실시해 주십시오.(지방 학부모) ○國漢混用 교과서를 만들어 자연스레 漢字를 익히게 하는 것이 좋다고 생각합니다.(지방 학부모) ○漢字교육에 매우 찬성하며 앞으로도 지속적으로 漢字교육을 실시해 주십시오.(서울 학부모) ○현재 漢字를 어느 정도 아는 것이 필요하지만 한글만 사용한다고 해도 별 불편이 없다고 생각한다.(서울 학부모) ○漢文교육도 早期교육이 바람직하다고 생각합니다.(서울 학부모) ○漢文을 정규과목으로 배우게 해 주었으면 좋겠습니다.(서울 학부모) ○교육정책에 따라서 漢字교육에 대한 필요성이 자꾸 변하는 것이 아쉽다.(서울 학부모) ○지나친 漢字 사용은 좋은 한글의 사용을 억제합니다.(서울 학부모) ○중국문화권에서 영향을 받아온 처지에서 漢字를 무시할 수는 없다.(서울 학부모) ○학교의 漢字교육에 매우 감사하게 생각한다.(서울 학부모)

위의 意見외에도 많은 분들이 초등학교 저학년부터 漢字교육을 실시해 줄 것을 요망했으며 國漢混用 교과서를 만들어 달라는 대답도 相當數에 이르렀다. 또 中國과의 交流擴大에 대비하여 漢字를 배워야 한다는 지적도 있었다. 특히 많은 학부모들이 일관성 없는 교육정책으로 漢字가 소홀히 다루어지고 있는 현 교육정책을 비판하며 지속적이고 체계적인 정책으로 漢字교육을 실시해 주기를 바라는 의견을 적어주었다.

한글專用教育을 받은 어느 선생님의 絕叫
한글專用論者들은 한글세대에 대해 責任져야

이번 취재과정에서 만난 한 初等學校 선생님은 자신을 한글전용교육의 전형적인 피해세대라고 말하며 다음과 같이 絶叫했다.

“저희는 지난 1970년부터 1973년까지 고등학교 교육을 받고 1974년도에 대학에 들어간 그야말로 순 한글세대입니다. 그러나 이제 저 자신이 教育一

線에서 아이들을 지도해 보니 한글전용의 弊害는 너무나 깊이 우리 意識 속에 파고들어 자라는 우리 아이들의 情緖를 해치고 있다는 것을 뼈저리게 느끼게 됩니다. 공교롭게도 제가 고등학교에 입학할 당시부터 한글專用 敎科書가 나와서 저희 세대는 자신의 意志와는 상관없이 한글專用敎育을 받을 수밖에 없었습니다. 漢字를 알면서 한글을 쓰는 것과 漢字를 모르고 한글을 쓰는 것에는 엄청난 차이가 있습니다. 저는 漢字가 어느 민족의 文字인가 하는 문제는 잘 모릅니다. 그러나 우리민족은 이미 수 천년 동안이나 漢字를 가지고 문화를 꽃피워 왔으며 歷史를 기록해 왔습니다. 그런데 이제 와서 漢字를 송두리째 버리자는 것은 참으로 무책임한 어른들의 發想이라고 생각합니다. 우리에게 한글전용교육을 강요했던 한글專用論者들은 어떤 방법으로든 자기들 때문에 漢字를 배우지 못한 우리 세대에 대하여 책임을 져야 합니다. 또 우리 歷史와 傳統文化의 斷絶問題에 대해서도 그 분들은 책임을 져야 할 것입니다. 한글전용은 이미 명분을 잃은 지 오래입니다. 지금 子女들을 학교에 보내고 있는 學父母들을 한 번 만나보십시오. 오히려 한글세대의 학부모들이 漢字교육에 더 열성적인 것을 느낄 수 있을 것입니다. 이는 무엇을 말합니까? 漢字를 배우지 않고 學窓時節을 보낸 그 분들은 實生活에서 뼈저리게 漢字의 필요성을 느꼈을 것이며 우리 社會를 責任지는 어른의 視角으로서 바라 본 결과 漢字를 잃어버려서는 안 되겠다는 절박한 마음이 子女들에 대한 漢字敎育 熱氣로 나타나는 것 아니겠습니까?"

에필로그 - 社會規範의 정립

한 나라의 文字정책은 뚜렷한 명분과 국가의 百年大計를 바라보며 계획되고 시행되어야 한다. 그리고 시행하는 과정에서 施行錯誤가 발견되었을 때는 솔직하게 이를 인정하고 바로잡으려는 노력이 있어야 한다.

우리가 수 천년 동안 우리 文字로 사용해 오던 漢字를 없애고 오랫동안 지켜오던 높은 倫理觀을 팽개쳐 버린 결과 우리는 자신도 모르는 사이 스스로 賤民化되어 품위 있고 人情 넘치던 우리 言語는 말할 수 없을 만큼 거칠고 전투적인 表現으로 변해버렸으며, 예의와 廉恥염치는 上下 어디에서고 찾아볼 수 없게 되었다.

선비문화로 總稱총칭되는 우리나라의 班常문화는 많은 문제를 안고 있기는 했으나 이는 우리만의 문제가 아니요, 오히려 西歐諸國의 잔인한 노예제도보다는 훨씬 인간적이고 문화적이었다 할 것이다. 班常의 제도가 나름대로 많은 문제점을 안고 있었던 것도 사실이나 양반과 일반 백성 간에는 나름대로의 默契묵계가 있었고 그 과정에서 양반문화는 사회 전체에 어떤 價値觀의 規範을 제시하였으며 일반 백성들은 이를 보고 양반과 똑 같지는 않더라도 양반문화가 요구하는 忠孝와 三綱五倫, 禮·廉의 德目을 배울 수 있었다.

결국 한글전용의 弊害는 시민의식의 上向 平準化가 아닌 下向 平準化를 통해 각박한 사회분위기를 助長시킴으로써 시민들이 上向하여 바라볼 수 있는 고급문화를 사라지게 만들었다.

지금부터라도 政策當局은 國漢混用을 통한 올바른 文字정책을 受容하여 우리 後世代를 더 이상 한글전용교육의 실험대상으로 삼지 말 것을 촉구하며 취재를 마치고자 한다.

<編輯者註> 이 글은 본회 朴光敏 研究委員이 『月刊 朝鮮』의 依賴를 받아 지난해 9月末 취재했던 내용의 全文이다. 다만 『月刊 朝鮮』 1月號에는 지면관계상 全文이 다 실리지 못해 내용상 다소 차이가 있었으니 독자 여러분의 양해를 바란다. 그리고 本文 내용 중 「문화체육부와 건설교통부가 도로표지판 漢字倂記 문제를 협의 중」이라는 내용은 얼마 전 政府案으로 확정되었음을 알려드리고자 한다.

〈韓國語文敎育研究會 研究委員/ 어문연구 90호〉

漢字 略字의 私見 · 私案

朴 魯 春

1912~1998년. 忠南 燕岐 출생. 慶熙大 교수, 韓國語文敎育研究會 總務理事 역임. 시인・국문학자. 국한혼용을 지지하는 필자가 한자 사용의 편리성을 위하여 한자 略字를 정비하고 漢字敎育用 基礎漢字를 제정하여야 한다고 주장하고 있다. 한자 약자를 실시하면 正字를 소홀히 하게 된다는 비판에 대해서 필자는 한자에는 원래 정자와 약자의 구별이 따로 없는 것이라며 반박하고, 또한 일본 흉내를 내는 것이라고 비방하는 데 대해서는 받아들이지 않을 수 없는 현실성을 감안하여야 한다고 반론한다. 아울러 한자 약자 선정 시에 筆寫에 편하도록 字體를 통일・정제하여야 하고, 현행 214종의 部首에도 대폭 증감이 있어야 한다고 주장하고 있다.

解放後, 우리나라에서 略字問題가 擧論된 것은, 中・高校漢文敎育用 基礎漢字기초한자를 發表하기 前인 1967년 文敎部가 略字 524字 試案시안을 내놓았던 그 前後부터이다. 이 試案은 一部 論評者들의, 漢字制限使用主義者들의 自家撞着자가당착이니, 事大主義者의 發想이니, 正字와 略字를 同時에 배워야 하므로 結局은 學習負擔학습부담이 二重이 된다느니 하는 猛烈맹렬한 反對에 부딪혀서 結果的으로 撤回철회・中止하고 말았고, 급기야는 한글專用이란 어리석고 잘못된 方向으로 國民을 誤導오도하는 結果가 되고 말았다.

그 후, 金斗燦氏가 日本의 略字와 中共의 簡化字를 事例로 들어서 略字選定使用 및 敎育을 力說하는 論說文을 本誌 第12號(1976年 여름號)

에 發表한 일이 있었다.

이번에 「朝鮮日報」가 漢字略字使用을 提言하면서, 徐康和校閱部長은 4月 16日字紙 '記者의 눈'을 통하여 試案 174字를 公表하였고, 4月 24日字 社說에서 그 趣旨취지를 說明하였다. 한편 4月 23日字紙 '主題토론'으로 "漢字略字 좋은가 나쁜가"를 묻고, 다시 4月 29日字紙 '讀者의 눈'에서 "漢字略字를 이렇게 본다"로 各界의 衆論중론을 모았다.

略字使用이란 이 英斷은, 國漢混用을 主張하는 사람으로서는, 學習負擔의 輕減경감이란 面에서 생각해볼 때, 至極히 多幸한 일이라고 생각하지 않을 수 없으니, 매우 반가운 일이다.

筆者는 이 글에서의 考究對象고구대상을 漢字敎育用基礎漢字로 하고, 몇 가지 點에서 私見을 말하여 보련다.

略字實施 云云하면, 正字를 疎忽소홀히 할 것을 질겁하는 이가 있다. 원래, 漢字는 正字·略字 따로따로 區別구별이 있는 것이 아니다. 여러 가지 字體가 생겨나니까 通字가 생기고 俗字가 생기고 異體字가 생기고 古字가 생겨서 「康熙字典」에서 標準字體로 決定한 것이 「康熙字典」의 權威권위로서의 標準的표준적이 된 것이 正字인 것이다. 1972年 8月 17日에 文敎部가 選定한 <中·高校敎育用基礎漢字> 1,800字는 正字로 制定되었지마는, 알고 보면 그 중에는 正字가 아니고, 사실은 略字인 것이 여러 字나 있다.

岳(嶽) 氷(冰) 窓(窗) 叙(敍) 褒(褎) 島(嶋, 嶌) 賛(贊) 讃(讚) 豊(豐) 恒(恆) 戯(戲)

또, 사실, 巖암·蟲충·絲 따위가 正字로 나와 있으나, 오늘날 現實로는 文字生活에서 이런 多劃字다획자를 쓰는 사람은 거의 없고, 모두가 正字·略字 觀念없이 岩·虫·糸를 使用하고 있다.

다른 또 하나의 非難은 日本의 흉내라고 誹謗비방하는 소리다. 그러나 진실은 그런 것이 아니다. 漢字發生의 主考案國인 中國에서, 옛날부터 이 方法을 쓰지 않을 수가 없었던 것이다. 漢字의 轉用原理인 <轉注전주>는, 어떻게 보면 바로 略字化理論인 것이다. 漢字發生이 簡單간단한 劃數획수의 글자로부터 차차 複雜한 劃數의 字로 發達하여 갔겠지마는, 複雜한 글자를 簡略한 字로 代置대치하려는 便利主義에서 저절로 簡約字를 考案하게 마련이다.

우리나라의 例에서만 보더라도 略體字를 쓴 것은 상당히 오래다. 「均如傳균여전」의 高麗板本에서 보아도 벌써 상당히 略字를 實用하였고, 「東國輿地勝覽동국여지승람」 같은 板本이나 그 밖의 數많은 古書에서 略字를 수두룩히 볼 수 있다.

【例】: 园(園) 罖(羅) 弃(棄) 凼(幽) 夕(夢) 梦(夢) 侖(命) 市(幕) 仝(墓) 旮(暮)

徐康和氏가 選定·提示한 新聞用略字試案 174字 중, 基礎漢字(1,800字)가 아닌 것(基礎漢字에 들어 있지 않은 것)이 筆者의 調査조사로는 다음의 41字이다.

茎(莖) 殴(毆) 欧(歐) 呕(嘔) 胆(膽) 猟(獵) 腊(臘) 齢(齡) 塁(壘) 湾(灣)
弥(彌) 撥(撥) 浜(濱) 渋(澁) 鼡(鼠) 繊(纖) 摂(攝) 砕(碎) 繍(繡) 粛(肅)
粋(粹) 蝿(蠅) 縄(繩) 嬢(孃) 醸(釀) 予(豫) 盇(鬱) 剰(剩) 昇(鼎) 剤(劑)
斎(齋) 鋳(鑄) 畳(疊) 逓(遞) 枢(樞) 鈬(鐸) 陜(陝) 狭(狹) 献(獻) 絵(繪)

以上 41字 중, '疊'字는 日本略字로는 '畳'으로 되어 있으나, 이 試案에서는 3體合字의 簡約에는 第一字體 외의 나머지 2體는 모두 ><로 한다는 簡略化原則대로 '疂'으로 하였다.

私見으로는, 다음의 몇 字는 試案略字에서 進一步하여, 鬱울-欝-盇처럼 世間一般에서 常用하는 俗字로 略字를 決定했으면 좋겠다.

歸-帰-敀　麗-麗-丽　靈-霊-灵　歷-歴-厈-厂　權-権-权
氣-気-气　來-来-耒　鹽-塩-盐　觀-観-观　戰-戦-战
從-従-从　鬪-闘-閗　莊-荘-庄

學習使用略字數는 200字 程度가 適當하다는 衆論에 따른다면, 基礎漢字에 안 들어 있는 略字 41字를 代置대치할 略字를 包含포함한 約 70字를 더 選定하여야 할 것이다.

筆者는 基礎漢字 안에서 日本 略字案과 通用되는 下記 約 55字를 選定할 것을 提議한다.

欠(缺)　軽(輕)　渓(溪)　鶏(鷄)　継(繼)　壊(壞)　単(單)　担(擔)　帯(帶)　稲(稻)
竜(龍)　麦(麥)　拝(拜)　翻(飜)　弁(辯)　並(竝)　仏(佛)　払(拂)　禅(禪)　粛(肅)
唇(脣)　乗(乘)　亜(亞)　悪(惡)　薬(藥)　余(餘)　芸(藝)　為(爲)　偽(僞)　隠(隱)
残(殘)　潜(潛)　将(將)　壮(壯)　臓(臟)　奨(奬)　装(裝)　蔵(藏)　浅(淺)　烛(燭)
聡(聰)　寝(寢)　沢(澤)　闘(鬪)　陥(陷)　献(獻)　蛍(螢)　恵(惠)　暁(曉)　<이상 55字>

여기에다 日本에서는 略字로 採擇채택되지 않았지마는, 우리나라에서 古來로부터 現今에까지 널리 쓰이고 있는 다음의 51字를 보태고 싶다.

哥(歌)　㫖(懇)　垦(墾)　奸(姦)　鑑(鑑)　监(監)　盖(蓋)　坚(堅)　畊(耕)　𢆶(幾)
畿(畿)　剧(劇)　机(機)　弃(棄)　荅(答)　坮(臺)　仝(同)　罗(羅)　蓝(藍)　丽(麗)
岺(嶺)　畄(留)　难(離)　厂(歷)　临(臨)　合(暮)　夛(夢)　仝(墓)　辈(輩)　岁(歲)
唇(脣)　龑(襲)　仂(億)　烟(煙)　咏(詠)　园(園)　仗(儒)　议(議)　仪(儀)　卆(卒)
质(質)　众(衆)　耻(職)　囱(窓)　浊(濁)　鲜(解)　贤(賢)　舆(興)　𤋮(熙)　才(第)
苐(第)　<以上 51字>

여기에서 한 가지 말하여 둘 것이 있다. '朝鮮日報試案'을 보고, 그 중에는 日本式일 것으로만 잘못 여기고, 日本人의 發想일 것이라고 指摘하여 못 마땅히 생각하는 이가 있으나, 徐康和氏의 解明(「朝鮮日報記者手帖」)으로 그것이 잘못된 認識인식이었음이 밝혀졌음은 多幸한 일이다. 筆者가 한 마디 더 보태고 싶은 것은, 筆者의 考察로는 가령 '疊'과 '壘'를 보면, 日本의 경우, '疊'은 '畳'으로, '壘'는 '塁'로 하였는데, 徐氏案에서는 '畳'·'塁'로 되어 있어, 같은 字가 석字일 때, 바꿔 말하여 3體合意字의 경우, 나중 2體를 'ゝく'로 한다는 略體字 簡化原則에 의하였음을 알 수 있으니, 덮어놓고 日本式略字의 導入이란 千萬不當하다. 또, '壽'字도 日本것은 '寿'인데, 徐氏案은 우리式으로 '壵'로 되어 있다. 日本에서는 '畵'·'劃'을 區別 안하고 '畵' 하나로 設定한데 比하여, 徐氏는 '画'(畵)와 '劃'(画刂)을 區別·選定하였다. 또 日本에서는 '選'의 略字制定이 없는데, 徐氏는 우리 固有略字로 '迸'을 選定하였다.

또 하나, 日本式略字에 관하여 말하고 싶은 것이 있다. 이에서 말한 것처럼 簡略化의 原則이 흐릿하다는 것도 그 한 가지이지만, 또 한 가지 더 指摘해보겠다. '砕(碎)' '粋(粹)' '酔(醉)'는 制定하여 놓았으나, 그 部首인 '卒'은 '卆'로 안하여서 統一性이 없고, 學生들에게 說明할 때 說明의 論理性이 없게 된다. 이런 點은 徐氏도 考慮하지 않은 듯하니, '肅'을 '粛'으로 해놓고서도(日本略字도 '肅'이다) '刺수'의 '繡'는 '繍'로 안하고 우리式으로 '綉'로 하였다.

略字를 選定할 때, 日本略字를 參考資料로 씀에 있어서, 나중에 例로 들 몇 가지 極端的극단적인 것을 빼놓고는, 어느 程度 받아들이지 않을 수 없는 現實性을 勘案감안하여야 하겠다. 高校 및 大學에서의 第二外國語科目에서 日本語選擇이 絶對的으로 많으며, 그 日本語敎本의 漢字는 略字를 常用하고 있고, 기타 一般書籍일반서적도 많이 들어와서 읽혀짐이 現今의 形便일 뿐만 아니라, 孔版공판·淸打版청타판 등 印刷手段인쇄수단에서 日本製活字를 直輸入직수입하여다 쓰고 있는 現實에서는 큰 잘못만 없는 限, 그런

略字에 익게 함이 賢明한 노릇이 아닐까.

日本에서 歲月·十歲의 '歲'를 '才'로, 地積의 一段步의 '段'을 '叚'으로, 年齡의 '齡'을 '令'으로, 動車의 '臺'를 '台'로, 戰鬪의 '鬪'(閗)를 '斗'로 通用하고 있음을 본떠서, 우리나라에서도 거의 通用하고 있다(筆者의 본바로는 語文系列의 大學院生까지도 거의 그렇게 쓰고 있다.). '才', '叚' '令'과 같은 것은, 日本에서도 略字로 定한 바가 없음에도, 言衆은 그렇게 하고 있다. 日本의 경우 '歲'와 '才', '臺'와 '台', '齡'과 '令'('段'과 '反'은 다르지마는)은 字音이 같으니까 容或無怪용혹무괴하다고 할지 모르지마는, 우리나라의 경우는('齡'과 '令'을 빼고는) 字音이 뚜렷이 다르니까 語不成說이다. '臺'의 略字로 '坮'가 儼然엄연히 있고, '台'字는 우리나라 사람 이름에 많이 쓰는 '별태'字이며, 또 '歲'의 略字로 '岁' 또는 '歩'가 쓰여 왔으니, '坮' '岁'로 고정시켜서, 大衆을 啓蒙계몽하여 自主性을 세울 것을, 筆者는 힘주어 提言한다.

漢字의 約體를 選定하는 機會에 字體를 筆寫필사에 便하도록 統一·整齊정제할 必要가 있다. 略字體 選定에 있어서도, 日本·中共이 試圖의도하는 草書體 略字案 開發 方面으로 硏究를 돌려야 하리라고 생각한다. 情報의 機械化面이 날로 늘어가는 오늘날, 現段階로는 出力(表現=書寫)의 經濟化를 위한 簡略化의 摸索모색이라고 생각할 수 있다. 그래서, 例를 들면, '卽'字의 '即'은 略字라느니보다 異體字라고 하고 싶다. 劃數 하나라도 적고 筆寫에 便한 方向으로 字體를 固定시켜야 하겠다. 日本에서는 現行 常用漢字數가 1,945字이고(1981. 3. 26 制定), 그 중 簡略字體가 361字이지마는, 그 大部分은 簡單한 異體字이고, 略字라고 할 수 있는 것은 그 半 程度이다. 그렇기 때문에, 筆者는 正字보다 적어도 3劃 以上 덜어진 字體를 略字로 規定하고 싶다.

略字를 選定·實施·敎育하려면, 部首에도 變革을 가져오리라. 「康熙

字典」의 現行 標準의 214種 部首에 大幅대폭 增減증감이 있어야 하리라. 變形된 例를 들어보겠다.

攵→又……收(収)
攵→力……效(効) 敕(勅)
𦥯→⺍……學(学) 覺(覚)
與→⺍……擧(挙) 譽(誉)
𤇾→⺍……勞(労) 榮(栄) 營(営) 螢(蛍) 瑩(瑩)
　　瑩(瑩)
吅→⺍……單(単) 戰(戦) 彈(弾) 憚(憚) 禪(禅)
　　闡(闡) 嚴(厳) 儼(儼) 獸(獣)
賏→⺍……櫻(桜) 纓(緌)
褱→褢……懷(懐) 壞(壊)
𡿺→㐫……惱(悩) 腦(脳)
臣→刂……監(监) 濫(滥) 鑑(鑑) 艦(艦) 堅(坚)
　　賢(贤) 緊(紧)
𠂤→刂……師(师) 帥(帅)
僉→㑒……儉(倹) 劍(剣) 險(険) 驗(験) 僉(㑒)
巠→圣……徑(径) 莖(茎) 經(経) 輕(軽) 勁(勁)
　　脛(胫) 頸(頚)
㡭→米……繼(継) 斷(断)
𠦒→米……齒(歯) 齡(齢)
婁→米……樓(楼) 數(数) 屢(屡)
𢍰→幷(并)……關(関) 聯(联)
幷→ (并)……幷(并) 倂(併)
雚→隺……觀(観) 勸(勧) 權(権) 歡(歓) 罐(罐)
　　鑵(鑵)
黃→厶……廣(広) 擴(拡) 鑛(鉱)
弗→厶……佛(仏) 拂(払)
奚→㚇……奚(㚇) 溪(渓) 鷄・雞(鶏・雞)
品→㐅……區(区) 歐(欧) 毆(殴) 驅(駆) 樞(枢)
　　嘔(呕) 鷗(鴎)
品→只……操(操) 繰(繰)
黽→黾……繩(縄) 蠅(蝿)
專→云……傳(伝) 轉(転) 囀(啭)
曾→云……會(会) 繪(絵) 懀(侩) 檜(桧) 膾(脍)
詹→旦……擔(担) 膽(胆)
臺→台……臺(台) 擡(抬)

蜀→虫……獨(独) 觸(触) 濁(浊) 燭(烛)
蜀→禹……屬(属) 囑(嘱)
買→冗……賣(売) 讀(読) 續(続) 贖(贖) 犢(犊)
　　瀆(渎)
𢆶→冰……樂(楽) 藥(薬) 轢(轢)
𤔔→舌……亂(乱) 辭(辞)
萬→万……萬(万) 勵(励)
秝→林……歷(歴) 曆(暦)
䜌→亦……戀(恋) 蠻(蛮) 變(変) 灣(湾) 燮(変)
畾→畀……壘(塁) 疊(畳)
劦→㕕……協(協) 脅(脅)
癹→癶……發(発) 廢(廃) 撥(撥) 醱(醱) 癈(癈)
㕘→夫……參(参) 慘(惨)
睪→尺……釋(釈) 譯(訳) 驛(駅) 擇(択) 澤(沢)
　　鐸(鈬)
韭→业……纖(繊) 懺(懴) 籤(籖)
絲→业……濕(湿) 顯(顕)
堯→尭……堯(尭) 燒(焼) 饒(饒) 遶(遶)
𠓜→九……卒(卆) 碎(砕) 粹(粋) 醉(酔) 雜(雑)
育→有……隋(陏) 墮(堕) 隨(随) 髓(髄)
壽→寿(㝵)……壽(寿) 鑄(鋳) 濤(涛)
卄→二……肅(粛) 繡(繍) 簫(箫) 蕭(萧) 瀟(潇)
北→廿……乘(乗) 剩(剰)
亞→亜……亞(亜) 惡(悪)
襄→㐮……襄(㐮) 壤(壌) 讓(譲) 釀(醸) 孃(嬢)
爫→ソ……爲(為) 僞(偽)
義→又……儀(仪) 議(议)
戔→戋……殘(残) 錢(銭) 賤(賎) 踐(践) 淺(浅)
爭→争……爭(争) 淨(浄) 靜(静)
齊→斉……齊(斉) 濟(済) 齋(斎)
囪 / 匆 →公……總(総) 摠(捴) 聰(聡) 窗(窓)
爿→丬……將(将) 奬(奨) 狀(状) 壯(壮) 裝(装)
　　莊(荘)

〈本會理事/ 어문연구 30호〉

大學卒業生의 漢字能力 實態와 社會現實의 문제
-事例分析을 中心으로

朴 大 福

1951년 慶北 醴泉 출생. 현 중앙대학교 교수. (社)韓國語文會 理事. 현직 대학교수가 漢字能力檢定試驗 志願을 위한 說明會에서, 某 公企業의 新入社員 敎育에서 시행한 試驗資料를 통하여 대학 졸업생들의 한자능력의 구체적인 실태와 사회현실의 문제를 살펴보고, 그 原因과 改善方向을 모색하는 내용으로 발표한 자료이다. 결론적으로, 초등학교부터 漢字敎育을 시켜야 하며 모든 敎科書는 물론 社會에서도 반드시 基本漢字의 使用이 일상화되어야 한다고 주장한다.

1. 緖 言

漢字敎育의 必要性은 韓國語文敎育硏究會에서 여러 차례 論議되었기 때문에 생략하기로 한다. 본 발표는 某 公企業의 新入社員 敎育에서 시행한 試驗資料시험자료를 통하여 大學卒業生들의 漢字能力의 구체적인 實態와 社會現實의 問題를 살펴보고, 그 原因과 改善方向을 모색하여 보고자 한다.

2. 大學卒業生들의 漢字能力 實態

(1) 資料의 분석

1) 平均成績 : 58.01점(大卒 新入社員), 44.27점(專門大卒 新入社員)
   最高得點者 : 89, 87. 能力檢定으로 본 合格者數 : 17, 7.
2) 애국가의 漢字語는 漢字로 쓰기(正答者數와 비율)
   · 愛國歌 : 53명/119명 - 44.53%(大卒社員),
     52명/144명 - 36.11%(專門大卒 社員)
   · 白頭山 : 44명/119명 - 36.97%, 31명/144명 - 21.52%
   · 萬 歲 : 12명/119명 - 10.08%, 4명/144명 - 2.77%
   · 三千里 : 77명/119명 - 64.70%, 78명/144명 - 54.16%
   · 大 韓 : 94명/119명 - 78.99%, 105명/144명 - 72.91%
3) 三千里의 誤答 事例
   · 天 - 7명(大卒), 21명(專門大卒). 川 - 1명, 4명. 午 - 1명, 2명. 干 - 1명, 0명.
   · 理 - 12명, 15명. 埋 - 4명, 0명.
4) 需用率수용률의 讀音 달기 誤答 事例(大卒 新入社員)
   · 誤答率 - 42%
   · 事例 - 이용률(27명), 유용률(12명), 운용률(5명), 진용률(2명) 기타(4명).

(2) 資料分析의 結果

1) 基本的인 漢字 使用能力의 不足
2) 漢字는 읽기 위한 것으로 認識 : 結果的으로, 漢字는 읽기에 障碍장애 되는 글자로 認識인식
3) 漢字語를 漢字의 訓과 關聯하여 理解하려고 하지 않음 : 漢字使用

能力이 單語理解의 捷徑첩경이라는 사실과 應用力의 卓越性탁월성에 대한 認識이 매우 不足함.

(例 : 千→天, 里→理로 쓰는 경우와 需用率의 讀音을 "이용률", "유용률", "운용률" 등으로 답한 경우)

4) 日常生活에 基本的이고 必須的필수적인 漢字의 實際的 사용이 절대 必要함

(3) 大學에서의 漢字教育의 必要性 認識과 現實의 限界

1) 教材, 新聞 읽기 : 한漢 混用教材는 많은 학생이 읽지 못함(東亞日報 97年 3月 30日字 參照)

2) 漢字·漢文教育과 關聯된 講座강좌 開設(大部分 選擇科目, 明知大·忠南大·草堂大는 必須科目)

3) 漢字能力檢定試驗의 實施

(가) 41個 大學에서 實施

(나) 草堂大學에서는 人文社會系列은 3級, 그 밖의 系列에는 4級을 取得취득케 함

(다) 江原大에서는 成績 優秀者에게 海外研修(語學教育院) 및 奬學金장학금 支給(社會大)

4) 大學에서의 漢字教育의 限界性

(가) 한 學期 2-3學點 基準, 대부분 大學國語 時間 爲主(學點 減少 혹은 選擇科目으로 轉換전환하는 경향임)

(나) 學點取得 爲主의 受講 : 持續性지속성의 缺如, 專功科目과 外國語에 置重치중(初等學校의 경우, 校長 선생님의 方針과 擔任담임 선생님의 持續的인 指導지도로 인하여 教育效果가 相對的으로 높음)

3. 社會現實的인 問題와 漢字能力의 重要性 認識

(1) 履歷書이력서 作成의 誤用 實例(戶主와의 관계 : 父→夫, 住所 : 牛牙洞→優雅洞)
(2) 就職試驗취직시험의 漢字出題(朝鮮日報와 大企業體)
(3) 企業의 業務업무에서 漢字能力의 필요성 절감, 社員사원의 漢字敎育實施(三星, 現代, 韓進, 韓電, 朝鮮日報 등)
(4) 新聞記事의 괄호 안의 토
(5) 國語의 造語力 : 우리말 電算用語의 例("아니 또 셈, 아니 셈, 아래 넘침" 그러나 大部分 漢字語 使用)
(6) 新聞의 준말 사용의 例 : 노사정, 특조위, 경총, 녹취록, 교개위 등은 반드시 漢字의 표기가 必要

4. 問題의 解決方案 모색

(1) 根本原因은 敎育政策의 問題에 歸結귀결됨
(2) 言論의 社會的 機能이 重要함
(3) 사회에서, 漢字는 國語라는 認識 必要
(4) 專用·混用의 對立的인 論爭 止揚지양(맞춤법 統一案의 基本骨格은 漢字語 中心)
(5) 言語 現實에 바탕을 둔 새롭고 참신한 文體硏究
(6) 國語硏究에 各界各層의 전문가가 참여해야 하며, 現場性 있고 長期的인 硏究가 이루어져야 함. 國語學者만의 所關事라는 偏見편견에서 脫皮해야 함(記者, 아나운서, 演藝人연예인, 劇作家극작가, 小說家, 詩人)
(7) 깊은 思考力과 斬新性참신성이 調和를 이루는 表現을 격려 혹은 제시를 하여야 함

(8) 初等學校부터 漢字教育을 시켜야 하며, 모든 教科書는 물론 社會에서도 반드시 基本漢字의 使用이 日常化되어야 한다.

■ 資　料

(問題) "애국가의 漢字語는 漢字로 쓰기"의 正答數와 比率

	(大卒 新入社員)	(專門大卒 新入社員)
·愛國歌	53/119 - 44.53%	52/144 - 36.11%
·東　海	106 - 89.07%,	118 - 81.94%
·白頭山	44 - 36.97%,	31 - 21.52%
·保　佑	4 - 3.36%,	0 - 0%
·萬　歲	12 - 10.08%,	4 - 2.77%
·無窮花	12 - 10.08%,	25 - 17.36%
·三千里	77 - 64.70%,	78 - 54.16%
·華　麗	9 - 7.56%,	2 - 1.38%
·江　山	112 - 94.11%,	128 - 88.88%
·大　韓	94 - 78.99%,	105 - 72.91%
·保　全	14 - 11.76%,	7 - 4.86%
·南　山	89 - 74.78%,	99 - 68.74%
·鐵　甲	5 - 4.20%,	2 - 1.38%
·不　變	32 - 26.89%,	17 - 11.80%
·氣　像	6 - 5.04%,	6 - 4.6%
·空　豁	0 - 0%,	0 - 0%
·一　片	37 - 31.09%,	30 - 20.83%
·丹　心	27 - 22.68%,	32 - 22.22%
·忠　誠	55 - 46.21%,	48 - 33.33%
·安益泰	7 - 5.88%,	9 - 6.24%
·作　曲	69 - 57.98%,	55 - 38.19%
平　均	34.56%,	28.03%

〈中央大 國語國文學科 教授/ 어문연구 94호/ 漢字能力檢定試驗 志願을 위한 說明會 및 學術發表 [4]〉

語文教育의 課題

朴 東 舜

1930년 서울 출생. 어문교육의 문제점을 외치는 일선 초등학교 교장의 목소리를 생생하게 보여주고 있는 글이다. 우선 이 글은 國語教育은 國語科教育만의 專有物이 아니며, 社會, 科學은 물론 數學과 藝能, 體育, 外國語教育에 이르기까지 國語教育을 떠나서는 成立될 수가 없음을 주장한다. 다음으로 국어교육의 기능으로서의 말하기/작문/독서/쓰기 교육이 제대로 이루어지지 못하고 있음을 문제점으로 지적하고, 학교 현장에서의 實證的 지도를 바탕으로 볼 때 漢字가 한글보다 오히려 쉽다는 것을 밝혀내고 있다. 결론에서는 한글을 갈고 닦자는 것과 한글專用은 本質的으로 다른 問題라고 하면서 어문교육의 과제를 5개항으로 나누어 제안하고 있다.

1. 길고도 슬픈 이야기

10年이면 江山도 변한다니, 6年이면 그 半쯤은 변했으리라, 그러나 이 외롭고 더딘 길만은 6年이 지나도 변할 줄을 모른다.

國籍국적의 根本이 어디에 있을까?

그것은 國史以前의 國語에 있었던 것이 아닐까? 그러나 國籍있는 教育은 國史教育의 强化란 이름으로 國史教科書가 社會科에서 分離분리되고, 그 指導時期를 여러 學年에 分散시켰을 뿐으로, 國語教育은 엄두도 없으니 이 일을 어찌하랴!

一日不讀書하면 口中에 生棘刺생극자한다는 말이, 하루만 冊을 읽지 않으면 입안에 가시가 돋친다는 말이요, 입안에 가시가 돋친다는 말은, 그 말이 거칠어진다는 말이니, 말이 거칠어진다 함은 마음이 荒廢황폐해진다는 말이건만, 스승조차도 冊을 가까이하지 않는 風土에서 그 어찌 讀書敎育의 實效를 거두고, 國民精神敎育의 成果를 期待기대할꼬!

덜컹거리는 시골 버스 속에서 차마 귀를 열고 듣기 거북한 辱說욕설들, 차마 입에 담지 못할 頹廢퇴폐한 言語들, 그것은 一考의 餘地도 보이지 않고 外來語淨化란 皮相的인 테두리를 맴돌다가 1976年과 함께 明滅했던 國語醇化국어순화 운동!

學習을 마무리하고, 深化하고, 主體的인 것으로 昇華승화시킬 作文敎育의 不在! 國民學校 6學年을 卒業하고도, 아니 中·高等學校를 卒業하고도 便紙편지 한 장 제대로 쓰지 못한다는 푸념들! 國民學校 쓰기敎科書와 中·高等學校 作文敎科書는 손때도 묻지 않은 채 死藏사장되고 있는 敎育現場, 表現力을 度外視도외시한 主體性이 어디에 있을까?

經濟的 國力은 中進國 隊列대열에 낄 만큼 高度로 成長했는데 그것을 精神的으로 받혀주지 못하는 國民精神敎育의 虛實 속에 東方禮義之國의 허우대는 녹이 슬고, 處方이 뒤따르지 않는 意識構造 調査는 核家族의 本質까지 歪曲왜곡시키고 있는 오늘의 現實들을 생각하며, 무던히도 많이 울고, 소리치고, 演壇연단에 눈물을 뿌리면서까지 목이 메도록 呼訴호소해 왔던 길고도 슬픈 이야기들!

그러나 國語敎育의 機能은 고사하고 글짓기 指導의 關心조차 喚起환기시키지 못한 채 恨많은 6年길을 마무리 짓자니 말라버린 줄 알았던 새삼스런 눈물이 앞을 가린다.

2. 國語敎育의 機能

國語敎育의 基本機能이 '말하기(듣기), 읽기, 쓰기(짓기)'라는 것을 모르는 사람은 없을 것이다. 그러나 그것이 綜合指導라는 形式에 가려서 그 하나하나의 機能을 喪失하고 있다는 事實을 痛感통감하고 있는 사람은 많지 않다.

先生님이 물으시면 學生들이 對答을 하고, 敎科書를 읽고 또 풀이하고, 그렇게 學習한 內容을 노트에 쓰고 있으니 '말하기(듣기), 읽기, 쓰기(짓기)'가 綜合的으로 이루어진 것이라면 그런대로 나무랄 데 없는 充實한 敎育일 수도 있다. 아마도 많은 사람들이 그렇게 믿고 安心하고 있는지도 모른다.

그러나 意圖的이고 實質的인 國語科의 機能敎育은 1% 內外의 關心있는 분들에 依해서 그 命脈을 維持유지하고 있을 뿐 國語科의 機能敎育은 全面不在라 해도 過言이 아닐 것이다. 심지어 한글을 아는 사람이면 가르칠 수 있는 것으로 錯覺착각되고 있는 느낌이기도 하다. 왜냐하면 한 市郡敎育廳 管內에 國語科 硏究學校가 하나 있을까 말까 하기 때문이다.

a) 國語敎育과 國語科敎育

國語敎育은 國語科敎育만의 專有物이 아니다. 社會, 科學은 물론 數學과 藝能, 體育, 外國語敎育에 이르기까지 國語敎育을 떠나서는 成立될 수가 없다. 그러므로 스승 될 者는 먼저 國語敎師가 되어야 하는 것이다.

說明을 듣고 板書판서된 것을 옮겨 쓰는 일은 그런 대로 많이 이루어지고 있다. 그러나 兒童·學生들의 對答이나 發表가 잘못 되었을 경우, 그 卽席에서 그 잘못을 矯正교정해 주는 意圖的인 말하기 敎育은 흔치 못하다.

더욱이 어떤 學習問題를 解決하기 위한 學習讀書나 그 學習結果를 두고 兒童·學生 스스로가 體系的으로 整理정리해서 메모할 수 있도록 指導하는 作文敎育은 거의 없는 實情이다. 國語科敎育에서조차 제대로 다루어지지 못하는 讀書敎育과 作文敎育을 他敎科의 國語敎育에 期待하는 것은 지나친 慾心욕심일지도 모른다. 그러나 그것은 모든 敎科에서 綜合的이고 共

通的으로 遂行수행되어야 할 國語教育의 絶對한 教育課題가 아니던가!

가뜩이나 國語科의 時間配當이 적은 우리 現實에서 他教科를 통한 國語教育까지 疎忽소홀하다는 것은 國語教育의 正常化를 위해서 가장 슬픈 일이 아닐 수 없다.

b) 말하기 教育의 不在

말이란 第一位的인 表現手段이다. 그것은 大體로 對話, 座談좌담, 說話形式으로 表現된다. 그中에서 對話의 機能은 形式教育을 받지 않은 無學者라도 웬만큼은 可能하다. 그러나 그것이 보다 高尙고상하고 品位있는 것이 되려면 意圖的인 말하기教育과 讀書를 통해서 體得될 수 있는 것이다. 그것은 그런 대로 教育되고 있다 하자.

그러나 分團學習분단학습을 통한 座談指導좌담지도는 극히 드물다. 더욱이 大衆 앞에서의 說話指導는 問題中의 問題다. 國民學校 童話指導와 中·高等學校에 이르는 雄辯指導웅변지도가 說話指導의 領域영역을 擔當담당할 重要한 教育機會이지만, 그것은 모두 原稿원고를 외우고 몸짓까지를 외우는 狀態에서 形式化되고 있는 것이다. 심지어 라디오나 TV에 紹介소개되는 學校 자랑에서도 臺詞대사를 외우는 演出行爲로 一貫되고 있는 것이다. 이 어찌 슬픈 現狀이 아니겠는가!

그러나 그것은 學校教育의 責任책임만이 아닐 것이다. 社會教育이 學校教育을 그렇게 誤導오도한 때문이다. 그러므로 童話大會나 雄辯大會의 主催者주최자는 果敢하게 그 審査基準심사기준을 改善해야 한다. 그것은 외우지 않는 自然스런 表現으로 차라리 어린이다운 未熟미숙함과 失手가 드러나는 곳에 純眞味순진미와 참맛이 있고 教育的인 意義를 찾을 수도 있지 않을까?

라디오나 TV의 學校 자랑에서도 마찬가지다. 探訪日子는 미리 알려줄 必要가 있겠지만 말마디까지를 準備준비시키는 것은 正常的인 教育을 沮害저해하는 行爲가 아니었을까?

c) 作文敎育의 不在

國民學校 쓰기敎科書와 中·高等學校 作文敎科書가 死藏사장된 때문에 國民學校 3學年부터 배웠어야 할 原稿紙원고지 쓰는 法을 中·高等學生들도 모르고 있다. 兒童·學生만이 아니라 先生님들 自身조차 모르고 있다. 이 얼마나 슬픈 이야기인가! 그러나 原稿紙 쓰는 法쯤 모르면 어떤가? 그것은 몰라도 좋다. 問題는 自身의 생각을 表現할 수 있으면 된다. 좀더 쉽게 말해서 自己가 말로 할 수 있는 것을 글씨로 옮겨 쓸 수 있으면 되는 것이다.

정말로 슬픈 것은 바로 그것이다. 對話는 할 수 있으면서 그 對話者에게 便紙는 쓰지 못한다. 못하는 것이 아니라 해보지 않았기 때문에 自信이 없는 것이다. 바로 그것이 글짓기敎育의 不在인 것이다.

이 세상의 모든 科學文明은 記錄을 통해서 發展해 왔다. 記錄은 새로운 事實을 發見케 하는 데도 重要하지만 잘못된 前轍전철을 밟지 않게 하는 데도 뜻이 있는 것이다. 그런 意味에서 日記라든가 自敍傳자서전이란 매우 重要한 記錄이 될 수 있다.

이 文章表現力은 口頭文章을 書寫서사한 것이므로 口頭文章이란 "말" 그 自體를 條理조리있고 高尙고상하게 다듬어 주며, 主體意識을 內面化하고 다짐하는 重要한 機能인 것이다. 그것 없이 精神敎育을 期待기대하기 어렵고 그것 없이 意識의 行爲化나 그 內面化를 期待하는 것은 넌센스에 가까운 것이다.

d) 讀書敎育의 不在

앞에서 말한 作文敎育의 機能은 讀書에서도 그대로 適用된다. 讀書의 類型에도 娛樂讀書오락독서, 探求讀書 등 그 갈래가 없는 것은 아니지만, 兒童·學生들이 재미로만 읽는 讀書란 거의 無價値무가치한 것이다. 책을 읽었으면 그 책에서 느낀 主體的인 感情이 있어야 하고, 그것을 記錄함으로써 그 感情을 深化하고 內面化할 수 있는 것이기 때문이다.

그런 論理的 根據근거에서 讀後感 쓰기라는 作業이 强要되고 있다. 도무지 말이 아니다. 文章表現力을 길러주지 않은 狀態에서 어찌 讀後感을 쓸 수 있을까? 그래서 나는 讀後感을 쓰이기보다 讀書記錄을 쓰이고 그것을 利用한 讀書報告書를 쓰이자고 呼訴호소해 왔다. 萬一 讀書報告書조차 쓰기가 어려운 것이라면 讀書記錄만이라도 좋을 것이다.

어떤 冊의 어느 페이지에서 누구는 이렇게 말했다. 그것을 冊에 있는 그대로 적어 두는 것이 讀書記錄이다. 그것은 論文形式의 글을 쓰는 基本資料이며 이와 같은 讀書記錄을 모아서 分類해 두는 것은 讀書生活의 基本이다.

더욱이 重要한 것은 讀書에 이르기까지의 讀書指導다. 그냥 冊을 읽으라고 하는 것은 讀書의 勸奬行爲에 不過하며 眞正한 意味에서의 讀書指導란 各 教科를 통한 讀書意慾과 讀書興味를 誘發유발하고 讀書記錄을 비롯한 讀書方法과 讀書衛生독서위생을 指導하는 것이다. 내가 말하는 讀書教育의 不在가 바로 그것이다.

e) 書寫(쓰기) 教育의 不在

國語科教育課程의 쓰기領域 속에 쓰기와 짓기가 包含포함되어 있어서 作文教育이 가리 워진 느낌이지만 그렇다고 쓰기教育이나마 옳게 다루어지고 있는가 하면 그도 아니다.

國民學校 쓰기 教科書를 만든 動機가 國民學校 어린이들의 書寫力이 엉망이었기 때문이었다는 것이고, 그래서 1,2,3學年의 內容이 書寫力 矯正교정을 主로 하고 있지만, 그것이 死藏되어 있음은 물론, 意圖的인 筆順指導와 字形指導가 殆無태무했기 때문에 어린이들의 글씨體는 종잡을 수가 없다.

그것을 個性的개성적인 것이라고 한다면 할 말은 없다. 그러나 그것이 個性的인 것도 아니고 그렇다고 어떤 意圖的 指導를 받은 것도 아니어서 제멋대로라는 데 問題가 있다.

그러나 한 學級에 70~80名씩이나 收容되고 있는 콩나물시루 敎室에, 한 學校 平均평균 50學級에 이르는 大都市 學校를 생각할 때는 그것이 곧 個別的으로 矯正되기를 바라기도 어렵다.

그렇다고 이 같은 國語敎育의 全面不在 現象을 보고도 못 본 채 할 수는 없는 일이었다. 그래서 그 머나먼 길을 걸었었다. 그리고 이제 그 길조차 막혀버린 絶壁절벽에 부딪고 말았다.

써도 써도 恨만이 서릴 뿐이다. 그러나 이 無力한 個人의 힘으로 도도하게 흘러내리는 大河의 물결을 어찌하랴! 지칠 대로 지친 몸으로 찾아든 곳이 語文敎育硏究會였고 여기에서 새로운 問題를 찾았다.

3. 國語敎育의 根本問題

나는 어떤 問題에 부딪혔을 때마다 그것을 社會的인 次元에서 또는 國家的인 次元에서 생각해 보는 버릇이 있다. 語文敎育硏究會에서 뒤늦게 깨달아 얻은 漢字敎育 問題 역시 그러했다.

漢字란 도대체 누구의 글인가? 그것은 分明한 中國(漢)의 글이다. 그러나 그것은 한글이 創製(AC 1443)되기보다 1,500餘年이 앞선 漢四郡(BC 108)前부터라고 미루어 볼 때, 그것은 우리 祖上들이 代代로 써 내려온 본디부터 있던 '固有한 文字'인 것이다. 그리고 이미 形成된 우리말의 80% 以上이 漢字語이며 時時刻刻으로 새로 만들어지는 말들도 그 殆半태반이 漢字語라는 것을 생각할 때, 우리말에서 漢字語가 없어지지 않는 限 漢字를 廢止폐지할 수 없다는 생각에 미쳤다.

그로부터 우리 어린이들이 漢字語義를 正確히 理解하지 못하여 思考의

道具가 되는 概念形成이 말할 수 없이 混迷혼미하다는 것을 確認했을 때, 語文政策의 根本이 漢字의 復活부활에 있다는 것을 切感했다.

그러나 漢字는 한글을 깨치기보다 어렵다는 데 問題가 있었다. 한글專用論의 最大 爭點쟁점이다. 그러나 漢字의 表意性과 그 視覺性 때문에 한글보다 훨씬 쉽게 깨칠 수 있다는 것이 國漢文混用論의 主張이었다. 나는 半信半疑반신반의했다.

그럴 즈음 漢字를 통한 幼兒의 知能開發이란 問題로부터, 人間의 精神機能이 先天的 遺傳에 依해서 規定규정되지 않고, 全的으로 後天的 教育環境교육환경의 作用에 依해서 形成된다는 問題에 부딪혀, 그 方面의 科學的인 根據근거를 찾고(仔細자세한 것은 拙著졸저 乳·幼·兒의 知能開發 참조) 그 實驗을 圖謀도모하다가 漢字의 理解가 한글보다 쉽다는 確證확증을 얻었다.

a) 漢字가 한글보다 쉽다.

나는 먼저 國民學校 6學年에 進級한 어린이들의 國語教科書를 石井勳氏式으로 모조리 漢字化했다. 너무 갑작스런 變化였기 때문에 中間層 이하에서 若干약간의 抵抗저항이 있었지만 優級우급 이상의 어린이들에게는 오히려 學習의 適量으로 作用되어서 學習興味를 더하고 있었다. 그러나 그 指導期間이 二個月에 不過했기 때문에 저 나름의 成果를 提示할 수는 없다. 그러므로 石井勳氏의 30餘年에 걸친 實驗成果가 漢字語는 漢字로 가르치는 것이 正確하고 빠르다는 것을 紹介소개하는데 그치기로 한다.

다음으로 내가 接近접근할 수 있었던 4~6歲세 幼兒들에 대한 指導經過는 例外없이 漢字놀이에 敏感민감했다. 나는 茶房다방이거나 버스 안에서조차 어린이를 同伴한 어린이 곁에 자리를 求했다. 그리고 내 호주머니에 담긴 門, 冊, 房, 銃, 車 등의 漢字카아드를 가르쳤다.

'아가야 나하고 글자놀이 할까? 이것은 문, 이것은 책, 이것은 방, 이것은 총, 이것은 차, (그렇게 3번쯤 가르친 뒤에) 이것은 뭐라고 했지? 이것은? 이것은? (그러다가 막히는 글자가 있으면 되묻지 않고 다시 일러준 뒤) 이것은?……'

어떤 어린이나 例外가 없었다. 말을 하고 門, 冊, 房, 銃, 車가 무엇인지를 알고 있는 어린이면 1,2分間內에 모두 記憶기억해 주었다.

b) 問題는 旣成世代의 認識

우리는 흔히 漢字가 한글보다 어렵다고 생각한다. 그래서 한글도 모르는 어린이가 어떻게 漢字를 알 수 있겠느냐고 생각하기 쉽다. 그러나 어린이들은 漢字가 어려운 것인지도 모르고 한글이 쉬운 것인지도 모르는 것이다. 漢字가 어렵다고 생각하는 것은 어른들의 생각일 뿐이다.

지난해 가을 故鄕에 내려간 일이 있었다. 從兄宅엘 들렀더니 滿 5살 되는 孫子가 있었다. 나는 버릇대로 漢字놀이를 始作했다. 4,5分後에 밖에 나갔다 들어온 從兄에게 講을 바치게 했다. 어린이는 意氣揚揚의기양양하게 講을 바쳤다. 從兄은 깜짝 놀랐다. 내가 從兄의 놀람을 놀라운 것이 없는 것으로 理解시키자면 最小限 1時間은 說明을 해야겠지만 그것도 意識이 따르지 못하면 困難곤란하다.

아무튼 問題는 어른들의 머릿속에 뿌리깊이 潛在잠재해 있는 漢字教育이 어렵다는 旣存觀念기존관념과 精神機能의 先天的 遺傳性에 關한 根據없는 妄信이다. 그것을 다른 말로 表現한다면 父母들에게 어린이를 正確히 理解할 수 있는 知性的 사랑이 缺乏결핍되었다고 해도 좋을 것이다.

쉽게 말해서 어린이들은 그들의 눈에 보이는 모든 事物에 對하여 非常한 好奇心호기심을 가지고 있다. 教育心理는 그것을 知的慾求라고 하며, 行動心理는 幼兒時節을 質問期라고 이름한다. 알고 싶어 못 견디는 時節이다. 그 時節을 放置방치한다는 것은 어른들의 罪惡이다.

그렇다고 强壓的강압적인 教育을 하라는 것은 아니다. 可及的이면 文字環境을 만들어 놓고 어린이가 알고 싶어 견디지 못하여 質問을 發할 때까지 기다려야 되며, 教育이 아니라 文字놀이로 進行하면 되는 것이다.

c) 滿2歲 4個月된 어린이의 文字놀이

내 側近에 文字놀이를 實驗할 수 있는 最年少兒가 滿2歲 4個月된 外孫이었다. 이 애만은 내 血肉이기 때문에 얼마간 實驗的 方法을 택했다. 처음에 엄마, 아빠, 형아, 누나, 할머니의 한글을 가르쳐 보았다. 2,3分을 繼續계속하기가 어렵다. 그런 대로 5,6차례 反復하고 나면 分別이 갔다. 그러나 다음날이면 도무지 分別이 되지 않았다.

다음으로 漢字를 가르쳤다. 父, 母, 兄, 姉, 祖 字를 提示하고 아버지, 어머니, 형아, 누나, 할머니라고 가르쳤다. 한글보다 빨랐다. 다음날 再生된 것은 姉자와 祖로 父, 母, 兄은 자꾸 混沌혼돈했다. 그러나 3日째에는 모두 再生되었다. 門, 冊, 房, 銃, 車 등 2個月間에 배워 익힌 漢字는 100餘字가 넘는다. 房 안에 있는 모든 家具와 장난감에 漢字를 써 붙였다. 文字環境의 整備정비다. 장난감에 自動車라고 서 붙였더니 '칼차'라고 읽었다. 소牛字를 보아도 '우유'라고 읽었다. 自動車를 칼차라고 읽은 것은 칼刀字와 車字를 알고 있었기 때문이었다. 소牛를 우유라고 읽은 것은 牛乳를 먼저 배웠기 때문이다.

아직 幼兒語가 가시지 않아서 發音이 설다. 動物들의 身體 各部를 가르치다가 꼬리尾를 짚었더니 '잡아'라고 읽었다. 지금도 꼬리尾字는 잡아로 통한다. 꼬리라는 말을 미처 모르고 있어서 제 나름의 幼兒語로 表現한 것이다(어른들의 想像하기 어려운 非常한 能力이다).

2歲半의 어린이가 漢字를 배운다고 하는 일이 어려울 것 같지만 事實은 國民學校 兒童들에게 漢字를 가르치는 것보다 쉽다. 그것은 알맞은 文字

環境이 整備정비되었을 때 拒否反應거부반응이 없고 知識의 慾求가 훨씬 많기 때문이다.

우리는 여기에서 漢字놀이가 한글놀이보다 훨씬 興味있고 效果的이란 事實을 銘記명기하며 이와 같은 漢字의 特性 때문에 美國의 幼稚園유치원에서도 漢字가 指導되고 있다는 事實에 注意를 기울일 必要가 있을 것이다.

d) 美國 어린이의 漢字놀이

美國 어린이들이 漢字를 배운다고 하니 조금은 異常한 느낌이 든다. 그러나 文字란 그 바탕이 言語를 記號化기호화한 것에 不過하다. "문"이라는 事物을 우리는 "문", 일본에서는 "モン" 中國에서는 "門"이라 말하고, 그것을 그렇게 記號化했는데, 東洋文化圈에서는 門과 通用되었기 때문에 같은 記號를 각각 다르게 읽었을 뿐이다. 그러므로 그것을 door라고 읽는다고 해서 조금도 異常할 것은 없다. 山을 산(韓), ヤマ(日)로 읽듯이 mountain(英)이라 읽어도 될 뿐이다.

단 한 가지 問題는 이제까지 전혀 漢文字를 接해 보지 않았던 美國에서 漢字를 幼兒教育에 利用해야 했던 理由가 어디에 있었느냐는 것이다. 그것은 幼兒의 言語概念 形成에 漢字만큼 效果的인 文字가 없기 때문이다.

이 글이 구태여 한글專用論을 是非하자는 것은 아니다. 그러나 國際語로 通用되고 있는 英文化圈에서까지 漢字의 特性을 認定하고 있는 이때에, 한글專用이란 名分없는 固執고집을 止揚지양하고 이미 數千年間에 形成된 우리의 文化傳統을 올바르게 繼承계승하며, 우리의 億兆蒼生억조창생으로 하여 이 以上의 文化的 貧困빈곤을 겪지 않도록 해야 할 것이다. 그리고 以後에 紹介소개될 乳·幼의 知能開發에 앞장서 주기를 바라마지 않는다.

4. 0~1歲 乳兒의 言語教育

우리는 이제까지 어떻게 말을 배워 왔고 우리 어린이들은 지금 어떻게 말을 배우고 있을까? 우리는 아무도 0~1歲 乳兒에게 말을 가르쳐 보지 않았다. 그러나 어린이들은 그 生活體가 살아가는 데 必要한 말을 스스로의 必要와 스스로의 意志에 依해서 오직 하나 聽覺機能을 通해서만 어렵게, 정말 어렵게 말을 배운 것이다.

이 얼마나 無慈悲무자비한 잘못을 人間은 人間의 어린이에게 犯범해 왔던가?

空中을 나는 鳥類나 山野에 君臨하는 猛獸맹수는 물론, 새끼를 낳고 사는 모든 動物은 그 새끼를 사랑한다. 그래서 그 새끼가 스스로 먹이를 捕獲포획할 수 있을 때까지 여러 가지 形態의 教育을 實踐실천한다. 萬物의 靈長영장이라는 사람들도 例外는 아니다. 그러나 어떤 意味에서는 지나친 保護役割보호역할을 했을 뿐 意圖的인 教育을 너무나 疎忽소홀히 하지 않았을까?

乳兒에게 당장 時急한 것은 말을 할 수 있어야겠다는 切實한 慾求가 있다. 그래서 그들은 生後 2個月을 前後해서 옹알이를 表出하고 있다. 무엇인가 自己 意志를 傳하고 싶은 것이다. 그러나 어른들은 그 意志를 알아보지 못하고 그 옹알이를 귀여워했을 뿐이다.

왜 가르치지 않았을까? 그것은 어린이들의 慾求를 몰랐기 때문이다. 그리고 말을 하지 못하는 젖먹이에게 말을 가르치는 方法을 몰랐기 때문이다.

a) 視聽覺機能의 聯合

앞에서 들춘 바와 같이 우리는 이제껏 귀로 듣는 것만으로 어렵사리 말을 배웠다. 그것도 똑같은 말을 同時에 두세 번 들어보기가 어려웠다. 또한 어린이들이 알아들을 수 있는 獨立된 말을 들어 보지도 못했다.

아가가 울고 있으면 그 어머니는 어린애를 안고 어른다.

"아가야! 젖 줄까? 옳지 업어 달라고? 쉬를 하고 싶어?"

간혹은 거듭되거나 獨立된 말을 들려주기도 했지만 도무지 무슨 말인지 알아들을 수 없는 말만을 들려주고 있다. '엄마가 젖줄께'라고 했더라도 엄마라는 말과 젖을 준다는 말이 分揀분간될 수가 없다. 그렇게 無秩序무질서한 말을 자주 有心히 들으면서 겨우겨우 엄마라는 말이 무엇인지를 어렴풋이 알게 되는 것이 平準 10個月이었다. 얼마나 苛酷가혹한 困辱곤욕을 겪어야 했을까?

이제 우리는 우리 어린이들에게 그와 같은 試鍊시련을 겪게 할 수는 없다. 좀더 效果的으로 말을 알아듣고 말을 할 수 있도록 가르쳐야 한다. 그것은 視覺과 聽覺을 聯合연합하는 것이다. 視覺記憶은 聽覺記憶보다 2倍나 높고 視聽覺이 聯合되면 聽覺記憶의 6.5倍가 再生된다.

知能因子로 말하면 音聲言語란 概念媒體는 聽覺言語이며 記號化된 文字言語는 視覺言語가 된다. 눈으로 볼 수 있는 말이다. 그러나 그것은 앞에서 說明한 대로 視覺性이 뛰어나고 어떤 概念을 含蓄함축하는 것이어야 한다. 그럴 수 있는 文字는 漢字뿐이다.

어머니 母라는 視覺言語와 엄마라고 하는 聽覺言語를 聯合하고 그것을 同時에 3번, 4번 反復해서 듣게 한다. 물론 그 言語는 다른 말과 섞이지 않고 獨立되어 있다. 그렇게 4,5個月이 繼續계속되면 10個月에 表出될 수 있었던 '엄마'라는 幼兒語가 5,6個月에 나타날 것이다. 이때의 精神年齡정신연령이 10個月인데, 그것이 生活年齡 5個月에 表出되었다고 하면 이 어린이의 知能指數는 IQ 200이라는 結果가 된다.

$$\frac{\text{精神年齡} \rightarrow 10\text{個月}}{\text{生活年齡} \rightarrow 5\text{個月}} \times 100 = 200(\text{IQ})$$

이것이 곧 0~1歲의 知能開發이며 知能發達 斜角사각을 規定짓는 最初

의 길잡이가 되는 것이다. 내가 '말을 할 수 있는 어린이이면 누구나 IQ 200內外의 大英才대영재로 기를 수 있다'고 主張하는 根據근거가 바로 여기에 있다.

b) 直觀像能力의 活用

사람에게는 直感이라는 特殊특수한 精神機能이 있다. 五官을 통한 感覺이 아니다. 우리는 그것을 六感이라고도 말한다. 그러나 그것은 五官活動과 關聯되고 있다. 그래서 視覺的인 直感을 直觀이라고 하며 直觀을 통해서 感知한 것 중에 直觀像이 있다. 그 直觀像能力은 나이가 어릴수록 높다. 그리고 그것은 正常兒보다 籠兒농아 쪽이 더 높다. 그것은 肉體的 機能이 弱한 때에 生命을 保衛보위할 수 있는 特殊한 機能이다. 우리는 이제까지 그 正體를 正確히 밝히지 못하여 그 卓越탁월한 機能을 活用하지 못했다. 어린이들에게 機械的 記憶力이 뛰어나다는 것도 이 直觀像 能力과 깊은 關係가 있을 것이다.

앞에서 말한 視覺言語(漢字카아드)를 10秒동안 후레쉬하는 것은 바로 이 直觀像能力의 活用이다. 그것은 이미 40餘年前 터먼(L. M. Teman 1877~1956)이 主張했던 이른바 터먼方式이다. 그는 어린이들이 認知할 수 있는 文字는 되도록 커야 하고 그 빛깔은 赤色이 效果的이라고 했다.

그러나 敎育科學은 터먼의 主張을 外面해 왔다. 이제 겨우 그것을 試圖해 보려는 사람들이 나섰고, 非公式 記事이기는 하지만 美國에서 그 實驗에 成功하여 15歲의 博士를 誕生탄생시켰다는 事實이 雜誌에 紹介된 일도 있었다.

c) 潛在學習의 原理

潛在學習잠재학습은 쥐의 迷路實驗미로실험에서 밝혀진 學習原理로 報酬보수

먹이를 주었던 쥐의 學習效果가 報酬먹이를 주지 않았던 쥐의 學習效果보다 빨랐었는데 얼마後에야 報酬먹이를 주었더니 그 學習效果가 먼저 報酬먹이를 주었던 쪽과 같아졌다. 그러므로 그 동안에 겉으로 나타나지 않았던 學習效果는 潛在잠재되어 있었다는 論理인 것이다.

이제 우리가 行하려는 0~1歲 乳兒의 言論指導는 그 學習效果를 直觀할 수가 없다. 그러나 그 學習效果는 乳兒의 大腦細胞대뇌세포에 潛在해 있다가 發音機能의 發達과 함께 그 學習效果를 드러낼 것이다.

이제까지 든 세 가지 原理가 0~1歲 乳兒의 言語開發에 關한 理論的 背景배경이다. 모든 科學은 充分한 理論的 根據下에 假定되고 展望전망되기를 要求한다. 나는 이 假定들이 非合理的 論理의 飛躍비약이라고 생각하지는 않는다. 다만 그 實驗的 實證을 갖기 못한 것뿐이다. 이 理論的 背景에 首肯수긍이 가신 분은 實驗해 보시고 그 結果를 下教해 주시기 바란다.

5. 教育改革의 새로운 方向

文教部는 社會教育法의 立法을 推進추진하고 執權黨집권당은 教育刷新교육쇄신과 教育機會의 均等균등을 政策口號로 내걸었다. 그러므로 1979年度以後의 教育政策에 큰 改革이 이루어지리라고 期待된다.

이에 다음 몇 가지를 提言한다.

① 漢字教育은 늦어도 國民學校 1學年부터 始作되어야 한다.
② 幼稚園의 保育機能은 形式教育으로 轉換되어야 한다.
③ 國語科의 綜合指導는 機能教育을 强化할 수 있도록 改善되어야 한다.
④ 모든 教科活動에서 國語教育機能을 살릴 수 있도록 改善되어야 한다.
⑤ 初·中·高를 莫論하고 國語科의 教育課程 時間配當을 늘려야 한다.

日本의 鈴木鎮一氏는 '어떻게 하면 能力이 자라는가를 모르고 教育이라는 것이 成立되면 失敗실패로 끝나는 것이 當然하다. 그런데 오늘날까지는 그 失敗를 失敗로 생각하지 않고 있었다'는 말로 現狀態의 教育機能을 批判비판했다. 教育에 關與하는 모든 사람들이 吟味음미해 볼만한 表現이라고 생각한다.

한글을 갈고 닦자는 것과, 한글專用은 本質的으로 다른 問題다. 그런데 한글專用을 主導해 온 많은 사람들이 그것을 混沌하고 있다. 그래서 國語教育을 失敗케 하고, 人知의 基本바탕인 知能發達까지를 失敗케 했다.

이 서투른 論理에 기탄없는 批正비정 있기를 바란다.

〈前 국민학교 校長/ 어문연구 21호〉

初·中·高生의 語彙力 實態와 國語敎育의 問題點

朴 秉 喆

1954년 大田 儒城 출생. 현 서원대학교 교수. 初·中·高生 696名을 대상으로 한 具體的인 資料 가운데 주로 誤答 및 奇答의 實狀을 보이고, 이러한 答이 나오게 된 原因을 살펴보면서 앞으로의 國語敎育 및 語文政策의 方向을 提示하고 있는 글이다. 선다형, 기술형 문제 및 문장생성능력에 대한 응답 실태와 이에 대한 분석을 통해서, 1) 基礎的인 낱말에 대한 체계적 교육의 부재, 2) 中學生과 高等學生의 語彙力이 國民學生의 단계에 머물고 있다는 충격적인 결과, 3) 漢字의 철저한 指導 부재, 4) 同音異義語에 대한 判別力의 빈약함 등을 국어 교육의 문제점으로 지적하고 이러한 바람직스럽지 못한 결과를 극복하는 지름길은 漢字敎育의 즉각 施行에 있음을 역설하고 있다.

Ⅰ 緖 論

筆者는 한글 專用敎育下에 있는 初·中·高生의 語彙力어휘력 實態를 把握파악하여 보다 바람직한 國語敎育의 方向 및 國語·國字政策을 提示한 바 있다.(『自由』, 87년 4월號 참조) 本發表는 그 後續후속으로 當時 調査對象조사대상 1,999名 중 國民學校 4個班개반(漢字敎育을 전혀 받지 않은 W國校 3·4班, 適當 한 시간 정도 3年間 漢字敎育을 받은 Z國校 3·4班) 228名, 中學校 4個班 236名(K中學校 3·4班, J中學校 1·3班), 高等學校 4個班 212名(S高等學校 3·4班, Y高等學校 1·3班) 計 696名의 應答紙응답지를 分析분석한데서 얻은 具體的인 資料자료 중 주로 誤答오답 및 奇

答기답의 實狀을 보이고자 하며 이러한 答이 나오게 된 原因을 糾明규명하고 앞으로의 國語教育 및 語文政策의 方向을 提示하고자 한다.

II 選多型問題에 대한 應答實態

概念把握能力개념파악능력과 同音語識別能力을 알아보기 위해 12개의 選多型 問題를 提示한 바 있다. 概念把握問題인 5) 영정의 應答實態를 보자.

【문제 5】 이순신 장군의 **영정**을 모신 현충사를 둘러보았습니다.
ㄱ) 영광스러운 장면 ㄴ) 화상을 그린 족자
ㄴ) 훌륭한 사람의 유골 ㄹ) 훌륭한 사람의 유품
【出處】 : 도덕 4-1. p.114 正答 ㄴ) (影幀)

應答實態

應答項 / 學校別	ㄱ)	ㄴ)	ㄷ)	ㄹ)	무응답
國民學生	15명	65명	78명	70명	–
中學生	13 〃	87 〃	39 〃	96 〃	1명
高等學生	8 〃	73 〃	45 〃	106 〃	–
計	36 〃	225 〃	162 〃	272 〃	1 〃

實態分析 : 正答率이 32.3%에 불과하고 67.5%가 誤答을 냈다. 특히 "ㄹ) 훌륭한 사람의 유품"이라고 답한 학생이 272名(39.1%)으로 바른 답을 한 사람 225名(32.3%)보다 많음을 알 수 있다. 一般的으로 誤答者數는 初・中・高順으로 감소하는 것이 보통인데 이 答項의 경우는 高校生이 中學生보다, 中學生이 國民學生보다 誤答者

가 많다는 點이 特異하다. 이는 漢字語를 漢字로 表記하지 않은 채 한글音記로만 배웠기 때문에 漠然막연하게 알고 있는 낱말의 뜻을 그때그때 文章의 前後관계에 따라 恣意的자의적으로 推定추정하는 慣習化관습화된 態度에서 起因한 것이다.

概念把握能力 6問項의 學校別 平均正答率은 國民學生 중 漢字教育을 多少받은 K國校生이 68.5%, 전혀 받지 못한 W國校生이 56.9%이다. 中學生은 65.7% 高等學生이 65.2%다. 國民學生의 平均得點率평균득점률은 62.9%이나 그 중 K國校生의 成績이 中學生과 高等學生을 앞지르고 있음을 볼 때 初·中·高에서의 語彙教育이 바람직하게 이루어지지 않고 있음이 분명하다. 이는 漢字에 대한 體系的이고 組織的조직적인 指導지도가 이루어지지 않아서 낱말의 뜻 역시 배울 당시만 우물우물 漠然막연하게 알고 있다가 며칠 못가서 忘却망각한데서 起因한 結果로 밖에 解釋해석할 도리가 없다. 모든 面에서 어린이의 단계를 벗어난 中·高生들이 語彙力에 있어서는 國民學生의 狀態를 벗어나지 못하고 있다는 엄청난 現實앞에 筆者는 啞然아연해질 수밖에 없으며 한글표기의 教科書를 읽기는 하나 그 內容을 把握파악하지 못하는 高校生의 모습이 눈에 선하다.

同音語識別 問題인 34) 수입 35) 제사의 應答實態를 보자.

【문제 34】 귤과 파인애플도 가꾸어 **수입**을 올리고 있다.

ㄱ) 금품이나 곡물 같은 것을 거두어들임
ㄴ) 외국에서 나는 물건을 사들여 옴
ㄷ) 돈을 받고 물건을 실어서 내보냄
ㄹ) 거두어 모음

【出處】 사회 4-1, p.35, 正答 : ㄱ) (收入)

應答實態

應答項 學校別	ㄱ)	ㄴ)	ㄷ)	ㄹ)	무응답
國 民 學 生	38명	74명	72명	44명	–
中 學 生	44 〃	55 〃	92 〃	44 〃	1명
高 等 學 生	40 〃	28 〃	116 〃	40 〃	8 〃
計	122 〃	157 〃	280 〃	128 〃	9 〃

實態分析 : 正答者數는 122명(17.5%)이며 誤答者數는 565명(81.2%)이다. 誤答 중 ㄷ) 輸出수출을 답으로 한 學生이 280名(40.2%)으로 가장 많다. 특히 高等學生이 中·國校生보다 많음은 오랜 기간동안 選多型 評價에 길들여진 탓으로 낱말의 原意와는 달리 文脈의 狀況을 考慮고려해 적당히 뜻을 推定하여 답하고 있기 때문으로 보여 진다. '收入'을 構成하는 漢字인 '收'와 '入'이 漢文敎育用 基礎漢字 中 中學校用임(傳統的인 漢字學習書인 千字文 新增類合신증유합에 두 字 모두 訓蒙字會훈몽자회에는 '收'字만 나옴)을 감안할 때 文章으로 提示하지 않고 낱말로만 提示했다면 더 높은 正答率이 나오지 않았을까 하는 생각을 해본다. 이런 側面에서 同音異義語는 文脈에 의해 능히 區別될 수 있다는 論理는 納得납득할 수 없는 것이 아닌가 한다.

【문제 35】 제지, **제사** 및 방직 공업이 발달한 곳이다.

ㄱ) 실로 옷감을 만드는 것
ㄴ) 모래로 건축 재료를 만드는 것
ㄷ) 신령에게 음식을 바치어 정성을 표함
ㄹ) 고치 또는 솜 등으로 실을 만드는 것

【出處】 사회 4-1, p.39　　正答 : ㄹ) (製絲)

應答實態

應答項 / 學校別	ㄱ)	ㄴ)	ㄷ)	ㄹ)	무응답
國 民 學 生	98명	7명	33명	90명	–
中 學 生	78 〃	32 〃	20 〃	102 〃	4명
高 等 學 生	51 〃	16 〃	2 〃	154 〃	9 〃
計	227 〃	55 〃	55 〃	346 〃	13 〃

實態分析 : '製絲제사'의 뜻을 '실로 옷감을 만드는 것(紡織방직)'으로 알고 있는 學生이 227名(32.6%)이나 된다. 紡織이란 말이 標題文에 나옴에도 불구하고 正答인 ㄹ)을 고르지 못하고 ㄱ)을 답으로 한 것은 理解할 수 없는 事實이다. 특히 '製'와 '絲'가 中學校用 漢字임을 감안한다면 최소한 中·高生이 '製絲'와 '紡織'의 뜻은 구분할 수 있어야 할 것이다. 이런 結果는 아마도 漢文時間에 배운 漢字일지라도 他敎科에서 有機的이고 持續的지속적으로 活用되어야 하는데 그렇지 아니한데서 온 것으로 볼 수 있다.

同音語識別 能力問題(31～36)의 平均正答率은 53.5%다. 構成漢字가 中學校用基礎漢字만으로 된 語彙인 36) 地表의 正答率은 80.6%지만 34) 收入 35) 製絲는 正答率이 誤答率보다 낮아서 各各 17.5%, 49.7%다. 이로 볼 때 平易한 漢字로 構成된 語彙일지라도 同音異義語의 경우는 漢字에 대한 知識없이 그 意味를 明快명쾌하게 파악하기 어렵다는 結論에 도달하게 된다.

概念把握能力의 正答率이 平均 64.6%임에 비해 同音語識別 能力의 平均 正答率은 11.1%나 낮은 53.5%에 그치고 있다. 이는 國語의 경우 다른 言語에 비해 同音異義語의 樣相양상이 매우 심각함을 드러낸 結果로 볼 수 있다. 同音異義語는 文章 속에서 쉽게 구분될 수 있다는 理論이 있으나 보다 具體的이고 科學的인 硏究의 바탕 위에서 수정돼야 한다고 본다.

筆者의 見解로는 漢字語의 경우 書寫面서사면에서는 漢字表記에 의한 方法과 音聲言語의 側面에서는 體系的인 發音指導만이 그 衝突충돌을 해소할 수 있는 길로 보여 진다.

Ⅲ 記述型 問題에 대한 應答實態

낱말의 뜻을 記述기술하라는 要求에 論理的인 思考活動의 不足과 語源意識의 缺如결여로 誤答 또는 奇答이 많이 나왔다. 우선 몇 개의 問題에 대한 應答의 例를 提示하면 다음과 같다.

【문제 7】 가 공

應答實態

ㄱ) 좋은 식품이나 잘 처리된 것(國)·상품을 포장함(中)·어떤 물건의 상태를 바꾸는 것(高)

ㄴ) 비슷하게 살아 있지 않게 한 것(國)·어떤 물건을 만들 때 재료를 대강 물건에 맞게 잘라 놓는 것(中)·없는 것을 만들어 냄(高)

ㄷ) 가구를 만드는 공장(國·中)·조용하고 아름다운 곳(國)·공기가 못 들어오게 포장하는 것(中)·잘못된 옷을 새로 고침(高)

【문제 8】 수평선

應答實態

ㄱ) 자기가 볼 수 있는 곳의 끝. 바다의 가운데 있는 선(國)·바다의 한복판·바다 끝과 햇빛이 닿는 곳(中)·하늘과 바다의 교차로 일직선으로 보이는 곳의 모양(高)

ㄴ) 땅과 하늘이 닿아 보이는 곳. 바다와 육지가 맞닿는 곳(國)·바다의

지평선(中)·바닷물의 평평함(高)

ㄷ) 물의 가운데 즉 땅과 떨어져 다니는 배·바다 한가운데 저녁에 이는 물결, 태평양의 저녁에 멀리서 빛이 나는 것(國)·우리나라 지도의 한 가운데 있는 선·바다를 향한 자기의 눈높이의 지점(中)·지평과 하늘이 수평이 되는 선·바다의 평평한 부분(高)

以上의 例에서 ㄱ)은 指示物에 대한 槪念을 알고 있는 듯하나 論理的인 思考의 不足으로 的確적확하게 記述하지 못한 경우이고, ㄴ)은 要求하는 正答과는 거리가 먼 것 들이며, ㄷ)은 語源意識의 缺如로 나온 奇想天外의 應答들이다.

指示物을 經驗해 보지 못한 경우라도 言語에 의해 指示物의 映像영상을 具體化시킬 수 있는 思考作用은 可能한 것이다. 特히 漢字는 그 表意性에 의해 思考作用의 觸媒촉매와 같은 기능을 가장 원활히 할 수 있는 文字임을 알고 있다. '水平線'의 경우도 構成素인 세 글자가 中學校用 基礎漢字기초한자인데 이에 대한 知識이 갖추어진 學生이라면 '水(물)+平(평평한)+線(줄)→물위의 평평한 줄→바다위에 있어서 물과 하늘이 맞닿은 선'과 같은 方式의 思考過程을 통해 그 意味를 分明하게 表現했으리라 보여 진다.

同音語 識別을 묻는 양식(養殖)과 양식(洋食)에 대한 應答實態를 보자.

【문제 39】 (1) 굴과 김 등의 **양식**업과 천일제염업
(2) **양식**을 파는 음식점

應答實態

(1) 양식(養殖)

·바다의 여러가지 고기나 해초류 등을 잡는 것·다른 곳에 가서 음식을 가져오는 일·고기 신 것을 빨리 먹을 수 있는 것·캐내는 일(國)·바다에서 얻는 곡식·양식의 원료를 키우는 것·우리가 먹을 수 있는 것(中)·비료를 주어 사람의 힘으로 키우는 것·일을 해서 먹고 살 수 있는 일종의 부업(高)

(2) 양식(洋食)

·양(두) 손으로 먹는 음식(國·中)·음식이 계속 나옴(國)·쌀을 파는 곳(國)·인공으로 만든 음식(中)·음식 같은 것을 익힌 것·비싼 고기음식(中)·쌀 곡류 등을 일컬음. 사람이 살기 위해 먹는 음식(高)

漢字의 音·訓指導가 제대로 되어 있지 않아서 同音語識別 問題는 誤答의 例가 많다. 굴·김 등의 海産物을 穀食곡식의 범주에 넣는다든가 養殖을 正反對의 뜻인 '고기잡이' '해초류 채취' 정도로 알고 있는 學生이 생각보다 많았다. 특히 양식(洋食)을 '양손 또는 두 손으로 먹는 음식'이라는 응답이 初·中學生에 분포되어 있다. 어떤 中學生은 "한식=한손으로 먹는 음식"이라는 補充說明보충설명까지 덧붙이고 있다.

Ⅳ 文章生成能力에 대한 應答實態

공익(公益), 生活, 地域, 比率, 發掘발굴 등의 낱말을 利用하여 짧은 글을 지어보라는 問題를 提示한 바 있다. 대부분의 學生들이 바른 文章을 生成했으나 일부 학생들은 ① 語法에 맞지 않은 文章, ② 맞춤법이 어긋난 文章, ③ 낱말 뜻을 몰라 意味가 통하지 않는 文章 등이 있었다. ③에 해당하는 예를 몇 개 보이면 다음과 같다.

'公益'을 利益이나 奉仕봉사 정도의 뜻으로 알고 있는 學生이 있었다.

·자기의 공익 보다 남의 공익을 먼저(中)·사람들은 자신의 공익을 경쟁하며 살아간다(高)·자기의 공익만을 위해 살아서는 안 된다(高)·우리는 수봉공원에 가서 공익생활을 하였다(國)·나는 남을 위해 공익을 하였다(國)·나의 삼촌은 나라에 공익 하는 군인이다(高)

'比率'을 '比較'나 '競爭率경쟁률'의 뜻으로 알고 있는 學生이 있었다.

· 자기와 남을 비율하면 안 된다(國) · 나는 ××와 ××의 성적을 비율해 보았다(中) · 경쟁자 속에는 언제나 비율이 있다(中) · 대학교의 비율이 많이 변해가고 있다(高) · 나는 아빠의 비율을 맞추어야 한다(國)

'發掘발굴'을 利用해서 만든 文章으로,

· 나는 음악시간에 발굴었다 · 오빠의 얼굴은 발굴같이 생겼다 · 땅을 발굴해야 땅이 넓어진다(國) · 사람마다 각기 발굴할 때가 있다(中) · 발굴에 생각해 보자(中)

등이 있었다.

V 結論 및 提言

1. 結 論

初·中·高 12個班의 應答紙를 分析 考察고찰한 結果 다음과 같은 結論을 얻게 됐다.

(1) 基礎的인 낱말에 대한 敎育이 體系的이고 綜合으로 이루어지지 않았다.

(2) 各問項別 得點率이 대체로 初·中·高順으로 向上되었으나 그 幅폭이 크지를 않고 몇 개 項에서는 그 順이 逆인 것도 있다. 이는 中學生과 高等學生의 語彙力이 國民學生의 단계에 머물고 있다는 衝擊的충격적인 結果다.

(3) 漢字指導가 철저히 이루어지지 않았다. 즉 韓國漢字語의 構成素인 漢字를 組織的조직적이고 持續的지속적으로 철저히 學習시킨 후 單語에 대한

意味賦與의미부여가 이루어져야 되는데 構成素를 度外視한 漢字學習으로 낱말의 뜻을 배울 당시만 알았다가 곧 잊어버리는 忘却度망각도가 심하다.

(4) 論理的이고 組織的인 思考活動이 不足하여 自身의 見解를 分明하게 表現하지 못하고 있다.

(5) 同音異義語에 대한 判別力이 극히 貧弱빈약하다. 文章 속에서 同音語는 쉽게 分別될 수 있다는 막연한 見解는 國語의 경우 科學的이고 實證的인 研究를 통해 修正수정돼야 한다.

(6) 낱말의 뜻을 正確히 몰라 語法에 어긋난 文章이나 論理性이 없는 文章을 생성해 내는 경우가 許多하다.

2. 提 言

(1) 國語語彙의 脊椎척추와 같은 存在인 漢字語는 國語教育의 核心分野로 철저히 教育되어야 한다.

(2) 漢字語의 正確한 概念把握을 돕기 위하여 그 構成素인 漢字의 音·訓指導가 國民學校 低學年에서부터 組織的이고 體系的이며 順次的으로 이루어져야 한다.

(3) 國民學校兒童에게 부담을 주지 않는 範圍內범위내에서 基礎的인 漢字教育이 正規教科時間에 施行시행되도록 國語·國字政策이 바르게 確立되어야 한다.

(4) 效果的인 學習이 이루어지도록 初·中·高 全教科書는 國漢混用(併用이 아님)으로 改編돼야 한다.

(5) 한글專用으로 인해 國民의 知性이 低下됐고 教育效果가 減退감퇴되었으며 國語의 混亂이 날로 심화되고 있는 現時點에서 이상의 바람직스럽지 못한 要素를 극복하는 지름길은 漢字教育의 즉각 施行에 있다.

〈仁荷大 講師/ 어문연구 55·56호〉

21세기의 漢字教育

朴 星 來

> 1940년 忠南 公州 출생. 현 한국외국어대학교 명예교수. 우리나라 科學史 연구의 권위자가 국한혼용론의 필요성을 적극 주장하고 있다는 점에서 의미심장한 글이다. 필자는 한글전용론과 國漢混用論의 대립에서 어느 쪽이 옳은지 분간을 못하다가, 근자에 컴퓨터로 상징되는 〈정보화 시대〉를 맞이하면서 적극적인 혼용론자가 되었음을 토로하고 있다. 필자는 世界史의 추가 東아시아로 옮겨오고 있다고 확신하고, 이러한 세계사의 움직임을 놓고 볼 때 漢字는 우리 民族文化의 계승·발전을 위해서만 필요한 것이 아니라 21세기의 科學技術 개발 경쟁을 위해서도 절대적으로 필요함을 주장하고 있다.

가까운 이웃나라 일본의 대판(大坂, 오사카)에는 民族博物館민족박물관이라는 훌륭한 박물관이 있다. 1977년이던가? 우리보다는 훨씬 앞서서 엑스포란 것을 열었던 기념으로 만든 박물관이 그것이다. 여기에는 여러 가지 훌륭한 전시물들이 있지만, 그 가운데 세계의 言語에 대한 展示전시도 아주 잘 되어 있는 것을 구경할 수 있다. 그런데 바로 그 전시 설명에서 나는 우리 한글이 세계에서 가장 科學的인 文字라는 표현을 발견하고 기분이 좋았던 것을 기억하고 있다.

우리 한국인들도 대개 알고 있는 것처럼 세종 때 만든 한글은 그야말로 세계 어느 문자보다도 간단하고도 과학적인 글자임이 분명하다. 아주 자랑스런 일이 아닐 수 없다. 그런데 이 아름답고 과학적인 한글을 바로 일본인들이 억압하여 마음껏 사용하지도 못했던 쓰라린 경험을 우리는 가지고 있다. 한글을 연구하고 가르친 학자와 교사들이 옥고를 치러야 했던 어둔 시절이 끝나자 당연히 우리 선배들은 한글 사랑을 바로 나라 사랑으로 여기고 열심히 한글을 갈고 닦고 보급하기 시작했다.

그들 가운데 일부는 아주 당연하게도 한글만을 쓰고 우리 민족이 오랜 동안 사용했던 漢字는 쓰지 말자고도 주장했다. 漢字는 배우고 쓰기도 어렵고, 또 원래 우리 글도 아닐 뿐 아니라 한글만으로도 훌륭하게 모든 표현을 자유롭게 할 수 있으니 구태여 漢字까지 가르치고 쓰게 할 필요가 없다는 생각이었다. 이에 대해 國漢文混用論을 주장하는 사람들의 반론 역시 만만치 않아서 민족 문화의 올바른 계승을 위해서나 언어 사용의 효율성을 들어 오히려 漢字도 함께 쓰는 편이 좋다는 주장을 펴오기도 했었다. 솔직히 나는 이들 양측 주장의 어느 쪽이 더 옳은 것인지 분간이 어려울 때가 많았다.

하지만 10여년 전부터 나는 아주 적극적인 混用論者가 되어 버렸다. 물론 타이프라이터시대에는 漢字의 기계화가 어려워 보였지만, 컴퓨터로 상징되는 <정보화 시대>의 도래야말로 나의 입장을 混用論으로 기울게 만든 가장 중요한 원인이 되었다. 그리고 역사를 공부하면서 내가 얻은 결론은 이제 世界史의 추가 東아시아로 옮겨오고 있다는 확신이었다. 그렇다면 東아시아의 공통 문자인 漢字를 우리가 만약 포기한다면 앞으로 세계를 주도할 文字를 우리 스스로 포기하게 되는 것이 아닐까 걱정되기 시작한 것이다.

이런 나의 걱정은 11년 전 하와이에서 열렸던 太平洋 지역 교류 문제에 대한 국제회의에 참가하면서 더욱 굳어졌다. 당시 우리는 앞으로 태평양의 국가들이 우주에 떠 있는 인공위성을 통해 정보와 교육을 서로 교환하게 될 것을 예상하고 여러 가지 이 지역의 문제들에 대해 토론한 일이 있었다. 아직 中國은 개방한 지 얼마 되지 않은 시점이었지만, 앞으로 中國의 역할이 크게 신장될 것도 예상할 수 있는 일이었다. 日本의 비중 역시 앞으로 계속 높은 수준을 유지할 것으로 보였다.

그렇다면 東아시아의 세 民族 가운데 우리만이 漢字를 포기한다면 우리의 장래란 어떻게 될까? 걱정이 아닐 수 없었다. 해방 후 엎치락뒤치락은 있었지만, 우리 교육은 대체로 한글專用이 주류를 이루어 왔다. 지금도 고등학교에서는 일부 漢字를 가르치고는 있지만, 실질적으로 우리 사회의 漢字 사용은 점점 무시할 수 있을 정도로 줄어들고 있다. 이제 신문과 잡지들은 대체로 한글 세대만을 위해 漢字는 거의 쓰지 않게끔 되었고, 거리의 도로 표지판은 순한글이고, 번화가 상점 간판에서도 漢字는 거의 사라져 버렸다.

사태가 이쯤 되고 보니 우선 이웃 나라 日本이나 中國 사람들이 이 나라에 오면 불편하기 짝이 없다. 그러나 우리는 中國이나 日本에 가도 적어도 거리 이름이나 상점 간판은 알아차리기가 쉽다. 외국어를 못하는 관광객에게 거리 표지나 간판을 읽을 수 있다는 것이 얼마나 대단한 정보 수단이 된다는 것은 짐작하기 어렵지 않다. 지금 우리는 말하자면 이웃 나라 사람들에게는 우리 정보를 잔뜩 감추고 그들의 정보는 어느 정도 마음껏 얻어내는 일방적으로 유리한 구조를 만들고 있다고 할 수 있다.

하지만 이렇게 시간이 흘러 漢字라고는 전혀 모르는 우리 후손들이 한국의 주인공이 될 때를 생각해 보자. 中國人과 日本人들은 서로 상대국을 찾아가도 거리를 마음대로 찾아다닐 수 있고, 또 상대방의 과학 잡지를 보고 그 제목만 보고도 대강 그 내용을 짐작할 수가 있을 것이다. 그러나 우리 후손들은 漢字를 전혀 읽을 수 없게 되어 일본이나 중국에 가도 거리의 간판이나 책 제목도 읽을 수 없고, 거리 이름조차 알아차릴 수 없게 될 판이다. 게다가 중국과 일본이 21세기의 세계를 주도하는 나라가 된다면 우리는 어차피 다시 팔을 걷어붙이고 漢字敎育에 적극 나서는 길밖에 없게 될 것이 아닌가 말이다. 누구나 앞으로의 인류 사회는 <정보화 사회>가 된다고 말한다. 그리고 그 <정보화 사회>에서 가장 중요한 情報源정보원은 다름 아닌 선진국의 文字 그것이다.

漢字는 21세기 先進國의 文字다. 게다가 그것은 우리가 2천년을 사용해

온 우리의 문화를 담은 문자이고 우리 언어의 근본 구조를 형성해 온 문자이다. 漢字는 민족 문화의 올바른 계승 발전을 위해서 절대로 버릴 수 없는 "우리의 文字"일 뿐 아니라 21세기의 정보 교환을 위해 절대로 필요한 수단인 것이다. 우리는 앞으로 漢字가 첨단과학 기술의 정보를 제공하는 가장 중요한 문자가 될 미래를 대비하지 않아서는 안 된다.

21세기에 우리나라가 先進國으로 進入하기 위해서는 漢字教育을 더욱 열심히 하고 漢字를 생활화하는 노력이 시작되지 않으면 안 된다. 한글만을 쓰자는 편협한 애국심보다는 세계사의 움직임에 순응하려는 적극적인 國際化時代의 자세를 생각할 때다. 다시 한 번 강조하거니와 漢字는 우리 民族文化의 계승 발전을 위해서만 필요한 것이 아니라 21세기의 科學技術과학기술 개발 경쟁을 위해서도 절대로 필요하다.

〈韓國外國語大 교수, 과학사/ 어문연구 79호〉

國語教育은 爲己之學에 그 根本을 두어야 한다

成 校 珍

1937년 12월 16일 출생. 현직교사가 쓴 이 글은 국어교육의 목적을 文質과 才德을 겸비한 爲己之學의 君子敎育에 두어야 하며 이를 위해 한문 교육이 매우 필수적이라고 주장한다. 국민학교에서부터 한문교과를 독립시켜 가르치고 四字小學과 같은 한문 명문 교육을 실시해 인격 도야와 한자 해득의 효과를 동시에 얻을 수 있도록 하며 고입·대입의 입시에서 비중이 낮은 한문교과의 출제빈도를 높인다면 국어교육의 정상화는 물론이요, 敬義와 忠信을 知覺하고 실천할 수 있는 인간을 기를 수 있다고 역설하고 있다.

序 論

國語敎育은 單純히 修飾言辭수식언사만으로 그 任務임무를 했다고 하면 어딘가 석연치 않을 것 같다. 言忠信언충신하고 行篤敬행독경하는 求道의 길은 어디서 갈고 닦을 수 있겠는가? 국어는 그 나라의 역사와 민족의 혼이 얽히고 서려 있는 것이기에 국어 교육이야말로 교육의 座標좌표가 되지 않을 수 없는 것이다. 국어를 통해서 역사와 전통을 배우고 닦아서 보다 힘찬 내일의 역사를 창조해 낼 수 있는 素地를 길러 주는 것이기에 더욱 그러한 것이다. 古之學者, 爲己, 欲得之於己也, 今之學者, 爲人, 欲見知於人也(近思錄卷二)는 論語의 「爲己」와 「爲人」을 부연한 말이거니와 국어 교육은 文質과 才德이 兼備겸비한 君子敎育에 그 始發點시발점을 두어야 할 것이다.

1. 國民學校 國語教科書

국민학교 국어 교과서는 全學年이 한글 전용이다. 그런가 하면, 中高校 국어 교과서는 漢字 낱말이 괄호 속에 묶여 나오고 있다. 그것도 한 때는 5年間이나 中高校도 한글 전용을 했던 때가 있었으니, 이 무렵에 中高等學校를 卒業한 사람들이 三十代에 접어들고 있다.

서울시에서는 五級公務員 合格者에게 漢字 教育을 2週間씩 시켜서 一線에 내보내고 있다. 그 理由는 住民登錄事務주민등록사무・兵籍事務병적사무・戶籍事務호적사무에 너무도 많은 蹉跌차질을 招來초래하기 때문이고, 그 對備策대비책을 강구하느라고 76年度 7月부터 지금까지 實施하여 오고 있다. 다행한 일이 아닐 수 없고 잘한 일이라고 찬양하고 싶다.

하지만, 보다 더 根本的으로 問題가 되는 것은 語文政策의 施行錯誤시행착오로 말미암아 混雜혼잡을 빚어오고 苦痛고통을 주는 側은 어느 쪽이고, 한자를 몰라 허덕이고 애태우며 쓰라림을 받는 쪽은 어느 쪽인가? 국어 成績성적이 不振부진하다는 말도 巷間항간에서 들어 왔다. 大學校 在學中인 學生에게 어느 버스 안내원으로부터 신문에 나온 기사를 질문 받았으나 모르겠다고 했을 때, 안내원은 말하기를 대학생은 왜 이런 것도 모를까? 가짜 대학생일까? 하고 의아심까지 자아내게 하여 주었다. 식당에서 근무하는 어느 女商高 2學年生이 밥식자를 써 보라고 했을 때 쓰지 못하겠다고 고백을 하는 일도 있고, 남자 高等學校 어느 2年生이 볼 견(見)을 읽지 못하는 事例며, 어느 大學 國文科 4年生이 「겸손」과 「여유」의 낱말을 쓰라고 했더니 쓰지 못하겠다면서 미안해하고 부끄러워하는 장면을 볼 수 있었다. 이 모두를 교육이 책임지지 않을 수 있겠는가? 이런 것을 주관하는 部處부처는 어디인가?

고등학교를 졸업하도록까지 12년간의 교육기간 중에서 기억력이 淸純청순하고 발랄한 그 소년 시절 6년간을 공백으로 가르치지 않고 있다가 7년째부터 갑자기 한자를 괄호 속에 넣고 보면, 그러지 않아도 어렵다고 하는 한문이 어려워질 수밖에 없게 된다. 만약에 국민학교 저학년에서부터 한글과 병용해서 점진적으로 가르쳐 왔던들 괄호 속에 넣을 필요도 없이 괄호를 벗겨버려도 어렵지 않게 될 것이다. 국어교육의 정상화는 아직도 모순투성이라 하지 않을 수 없다.

교육의 端倪단예(처음과 끝) 그것은 국어교육이요 교육의 結實 그것이 바로 국어교육일진댄, 30餘年間 교육의 座標設定좌표설정은 너무도 波瀾曲折파란곡절이 많았다고 보겠다.

大學을 나와도 신문 한 장을 볼 수는 있어도 쓰라고 하면 못 쓰는 절름발이 현상은 그 緣由연유를 분석하고 하루 속히 교과서부터 고쳐야 할 것을 긴급 동의하는 바이다. 내년에 나올 국민학교 교과서는 어떻게 될 것인지, 중고등학교 국어 교과서에 한자는 露出이 되었는지 참으로 궁금할 따름이다. 초등학교 저학년 국어 교과서를 自費를 들여 교과서를 제작하여 全南光州 某국민학교에서 文教部 裁可재가를 받아 교육시키고 있는 학교가 있도록 하여준 篤志家독지가 吳之湖 先生은 그분 자신의 명예를 구하고자 그리하셨겠는가? 오직 先覺者의 입장에서 국민교육을 보다 더 切感절감하고 애국애족의 일념에서 우러나온 衷情충정이 아니고 그 무엇이겠는가? 實驗해 볼 필요도 없이 국어 속에 나온 漢字 낱말은 그대로 써 주어야만 제대로 의미를 부각시켜 줄 수 있고, 語文 그대로의 구실을 다할 수 있게 되는 것이다. 漢字語는 글자가 중국어와 같다고 해서 外國語라 할 수는 없다. 영어와 독어・불어 사이에 알파벳이 같다고 해서 영・독・불어의 限界한계가 없어지지 않는 것과 마찬가지로 漢文이나 중국어, 혹은 일어에서도 글자는 같다 하더라도 「天」을 「하늘 천」이라고 부르는 것은 세계 어느 나란들 우리나라를 除外제외하고는 없지 아니한가? 우리 民族의 역사와 함께 그 운명을 같이 해 온 文字를 없애보고자 하는 사람이 있다면 二千년의 역사가 한 개인의 힘으로 이뤄졌다고 말할 수 있는 것과 다를 것이 없다.

漢文은 남의 나라의 것이 아니라, 三國의 역사, 고려의 역사, 조선조의 역사가 담겨 있는 그릇이 곧 漢字가 아닌가?

국어를 국어답게 가르치려면 국민학교용 初等漢文 교과서도 있어야 한다. 적어도 6年 동안에, 漢文의 알파벳과 같은 部首만이라도, 읽기 · 쓰기에 완전 소화를 시켜 줄 필요가 있는 것이다.

2. 漢文을 통한 心性道義敎育의 振作

오늘날 靑少年善導 문제는 심포지움으로 다 되는 것도 아니고, 街頭宣傳가두선전으로 다 되는 것도 아니다. 心身이 한창 자라게 될 初等學校 과정에서 孝에 관한 四字小學을 다만 100句節만이라도 뽑아서 가르친다면 文字 해득은 물론이요, 父母공경 나라사랑은 저절로 되고 마는 것이 아니겠는가? 忠과 孝의 어진 품성은 어릴 적부터 몸에 배어서 심신이 같이 자라도록 해야만 한다. 종교 같은 것도 中高等學校 시절에 감화받은 것이 平生토록 이어져 가는 것으로도 증명이 되는 것이다. 漢字解讀을 시키면서 윤리와 도덕을 수학하게 되므로 예전에는 그렇게 청소년 문제가 문제시되지 아니했다고 본다. 人格陶冶인격도야는 一朝一夕에 이뤄지는 것도 아니다. 심신과 같이 성장해 가야만 하는 것이다. 오늘날 그다지 충과 효를 강조하게 된 것도 근 30여년간 교과과정에서 이 方面을 소홀히 다뤄온 탓이었다고도 볼 수도 있는 문제가 아니겠는가? 생각하면 새로운 운동의 하나라고 볼 수 있을지 모르나, 한편 생각하면 그렇게 자랑삼아 부르짖을 정도는 아닌 것 같다.

3. 入試科目의 편차문제

學問은 元來 爲人之學이 아닌 爲己之學이다. 自己自身의 位置를 자각하는 自己修養의 懇望간망에서 始作한 것이 교육이 아니던가? 교육의 本領은 修己治人이다. 국어는 단순한 文章修辭문장수사로 그치는 것이 아니다.

철학이 들어 있고 사람되기(爲己)의 기초학문이다.

국어는 萬學의 근본이요 국어교육의 골격은 其實 한자를 잘 익혀야 하기 때문에, 한자해득은 初等學校부터 착실히 가르쳐야 할 것이라는 이 切迫절박한 문제를 文敎當局은 왜 이렇게 서둘지 않고 있는 것인지 답답할 따름이다.

국어교육의 正常化를 가져오려면 군인의 무기에 해당한다고 볼 수 있는 교과서 개편부터 이뤄져야 하고, 그에 따른 大入 예비고사에 한자 출제 빈도가 너무도 빈약한 것이다. 고입 연합고사에 네 문제만이 출제된 과목이 한문이었다. 한문 교과를 통해서 사람되기 공부에 正道인 것을 알면서도 도외시하고서 뒤틀어진 청소년의 非行이 문제라고 애를 태우는 所爲야말로, 論語의 "其本亂而 未治者 無矣"란 말은 이를 두고 한 말이 아니겠는가?

교육과 生活이 一元化해야 한다. 교과서에서 괄호 속에 한자를 넣는다면 신문 잡지에서도 괄호 설치가 따라야 하지 않겠는가? 어떤 일간지는 한글 전용으로 一貫하다가 漢字混用으로 되돌아온 일들은, 그 이유를 잘 알 수는 없으되 專用보다는 混用이 더 좋은 것 같아서 그랬지 않았나 싶다. 고등학교 국어 古文에 나온 漢字語를 中高校에서 배우는 것은 너무도 늦다. 미리 천천히 그리고 착실히 先後劃선후획 쓰는 법부터 잘 지도를 해주어야 하지 않겠는가? 대학에 가서 전문서적을 해독하면서 한자 낱말을 몰라 옥편을 찾고 있는 일은 학생들만 골탕을 먹게 하는 일이다. 법률학도가 법조항을 외고 문제의 개념 파악에 心血을 기울여야 할 것인데, 낱말 글자를 읽지 못한대서야 그만큼 뒤지고 있는 것은 속일 수 없는 사실이 아니겠는가? 더 이상 학생들을 試驗物시험물로 삼아서는 아니 될 것이라는 것을 거듭 말하고 싶다.

한문교육은 사고력을 진작시켜 覺의 審美的심미적 경지에까지 이끌어 준다.

한문과 국어는 물론 따로 분리되어야 할 것이로되, 국어 속에 나온 기왕에 만들어진 한자말을 한글로 표기한다고 하는 것은 그렇게 효과적이라고

만 할 수 없는 것이다.

자기 이름 석자를 제대로 쓰지 못한 中高等學生이 얼마나 많은가를 생각한다면 답답하기보다는 딱하기만 하다. 高等學生으로서 漢南洞에 살면서 한수 한(漢)을 쓰지 못했다고 할 때, 이 잘못이 그 학생 한 사람에게 잘못이 있다고만 할 수 없는 것이 아니겠는가? 교육제도가 영어·수학만 잘하면 대학에 들어간다고 하는 先入見 때문에 교육은 자꾸만 상품화되어 가는 경향이 있고, 교사는 지식을 파는 장이에로 墮落타락되어 가고 있는 기막힌 현실을 모면할 길은 과연 뭣이란 말인가? 알고도 모를 일이다.

역사와 전통에 뿌리박은 우리 국어는 어느 한 사람의 주장으로 左之右之할 수는 없다. 그렇다고 과학문명을 도외시하자는 말도 결코 아니요, 세계정세를 외면하자는 것도 아니다. 교육의 정상화를 이룩하는 길은 初等學校 國語에서부터 이뤄져야 한다는 것과 입시제도에서 한문을 통한 忠孝思想의 名文을 出題하고 보면, 忠이 어떻고 孝가 어떻고를 따지지 않아도 그 正常軌道정상궤도를 이룩할 수 있을 것이라는 것을 강력히 부르짖고 싶을 뿐이다.

結 論

아직도 고등학교 학생 중에서 길 도(途)를 쓸 때 책받침을 먼저 한다든지 이룰 성(成)을 쓰면서 창 과(戈)를 먼저 한다든지 벼슬 관(官)을 쓰면서 덮을 멱(冖)을 먼저 하고 점을 나중에 찍는다든지 드릴 헌(獻)에 한 일하고 끝을 삐쳐드리지 않는다든지 삼수변(氵)을 쓰면서 셋째 점을 밑으로 내리 삐치는 사례 등이 있는가 하면, 불 화(火)를 쓰면서 사람인부터 한다든지, 아직도 주소를 쓸 때 차례 번(番)을 못 쓰는 고등학생이 많은 것 같고 손 수변(扌)을 쓰면서 「한 일」부터 하지 않고 작대기부터 하는 일들이 있다고 할 때, 이 誤錯오착을 招來하게 된 근본을 어디서 찾아야만 할 것인가? 심각한

문제가 아닐 수 없다. 어디까지나 국어교육은 記誦博識기송박식만이 능사가 아니다. 敬義와 忠信을 知覺하고 實踐실천할 수 있는 人間을 기르는 데 더 力點을 두어야 할 것이다.

아직도 고등학교 학생세계에서 일만 만(萬)을 제대로 획순에 맞게 쓰지 못하고 있고 눈 목(目)을 쓸 때 가운데 두 이(二)를 제일 나중에 하는 이 국어교육의 현실을 어떻게 보아야 할 것인가.

〈培材高 敎師/ 어문연구 20호〉

漢字는 어렵지 않다

宋 志 英

1916~1989년. 平北 博川 출생. 소설가·언론인. 제11대 국회의원, 한국방송공사 이사장 역임. 「말과 글」 第2號(1978.4)에 실린 글로서, 한자는 千字 정도만 익히면 나머지 글자를 배우기가 힘들지 않으므로 기본글자를 1,500자쯤으로 정하여 국민학교부터 고등학교까지 국어와 함께 배우도록 한다면 다른 외국어를 배우는데 들이는 노력에 비하여 훨씬 수월함을 지적하면서, 쉽게 배울 수 있는 것을 굳이 반대할 이유가 없다고 주장하고 있다. 한글전용을 찬성은 하지만 한자사용이 많은 현실을 생각했을 때 過渡期的 현상으로 국한문혼용을 인정해야 한다는 것이다.

한글만을 쓰느냐, 國漢文을 섞어 쓰느냐 하는 問題는 오래도록 많은 論難논란을 거듭해 왔으나, 좀처럼 解決을 보지 못하고 있다. 요즘 와서 그러한 論難이 약간 뜸해진 것은 지난번 大統領으로부터 그에 대한 折衷案절충안이 闡明천명됨으로써 잠시 바람이 자기는 하였으나, 앞으로 다시 是非를 캐려들 餘地는 그냥 남겨 놓고 있다.

語文을 바로잡는 問題는 어떤 行政面의 施策시책과는 달라 學究的 作業에 따라야 하며, 또한 짧은 時日의 功效를 바라보는 것이 아니라, 國家 百年大計를 겨냥한 民族文化의 기틀이 달려 있기 때문에 더욱 어렵다.

지금까지 많은 學者며 專門家들에 의하여 研究·檢討를 거쳐 왔고, 또 많은 提議제의도 있어 왔으나, 어느 한 갈래로 意見이 合쳐지지 못한 것은 各各 그 나름대로의 그럴 만한 까닭이 있어 온 것이었다. 새삼 그러한 是非

의 소용돌이 속에 끼어들 생각은 없다. 또 어느 한편의 主張에 맞장구를 칠 생각도 없다. 다만 現實의 要請으로서 暫定的잠정적 措置조치인 國漢文混用에 대하여 몇 가지 意見을 말하고 싶을 뿐이다.

내 나라의 자랑스러운 文字가 있으면서, 남의 나라의 글자를 쓰다는 것은 잘못된 일, 부끄러운 일이다. 더군다나, 우리의 한글처럼 훌륭한 文字를 갖고 있으면서, 그 專用의 可否가 말썽거리로 되고 있다는 것은 우스운 일이다. 우리나라의 文字는 한글이다. 國民으로서 내 나라 글을 쓴다는 데는 아무도 反對할 理由가 없다. 그러나, 항상 是非거리가 되어 온 까닭은, 지난 몇 千年동안 우리는 漢字文化圈에서 살아 왔고, 우리의 모든 生活習俗이 그 文化圈에 젖어왔고, 뿌리가 깊이 내려져 있기 때문이다.

우리에게서 漢字文化를 빼버린다면, 거의 남는 것이 없을 만큼 우리들의 모든 制度와 文物과 생각하는 方式조차도 그 影響영향을 벗어나지 못하고 있다. 말하자면, 지난 歲月 우리들의 살아 온 자취는 漢字文化의 土着化토착화 乃至는 同質化의 過程에서 꽃이 피고 열매를 맺은 것이라고 하겠다. 아무리 우리 文字가 좋다고 하더라도 그것을 만들어 낸 時日이 오래지 않고 훌륭한 文字라 하더라도 온 國民의 生活文化와 距離거리가 멀어져 왔었다는 데서 充分히 是非거리가 되었음직한 것이다.

오늘에 있어서 우리들 周圍주위에서 나를 알고 나를 찾아 오랫동안 잊어 오다시피 하였던 自我의 現住所를 確認확인하려는 움직임이 活潑활발해지고 있음은 매우 기쁜 일이다, 그렇다고 우리의 흘러간 歷史 속에 잠겨 있는 온갖 漢字文化의 影響을 받아온 傳統들을 하루아침에 깡그리 버릴 수도 없고, 오늘의 生活習慣생활습관에도 如前히 남아 있는 그러한 傳統들을 無視해 버릴 수도 없는 것이다.

그런 意味에서 過渡期의 現象을 그대로 받아들여 國漢文混用을 認定인정하는 것은 우리 文化의 繼承계승과 發揚을 위하여 避치 못할 當面한 課題로 생각한다.

一部의 한글專用을 主張하는 사람들은 그것마저 反對하고들 있으나, 그것은 固執고집을 부리기 위한 固執이요, 우리 生活文化를 뒷걸음질시켜도 좋다는 억지로밖에 들리지 않는다. 한글과 漢文글자를 섞어 쓴다고 해서 아무런 制限없이 쓰자는 것도 아니며, 基礎기초가 될 만한 漢字를 배운다는 것이 어떤 어려움이 있는 것도 아니다. 이미 오랜 歲月에 걸쳐서 우리의 國語로 되어 버린 漢字로 된 낱말들의 뜻을 알기 쉽게 깨우치며 나아가서는 漢字文化圈의 同質性에서 孤立되지 않으려는 共同된 交流를 通하여 우리의 生活文化를 높이고 넓히는데 보람을 찾자는 것이다.

옛時節 漢字文化만을 崇尙숭상하던 때에도 맨 먼저 배우는 基本글자는 「千字文」에서 비롯하였고, 우선 千字만 익히고 나면, 나머지의 많은 글자들은 배우기가 힘들지 않기 때문에 아무리 漢字가 어렵다고 하더라도 千字를 배우는 것은 결코 어려운 일이 아니다.

그렇기 때문에 混用을 하기로 한다면 그를 배우고 익히는 方法에 있어서 따로 漢字만을 배울 것이 아니라, 國民學校에서부터 極히 自然스럽게 우리말을 배우는 過程에서, 가령 山이나 江, 또는 先生이라든가 父母·兄弟 같은 글자를 쉽게 배울 수 있는 것이다.

그래서, 基本글자를 1千 5百字쯤으로 한다면, 國民學校에서 3百字나 4百字, 中學校에서 5百字, 高等學校에서 7百字 程度를, 國語와 함께 배우도록 하는 것은 아무런 負擔부담이나 無理함이 없이 익히게 될 줄 믿는다.

다른 外國語를 배우기 위하여는 적어도 5千字나 1萬字의 單語를 외우지 않으면 안 되고, 그것을 외우기 위하여 얼마나 많은 時間과 精力을 쏟는가를 생각할 때, 漢文글자 1千 5百字 程度를 외우는 것은 너무나 수월하다.

오늘날 우리네 生活에 있어서 實用이나 活用하는데 있어서 漢字가 그 어떤 外國語 못지않게 重要하다는 것을 생각한다면, 極히 적은 글자의 混用마저 反對한다는 것은, 文化의 後退를 意味하는 것밖에 아무것도 아니다.

教育에 있어서도 갈팡질팡하여 왔기 때문에 절름발이 語文教育의 弊端

폐단을 免치 못하여 왔거니와, 그러한 結果가 오늘날 高等學校는 말할 나위도 없이 大學을 卒業하고도 新聞 한 장을 제대로 볼 줄 모르고, 편지 한 장도 바르게 못 쓴다는 핀잔을 받게 된 것이다.

그럼에도 不拘하고 굳이 混用을 反對하는 사람들은 現實을 無視한 偏僻편벽된 固執이라 하지 않을 수 없다. 北韓에서 解放後 줄곧 한글專用을 實施해 왔음은 잘 알려진 事實이다. 그러나, 30餘年이 지난 이제 와서 그들은 다시금 漢字섞어쓰기로 되돌아가고 있다는 事實은 우리들로 하여금 깊은 생각에 잠기게 하는 것이다.

한글만을 使用하므로 빚어지는 不便과 文化의 落後性을 이제야 깨달았기 때문에 어쩔 수 없이 漢字教育을 다시 하게 되는 것이다. 그렇다면, 우리는 지금까지 비록 절름발이教育이기는 하였으나 日常生活에서 이렇다 할 不便없이 混用하여 온 것을 이제 새삼스럽게 한글만을 使用하자고 固執고집할 必要는 없을 줄 안다.

勿論, 이렇게 말하면, 한글專用을 反對한다고 못마땅하게 여길지는 모르나, 原則的으로 한글專用을 贊成찬성하는 立場에는 變함이 없다. 다만, 現實을 살펴서 지금 당장 漢字를 全廢해버리면, 그에 따르는 文化의 停滯정체 乃至는 混亂이 적지 않을 것이기 때문에, 時日이 걸리더라도 當分間은 混用을 하여가면서 차차 專用토록 하는 것이 가장 바람직하다는 생각이다.

基礎가 되는 1千 5百字 內外의 漢字를 익히는 것은 따로 時間과 精力을 기울이지 않고서도 쉽게 배울 수 있는 것을 굳이 反對할 理由는 없다는 것이다.

(「말과 글」 第2號 1978.4.25 刊)

〈韓國文化藝術振興院長/ 어문연구 25·26호〉

語文教育 是正促求
-國民學校부터 漢字教育을

申 淳 彦

1907~1995년. 忠南 溫陽 출생. 辯護士·韓國語文教育研究會 創立理事 및 副會長 역임. 이 글은 한자가 비록 중국에서 창제되었다 하더라도 우리 조상들이 2천년 넘게 사용하여 이미 우리 국어생활에 깊숙이 들어왔으므로 한자를 가르치지 않고 漢字語句를 한글로만 가르치는 것은 眞意를 모른 채 불확실하고 막연한 글을 교육하는 것밖에 되지 않는다고 주장한다. 특히 역사교과서를 왜곡하는 日本은 한자교육을 통해 학생들의 知能을 啓發하고 科學技術 向上을 도모하였으니 克日을 위해서라도 하루속히 어문정책을 시정하여 국민학교에서부터 漢字를 가르쳐야 한다고 力說하고 있다.

우리 韓國語文教育研究會가 1969년 7월 31일에 發足하였으니 어언간 16년째로 접어들었다. 우리의 國漢混用 主張을 曲解하는 一部 人士들은 우리를 가리켜 事大主義者요 非愛國者라고 誹謗하는 듯하다. 그러나 漢字가 비록 中國에서 創制된 文字라고 하더라도 우리 祖上들이 2천년 전부터 漢字를 學習하여 우리의 日常用語, 文化用語, 學術用語 등이 漢字로 構成되어 있기 때문에 한글學習 이외에 한자學習도 우리 國民 全體의 必須課題로 된 것이다. 그 必要性은 理論이나 政策上의 問題가 아니고 어린아이부터 老人에 이르기까지 每日 使用하는 言語이고 國民學校의 教科書에서 大學校 教材에 이르기까지 漢字로 된 語句를 쓰고 있기 때문이다. 그런데, 漢字를 가르치지 아니하고 漢字語句를 한글로 써서 가르치고 있으니 國民學校 兒童들이나 中學校 學生들이 果然 그 語句의 眞意를 알고

使用하는지 매우 疑心스럽다.

며칠 전에 T.V.에 放映된 中學校 1學年의 化學프로를 보았는데 混合物, 溶解度, 物質, 濾過紙, 分離方法 등의 語彙를 使用하고 있었다. 이 漢字들은 中學校 1學年 학생들이 배우지 아니한 文字들이다. 그렇다면 그 學生들이 그 語彙의 참뜻을 알 수 없을 것이며, 俗談에 '눈치로 때려잡았다'고 할 수밖에 없으니 우리나라 中學校는 不確實하고 漠然한 글을 가르치고 있는 것이다. 그뿐이 아니다.

지난 1월 29일 밤 T.V.에서의 中學校 2學年 科學時間에 人口問題에 관한 것을 放映하였는데, 個體, 集團, 制限, 增加, 箱子, 空間, 地球, 限定, 變化, 多角的 爆發, 考慮, 變遷, 境遇, 倍增率, 住宅, 沮害, 減少, 社會經濟, 人口問題, 環境汚染 등의 語句를 使用하였다. 그 語彙들은 한글專用교육을 받은 高校卒業生들도 옳게 아는 사람이 많지 않을 것이다. 國家의 모든 施策中에서 國民의 主體思想涵養에 있어서나 知能啓發 및 學問發展에 있어서 語文政策이 가장 合理的이어야 하며 産業 및 科學發展에 步調를 맞추어 주어야 할 것이다. 教育當局이 40년이 되도록 이러한 非現實的이고 不合理한 愚民教育을 實施하고 있는 데도 當局에 대하여 不平不滿을 터뜨리지 아니하는 것은 우리 國民의 가슴 속에 忠國의 儒教思想과 慈悲 平等 平和 愛護의 佛教思想이 潛在해 있다고 볼 수밖에 없다. 國民은 그렇게 柔順하더라도 政府當局者는 一大覺醒을 하지 아니하면 國家와 國民에 대한 不忠實 責務를 免할 길이 없을 것이다. 우리 國民이 日本國政府의 高等學校 歷史教科書의 歪曲記載問題로 總蹶起총궐기하여 反日抗日騷動을 일으키고 각 日刊新聞紙上에 克日方案에 관한 數多한 論文이 揭載게재된 事實이 어제같은데 이제 와서는 國民의 興奮이 씻은 듯이 사라져 버렸다.

그러나 우리는 그 事態를 다시 想起하면서 奮發하고 克日政策을 다시 摸索하여야 하며 그 方策中의 하나로 먼저 語文政策부터 是正하여 國民學校에서부터 漢字를 가르쳐야 하겠다. 日本國도 聯合軍占領下에서는 漢

字를 덜쓰는 방향의 노력이 있었으나 軍政이 끝난 後에 日本國民들은 그네들의 文化가 漢字文化임을 自覺하고 또한 視聽覺시청각을 통한 科學的實驗에 의하여 漢字의 優秀性을 再確認하고 從前과 같은 漢字混用政策을 施行한 結果 日本은 美國과 對等한 水準으로 科學技術 및 產業을 發展시켰음은 世界公知의 事實이다. 日本國民은 漢字를 使用할 뿐만 아니라 우리 先祖들로부터 傳受한 孔孟의 道德 즉 仁義禮智信을 實業人들이 遵守實踐하여 勞使紛糾를 一掃하고 企業家와 社員들이 產業家族群을 形成하고 있다. 그럼으로써 日本產業은 더욱 더 安定基盤 위에서 發展하고 있고 美國과 歐羅巴의 產業家들이 日本實業人들의 經營方法을 模倣하고 있는 것도 周知의 事實이다. 그뿐만이 아니다. 日本政府가 漢字教育을 함으로써 學生들의 知能啓發지능계발이 더욱 增進되어 문화 및 科學技術도 向上되었다는 것이다. 그리하여 日本國에서는 어린 나이에 論語를 가르치고 있다 하니 우리나라는 語文政策에 있어서도 日本보다 40年이나 뒤졌다는 것이 識者들의 憂慮우려이다. 이 얼마나 可恐할 事態냐. 實로 可嘆之事라 아니할 수 없다. 그러나 後悔후회만 하고 있으면 무슨 所用이 있으리오. 이제라도 늦지 아니하니 하루 速히 漢字不用의 語文政策을 是正하고 國民學校에서부터 漢字를 學習시키면 된다. 人誰無過리오 改之爲善이라. 우리 다같이 合心協力하여 文化振興에 精進하여야 할 것이다.

〈本會副會長 · 辯護士/ 어문연구 45호〉

'한글만의 表記' 教科書의 教育은 愚民化 教育이다

沈 相 均

1961년 서울 출생. 이 글은 '한글世代' 대학생의 글이라는 점에서 一讀해 볼 필요가 있다. 한글전용교육을 받은 결과 한자어 사용이 많은 현실 속에서 각종 용어에 대한 이해능력이 저하되어 책을 제대로 이해할 수 없게 되었음을 교과서에 나온 구체적인 實例를 들어가며 보이고 있다. 그리고 한국 대학생이 哲學書籍이나 專門書籍을 기피하고, 作文力이 떨어지고, 論理性이 부족한 것은 어휘의 貧困에서 오는 것이며, 이 어휘의 빈곤은 바로 한글전용 교육의 소산이라고 주장하면서, 국력향상을 위해서라도 한자교육을 실시할 것을 역설하고 있다.

Ⅰ. 日本人이 1年間 平均평균 50卷의 책을 읽는데 우리 韓國人은 2.5卷의 책을 읽고 있다는 統計통계가 나와 있다. 무엇이 理由인가? 우리가 日人보다 책을 좋아하지 않기 때문인가. 우리의 知能이 日人보다 낮아서인가. 日本이 韓國보다 先進國이기 때문인가. 우리나라 책이 비싸서인가? 우리의 讀書率독서율이 野蠻國야만국 水準수준으로 떨어진 原因은 바로 책을 읽지 못하게 하는 教育에 있다고 생각한다.

나는 바로 이러한 教育을 받아왔고 지금도 받고 있는 이른바 '한글世代'이다.

나는 被教育者피교육자로서의 體驗체험으로 이제 한글전용 教育의 虛像허상을 告發하겠다.

中學校 1년 때 物象물상선생님이 '가시광선'의 뜻을 여러 학생들에게 차례로 물어본 적이 있다. 모든 對答이 틀렸고 선생님이 '눈으로 볼 수 있는 광선'의 意味라고 일러 주었다.

'可視光線'의 그 엄청난(?) 뜻을 우리에게 어렵게 어렵게 가르쳐 주었다. 나는 大學 講義室에서도 이와 비슷한 경우를 經驗경험했다. 某 教授가 다섯 學生에게 차례로 '초토화'의 뜻을 물었다. 모두 틀렸거나 대답을 못했다. 教授는 한심스럽다는 표정으로 "내가 學校다닐 때는 中學校 2년 때쯤이면 이 정도의 뜻은 바로 알 수 있었는데 요즘 大學生들은 이 모양이니……"하셨다. 나는 이렇게 그 教授님께 여쭙고 싶다. "教授님은 學生時節에 漢字를 獨學하셨나요? 저희가 '초토화'를 모르는 것은 學校에서 漢字를 가르쳐 주지 않았기 때문입니다. '초토화'를 모르는 것이 저희의 잘못입니까?"

이러한 現行 한글전용 教育의 잘못을 痛嘆통탄하여 서울의 京畿경기, 人憲國民學校 등에서 別途별도의 漢字教材를 만들어서까지 漢字를 가르치고 있는 것이며 한글전용教育을 받은 한글세대 學父母들이 子女의 漢字教育에 열을 올리고 있는 것이다.

現在 中學校教科書에서 漢字가 들어 있는 책은 週當 한 時間의 '漢文'과 '문학(文學)'같은 형태로 한글·漢字가 併記되어 있는 '國語' 教科書이다. 國語책의 한글·漢字 併用表記는 한글表記를 보고 理解하지 못하면 括弧괄호 안의 漢字를 보라는 意圖의도겠지만 이는 분명히 欺瞞기만이다. 한글表記를 보고 理解하지 못하면 括弧 안의 漢字를 보고 理解할 수는 있는 能力이 中·高等學生에게 있는가? 他教科書와 比較비교해 보면 이러한 國語表記의 矛盾모순이 드러난다. 즉, 漢字知識이 없이는 理解가 곤란하며 자칫하면 엉뚱한 뜻으로 알게 되는 社會科學·自然科學 教科書의 "당좌이체부보·예수금·감자차익·조적식구조·산복공사방공사·박거식계류·분상기동형·견종법·방곡령·대의정치·감사원·상장회사·단자회사·무고죄·점이지대·선상지·감조하천·경등지형·전등위면·전기영동·축중합반응·방향족·남조류·편모류·골지체·엽상식물·관속식물·조균식물·진균식물·선구동물·모악동물·윤형동물·광인산화·전정기관·전성

설·치사유전·한성유전·건성천이·세차운동·방상절리·연흔·파단도시·제현율·실생번식·창방조생·포목조생·분서갱유·이이제이·점화식·조소·소조·소묘……" 등의 表記는 순 한글이고, 理解에 별지장이 없는 國語책의 "국가·수필문학·언어의 구조·종합예술·모방·자연의 미……" 등의 表記에서는 오히려 한글 옆에 漢字를 달아 놓은 것이다. 나는 정말 이러한 教育實狀교육실상을 傍觀방관하고 있는 韓國의 爲政者, 官僚관료, 教授, 教師들에게 幻滅환멸을 느끼고 있다. '한글世代'와 우리 後代를 더 이상 바보로 만들지 말기를 요청한다.

지난해 11월 20일 TV에서 北韓의 教科書(편집자 注, TV에서는 北韓 교과서라고 紹介소개했으나 實은 朝總聯用조총련용)를 다룬 일이 있다. 北韓의 中學校 1년(國校 5년 해당) 美術教科書에까지 漢字가 括弧없이 露出노출表記되어 있음을 많은 사람들은 보았을 것이다. 이는 北韓이 우리보다 漢字教育이 2년 빠름을 말하며, 括弧 아닌 漢字의 露出表記는 韓國의 일부 大學의 教材와 같은 것이다. 元首와 怨讐를 원수와 원쑤로 구별表記하며 한글一色으로 치닫던 北韓에서 다시 漢字를 使用하기 시작한 理由는 무엇인가? 저들도 한글만의 表記의 限界와 矛盾을 느꼈다는 것이 아닌가?

'나선운하'와 '나선정벌'은 전혀 다른 意味로 「地球科學」과 「國史」책에 나와 있다. 化學時間의 과량은 때에 따라 寡量도 되고 '過量'도 된다. 政治經濟時間정치경제시간의 '공제'는 控除와 共濟의 相反되는 두 가지 意味로 쓰인다. 國語時間의 '원망형어미'는 '怨望形'과 '願望形'의 두 가지 뜻을 가지며 '패자'는 '覇者'와 '敗者'를 나타낸다. 이러한 말들의 구별을 위해 中高生에게 '눈치'는 重要한 役割역할을 하는 것이다. 눈치로는 알기 어려운 '化學'의 '복사에너지'는 複寫가 아니라 輻射(radiate)의 뜻으로 쓰이며 '방향족 화합물'에서 '방향'은 '方向'이 아니라 '芳香'의 뜻으로 쓰인다. 中學校 「世界史」 책에 등장하는 '제자백가'는 學生들에게는 수수께끼다.

文教部 當局者는 우리 中·高等學生들이 무상분배, 무상기일, 사민정책, 대처금지, 사방공사, 나선운하, 적자생존의 한글로 쓰여진 用語를 無償

分配, 無霜氣日, 徙民政策, 帶妻禁止, 砂防工事, 螺線運河, 適者生存의 意味로 把握파악할 수 있다고 생각하는 것인가?

韓國의 中·高等學生들이 배우는 學習의 量과 負擔率부담률은 世界 3位 안에 들지만 大學生의 學問水準은 世界 50位라는 말을 나는 教授로부터 들었다. 現在의 教育環境으로는 當然한 結果이다. 韓國 大學生들은 中·高等學校에서 방대한 量의 공부를 했으나 暗記암기했던 한글表記用語의 太半을 잊어 버렸거나 모호한 用語의 概念의 狀態에서, 즉 學問의 가장 중요한 道具인 語彙의 絶對貧困절대빈곤 狀態에서 大學學問을 시작하는 것이다. 韓國 大學生이 哲學書籍철학서적이나 專門書籍을 忌避기피하고, 作文力이 떨어지고, 論理性이 부족한 것은 語彙의 貧困에서 오는 것이며, 이 語彙의 貧困은 바로 한글전용 教育의 所産인 것이다.

'영세중립국'이란 말은 高等學校에서 배웠으나 '영세'가 '永世'의 意味인지 '零細'의 意味인지 확실히 모르기 때문에 이를 自身의 文章에 使用하지 못하는 것이다. 적지 않은 學生들이 寡頭政治과두정치의 音을 過渡政治과도정치의 音으로 받아쓰는 것이 오늘의 大學 講義室 狀況이다. 이미 젊은 講師는 '比較'를 '批較'로 板書하고 있으며 심지어는 國語科의 講師도 '却說'을 '脚說'로 表記하고 있는 실정이다. 專攻書籍전공서적에도 숱한 漢字의 誤字오자가 섞여 있으며 教養教材 중에서 '指向'의 音이 '止揚'의 音으로 表記되어 있는 정도이다.

이러한 教育風土에서 자란 '한글세대' 大學生에게서 당신은 무엇을 要求하는가? 三國史記의 研究를 바라는가? 日本 大學生보다 더 優秀우수한 論文을 期待하는가?

韓國人의 教育熱교육열은 世界最高이나 讀書率은 世界最低이며 學校는 많으나 書店이 적어 出版業이 不振하다는 것은 익히 들어온 바다.

이 모든 것이 한글전용 教育이 빚어낸 모순들이다.

Ⅱ. 한글만의 教科書教育의 矛盾을 '한글세대' 중에서 나만이 느끼겠는

것인가를 檢證검증하기 위해 高等學校 2年生 한 班, 58명을 對象으로 設問調査설문조사를 하였다. 設問에 앞서서 나는 中上位圈에 屬하는 約 25%의 學生이나 한글전용의 모순을 認識인식할 것이라 짐작했었다. 그러나 設問의 結果결과는 나의 豫想예상을 앞질러 漢字學習의 必要性 與否여부를 묻고 그 理由를 각각 쓰게 한 質問에서 應答者응답자의 85%(51명)의 學生이 '漢字는 必要하다'는 答을 했고 그 중 96%(48명)의 學生이 적은 理由를 간추리면 다음과 같다.

"우리 문화유산은 한자로 된 것이 많다. 한자 없이 동음이의어를 구별할 수 없다. 한글만으로는 정확한 의미파악이 어렵다. 한자는 꼭 필요하니 한자를 씀으로써 함축성 있고 명확히 의사를 전달할 수 있다. 순수 우리말로는 표현하기 힘든 것이 있다. 배워서 나쁘지 않다. 한글로만 쓰면 오해가 일어나기 쉽다. 우리글자는 소리글자라 뜻이 없는 한글로 된 책을 읽을 때 의미를 모를 경우가 많다. 한자를 없애는 것은 모순이다. 독해에 필요하다. 전체 국어의 한자가 차지하는 비중이 크다. 한자가 없으면 언어의 혼란이 일어난다. 우리의 옛 문화 연구는 한자 없이는 불가능하다……" 또한, 지금 배우는 한글 敎科書에 漢字가 섞인다면 能率的일까, 非能率的일까를 묻는 設問에서 55%의 學生이 能率的이라고 對答했는데 그 理由를 적어보면, "이해가 잘 된다. 고차원적인 의미를 알게 된다. 더 기억에 남는다. 한자가 사회에서 쓰인다면 마땅히 교과서에서 다루어져야 한다……"

오늘의 中·高生이 한글전용 敎育下에서 用語(單語) 意味의 正確정확한 理解를 몰라 고민하고 있음은 나의 中·高等學校時節의 생각과 同一하다. 또한 이는 解放 이후 잘못된 文字政策下에서 敎育받은 한글세대 모두의 생각일 것이다.

한글전용敎育은 高入聯合考査고입연합고사와 大入學力考査의 問題를 低水準化저수준화시키고 있다. 즉 漢字로 表記되면 國民學校 水準의 문제가 될 것이 한글 전용 敎育 탓으로 高入, 大入試驗問題가 可能한 것이다.

"자동차가 주행할 때 굽은 길에서 회전을 원활하게 하기 위하여 좌·우두 바퀴의 회전수를 자동적으로 바꾸어 주는 장치는 ① 감속장치 ② 차동장치 ③ 브레이크장치 ④ 변속장치"

이는 85學年度 大入學力考査의 男學生 共通 技術기술 試驗問題中의 하다다. 이는 用語의 뜻을 묻는 問題다. 만일 이 問題가 '自動車가 走行할 때 굽은 길에서 回轉을 원활하게 하기 위하여 左右 두 바퀴의 回轉數를 自動的으로 바꾸는 位置는? ① 減速裝置 ② 差動裝置 ③ 브레이크裝置 ④ 變速裝置'로 한글·漢字가 함께 表記된다면 적어도 大入學力考査를 치르는 學生으로서 ①③④를 答으로 할 學生은 없을 것이다. 大入學力考査가 이 정도이면 市中의 參考書참고서나 各級學校의 試驗問題의 質的 水準은 알 일이다.

우리나라 中·高等學生들은 新聞은 自身을 對象으로 한 것이 아니라고 생각하고 있으며, 漢字 때문에 어려워서 新聞을 읽지도 못하지만 보려고 하지도 않는다. 우리나라 大學生들은 大衆小說이나 일부 流行性 理念書籍은 耽讀탐독하지만 칸트나 헤겔의 哲學書籍은 읽을 생각을 하지 않는다. 學生들에게 漢字表記의 哲學用語가 너무나 어렵게 느껴지기 때문이다. 우리 大學生들은 이러한 哲學書籍은 哲學을 專攻하는 教授를 위한 책이라고 생각하는 모양이다.

日本의 學者들이 韓國의 學問은 概論의 범주에서 벗어나지 못하고 있다고 評價평가할 때 일부 義氣없는 教授들은 教養教材의 漢字도 제대로 모르는 大學生들을 다만 멍청하다고 핀잔만 하고 있다. 또한 우리의 爲政者들은 教育革新교육혁신과 文化暢達문화창달을 외치며 外國大學生들의 學究熱을 强調하고 있으나 文字表記 方法도 바로 解決해결되지 않은 狀態에서 무엇이 教育革新이란 말인가?

現行 한글전용 教育이 科學的 實驗을 거쳐서 그 教育的 效果가 確證확증되어서 實施되는 것인지 아니면 몇몇 사람들의 國粹主義的국수주의적 主張을 그대로 받아들일 것인지를 나는 政府에 묻고 싶다.

一貫性 있게 新聞, 大學教材, 專門書籍과 民法典 등의 法令集을 初·

中·高校의 教科書와 같이 모두 한글로 表記하든가 아니면 法律用語보다 더 難解난해한 "방향족 화합물, 포목조생, 안강망어구" 등의 初·中·高 教科書의 한글表記語를 漢字로 表記하든지 兩者擇一을 해야 할 것이다.

나는 지금까지 文字政策의 混亂을 理解할 수 있다. 解放 이후 政治·社會的 混亂 속에서 教育政策은 뒷전으로 밀려날 수밖에 없었을 것이다. 그러나, 이제는 理性을 가질 때다.

더 이상 나 '한글세대'를 바보로 만들지 마라. 더 이상 韓國 젊은이들의 潛在力잠재력 開發의 通路를 막지 마라.

領土영토도 日本보다 좁고 人口도 日本보다 적다. 知力이나 倫理力 외에 우리가 무엇으로 克日극일할 수 있겠는가? 日本의 國民學校 6年生은 1千字의 漢字를 알고 있다면 우리의 國民學校 6年生은 2千字의 漢字를 알아야 하고 日本의 大學生들이 1卷의 책을 읽을 때 우리 大學生들은 2卷의 책을 읽을 수 있어야 한다.

漢字를 포기하는 것이 愛國이라면 英語를 배우지 않는 것이 愛國이란 말과 무엇이 다른가? 도대체 왜 가르쳐 주지 않는 것인가?

당신께서 지금 느끼는 바가 있다면 言論에 投書하십시오. 당신께서 韓國의 젊은이를 사랑한다면 當局에 呼訴하십시오.

〈大學生/ 어문연구 48호〉

高等(大學)教育과 漢字

沈 在 箕

1938년 仁川 출생. 국립국어연구원장 역임. 현 서울대학교 명예교수. 漢字教育이 제대로 이루어지지 않아 대학이 '전통문화에 대한 소양과 애정을 갖춘 교양인·전문인'을 양성하는 본연의 기능을 다 하지 못한다고 보고, 대학교육의 정상화를 위해서는 한문 소양의 저변을 확대하고 '한자는 國字'라는 인식을 확산해야 한다고 주장한다. 이를 위해 大學은 한자, 한문을 교양필수로 하되 새로운 시대사조에 맞는 좋은 교재를 개발하는 것이 시급함을 역설하고 있다.

大學이란 무엇을 하는 기관인가? 대학은 미래의 사회를 이끌어갈 지도자를 양성하는 기관으로서 그 기능을 편의상 둘로 나눠 본다면 첫째로는 학생들을 教養人교양인으로, 둘째는 專門人으로 양성하는 기관이라고 할 수 있다. 教養人이건 專門人이건 기본적으로 요구되는 것은 傳統文化에 대한 깊은 소양과 애정일 것이다. 따라서 大學의 存在理由는 한마디로 學問과 技術기술의 鍊磨연마와 開發인 것이며, 이러한 鍊磨의 節次절차 속에서 傳統文化에 대한 깊은 理解가 生成되며 開發의 過程과정 속에서 새로운 문화 창조의 원동력이 축적되는 것이다. 이렇듯 사회지도층 인재를 양성한다든가, 전문 지식인을 培養배양한다는 것도, 사실은 가르치는 사람과 배우는 사람이 한덩어리가 되어 학문과 기술을 배양하고 개발하는 과정에서 자연스럽게 얻어지는 교육적 성과라고 말해도 좋을 것이다.

그러나 오늘날 우리나라 대학은 이러한 存在理由에 합당한 교육을 실시하지 못한 지 수십 년에 이르렀다. 왜냐하면 교육의 기초 도구인 언어 문자의 학습이 불완전한 채 수십 년을 지내왔기 때문이다. 심지어 오늘날은 대학생들이 自己自身의 이름 석 字를 한자로 쓰지 못하는 것은 전혀 흉 될 것이 없는 보편적인 현상이라고까지 치부하게 되었다. 하지만 漢字를 모르는 대학생을 대상으로 어떻게 學問이 이루어질 수 있겠으며, 그러한 교육의 미래가 어떻게 성과를 거둘 수 있겠는가? 漢字를 모르는 것을 전제로 하고 대학의 교육을 할 때 과연 제대로 된 지도자가 양성될 수 있는지를 懷疑회의하지 않을 수 없다. 즉 낱말의 정확한 뜻을 모를 경우 論理的 思考, 分析的 思考는 형성되지 못하며 이럴 경우 결국은 전통문화의 계승을 포기해야 할 입장에 놓인다는 우려를 하지 않을 수 없다.

事情이 이와 같은데 現大學에서의 실정은 교양 국어를 담당한 교수들이 힘주어 강조하고 勞心焦思노심초사하는 것이 결국 어떻게 하면 한 학기 동안에 常用漢字만이라도 읽고 쓸 수 있게 하느냐 하는 것이라고 할 수 있다. 이러한 상황에서 과연 專門科目의 履修이수가 가능할 것인가. 전통 문화를 傳承, 發展시켜야 하는 國學分野에서 제대로 강의가 이루어지지 않음은 明若觀火명약관화한 일이다. 왜냐하면 원래 漢字로 되어 있는 固有名詞조차도 한글로만 읽던 학생들이 漢字原典은 고사하고 漢字가 섞여 있는 教材를 읽는데 어려움을 느끼는 것은 너무나 당연한 일이기 때문이다. 예컨대 上意下達상의하달을 "상부의 뜻을 그대로 따르는 것", "윗사람이 지시하면 아랫사람이 꼭두각시처럼 따르는 것", 혹은 "고위층이 자신의 소신을 제시하고 아랫사람에게 똑바로 전달하는 것" 등으로 잘못 알고 있는 학생들이 명문대에도 부지기수인 실정임에랴. 언어는 역사적 산물인데, 이렇듯 낱말의 정확한 뜻을 모르는 시점에서는 傳統文化에 대한 연구는 斷切되고 沈滯침체될 수밖에 없는 것이다. 따라서 이러고도 우리가 앞으로도 文化民族임을 自負자부할 수 있는지 걱정이 되지 않을 수 없다.

이런 점에서 본인은 한자 문제에 대해 두 가지를 제시코자 한다.

1. 漢文 소양의 저변확대를 위해 수단 방법을 가리지 않고 노력 연구해야 한다.

2. 漢字에 대한 인식의 전환–漢字는 國字–이 필요하다.

영어권에서 보면 라틴어에서 온 것이 영어가 아닌 것이 아니듯, 2000년의 傳統 속에서 면면히 이어온 漢字는 엄연히 國字로 인정하여야 하는 것이다. 이것이 뒤늦으면 앞으로도 세계의 주인공이 될 가능성은 희박하다고 할 수 있다. 그러므로 대학 교육의 정상화는 漢字, 漢文을 敎養必修교양필수로 하되, 새로운 사상과 이념을 다루는 교재를 시급히 개발하는 것으로 이루어질 수 있다고 본다. 즉 옛날 古典 속에서 알맞은 내용을 발견하여 이를 現實情에 맞게 적용해야 하는 것이다. 요사이 어떤 대학에서는 新明心寶鑑신명신보감이라고 하는 것을 가르친다는 이야기도 있지만 사실 새로운 시대사조에 맞는 좋은 교재를 개발하여 우리 先賢들이 얘기해 왔던 것을 새로운 각도에서 조명하는 새로운 교재 개발이 시급하다는 점을 강조하고 싶다. 이것이 뒤늦으면 韓國이 21세기에 세계의 주역이 된다는 것은 꿈속에서나 가능한 일이 될 것이다.

(記錄者: 姜明慧)

〈서울大 교수/ 어문연구 88호〉

漢字教育의 正道

-指導方法과 國語教科書는 改善돼야 한다

安 承 德

1932년 慶北 榮州 출생. 현 청주교육대학교 명예교수. 국어교육의 병폐를 어떻게 고칠 수 있고, 앞으로 어떻게 해야 올바른 國語教育을 할 수 있을지에 대해 논의하는 가운데, 두 방향의 해결책을 제안하고 있다. 하나는 漢字가 어렵다는 固定觀念을 깨고 한자의 구성원리를 터득하게 하는 교육방식을 채택하여 쉽고 흥미롭게 가르쳐야 한다는 점과, 또 하나는 첫 번째의 선결요건으로서 초등학교 1학년부터 國語教科書의 漢字를 노출하는 방식으로 바꿈으로써 국어교과서에 依存하는 한자교육이 될 수 있고, 그래야만 한자를 옳게 가르칠 수 있다고 주장하고 있다.

筆者는 최근 中學校 國語教科書의 괄호 안에 取扱취급된 漢字가 어느 정도 漢字教育面에서 妥當性타당성을 가지고 있는 것인가를 檢討검토하기 위해 헌 책방에 들러 中學校 학생이 쓰다가 팔아 버린 헌 책을 샀었다. 그 헌 책에는 책 주인이었던 中學生이 授業時間에 들은 낱말의 뜻, 品詞名, 文法的 說明 등을 行間에 까맣게 落書해 놓았었는데 나는 처음부터 그 落書는 개의하지 않았으나, 문득 欄外난외에 記錄기록된 '지규법'이란 落書에 눈이 머물러 한동안 그 낱말의 뜻을 몰라 어리둥절하지 않을 수 없었다. 혹시 地球法지구법의 誤記오기인가 생각했으나 내 아직 地球法이란 낱말을 들은 적이 없었고 그렇다면 혹 GQ法의 誤記인가 했으나 이 또한 牽强附會式견강부회식인 해석이었다. 계속 어리둥절하던 중 옆에 덧붙여진 '~처럼, ~같이'라는 說明을 보고서야 나는 무릎을 치면서 그것이 바로 '直喩法직유법'의 誤

記였구나! 마음속으로 快哉쾌재를 불렀다.

이런 事例는 한두 번 겪은 일은 아니지만 간단히 웃어 버릴 수 없는 너무나 절실한 問題이다. 자라나는 世代들에게 이렇듯 비뚤어진 國語教育을 시킨 責任책임은 누구에게 있는 것인가? 그것은 누구의 잘못인가? 光復 후 30餘年間 누적된 이런 웃지 못할 病弊병폐는 어떻게 해야 고칠 수 있으며, 앞으로는 어떻게 해야 올바른 國語教育을 이룩할 수 있을 것인가?

나는 그것의 解決策해결책을 대략 두 가지 角度각도에서 생각해 보려고 한다. 그 하나는 漢字를 배우는 것이 어렵다는 固定觀念고정관념을 깨뜨리고 보다 더 쉽고 흥미롭게 가르쳐야 한다는 점과, 또 하나는 그렇게 하기 위해서는 國民學校·中學校·高等學校의 國語教科書의 編纂편찬 자체가 漢字를 옳게 가르칠 수 있도록 고쳐져야 한다는 생각이다.

指導方法의 改善

대부분의 젊은이들은 漢字의 字劃자획이 複雜복잡한 데 압도되어 처음부터 漢字배우기를 斷念단념해 버린다. 그러나 복잡한 듯한 漢字의 字形을 자세히 살펴보면 몇 가지의 原則에 의해서 構成되어 있음을 쉽게 터득할 수 있고, 이러한 構成原理가 터득되면 漢字는 오히려 배우기 쉬운 文字임을 깨닫게 된다. 字劃이 複雜하다고 해서 미리부터 그 學習을 諦念체념하는 것은 극히 어리석은 일이 아닐 수 없다.

英語나 獨語 등을 學習하는 努力의 몇 분의 일만 기울이면 漢字는 아주 흥미롭고도 쉽게 그리고 科學的으로 學習할 수 있는 利點이 있다. 대부분의 젊은이들은 漢字學習의 이러한 利點을 外面하고 무턱대고 배우기 어렵다고 미리부터 斷念하기 때문에 國語조차도 모르는 半文盲者로 轉落전락하고 마는 것이다.

或者는 그 많은 漢字의 構成을 어떻게 일일이 살필 수 있겠느냐고 反問

할지 모른다. 그러나 漢字의 構成原理를 알기 위해서, 그렇게 많은 漢字를 일일이 살피지 않아도 된다. 漢字 중에서도 극히 初步초보가 되는 1,000字 以內, 예컨대 中學校漢字 教育用 基礎漢字 정도의 構成原理만 터득하고 나면 그 이외의 漢字의 構成原理까지를 다 알 수 있게 된다.

예를 들면 淸 晴 請의 字音은 모두 오른쪽의 '靑'에서 나온 '청'이며 淸의 뜻은 물(氵)이 푸르니(靑) '푸르다'는 뜻이요, 晴의 뜻은 하늘(日)이 푸르니(靑) '갰다'는 뜻이요, 請의 뜻은 말(言)로 '청한다'는 뜻이다. 또 門 問 聞의 경우도 音은 모두 '門'에서 나온 '문'이며 問은 입 口자가 들어 있으니 입(口)으로 '묻는다'는 뜻을, 聞은 귀 耳자가 들어 있으니 귀(耳)로 '듣는다'는 뜻을 나타낸다.

이렇게 漢字는 그 字形 자체에서 뜻과 音이 함께 솟아나오기 때문에 이를 分析하여 살피는 동안 저절로 뜻과 音을 흥미롭게 理解할 수 있게 된다. 거기다가 이러한 漢字들이 모여서 이루어진 漢字語彙는 다른 나라의 文章이 아닌, 바로 우리의 國語文章 속에 混用되고 있으니 그 意味 파악은 더더욱 쉬운 것이다.

從來까지는 이러한 漢字學習의 長點을 전연 고려하지 않고, 그냥 읽으면 된다는 식의 漢字教育을 해 왔기 때문에 學習에 임하는 學生들이 가장 興味 없는 學習으로 外面했던 것이다. 漢字學習이 이렇게 흥미롭게 進行되면 學習效果학습효과는 倍加배가될 것이고 國語教育은 성공할 수 있을 것이다.

漢字學習은 어렵다는 固定觀念 때문에 靑少年들에게 제 나라 國語조차 정확하게 모르는 기형적인 教育을 시켜 왔는데 이제부터라도 올바른 國語教育을 해야 할 것이다.

漢字는 그 構成原理(六書)를 통해서 指導해야 한다.

漢字의 構成原理인 六書는 象形, 指事, 會意, 形聲, 轉注, 假借의 여섯 가지인데, 本稿에서는 造字原理인 前 4者만을 언급하고 用字法인 後 2者는 생략하기로 한다.

象形文字의 指導 象形文字는 글자 그대로 형상이 있는 可視的인 물체의 형태(形)를 본떠서(象) 만든 文字로 六書 중 가장 基本이며 흥미롭게 指導할 수 있는 文字이다.

예를 들면 해(太陽)의 형태(⊙)를 본떠서 日자가 되었고, 달의 형태()를 본떠서 月자가 되었고, 산의 형태()를 본떠서 山자가 되었으며 냇물의 형태()를 본떠서 川자가 된 따위이다.

이러한 象形文字는 글자의 字形 자체에서 물체의 형상을 推理추리할 수 있고, 그렇게 推理된 형상이 곧 그 文字의 뜻이 되기 때문에 初步 漢字學習에 적합한 文字이다. 이와 같은 象形文字는 國民學校 1學年 國語敎科書에서부터 提示하여 指導해야 할 것은 물론, 일단 나온 文字에 대해서는 계속 國語敎科書에 자주 提示하여 그 頻度빈도가 높아지도록 考慮고려해야 할 것은 물론이다.

指事文字의 指導 指事文字는 數나 位置 등 형태가 없는 抽象的추상적인 槪念개념과 사물(事)을 圖形化시켜 그 뜻을 가리킨(指) 文字로 前記한 象形文字와 더불어 六書 중 가장 基本이 되는 文字이며 흥미롭게 指導하기에 적합한 文字이다.

예를 들면 基礎線기준선(一)의 위에다 표(·)한 것이 윗 上자이며, 基礎線(一)의 아래에다 표(·)한 것이 아래 下자이며, 네모(口)의 가운데를 꿰뚫은(丨)것이 가운데 中자이다.

이러한 指事文字는 글자의 字形 자체에서 그 文字의 뜻을 推理할 수 있어 初步學習에 적합한 文字이다. 象形文字와 더불어 指事文字도 國民學校 1학년 國語敎科書에서부터 指導해야 할 것은 물론, 일단 提示된 文字에 대해서는 계속 國語敎科書에 자주 나오도록 그 頻度가 충분히 考慮돼야 할 것이다.

會意文字의 指導 會意文字는 뜻(意)을 가진 두 개 이상의 既成文字기성문자를 모아서(會) 結合시킨 文字인데 결합된 要素요소에서 그 文字의 뜻을 推理할 수 있는 利點이 있다.

예를 들면 信자는 사람(人)의 말(言)은 거짓이 없었기 때문에 '믿는다'는 뜻이 되며, 東자는 나무(木) 사이로 해(日)가 떠오르는 쪽이 '동쪽'이란 뜻이다.

形聲文字의 指導 形聲文字는 旣成文字를 결합하여 만든 文字로 한쪽은 뜻을 나타내고(意部), 다른 한쪽은 音을 나타내는데(音部), 意部에서는 그 文字의 뜻을, 音部에서는 音을 엿볼 수 있는 利點이 있다.

예를 들면 淸은 물(氵)이 파랗게(靑) 보이면 '맑다'는 뜻인데, 물 水변에서는 뜻을, 靑은 音을 나타낸다(會意形聲). 또 雲자는 雨와 云이 結合된 文字로 雨는 비(雨)라는 뜻을 나타내는 意部이고, 云은 '운'이라는 音을 나타내는 音部이다. 이와 같이 六書를 통해서 學習하면 漢字의 字形, 字音, 字意를 根本的으로 理解할 수 있게 된다.

國語教科書의 改善

國語教科書는 意圖的의도적인 국어교육을 위해서 編纂편찬된 표준적인 教材이다. 國語教科書를 통하여 展開되는 文字學習과 內容學習은 全的으로 國語教育의 방향을 左右할 수 있으며 이것의 編纂 태도는 國語教育의 成敗성패를 가름하는 一次的인 原因이 된다. 따라서 國語教科書에 취급된 文字·語彙·表記·內容 등은 國語의 本質的인 特性특성을 올바르게 理解한 바탕 위에서 編纂되어야 하며 만일 이들 중 하나를 度外視도외시할 경우 國語教育은 그만큼 不完全한 教育이 되고 만다. 현재와 같은 半文盲者 교육을 시키지 않기 위해서 國語教科書는 어떻게 編纂되어져야 할 것인가?

漢字教育은 國語教科書에 依存해야 한다.

國語文章 속에서 使用되는 漢字語彙는 中國語가 아닌 엄연한 國語이다. 만일, 國語의 전체 語彙 중에서 50% 이상을 차지하고 있는 漢字語彙

전부를 제외해 버리고 순수한 한글語彙만을 가지고 言語生活을 해야만 한다고 할 때 과연 올바른 意思 소통이 될 수 있을 것인가를 想像해 보면 쉽게 理解될 것이다.

그럼에도 不拘하고 光復 이후 30餘年間 이러한 평범한 이치를 外面하고 마치 漢字(語)가 中國語인 양 敵對視적대시하고 漢字(語)를 教育해야 한다는 사람들을 事大慕華思想사대모화사상에 젖은 무리인 것처럼 생각해 온 사람들이 있었으니 적이 寒心한심스러운 일이 아닐 수 없다. 그 결과 初·中·高等學校의 國語教科書에서 한글로 表記된 漢字語를 배운 學生들은 '도산서원'은 도산 안창호의 書院으로 착각하는 이런 현상은 거의 普遍化보편화되어 버렸다.

혹자는 그들도 매일같이 불편 없는 生活을 하고 있는데 그 알량한(?) 國語 정도 몰라서 무슨 生活의 不便이 있겠느냐 할지 모르나, 그러나 人間에게 있어 보다 더 소중한 것은 제 나라 國語를 통한 傳統意識·文化意識, 그리고 깊은 思考力이 값진 것인데 30代를 前後한 그들은 적어도 우리 國語에서 半數 이상을 차지하는 漢字語를 정확히 모르고 있기 때문에 그들의 思考力의 限界한계는 그만큼 줄어지고 있다는 사실을 重要視해야 한다. 모든 精神文化정신문화는 깊은 思考力의 所産소산이며 思考力은 言語를 통해서 可能하다는 것을 알아야 한다.

文教部는 1972년 2學期부터 '中學漢文'을, 1973년 1學期부터 '高等漢文'을 獨立독립된 教科로 教育하도록 조치했는데, 이는 얼핏 보면 漢字·漢文教育이 强化된 것 같으나 事實은 弱化된 것이다.

왜냐하면 現行 '中學漢文', '高等漢文'에 나오는 漢文套한문투의 故事成語나 經典경전의 原文들을 理解하자면 먼저 國語文章 속에 使用되고 있는 基本的인 漢字語를 충분히 이해한 연후에 學習해야 하는데 그러한 基本學習이 전혀 없는 中高等 학생에게 漢文套의 原文부터 가르친다는 것은 극히 무모한 일이요 時間과 努力의 낭비에 비하여 그 效果는 미미할 뿐이다.

漢字教育의 正道는 ① 國語教科書에서, ② 漢字를 露出노출하여, ③ 國

民學校 1학년부터, ④ 難易度난이도에 따라 學年別로 配當배당하여 指導지도하되, ⑤ 使用頻度사용빈도를 최대한으로 높여야 한다.

國語教科書의 漢字는 露出되어야 한다.

현행 國語教科書 중 국민학교분 12책은 완전히 한글表記이며, 中學校분 6책과 高等學校분 3책도 全面 한글表記인데 간혹 괄호 속에 漢字를 併記하고 있다(獨立宣言文 등 몇 科는 예외). 筆者는 괄호 속에 併記한 漢字語가 漢字學習에 어떤 도움을 줄 것인가에 대하여는 상당한 疑心의심을 품고 있다.

가령 中學校 3학년 1학기 國語教科書의 괄호 안에 취급된 漢字語는 總 1,012語인데 이의 78%인 790語가 使用頻度 1回에 불과하며 이런 漢字일수록 漢字併記가 없으면 意味 파악이 어려운 경우가 많아 과연 이들 漢字語를 中學生들이 읽을 때 괄호 속의 漢字가 어느 정도 意味 파악에 도움이 될 것인가 하는 의문이 생긴다.

예를 들면 中學校 國語教科書 3學年 1학기 책에 보면 '과정'이란 낱말에 '過政'이라고 괄호 속 併記를 하고 있는데 中學生이 이 '過政'이란 漢字를 보고 '過程', '課程'과 뜻 區分을 할 수 있을 것인가?[1] 이런 類의 處理는 오히려 中學生을 考慮했다기보다는 漢字를 알고 있는 旣成世代기성세대를 考慮한 處事라고 보지 않을 수 없다. 왜냐하면 全面 한글表記로 된 教科書만 대해 왔던 中學生들에게는 괄호 속에 併記한 '過政'이 아무런 도움이 될 수 없겠기 때문이다. 教科書는 가르치는 世代보다 배우는 世代(學生)를 우선 考慮하여 編纂되어야 할 것이다.

漢字를 괄호 속에 併記했다 하더라도 學生들은 쉬운 대로 한글表記를 위주로 읽어 갈 뿐 괄호 속의 漢字는 거의 읽지 않는다. 國語教育을 올바

---

1) 이러한 예를 中學校 3學年 1학기 國語教科書에서 더 찾아보면 다음과 같다. 공(公), 공(功), 공리(公理), 사정(私情), 수도(首都), 시가(詩歌), 시가(市街), 정리(情理), 정리(定理), 조수(鳥獸), 지사(志士), 한(恨), 천지(天池), 수해(樹海), 실지(實地), 의(義), 수·당(隋唐), 기봉(奇峯), 천리(天理), 정의(定義)…… 등 이외도 더 많이 찾을 수 있다.

르게 하려면 먼저 國語教科書의 漢字語를 露出하여야 한다.

漢字教育은 國民學校 1학년부터 시작해야 한다.[2)]

漢字教育은 意圖的인 國語教育이 시작되는 國民學校 1學年부터 시작해야 한다. 學校教育을 처음으로 經驗경험하는 國民學校 어린이는 教育內容과 方法은 물론 教師들의 言語 行動까지를 마치 吸引紙흡인지처럼 예민하게 吸收흡수하는 時期이다.

漢字教育이 어렵다는 단순한 생각에서 國民學校 兒童에게 漢字教育을 시키지 않을 경우 그들의 머리는 한글表記만을 正常的인 文章으로 誤認하여 이것이 習慣化습관화된 뒤에사 中等課程에서 새삼 漢文을 指導하면 마음속으로부터 漢字에 대한 拒否心理거부심리가 作用하여 그 效果를 거두기 어렵게 되어 버린다. 國民學校 1學年부터 國漢文 混用의 文章을 가르쳐서 習慣化되도록 해야 國語教育이 正常化되는 것이다.

漢字教育은 단순한 漢字教育이 아니라 國語教育임을 再認識하여 이제부터라도 올바르게 指導해야 할 것이다. 이것이 國語教育을 正常化시키는 正道인 것이다.

〈本會教育委員 · 清州教大教授/ 어문연구 14호〉

---

2) 이 방면의 著書와 論文은 다음과 같다.

南廣祐 : 改訂「現代國語國字의 諸問題」, p.191. 一潮閣, 1973.

李應百 : <국민학교 學習用 基本語彙의 漢字研究>, 「語文研究」1975. 봄·여름號.

拙稿, <教育漢字의 綜合指導>－국어 교과서(4-1)의 漢字 분석을 겸한－「국어교육」11號, 1965. 12. 30 한국국어교육연구회.

拙稿, <국민학교 國語教科書의 教育漢字選定 및 漢字語 學年配當에 대한 研究>, 「국어교육」 27·28 合併號, 1976. 5. 30 한국국어교육연구회.

漢字教育은 이를수록 좋다
-국어 교과서에 의한 漢字教育

安 貞 媛

1931년 서울 출생. 현직 초등학교 교사가 초등학교 漢字敎本을 따로 만들 필요 없이 국어 교과서를 통해 한자교육이 가능함을 주장하고 있다. 이런 주장은 필자의 교과서 분석과 현장 지도라는 實證的 고찰에 의한 것인데, 국어 교과서에서 漢字化가 가능한 단어를 학년별로 추출하고, 이 단어들의 낱字들을 文敎部 選定 中學校用 漢字 900字와 對照한 결과를 반영하여 학년별 학습 낱자를 확정짓고 이 낱자들로 다시 새로이 조어하여 학년별 학습단어를 확정지은 후 이를 실제 아침 자습 시간에 지도해 본 경험을 밝히고 있다.

漢字敎本製作基礎作業過程

1. 國語敎科書에서 漢字化할 수 있는 單語抽出

學　年	1	2	3	4	5	6	計
單語數	94	286	290	654	1,240	1,603	4,167

2. 學年別로 抽出추출된 單語를 一連化일연화하여 重複중복된 單語는 頻度빈도가 높은 學年에 配定배정하여 單一化함.

學　年	1	2	3	4	5	6	計
單語數	43	166	200	334	751	1,193	2,657

3. 각 學年에 配定된 單語를 構成하고 있는 낱字를 알아봄.

學 年	1	2	3	4	5	6	計
字 數	60	241	191	439	765	922	2,658

4. 각 學年에 登場된 낱字를 다시 全體統合一連化하여 重複된 낱字를 가려냄.

音別	ㄱ	ㄴ	ㄷ	ㄹ	ㅁ	ㅂ	ㅅ	ㅇ	ㅈ	ㅊ	ㅋ	ㅌ	ㅍ	ㅎ	計
學年	197	34	59	5	58	113	207	242	168	87	1	29	40	106	1,346

5. 調査된 2,657單語 가운데서 日常生活에서 흔히 쓰이지 않거나 너무 어렵다고 생각되는 單語는 削除삭제하였음.

6. 査定된 單語를 基準으로 1,346 낱字를 다시 取捨취사하여 學年別로 指導해야 할 낱字를 정함.

7. (4)에서 査定한 낱字들을 文敎部가 中學校用으로 選定한 900字와 對照대조해 보았음. 약 350餘字가 900字 範圍범위 밖이었고 範圍 안의 字 약 150字가 漏落누락되었음.

8. (6)에서 査定된 낱字에 中學校敎育用 漢字 900字 중 漏落된 150餘字 중에서 다시 活用度가 높고 쉬운 50字를 選擇하여 揷入삽입시켰음.

學年別 指導해야 할 낱字를 確定확정하게 됨.

學 年	1	2	3	4	5	6	計
낱字數	100	100	143	240	241	243	1,031

9. (5)에서 査定한 結果와 (8)에 새로 揷入된 낱字들로 새로운 單語를 構成하여, 學年別로 指導해야 할 單語를 確定지음.

學 年	1	2	3	4	5	6	計
낱字數	100	115	148	230	230	230	1,013

* 作業上 問題가 되었던 點

- 획수가 적은 漢字라도 뜻으로 보아 아래 學年에 適用시키기 어려운 點.
- 아래 學年에 많이 쓰이는 用語이지만 漢字의 획수가 많고 어려운 字가 쓰이고 있다는 點.

指導事例

指導方法 ① 카아드를 利用 ② 揭示物게시물을 利用 ③ 板書판서

指導時間 아침 自習時間 이용

指導結果

<例 1> 카아드를 利用하여 指導 (3學年) (100問項)

評價內容	單語읽기	낱字읽기	漢字읽기(文章속에서)
100分位點數	70.4	52.3	53

<例 2> 揭示物 利用 (4學年) (50問項)

考査回數	1次	2次	3次	낱字읽기	單語쓰기
100分位點數	71.9	73.1	81.6	59.7	32.6

<例 3> 板 書 (5學年) (20問項)

考査回數	1次	2次	3次	쓰 기
100分位點數	40.7	48.7	56.3	11.7

指導上 問題點 애초에는 教科書에 나오는 順序대로 一日一單語 指導目標로 하였으나, 教科書가 單元에 따라서 漢字語가 전혀 없는 境遇와 集中的으로 몰려 있는 境遇가 있어 各學年에 配定된 單語 가운데서도 어

떤 單語를 먼저 가르칠 것인지 問題가 되었음.

本案의 學年系列性 選定된 1,013 낱字는 指導되어야 할 낱字로는 2個學年 이상 重複중복되지 않으나 復習過程복습과정으로는 여러 번 되풀이된다.

選 字 例

1學年 國語教科書에 많이 나오는 漢字

教室 秋夕 大門 東大門 動物 學校 先生 大韓民國 安寧 太極旗……등

○ 뜻이 쉽고 획수가 적은 것

一 二 三 四 五 六 七 八 九 十 月 火 水 木 金 土 四方 女子 男子…… 등

2學年

白軍 食口 時間 時計 電話 午前 午後 貯金저금 陸軍육군 昨年 便利 院長 溫度 平均…… 등

3學年

記念 命令 有名 道路 對答 反對 臣下 家族 不幸 共同 國道 速力…… 등

4學年

感想文 講習會 攻擊공격 功績공적 課業 德分 文筆 長短 航海 風俗 鐵路 草家 現在 目的 古木 國力…… 등

5學年

監獄감옥 簡便 啓蒙계몽 明細명세 各種 感動 假面 智慧지혜 淸掃청소 銃彈총탄 侵略침략 血肉 賣買 許諾 香氣 鳥類 赤色 岩石 完了완료 害蟲해충…… 등

6學年

强調 距離거리 感激감격 高尙 季節 結婚 聖雄 視聽 姿態자태

危篤위독 華麗화려 混亂 秩序 趣味 手足 引出 借用 步行…… 등

〈서울泳薰國民學校 敎師/ 어문연구 9호/ 國民學校 漢字敎育에 대한 學術講演內容〉

漢字能力檢定試驗을 통한 漢字指導의 效率化

安 賢 模

1931년 서울 출생. 이 글은 초등학교 현장에서 이루어진 한자 학습에 대한 報告의 글이다. 기존의 漢字敎育이 하루에 몇 자씩 제시하고 이를 익히게 하는 指導 方法에 머물고 있음에 異議를 제기하고, 효율적인 한자 교육은 漢字學習에 대한 目標値를 설정하여 學習動機를 높이고 이를 維持, 持續시킬 수 있어야 하는데, 이런 방법 가운데 하나가 될 수 있는 것이 漢字能力檢定試驗을 통한 漢字級數의 취득 제도임을 학교 현장에서의 실증적 경험을 통해 제시하고 있다.

Ⅰ. 序　文

漢字混用敎育을 중지한 1970년 2월 이후에도 初等學校에서의 漢字敎育은 꾸준히 이어져 왔다. 國語語彙의 70%, 學術用語의 90% 이상이 漢字語로 이루어져 있음을 알고 있는 많은 선생님들이 漢字指導의 필요성을 인식하고 나름대로 漢字를 指導해 왔다. 또한 많은 학교에서 학교 敎育計劃교육계획의 하나로서 전체 어린이를 대상으로 아침 自習時間에 몇 자씩 한자를 提示제시해 익히게 하는 方法으로 指導해 오고 있다. 하지만 이러한 方式의 한자 지도는 指導內容에 體系가 있다고 하기 어렵고, 더구나 學習結果에 대한 評價평가가 있는 것도 아니기 때문에 學習의 成就度성취도를 짐작하기 어렵고, 그 결과 어린이들의 學習意慾학습의욕과 학부모들의 한자 교육에 대한 기대와 관심을 지속시키기에 어려움이 있는 것은 사실이다.

제6차 教育課程 改正 이후, 초등학교에서의 漢字教育은 좀 더 적극적으로 이루어져 왔다고 할 수 있다. 週當 1시간으로 配定배정되어 있는 學校裁量時間재량시간에 한자를 채택하는 학교가 늘어났고, 漢字가 하나의 教科目으로 인식되기 시작했으며, 學習과 더불어 評價도 試圖시도되었다. 하지만, 학교 裁量時間을 통한 한자 교육이 正規科目이 아니라는 認識인식 때문에 관심 있는 사람들의 期待기대만큼 아주 좋은 結果를 보여 주지 못해온 것이 사실이다. 이러한 現實에서 어린이들로 하여금 漢字學習에 대한 目標値목표치 설정으로 學習動機를 높이고 이를 維持유지, 持續지속시킬 수 있는 方法 중의 하나가 漢字能力檢定試驗을 통한 漢字級數한자급수의 취득 제도이다.

2. 指導方法과 內容

서울大吉初等學校의 본격적인 漢字指導는 1994年 9月 洪光植 校長先生님께서 부임한 시점부터 시작되었다고 할 수 있다. 『국가 경쟁력을 키우는 지름길은 漢字의 早期教育조기교육을 통한 漢字文化圈 내에서의 競爭力경쟁력 提高부터』라는 교장 선생님의 信念신념에 따라 학교 전체 어린이를 대상으로 아침 自習時間을 活用하여 漢字를 가르치기로 하였다.

韓國語文教育研究會 選定 基礎漢字 500字로 일상생활에 자주 쓰이는 漢字語를 만들어 2학년 이상의 어린이들에게 每日 두 字씩 익히게 하였다. 每週 土曜日에는 일주일의 생활을 반성해 보면서 故事成語를 공부하는 生活本을 마련하여 漢字語句를 익히고 더불어 先人들의 생각을 理解할 수 있는 機會를 가졌다. 그리고 익힌 漢字를 復習할 수 있게 每月 末日 한 달 동안 익힌 漢字를 中心으로 만들어진 復習紙를 配付배부하여 自律的으로 學習할 수 있게 하였다.

또한 어린이들이 한 學期 동안 익힌 漢字를 放學방학 중 自律的으로 復習하도록 격려하였고, 放學이 끝나면 漢字實力競試大會한자실력경시대회를 열어 그 實力을 겨루어 볼 수 있는 機會를 마련해 주었다. 다음 해 이어지는 反復學習으로 많은 어린이들은 자연스럽게 6級 정도의 實力을 갖게 되었고, 學校에서는 漢字能力檢定試驗을 소개하여 自身의 漢字能力을 測定측정해 볼 수 있게 하였다.

3. 指導成果

이렇게 닦은 漢字實力으로 어린이들은 1995년 5月 20일 처음으로 第5回 全國漢字能力檢定試驗에 應試응시하였다. 이 때 많은 어린이들이 아침 自習時間에 提示된 漢字보다 더 높은 級數에 해당하는 漢字를 自學自習으로 익혀 상향 지원하였다. 그 결과 全國漢字能力檢定試驗의 전체 평균 合格率합격률 48.2%를 약간 상회하는 약 50%의 合格率로 자신들이 志願지원한 級數에 合格하였다. 이 成果는 단지 合格率만으로 이야기할 수 있는 것은 아닐 것이다. 열심히 공부하였고 그 結果를 公認공인된 級數證이라는 것으로 되돌려 받은 어린이들이 느끼는 成就感성취감은 그 무엇과도 바꿀 수 없는 소중한 經驗경험이었다.

自信感을 갖게 된 어린이들은 더 높은 級數에 도전하겠다는 熱望열망을 갖게 되었고 學父母님들 또한 積極的적극적으로 후원하셨다. 이러한 熱氣열기는 試驗을 치르지 않았던 다른 어린이들에게도 轉移전이되어 많은 어린이들이 自身의 目標를 세우고 目標를 成就해 보려는 意志를 갖게 되었다. 그 熱氣는 계속 이어져 第8回 全國漢字能力檢定試驗 應試者는 약 1,300名에 달했고 약 76%라는 合格率을 보여 주었다.

아래의 表는 第5回에서 第11回까지 大吉初等學校 어린이들의 횟수별 志願者와 合格者數를 나타낸 것이다.

횟 수	試驗 時期	志願者	合格者	合格率
제 5회	95.5	233명	105명	48%
제 6회	95.11	470명	315명	68%
제 7회	96.5	670명	368명	57%
제 8회	96.11	1295명	979명	76%
제 9회	97.5	1012명	627명	62%
제 10회	97.8	2명	1명	50%
제 11회	97.11	1041명	557명	57%

3학년 兄이 공부하는 모습을 지켜보던 1학년 어린이가 入學한지 두 달 만에 7級에 滿點만점으로 合格하여 父母님을 기쁘게 하였으며, 一般人들도 合格하기 어려운 3級 시험에도 여러 어린이가 合格하였다. 3級에 合格한 후 2級에 挑戰도전하여 힘들어 하는 딸을 격려하고 이끌어 주기 위해 함께 공부한 어머니가 딸과 함께 나란히 2級에 合格한 일은 두고두고 話題화제가 되기도 하였다.

지난 해 가을에 시행된 第11回 全國漢字能力試驗까지의 結果를 살펴보면 총 合格者 수가 2,951名이다(重複중복 級數 취득 어린이 포함). 98學年度 現在 총 級數證을 갖고 있는 어린이는 全體 어린이의 약 43%에 해당되는 1,037名이고 이미 卒業졸업한 어린이들을 포함한다면 學校 全體 어린이의 반 이상이 試驗에 도전하여 合格의 기쁨을 누렸다는 것이 된다.

아래의 表는 1998년 4월 현재 漢字級數 資格자격 所持者를 調査조사한 것이다.

學年 / 級數	2學年	3學年	4學年	5學年	6學年	級數別 計
2級						
3級				2	3	5
3級Ⅱ				2	5	7
4級		2	6	33	19	60
5級		8	29	80	71	188
6級	1	37	54	103	56	251
6級Ⅱ	6	64	45	37	31	183
7級	110	81	58	37	16	292
8級	36	9	3	3		51
學年別 計	153	201	195	287	201	1037

약 3년 반 동안의 漢字教育 成果는 한자 교육에 대한 學父母의 支持度지지도로도 엿볼 수 있다. 97학년도 학부모들의 학교 교육 평가에서 漢字教育에 대하여 약 86%가 '바람직하다'는 意見을 나타냈다. 더불어 學校를 信賴신뢰하고 學校의 교육 정책을 적극 믿고 따르는 學父母들이 늘어나게 되었다.

한자 교육은 단순히 文字教育만을 意味하는 것은 아니다. 漢字語句를 통해 先人들의 생각을 理解하고 나아가 그 속에 담겨 있는 智慧지혜를 배울 수 있어 人性教育의 效果효과도 컸다고 볼 수 있다. 무엇보다도 가장 意味있는 일은 많은 어린이가 이러한 經驗을 통해, 漢字를 읽고 쓸 수 있다든가 우리말의 語彙力이나 理解力이 向上되었다든가 어른이 읽는 新聞을 읽고 理解한다든가 하는 可視的인 結果 이외에 자신이 노력하면 무엇이든 해낼 수 있다는 自信感을 갖게 되었다는 것이다.

4. 앞으로의 展望

情報化, 世界化의 過程 속에 우리는 수많은 새로운 知識과 情報를 접하게 되었다. 인류의 역사가 地理的, 空間的 制限제한을 극복하려는 과정 속에서 발달되어온 것은 틀림없지만 우리 삶의 運營운영은 결국 내가 속한 地域지역 社會 안에서 그리고 나와 가까운 이웃 나라와의 관계 속에서 이루어질 수밖에 없을 것이다. 그런 점에서 漢字의 教育과 漢字의 올바른 사용은 우리나라가 中國, 日本과 더불어 漢字文化圈인 아시아에서의 經濟, 文化면에서 주도적 역할을 하는데 寄與기여하게 될 것이다.

다행스럽게도 현 政府정부는 우리의 初·中等 教育課程에서 書藝서예와 漢文의 竝行教育을 하겠다는 시의 적절한 정책발의를 하였다. 이러한 관심이 씨앗이 되어 漢字教育이 보다 더 活性化될 것이다. 앞에서 보여진 바와 같이 漢字能力檢定試驗이야말로 한자 교육의 효과를 증대시킬 수 있는 적절한 방법 중의 하나이고 結果的으로 漢字能力檢定試驗은 일반 시험이 다른 教科에 미치는 것과 같이 漢字教育의 內容과 方法까지도 결정짓는데 큰 영향을 끼치게 될 것이다.

〈서울大吉初等學校 教師/ 어문연구 98호〉

어느 쪽이 能率的인가
-李奎浩교수의 글을 읽고

梁 承 泉

李奎浩씨가 한 문예월간지에서 한글전용을 주장하고 있는 데 대한 反論의 글로서, 漢字敎育이 갖는 實用性과 能率性을 여러 측면에서 지적하고 있다. 특히 中國이 한자 때문에 물질문명이 떨어졌다는 것은 한자의 無制限 사용 때문에 나온 말이지, 우리처럼 한자를 제한적으로 사용하는 것과는 상황이 다르며, 日本의 경우는 오히려 日本國文에 의한 교육보다도 한자와 일본국문의 混用 교육이 훨씬 효율적이라는 것이 실험을 통해 밝혀졌다는 지적을 통해 한자교육의 效率性을 강조하고 있다.

「文學思想」 11月號에 실린 李奎浩先生의 글을 읽고 너무도 我田引水아전인수가 심한 듯하여 反論을 적는다.

한글專用을 주장하는 李敎授의 글 자체가 순한글 表記이기는 하나 그 論旨논지를 解得하자면 漢字知識 없이는 不可能함을 느낀다. 설령 앞으로 新聞·雜誌나 公用文書에 한글만 쓴다고 하더라도 그것을 解得하기 위해서 學校에서는 漢字敎育을 실시하지 않고는 안 되리라 믿는다. 하물며 數千年을 두고 이루어 온 文化遺産이라 할 學術語나 文句를 一朝에 버릴 수도 없고 버려서도 안 된다. "1,800字의 漢字를 習得한다고 古典文化를 볼 수 있는 것은 아니니 차라리 그만두라"고 하였으나, 純漢文의 解得은 어렵더라도 學術書籍학술서적과 新聞·雜誌의 讀解는 可能할 것이며, 남의 이름을 알아보고 日常文書를 處理하는 것도 힘이 아닌가. 中高를 통하여

英語教育을 받아온 一般人이 英文原書나 新聞하나 제대로 읽는 이가 드문 現實을 念頭에 둔다면, 이 社會에서 漢字教育이 얼마나 實用的이고 能率的인가!

地名이나 人名을 記憶기억함에 있어 國漢混用文과 순한글의 어느 쪽이 效果的효과적인가는 누구나 간단히 알아볼 수 있다. 筆者는 실제로 忠淸南北道의 面 이름을 漢字로, 全羅南北道전라남북도의 面 이름을 한글로만 적어서 외워 본 일이 있다(순한글 地名은 외우기가 어려울 뿐만 아니라 훨씬 쉽게 記憶기억에서 사라져 버린다).

또한 日本語나 中國語를 배우고자 하더라도 漢字가 필요하니 漢字教育의 效用은 여기에도 있다. 오늘날 日本의 勢力이나 中共의 潛在力잠재력을 想到상도할 때 中國語나 日本語를 알아야 할 必要性은 갈수록 高潮고조될 것으로 믿는다.

李교수는 또 日帝時代에 압수된 1926年 11月 5日字 東亞日報 社說(國之語音)을 들어 말하였으나, 무릇 모든 文化나 政治·經濟는 다 그 時代·環境환경에 適應적응해야 할 것이다. 當時는 日本語를 國語로 삼아 우리의 國語를 抹殺말살하려 하고 漢字도 無制限 사용하던 때가 아닌가. 하지만 지금은 時代事情이 判異하다. 오늘날 學校教育에서 英語를 重視하는 것은 世界的인 潮流조류에 順應순응한 것이요, 文教當局에서 國漢倂用의 語文政策을 취한 것은 우리의 傳統文化를 繼承계승할 뿐 아니라 地政學的(中國과 日本 사이에 든) 配慮배려도 兼한 것이라 할 것이다. 이 時點에서 무조건 文教政策을 비난하고 學術院의 處事까지 못마땅하게 여김은 지나친 獨善독선이요 我執아집일 뿐이다. 學術院은 名實 공히 이 나라 碩學석학이 모인 곳이니 그분들도 李奎浩先生 못지않게 研究 檢討한 후에 내린 決斷이라 생각한다. 또한 "國漢倂用論者들이 科學的 根據근거의 提示도 없이 한글專用을 反對한다"는 표현은 너무 見聞이 좁은 召致소치다. 이미 1971年 韓國語文教育研究會에서 發行한 「國語에 對한 重大한 誤解」(吳之湖著)와 「漢字와 한글과의 關係性관계성」(金能根著)을 읽은 일이 있는지 묻고 싶다.

"中國이 漢字를 使用함으로써 物質文明에 뒤떨어졌다"는 中國作家 魯迅의 말은 事實에 가까울지 모르나 그것은 數萬字가 넘는 漢字의 無制限 使用에서 나온 批判비판이다. 人間의 壽命수명이 1~20年으로 끝난다면 몰라도 60年을 한 平生이라고 할 때에 中高 6年 동안에 漢字 2,000字 정도를 習得하는데 所要되는 時間은 6個月도 안 되는 것이니, 6個月을 배워서 平生을 두고 活用한다면 이 얼마나 利得이 되며 能率的인가.

8·15解放 당시 日本은 敗戰 後에 '科學, 科學'을 외치며 그네들이 뒤떨어진 原因은 漢字에 있다 하여 漢字教育과 使用을 全面 폐지하려 하였다. 그리하여 그 事前措置사전조치로(實驗실험을 위하여) 初等學校를 따로 세우고 兒童 數十名을 뽑아서 日本國文으로만 數年間 實驗教育을 해 본 결과, 오히려 漢字混用教育보다 훨씬 非能率的이었기 때문에 다시 漢字教育定策을 쓰되 漢字數를 制限제한하기로 한 先例가 있다. 그런 경험을 들어 日本大使館일본대사관 文政官이 우리에게도 漢字併用을 勸告권고한 모양인데 이것을 文化侵略문화침략으로 斷定하는 것은 井底之蛙정저지와의 愚일 뿐이며, 漢字併用論을 日本에 대한 아부라고 한 表現은 그냥 들어넘길 수 없는 妄發이다. 語文政策의 樹立은 어느 한 世代의 不便 정도가 아니라 國家와 民族의 百年大計요, 子孫萬代를 위한 일이다.

이제 紙上이나 雜誌를 통한 論爭을 할 때는 지났다. 정말 그것이 옳은 語文教育의 길이라면 實驗學校(初·中·高를 通한)를 세워 그 能率을 試驗시험해 보는 方法이 남았을 뿐이다.

〈時調作家/ 어문연구 5·6호〉

學力向上과 漢字와의 關係
-每日漢字, 言語力回復의 應急措置

梁 堯 生

思考는 言語의 手段으로 이루어지며 行動은 思考의 結果라는 전제 하에서 이 글은 한글전용이 學生들에게 혼란을 招來하고 이 混亂이 學習體系의 와해를 가져왔음을 학습 현장에서의 많은 예들을 들어가며 보이고 있다. 특히 이 글에서 엿볼 수 있는 흥미로운 점은 한자를 분해하면 8획에 불과하며 이 8획으로 215개의 部首를 이루고 다시 이것이 常用漢字를 만들어 常用漢字는 다시 8萬餘 單語의 構成要素가 되므로, 한자 습득은 思考의 手段인 言語의 習得에 가장 쉬운 方法임을 역설하고 있다는 사실이다. 결론에서 필자는 漢字가 國語라는 槪念을 確立하여 國策으로써 어떻게 가르칠 것인가를 決定하여야 하며, 초등학교 때부터 漢字를 漢字로 가르쳐 言語能力을 回復시키는 것이 思考力의 回復과 靑少年問題의 解決을 돕고 學力의 正常化를 기하는 지름길이라고 주장하고 있다.

語文→思考→行動의 函數

무엇이든 被敎育者피교육자에게 가르치기 위해 우리는 어떤 方法을 使用하는가? 言語와 文字를 그 媒體로 삼는다. 그러므로 敎師들은 自身이 이미 알고 있는 事實을 他人에게 傳授하는 手段수단으로서의 言語와 文字에 대해 自己本位로 錯覺착각하기 쉽다.

그러나 立場을 바꾸어 學生의 立場에서 보면, 敎師가 使用하는 言語를 通해 그것을 連結연결하면서 그들의 두뇌에서 理解이해·推理추리·應用응용·暗記암기하는 道具로 삼는다. 곧 言語와 文字는 知識傳授의 手段인 同時에 知識傳受의 最初이며 最終的인 手段이 되는 것이다. 그러므로 教師가 使用하는 言語와 學生이 理解하는 言語가 一致 내지는 等價를 이루어야 學習이 成立될 수 있음은 自明한 일이다.

一例로 실제의 수업에 있어

㉠ ① 베트남의 수도는 사이공이다.
② 베트남의 주작물은 수도이다.
③ 수도의 수원은 서울의 경우에 한강으로 하고 있다.

고 가르치게 될 때

㉡ 學生들은 ① 首都, ② 水稻, ③ 水道라고 區別되어 있음이 前提이다.
㉢ ①의 首都는 (머리수)(도읍도)라는 構造內容을 알고 있음도 前提되어 있다.

그러나 이 경우 高等學校의 各科目의 教師들이 각자 수도들을 가르치고 있기 때문에 이것을 모아서 受容해야 하는 학생들의 '異義同音字'에 대한 혼란 및 單語自體의 沒理解몰이해에 대한 고려가 전혀 되어 있지 않다.

다음으로 知識人에 있어서나 學生에 있어서나 言語와 文字가 思考의 手段이라는 事實이 沒却몰각되어 있다는 事實이다. 大多數의 사람들은 自身이 이미 알고 있는 事實을 表現·記錄하는 手段으로 言語를 規定규정하고 있으면서 '이미 알고 있는 事實'의 그 自體를 追跡추적 構築구축하는 手段이 바로 言語였다는 事實을 잊고 있다.

言語란 곧 思考의 鑛脈광맥을 파들어 가는 착암기와 같은 구실을 하는 것이다. 그러므로 이 착암기의 性能如何에 따라서 그 思考의 정밀성과 確實性과 論理性이 決定되는 것이다. 호미로 광맥을 파느냐? 다이아몬드가

박힌 착암기로 파들어 가느냐의 差異는 곧 言語의 優秀性우수성이 論理의 優秀性과 經濟性에 直結되는 비유인 것이다.

그러므로 어떤 나라의 國語가 優秀하냐 아니냐를 判斷판단하는 열쇠는 바로 그 言語의 構造가 論理的 思考를 하는 데 있어 優秀한 組織力조직력을 가졌느냐 아니냐에 달려 있는 것이다.

모든 表意文字나 表音文字가 모두 文字로서의 成立段階성립단계에 이르렀을 때 表意能力과 表音能力－卽 言語의 必要·充分條件충분조건을 具有구유하게 되는 데 比해 한글이 월등한 表音能力에 比해 現代生活에 對處할 수 있는 論理語의 表意能力이 全無에 가깝다는 事實을 우리는 注意해 보아야 한다.

바꿔 말하면 科學의 發展이란 "單位面積에 얼마나 正確하고 간결하며 體系 있는 言語를 얼마나 많이 集約집약시키느냐?"로 그 優劣우열이 판가름난다고 볼 수 있는 것이다.

곧 이 말은 100㎤에 蓄積축적된 部分品이 얼마나 多樣하고 精巧정교하냐에 따라 平凡한 돌덩이에서부터 원자탄에 이르는 폭발력을 갖느냐와 同一한 것이다.

그러면 먼저 한글專用(轉用(?))의 소용돌이 속에서 漢字에 대한 우리 學生들의 能力이 어느 程度정도에 이르렀는가를 살펴보아야겠다. 그리고 나서 漢字의 正體를 밝히고 그 學習의 方法이 論議되어야겠다.

<例 1> 某高校에서 아래 6問의 漢字讀音과 뜻풀이 4問의 한자쓰기와 뜻풀이를 했더니 平均 23點이었다.

(獨立　國語　再建　統一　安保　合心　반공　학교　평화　조상)

※ 以上의 國民學校에서 배운 단어를 학생이나 敎師가 알고 있다고 착각하고 있을 뿐, 직접 시험에 임해 보면 그들의 主觀的인 表現能力이 0點에 가까움을 反映한 것이다.

<例 2> 某高校에서 國語教科書의 漢字音을 지우고 直接 漢字를 보고 읽게 하였더니 90%가 읽지 못하였다.

一例로 高一의 國語教科書 p.96에는

> 두 파(派)로 분열(分裂)되어 있던 좌익(左翼) 문학 단체(文學團體), 곧 문학 동맹(文學同盟)과 프로 예맹(藝盟)이, 공산당(共産黨)의 지령(指令)에 따라……

로 되어 있다.

이를 視覺的시각적 效果에서 보듯이……이 두 파(파)로 분열(분열)되어 있던……式으로 거듭 읽는 非合理性을 보이고 있다.

漢字를 意圖的의도적으로 國語에서 追放추방하려는 者들의 획책이 學生들의 基礎漢字力不足과 더불어 이런 結果를 빚고 있다.

<例 3> 그러면 國民學校의 읽기는 어떤가? 그들은 單語를 全혀 알고 있지 못하기 때문에 띄어쓰기가 되어 있는 데도 그것을 나누어 볼 수가 없다.

> 卽 극장 / 의관람 / 석모양 / 으로 / 객석 / 이2층으로 / 되어있 / 고 / 300개가 / 량의 / 자가 / 놓여 / 있다. / 마이 / 크는 / 무대에 / 도있지 / 만 / 큰저울 / 대같은 것 / 이 / 객석 / 위한 / 가운데에 / 도 / 달려있 / 었다.

다시 말하면 單語를 알지 못하므로 그것이 어떤 뜻으로 어디에 어떻게 連結되는지 모를 일이며, 그러므로 읽기에 그대로 反映되고 있는 것이다.

<例 4> 單語의 뜻을 모르기 때문에 시험 문제의 答을 낼 수가 없다.

> (國語 · 高1) 솔불 혀지 마라, 어제 진 달 돋아온다. 위에서 달과 <u>대조</u>되는 말을 찾아 <u>이음절</u>로 써라.
>
> 學生들은 <u>對照</u>와 <u>二音節</u>을 몰라 무엇인지(?) 答案답안을 메운다고 實吐실토

한다.

(化學 · 高2) 다음에서 청변하는 것을 찾아라? 靑變을 모르니 答을 쓸 수 없다.

(數學 · 中學) 다음 인수를 분해하라.

인수분해만을 외웠지 인수가 분해될 수 있는지 아는 學生이 드물다.

<例 5> 國語의 파괴와 單語 소멸의 위기에 처해 있다. 한글로만 教師의 입을 通해 또는 <한글板書판서>를 通해 漢字單語를 배운 學生들은 이렇게 한글로 쓰고 있다. ( ) 안이 바른 뜻.

※ 화재(話題) 여이(如意) 수확 여행(修學旅行) 지도자(스승) 주체(主催) 관부(幹部) 홧토(花鬪)……

火災 收穫旅行 主體 管部(?) 등의 엉뚱한 어휘 능력은 그만두고라도 語法이 틀리고 文章自體를 만들어내지 못하거나 思考의 能力自體가 없음은 明白하다.

<例 6> 某大學에서 本籍본적과 現住所를 漢字로 쓰게 하였더니 30~60%의 學生들이 誤記오기하고 있었다.

郡이 君으로, 裵女史가 輩女史로, 浦가 甫 등이었다(以上 南廣祐博士 調査조사). 그러나 이것을 全國의 大學에 擴大확대해 놓고 보면 그 문제는 한층 심각할 것이다.

<例 7> 그러면 初 · 中 · 高 12年間의 教育을 받은 새世代의 젊은이(大學生)들은 어떤 造語에 最大의 興味를 쏟고 있는가?

아래 말을 한번 번역해 보시라!

어젯밤 '까이'하고 '일숙이네' 갔었지. 아주 '끝내 주더라' '수소탄' · '원자탄'에 '뻥'하더니 곧장 '해골 굴리더라' 그런데 알고 보니 '혼방'이야! 게다가 '가을여자'구! 나참 '쪼따구나서' 살 수 있어야지.

다음 '멤버체인지' 때는 '골프'를 '깬깬한 것'으로 '땡겨'야겠어. (「週刊中央」 1977年 10月 2日字에서 轉記)

이 大學生社會의 普遍化보편화된 言語習俗과 思考의 바탕이 果然 바람직한 것인가를 우리는 自省해 보아야겠다.

<例 8> 以上의 問題가 가져다 준 靑少年問題를 살피며 言語→思考→行動의 函數關係함수관계에 대한 結論을 내리자.

㉠ 靑少年吸煙率청소년흡연율은 11.3%로 12~18세까지를 5百21萬名으로 推計추계 할 때 42萬名이 吸煙하고 있다.(1977年 1月 12日 「京鄕新聞」)

㉡ 大麻草는 1977年 1月 「京鄕新聞」 조사에 의해 12~14세가 4%, 15~16세가 4,5%, 17~18세가 7.1%로 밝혀지고 있고, 1976年 대검찰청의 發表에 의하면 大學生의 23%가 常習으로 推計되었다.

㉢ 홀트아동복지회 調査의 未婚母는 1976年度에 前年 對比 34%라는 무서운 增加率을 보이고 있고 1969年 對比 3,000% 增加라는 경악할 數値를 보이고 있다.

注目할 것은 無學이 40%이고 中卒 以上이 60%로 學力의 有無가 思考能力에 아무런 影響力을 行事하고 있지 못함이 드러나고 있다.

이것이 우리의 敎育과 社會現象으로 나타난 靑少年問題의 眞相이며 授業時間에 그들은 制度와 規範규범에 얽매여 있을 뿐, 이미 마음은 學業을 脫線탈선하고 있으며 언제든지 校門을 박차고 나가서 더 큰 問題를 일으킬 素地를 안고 있는 것이다.

그러면 위에서 살펴본 바 言語→思考→行動의 병폐를 露出노출시킨, 敎育의 不合理性을 시정하기 위해 어떻게 바른 語文을 가르칠 것인가? 다시 말해 왜 漢字를 國語로 가르치고 全敎科書에 露出해야 하는가?

첫째, 漢字는 論理語를 豊富풍부히 갖고 있어 初·中·高·大의 思考發展에 要求되는 單語를 充足시키고 있다.

둘째, 漢字는 音이 重要한 것이 아니고 뜻이 우선된다.

셋째, 漢字는 異義同音字가 많다.

넷째, 漢字語는 數千字의 漢字 낱개가 造語素가 되어 있기 때문에 그 漢字를 알아야 모든 單語를 이해할 수 있다.

漢字로 가르쳐야 된다

위에서 말한바 왜 漢字를 露出해야 하는가, 그 具體的 理由로 맨 먼저 아래 表를 살펴보자.

固有語	보다, 살피다			
漢字語	音	字形	異 義 同 音 字	
	견	見	犬 堅 肩 遣 絹	(7字)
	시	視 · 示	市 時 詩 是 始 試 施 矢 侍	(11字)
	관	觀	關 官 貫 寬 冠	(6字)
	람	覽	濫 藍	(3字)
	간	看	干 間 刊 肝 幹 簡 姦 懇	(9字)

위 表에서 본 바와 같이 한글이라고 하는 固有語는 '보다'라는 뜻이 '보다' '살피다'의 두 가지밖에 없으나 漢字에는 造語素인 낱자(이들이 結合되면, 見聞 見學 見識 등의 無數한 單語를 만들어냄(造語)으로 英語의 see, look 등과 等價로 보아선 안 된다)만 해도 見 視 示 觀 覽 看 및 瞰 診 察 覩 瞥 望 眺 등으로 豊富하다.

이 單語의 精密性으로 因해 事物을 보는 눈은 그만큼 細密세밀하고, 正確하며 多樣다양하고 科學化된다. 마치 自動車의 外樣이 아닌 複雜복잡한 內部 附屬品부속품이 精密하게 돌아가듯이 이 言語들은 思考作用의 加速回轉가속회전을 돕는 것이다.

한 가지 한글專用論者들은 이 많은 漢字의 多樣性이 思考의 퇴보와 混亂혼란을 가져온다고 억지를 부리면서 表音文字로 完成段階에 이른 英語의 例를 들곤 하는데 英語에는 '보다' '살피다'에 그치는 것이 아니라 'see' 'observe' 'watch' 'view' 'glance' 'gaze' 'search' 'scrutinize' 'spy' 'inspect' 'look' 등과 'look at' 'look down' 'look round' 'look back' 'look about' 등 엄청난 어휘를 지난 2千年 동안 만들어 왔고, '눈 目' '눈 眼'과 같이 'eye' 'ocular' 등 모든 單語를 日常語와 學問語 등으로 確然히 區分하려는 경향을 보여 왔다.

이와 같이 그들은 언제까지나 우리 學生들을 '보다' '살피다'에 묶어 둘 수 없고 어느 때인가 그 以上의 單語를 배울 수 있도록 놓아 주어야만 한다. 卽 言語란 先天性의 것이 아닌 後天性의 것이요, 이것은 곧 自由民의 自由意思에 의해 결정되는 것이다. 그 自由를 制限하라는 것은—곧 拘束구속한다는 것은 不法이 아니겠는가? 그들은 '漢字語' 아니면 '外國語'에서 그 知的 滿足 내지는 充足을 求하게 될 것은 自明한 理致이다.

問題는 그 知的 慾求욕구의 根源自體를 폐쇄하는 데 있는 것이다.

둘째로 한글專用이 敎科書에 施行시행되게 된 억지의 근거는 모든 漢字音을 한글로 轉用하여 造語素的인 要素를 무시하고 '배울 學' '집 校'의 '學校'→배움집으로가 아닌 '학교'→(ㅎ+ㅏ+ㄱ, ㄱ+ㅛ)의 '학교'는 그냥 '학생이 모여서 배우는 집'으로 每單語를 暗記하자는 것이다.

이것이 不可한 理由로 7萬單語를 이루는 1,300~1,800字의 漢字를 배움으로써 7萬單語를 學習하는 데 얼마나 容易한가 하는 根本的인 問題를 접어 두고라도 決定的인 制動을 거는 問題가 바로 異義同音字이다. 이것은 獨語의 不規則動詞불규칙동사가 더 많이 使用되어 그 視覺上의 效果를 突出돌출시키기 위함과 同一하게 平易한 發音에 常用되는 意味가 모이게 된 것이 常用漢字의 異義同音을 擴大확대시킨 것이 아닌가 한다.

아무튼 위 표에서 본 바와 같이 '견'은 6字, '시'는 11字, '관'은 6字, '람'은 2字 '간'은 9字 등으로 敎育用基礎漢字 1,800字는 400의 發音으로 이

루어져 每發音當 4.5個꼴의 異義同音字(造語素)를 만들어내고 있으며, 이 異義同音字(造語素)들이 모여 異義同音語들을 만들어내어 自然 그 區別을 本來의 漢字로 배울 수밖에 없게 되어 있다.

'사' 發音엔 四 士 仕 史 巳 寺 絲 死 師 使 舍 射 謝 思 事 司 捨 邪 詞 詐 賜 蛇 斜 査 似 沙 社 寫 辭 斯 祀 私 등의 32字의 同音字가 있고

'기' 發音엔 己 旣 幾 技 記 氣 基 其 起 企 奇 期 紀 忌 旗 寄 祈 欺 騎 飢 器 豈 棄 機 畿 등의 25字가 있다.

위 두 發音의 造語素가 모여서 이루는 '사기' 發音의 單語들은 '沙器' '邪氣' '詐欺' '社旗' '寺基' '私記' '死期' '士氣' '史記' '事機' 등 24개에 이르고 있다.

이와 같이 모두 '사기'라고 發音되면서 뜻이 根本的으로 다른 單語가 大小 24개에 이르는데, 이것을 모두 '사기'로 배워 24개의 用例에 어떻게 맞추어 使用하고 또 나누어 이해할 수 있을까?

그러나 한글로만 漢字音을 轉用(?)하자는 사람들은 그 音價의 前後를 살펴 理解할 수 있다고 假定하고 있으나 그것은 오직 假想에 不過한 것이다.

卽 '견'이라는 發音의 見 犬 肩 遣 絹은 한글로는 모두 '견' '견' '견'……으로 發音되지만 그들이 地上의 理想的 文字로 보고 있는 英語의 경우에는 各各 see, dog, solid, shoulder, accredit, silk 등 全혀 다른 뜻을 그 다른 모습으로 나타내고 있다.

여기서 한글主義者들은 '堅'을 굳은으로 바꾸자고 하지만 英語에 이와 비슷한 뜻이 solid, firm(固), stout(堅), strong(强), strict(嚴格한), secure(堅固한), steady(安定된, 堅固함), sturdy(健壯한) 등의 豊富한 어휘가 있는데 비해 固有語의 絶對的인 不足을 認知인지 못 하고 있음이 안타깝다.

아무튼 바꾸어 보자는 것이 無理라는 것을 自認한 그들의 主張대로 異義同音語는 위의 原理로 發生하여 現敎科書에 이렇게 나타나고 있는가?

<例文 ①> 전기를 사용하는 데 있어 (科學)
<例文 ②> 이 항목을 전기하고 (簿記)
<例文 ③> 전기 사항은 (社會)
<例文 ④> 에이브라함 링컨의 전기에서 보는바 (倫理)
<例文 ⑤> 이 순신의 전기에는 (歷史)
<例文 ⑥> 전기와 손익 비교는 전기에 걸쳐 (商業)
<例文 ⑦> 인생(人生)에 있어 전기(轉機)는 (國語)

이것을 各科目의 先生들은 나름대로의 전기로 가르치고 있고 國語에서만은 위와 같이 괄호 안에 漢字가 倂記병기되어 있다.

(1) 먼저 漢字를 알고 계시는 여러분들이 위의 밑줄 친 전기의 뜻을 넣어 보시오.

(2) 다음 한자를 全혀 모르는 학생이 이것을 어떻게 區別해낼지 생각해 보시오.

(3) 다음 鄕歌와 文學用語 및 形容詞만이 國語가 아닌 위의 文章이 국어인가 아닌가 判斷판단해 주시오.

(4) 이런 語文으로 學習하는 학생이 理解力·推理力·創造力이 있을 수 있다고 보십니까?

(5) 言語가 一朝一夕에 改革될 수 있다고 보시며 또 貴下는 完全히 한글專用이 可能한 모든 努力을 二世國民을 위해 하셨다고 장담하고 부르짖고 외치고 내세우고 施行하실 수 있습니까?

위의 例文도 위의 原理대로

① 전 : 田 全 前 電 傳 戰 轉……
② 기 : 期 記 機 氣 旗 器 騎……

의 結合으로 電氣 電機 轉記 前記 傳記 戰記 前期 全期 轉機 戰機 등의 '전기'를 만들어냈다는 것을 알아야겠다.

우리들이 흔히 이 '전기'가 다 所用되느냐? 그 大部分은 必要 없다고 이야기하는 非常識論者와 接하게 된다.

勿論 胃위를 떼어내고도 人間은 살 수 있으니 그 可能한 思考의 領域영역을 포기해도 人間은 生存할 수 있다. 다만 先進國家의 國民이냐? 未開國家의 國民이냐가 問題일 따름이다. 다만 指導者지도자가 未開國民이 되기를 强要했을 때 그 國家의 將來가 어찌 되어갈까 하는 問題는 한번쯤 생각해 볼 問題이다. 또 한 가지 人間의 肢體지체를 잘라내고도 人間은 生存이 可能하다. 그러나 그렇다면 말미잘도 動物이요 人間도 하찮은 動物이라는 점은 각오되어야 할 것이다.

漢字는 어려운가?

人間이 어떤 일을 判斷함에 있어 그 基準기준을 어디에 두고 이야기해야 할 것인가?

言語란 周知해 온 바 思考의 手段이지 言語自體가 目的이 아니다. 그러므로 目的한 바 結果에 의해 그 手段의 價値有無가치유무를 判斷해야지 단순히 그 手段自體만 가지고 便利, 容易, 簡便을 따질 일이 못 된다. 그렇다고 지게로 올라갈 수 있는 비탈길에 물 한 동이를 나르기 위해 헬리콥터를 動員하는 어리석음도 우리는 再考해야 할 것이다. 다만 人間이 文字를 배우는 것은 그 道具를 通해 배우고 닦아 보다 나은 人間生活을 營爲하는 데 도움이 되고자 하는 以上의 理由가 있을 수 없는 것이다.

먼저 우리가 우리의 國語로 使用해 온 漢字를 다시 살펴보고 이것이 우리 國語로 效果 以上의 헛된 勞苦를 끼치고 있는가 檢討검토해 보자.

모든 表音文字는 音價에 表意性을 부여하여 定形의 字形을 가짐으로

써, 卽 表意性을 띰으로써 完成段階에 접어들고 相互結合으로 文章을 이룬다. 여기서 不足된 어휘는 적당한 語群—다시 말하면 句나 節을 이루어 補充보충하게 된다. 卽 參加참가를 participate라고도 하고 take part in이라고도 하는 경우가 그렇다. 그러므로 '보다'에서도 look at, look down, look round, look up, look back 등으로 길어지고 모호해진다.

그러나 漢字語는 본다는 여러 뜻이 見 視 觀 覽 示 등으로 明確히 區別되어 간결하게 獨立的으로 存在하게 된다.

다시 이 表音과 表意를 圖表化해 보면

	子 母 音	部 首	造 語 素	單 語
한 글	24			나라 사람
英 語	26			people
國 語 漢 字	(8획)	(215個)	(常用漢字)	(國+民)

한글과 英語는 간단한 子母音 24~26個가 相互 結合하여 곧장 單語를 만들어나가고 그것은 一見 굉장히 쉬운 造語方法을 갖추고 있다. 그러나 누적된 數十萬單語를 일일이 외어야만 된다.

그러나 漢字語는 音의 結合이 아닌 形態의 結合으로 子·母音이 아닌 그 形態의 基本數가 正確히 밝혀진 바는 없으나 대충 '永'字 8획 속에 모두 들어 있다고 생각된다.

卽 8개의 획이 연결되어 無數한 글자를 만들어내는 種子 구실을 하는 것이다. 여기엔 表音文字와 마찬가지로 表意文字로서의 意味가 없음이 共通된다. 그러나 이것이 215개의 部首를 이룰 때는 이미 '水' '心' 등의 뜻이 포함되어 있어 이것이 結合 낱글자를 만들어낸다.

永 + 水 → 泳　水 + 田 → 沓　心 + 亡 → 忘

등이다. 中國에선 이 一音節을 그대로 使用하지만 우리나라에서는 二音節로 單語를 만들어 우리 語文에 맞추기 때문에 '見學' '見聞' '電子計算機전자계산기' 등의 單語가 形成되는 것이다.

다시 말하면 8획이 215개의 部首를 이루고 이것이 常用漢字를 만들어 常用漢字는 다시 8萬餘單語의 構成要素가 된다. 換言환언하면 8萬單語의 最小公倍數는 常用漢字요 常用漢字의 最大公約數는 215個의 部首이다. 이것이야말로 科學的이고 組織的조직적이고 合理的이고 思考의 手段인 言語의 習得에 가장 쉬운 方法이 아닌가?

1,800字의 漢字만 배운다!

이것이 漢字가 國語에서 척추의 役割을 하고 있는 根本이 되는 것이다. 더구나 요즈음은 盲目的맹목적으로 '하늘 천' '따 지'를 가르치지 아니하고 (休=人+木) (信=人+言)으로 部首를 活用한 六書의 法을 活用하는 科學的인 指導方法을 택하고 있다.

또 한 가지 國民學校에서 우리는 무엇을 가르치고 배워야 할 것인가? 그것은 오로지 基本이 되는 '낱말'을 배우는 것이다.

或者는 한글專用이 大衆을 위한다 하는데 士大夫가 存在하던 朝鮮時代도 아닌 國民平等의 民主社會에 大衆(?)이란 無識賤民層무식천민층이 意識的으로 存在해야 한다고 믿는다면 왜 中學校義務敎育은 必要한 것일까? 깊이 생각해야겠다.

한 가지 마지막으로 漢字의 複雜性복잡성에 대해 이야기해야겠는데 물론 單一面積에서 漢字의 획수는 複雜한 것이 事實이다. 그러나 모든 文字는 基礎語彙기초어휘에서는 字形이 간단하다.

英語의 ear, go, eye, sun, tree, moon과 같이 漢字의 耳 去 目 日 木 月 등은 간단하다. 그러나 美→beautiful, 重要→importance 등은 마찬가지로 길어진다. 오히려 英語는 이 길어지는 單語에도 不拘하고 26字로 만들 수 없는 어휘를 take part in으로 토막 내어진 單語의 語群으로 補充보충해야 함과 take, have의 뜻이 164개나 된다는 一字多義의 폐단을 통해 쉽게 알 수 있겠다.

卽 戰爭에서 한 개의 彈丸탄환을 한 번의 방아쇠로 일일이 당기는 能率에 比해 漢字는 1,300개의 彈丸이 集結되어 한꺼번에 自動的으로 폭발하여 核分裂을 일으키는 엄청난 效果와 비교되어야 할 것이다.

漢字는 3千年來의 最高의 文字요, 3千年 뒤까지 最高의 文字라는 것은 곧 이런 强點을 强調하는 것이 아닐까?

每日漢字－思考力回復의 應急措置

以上과 같이 國語란 어느 特定한 一次元의 部分에 限定된 것이 아닌 社會·歷史·地理·物理·化學·商業·藝術의 모든 分野에 共通된 問題라는 啓蒙계몽이 이루어졌으리라 믿는다. 이 大前提 아래

① 中·高·大로 이어지면서 論理語 및 槪念語개념어가 敎育媒體의 大宗을 이룬다.
② 이 論理語는 모두 漢字로 이루어져 있다.
③ 漢字語는 異義同音字가 大部分이어서 그 音記가 아닌 訓을 아는 漢字語로 가르쳐야 한다.
④ 漢字語는 215部首 2千字의 造語素로 이루어져 있어 그 造語素를 組織的으로 가르침으로써 言語 및 思考能力을 回復시킬 수 있다.

는 目的 아래 메마른 農土의 給水作戰과 같은 應急措置응급조치를 취하기로 했다. 이것이 곧 高等學校에서 課外로 주어진 1日漢字 自律學習이며 이 方法을 通해 言語能力을 回復하고 學習에 活力을 불어넣어 健康건강한 二世國民像을 確立해 보고자 했다.

方 法

① 1日 4字의 漢字를 訓과 音 및 쓰기를 익힌다. 이 漢字가 造語한 8單

語를 아울러 익힌다.

② 傳授方法은 指導教師지도교사 1人과 學生漢字委員 3名씩이 主動이 되고 교감先生을 委員長위원장으로 한 國語科教師全員 및 各部 主任教師로 構成된 '每日漢字委員會'를 두고 週番教師주번교사 및 擔任教師가 協助협조한다.

③ 指導教師는 全學生漢字委員을 召集소집하여 6時間(50分 單位)의 事前教育을 通해 ㉠ 漢字의 起源, ㉡ 國語로서의 漢字, ㉢ 字形의 原理(文書의 法), ㉣ 異義同音字 및 造語의 原理, ㉤ 筆順, ㉥ 國語外 教科의 漢字를 指導한다.

④ 아침 自律學習時間 및 中食時間 2회에 걸쳐 漢字委員은 4字 8單語를 칠판에 적고 4字는 칠판 모서리에 적어 하루 종일 지우지 않는다.

⑤ 全教科와 관련 各科目 教師는 單元名과 概念語는 漢字로 板書하고 漢字의 뜻으로 解說한다.

⑥ 每日漢字는 國語試驗에서 20% 범위로 評價하고 다른 教科도 漢字를 시험 문제에 露出한다.

⑦ 社會生活과의 關係를 고려하여 新聞社說 읽어오기, 10單語 以上 使用, 放學 擔任先生께 便紙쓰기 · 日記쓰기 · 노우트整理의 漢字使用을 권장한다.

⑧ 每日漢字는 教育用基礎漢字를 1日 4字씩 每學期當 600字씩 3學期에 걸쳐 1,800字를 가르칠 수 있다.

教材의 作成

① 教材는 중앙 복도의 칠판에 板書해도 좋으나 궤도를 만들어도 좋겠다.

<例> 街 거리 가(彳+土+土+亍)

街路燈(가로등) : 길가에 켜는 燈

街路樹(가로수) : 길가 左右에 심은 나무

道 길 도(首+辶)

道界(도계) : 道와 도의 경계

道路(도로) : 사람이 통행하는 길

行 갈 행(彳+亍)

行軍(행군) : 軍隊를 정렬하여 멀리 감

行進(행진) : 걸어 나아감

路 길 로(足+各)

路線(노선) : 가는 길, 主義主張

路邊(노변) : 길 가, 길 옆

② 國語 以外의 科目에 나오는 漢字優先(商業系學校에서 賣 買 損 益 計)……

③ 六書의 法을 加味해서 興味흥미를 느낄 수 있는 字形을 選定했다.

<例> ㉠ 雨 雲 雪 電(雷 震 霜 霧 零 靈 需……)

㉡ 青 晴 清 靜 ㉢ 甘 苦 幸 酸 ㉣ 思 念 志 忠

㉤ 胃 肝 胸 脚 등과 ㉥ 見 視 觀 覽

㉦ 言 語 說 淡 ㉧ 講 話 辯

등의 類別

④ 가급적 各漢字가 造語하는 單語는 昨日 배운 漢字가 活用되게 하였다.

<例> 第一日 : 計 算 領 收

第二日 : 家 宅 閣 舘

家計 : 집안의 살림 計劃

評 價

지난 2個月 배운 每日漢字를 1977年 9月 21日 國語試驗에서 評價했

다. 모두 24問題를 出題했는데 **읽기, 쓰기, 造語, 뜻풀이**로 分類해 보았다.

① 읽기엔 지조, 결백, 정숙 등의 單語를 넣은 文章을 만들고 거기 漢字를 읽게 하였다. 各漢字의 誤答者數는 ( ) 속에 表示했고 ★表는 가르치지 않은 漢字이다.

지조(35) 결백(5) 정숙(14) ★부녀(60) 학생(28) 근면(18) 박애(35) 정신(20) 반성(13) ★성묘(116) ★전답(64) ★동면(114)……(응시자=240名)

※ 正答率 82.2%

② 쓰기엔 文章 가운데서의 한글을 漢字로 쓰게 하였는데 ( ) 안은 應試者응시자 240名 中 誤答의 數이다.

㉠ 貞節(93) ㉡ 善明女子商業高等學校(105)
㉢ 協同(170) ㉣ 勉學(56)

으로 正答率이 55.5%였다.

즉 協同협동은 大部分이 協動으로 써서 誤答數가 늘었고, 其他 획이 不分明한 것을 嚴格엄격히 보았다.

③ 造語에서는

㉠ 海軍(79) ㉡ 水泳(49) ㉢ 永住(134) ㉣ 流水(43)

등의 뜻을 써놓고 말을 만들게 하여 漢字로 쓰게 하였는데, ( ) 안은 誤答者였다.

海軍은 水軍이라고 쓴 것까지 맞다고 하면 거의 틀린 사람이 없고, 永住에는 久住라고 엉뚱한 造語가 많이 나왔고 定着이라는 유사어가 많았다. 이의 正答率은 68.2%였다.

④ 뜻풀이는 反省반성 省墓성묘 田畓전답 冬服동복의 4문제를 물었는데 그 正答率은 68.6%였다. 즉 漢字를 板書해서는 공부할 수 없었던 狀態에서 不過 40회의 每日漢字를 自律的으로 教育시키고 보니 힘들이지 않고 言語能力의 회복징후를 보이기 始作한 것이다.

즉 최초에 國語를 가르치면서 '청자가 무엇인가' 물으면 '그릇'이라고 대답하거나 '고려 시대의 그릇'이라고 대답하더니 차차 '푸른色의 사기그릇'이라는 것을 스스로 깨닫고 있다. 그런 몇 가지 例는

① 蒼空창공은 '푸른 하늘'이다. 그러므로 '푸른 창공'이라고 쓰는 것은 잘못이다. ② 妻家처가도 妻家집이라는 것이 잘못이다. ③ 自己는 스스로의 몸이니까 '그대'의 호칭으로 使用하는 것이 잘못이다 라고 學生들 스스로가 國語순화에 앞장서기도 하였다.

'登山'이란 말이 있는데 'hiking'이라는 말을 쓰고, '高速道路'가 있는데 왜 'highway'라고 하느냐 反問하기도 한다.

水準을 높인 國語의 시험에 있어서도 20~40%까지의 成績이 오른 것으로 集計되었다.

또 한 가지 特記할 것은 漢字委員을 選定할 때 各班 3人으로 하여 優秀學生 2名과 問題學生으로 最下位者 1人씩을 포함했던 것인데, 그 問題學生의 成績이 급격히 向上하여 中位圈에 올라섰고 特히 國語에선 80% 以上의 成績을 보였다는 점이다. 換言환언하면 言語能力이 마비되면 人工低能兒가 탄생된다는 理論을 그대로 뒷받침한 것으로 이들이 言語能力의 回復에 조금만 神經을 쓰면 엄청난 學力의 向上을 期할 수 있다는 示唆시사를 하고 있는 것이다.

기왕에 全國民이 國語로 使用하는 漢字를 國民學校에서 가르치지 않다가 中·高等學校에서 겨우 가르치고 그것을 또 國語教科書에만 露出하고(歷史에서는 形式的으로 地名·人名에 限함) 그것도 또 (　) 안에 가두어 두는 등 온갖 方法을 動員하여 가르치지 않으려고 애쓰는 까닭은 무엇일까?

可냐! 否냐! 賢明한 判斷力이 切實히 要求되는 때다.

結 論

① 思考는 言語의 手段으로 이루어지며 行動은 思考의 結果이다. 優秀한 思考는 絶對的으로 優秀한 論理的 體系의 文字를 習得하는 如何에 支配지배된다.

② 우리나라 固有의 文字는 論理的인 語彙어휘를 갖고 있지 못하며 漢字는 數千年來부터 이 論理語의 구실을 하면서 우리 國語로 發展 土着되었다.

③ 漢字의 異義同音字와 表意性이 한글 表記로 因해 二世學生들에게 혼란을 招來초래하고 이 混亂은 學習體系의 互解를 가져왔다.

④ 漢字를 漢字로 가르쳐 이 言語能力을 回復시키는 것이 思考力의 回復과 青少年問題의 解決을 돕고 學力의 正常化를 기하는 捷徑첩경이다.

⑤ 漢字가 國語라는 槪念이 確立되면 어떻게 가르치느냐가 國策으로 決定되어야 한다.

國民學校 때 이것을 가르쳐 中·高等學校에서 知識의 中產層을 形成하는 것이 國力의 中樞중추를 이루는 根本問題가 아닐 것인가? 소극적 方法보다는 적극적 開拓개척이 어느 때보다 要求되는 때다.

* 이 研究를 發表함에 있어 많은 書籍을 參考하였으나 그 書籍과 理論을 省略한다. 造語素라는 槪念의 整理도 다음 機會로 미루기로 하고 일부러 晋州까지 오셔서 일일이 가르침을 주신 美術評論家 昔度輪教授석도윤교수께 깊은 敬意를 表한다.

〈本會 研究委員/ 어문연구 18·19호〉

國民學校 漢字教育에 관한 研究
-教育課程 및 指導의 實際面에서

吳 世 慶

이 글은 초등학교에서 한자교육을 지도한 實際的 經驗에 근거하여 씌어진 글이다. 초등학교 全학년을 한자교육의 실시 대상으로 설정하고 全학년의 국어과 교과서에 나온 한자어를 분석하여 1) 학년별 지도할 語彙數, 2) 학년별 新出한자 선정표 등을 마련하여 한자교육을 실시하였음을 보고하고 있다. 이 글에서는 또한 學父兄들을 대상으로 한자교육의 실시에 대한 設問調査를 행하고 그 결과 學父兄들이 고등교육을 받기 위한 기초교육으로서 자녀들에게 한자교육을 실시할 필요성을 느끼고 있다는 報告도 곁들이고 있다.

1. 漢字教育課程

(1) 本校 漢字教育 經過內容

本校는 1972年度에 私立學校教育의 特性을 살리기 위해 學父母들에게 實施한 本校 教育에 대한 希望 調査에서 대다수 學父兄들이 本校에서 漢字教育을 해 줄 것을 希望하고 있어 本校에서는 4學年 以上의 어린이들에게 週當 1時間씩 特別活動의 一環으로 담임 재량에 의해 指導範圍지도범위를 選定 指導해 왔는데 대개 그 指導內容은 ① 常用漢字 1,300字 중에서, ② 國語科에 나오는 쉬운 漢字 중에서, ③ 4學年 以上 지도량을 500字 정도로 잡았다.

이렇게 만 3年間 指導해 본 結果 學父兄들의 好意的인 反應반응이 나타났고 아동의 立場에서 살펴볼 때 週1時間 指導하는 漢字時間에 많은 興味와 호기심을 나타냈고, 家庭에서도 新聞·간판·문패 등 生活周邊생활주변에 나타나는 漢字에 관심을 가져 애써 읽으려는 意慾의욕이 엿보이고, 學習時間에도 他敎科書에 나오는 술어 등을 理解시키는 데 解得이 빨라져 授業效果를 올리는 데도 적잖이 도움이 되었다. 또한 上級學校 進學後에도 中等漢字의 復活에 따라 事前學習의 영향으로 成績向上성적향상에 좋은 效果를 가져와 그간 本校에서 實施한 漢字敎育이 多角的으로 효과를 거양하고 있음을 分析 자위할 수 있었다.

그러나 한편으로 問題點도 많이 發見할 수 있었는데, 첫째 學年에 알맞게 指導할 內容을 體系化할 필요를 느끼게 되었다. 敎師의 漢字에 대한 實力의 차이가 곧 兒童에게 영향을 미치고 있음을 발견할 수 있었고 敎師에 따라 指導內容에서도 큰 差가 있음을 發見할 수 있었다. 둘째, 敎育課程에서의 指導의 폭을 어떻게 잡아야 할까 하는 점이다. 즉 各學年別로 指導해야 할 字數와 어휘의 難易度난이도에 따른 學年別 적절한 분배가 어려운 點이며, 셋째 擔任담임이 바뀜에 따른 指導의 계열성에 일관성 없는 點도 자체 검토회에서 問題視되었다. 넷째, 指導時間의 설정면에서 漢字時間을 別途별도로 하느냐 國語科에 並用하여 指導할 것인가 등이 問題視되었으며 그의 指導方法面에서도 指導資料의 빈곤과 새로운 指導方法 모색 등이 問題點으로 나타났으며 指導 영역면에서 漢字의 訓(字意)과 音의 취급 역시 問題視되었다. 더욱이 68年度부터 발효되고 있는 한글專用政策에 國家的인 次元에서 역행되는지의 여부 등 疑問點을 가져와 漢字敎育施行에 조심스러운 點도 없지 않았다.

⑵ 漢字敎育의 必要性 및 硏究體制

① 漢字敎育의 必要性 學者들의 견해와 學父兄 여론 조사 분석, 그리

고 本硏究委員會協議를 통해 다음과 같은 필요성을 정리할 수 있었다.

첫째, 우리말의 구조가 대부분 漢字로 되어 있어 語源을 정확히 파악 理解를 도울 수 있다는 점에서 漢字敎育이 必要하다.

둘째, 社會生活의 실제에서 漢字를 사용하고 있기 때문이며, 특히 國民學校에서의 필요성으로는 ① 語文이란 어릴 때의 기억력에 의존할수록 효과적이라는 점을 들 수 있고, ② 國民學校 교육 목표면에서 볼 때 國民學校敎育은 國民生活에 필요한 일반적이고 기초적인 교육을 해야 한다는 입장에서 實生活에 필요한 漢字敎育은 꼭 必要한 것이며, ③ 才能開發을 위한 早期敎育의 입장에서도 必要하고, ④ 高等敎育을 받기 위한 기초가 되는 점 등을 들 수 있으며, 끝으로 73年度부터 개편된 國民學校 敎育課程에 低學年에서도 學術用語 등을 漢字語彙 그대로 사용하게 된 점 등에서 볼 때 漢字의 理解는 더욱 필요시 되었다고 하겠다(보기=集合·生物·無生物·物體·性質 등……1學年 敎科內容의 경우).

② 漢字敎育 硏究體制의 構成　前項에서와 같은 漢字敎育의 필요성에 부응함과 앞에서와 같은 本校의 漢字敎育에 대한 많은 문제점을 해소하고 보다 나은 교육적 효과를 거양하기 위해 본 연구에 着眼착안하고 다음과 같은 연구 분과를 조직하여 운영하였다.

<漢字敎育硏究委員會>

委員長	校長 姜信鳳
副委員長	校監 李鍾元
諮問	本學園 女師大敎授陣 中高漢文擔當敎師 韓國才能開發委員會
敎育課程硏究分科	鄭榮助　薛大植
學習指導硏究分科	吳世慶
資料製作硏究分科	柳雄烈　李進鎬　崔仁順
平價關係硏究分科	崔承玉　洪性蘭

本委員會에서는 75年 1, 2月 동안에 漢字가 並記된 교과서(國語)를 입수하여 學年別 지도할 漢字를 選定 본 한자 지도 과정을 수립하는 기간 동안 지도 활용토록 하였다.

본 한자교육 과정을 수립할 경로는 75年 3月부터 5月까지 약 3개월간 개편된 교과서 중 國語科를 中心으로 지도할 한자 어휘를 선정 학년별 指導要目을 작성하였으며 6月初에 漢字教育에 대한 學父兄 여론 조사를 實施하여 漢字教育에 대한 體系를 더욱 확고히 한 후 6月 말경부터 본 과정에 의해 實施하였음을 밝혀 둔다.

③ 漢字教育課程 作成의 實際

(가) 국민학교 학습용 한자 어휘 선정 경위

(i) 한자 어휘 선정 경위 　처음에는 全教科를 대상으로 하였으나 作業量작업량이 너무 벅차 全學年 國語科에만 한정하여 선정하기로 하였다.

(ii) 조사 대상 및 대비 자료

ㄱ) 대상-國民學校 國語教科書 전 학년 12권

ㄴ) 조사 내용-한자로 쓸 수 있는 낱말 조사

ㄷ) 대비 자료-문교부 선정 교육용 기초 한자 1,800자

(iii) 한자 어휘 조사 경위 및 선정

ㄱ) 학년 단원별 한자 어휘 및 빈도수

ㄴ) 학년 학기별 중복을 피한 어휘 추출

ㄷ) 학년별 지도할 어휘수 배정(表 1)

<表 1> 學年別 指導할 어휘수 배정표

학 년	1학기	2학기	계	비 고	
				추 가	총어휘수
1	10	20	30	3	33
2	20	20	40		40
3	25	25	50	3	53
4	60	60	120	3	123
5	80	80	160	9	169
6	100	100	200	11	211
계	295	305	600	29	629

ㄹ) 各學年 학습용 한자 어휘 선정 다음과 같은 선정 기준에 의해 6백 어휘의 학년별 한자 어휘 지도 요목을 작성하였다.

이미 조사된 한자 어휘 중에서

① 類度順, ② 學習上 유효하다고 인정되는 것, ③ 實生活 활용도, ④ 학습 지도 과정상 효율성 있는 것(예, 획수 고려, 六書와 관련지어 이해를 쉽게 할 수 있는 것 등 고려)

③ 항의 實生活 활용도의 경우의 예, 숫자 영역, 계절 관계, 方位, 향토 관련, 身分 부분 등)

(ⅳ) 新出漢字(낱자) 목록 작성(부록 참조) (여기서 新出漢字라 함은 학년별 전 학년에서 나오지 않은 새로 나온 漢字를 말함)

新出漢字의 선정 경위는 다음과 같다.

ㄱ) 학년별 선정된 한자 어휘를 낱자로 중복을 피해 569자를 추출하고

ㄴ) 문교부 선정 교육용 한자와 대조하여 포함되지 않은 11자를 가려내어 569자에서 557자로 하였다.

ㄷ) 漢字 43字를 추가 선정 557자와 합쳐 600자로 補完보완

- 문교부 선정 교육용 1,800자 중 선정에서 누락된 것으로
- 아동의 신체 부분을 나타내는 말
- 숫자(數) 영역

· 4계절에 관련 있는 한자

· 향토 및 방위에 관련 있는 한자

· 기타 실생활에 可用的인 것

以上과 같이 本校에서 선정한 漢字는 어린이들의 성장 정도 및 實生活에 활용도가 높은 것부터 우선순위로 선정하였다.

ㄹ) 추가 선정 43자를 이미 조사된 어휘 중에서 관련을 찾아 각 학년에 재배정하였다(表1의 비고란 참조).

④ 漢字教育課程의 運營　그간 실시해 오는 동안의 많은 문제점을 補完 다음과 같이 本校의 實情에 맞는 漢字教育課程을 수립하였다.

ㄱ) 漢字教育 實施對象　1~6학년, 즉 전 학년을 대상으로 하되 1학년은 한글을 해득한 6월부터 실시키로 하였다.

ㄴ) 학년별 지도 어휘수　앞의 表1과 같음

ㄷ) 시간 배정

(ⅰ) 週當 1시간　(ⅱ) 시간 할애~특별 활동 및 자유 학습

ㄹ) 지도 목표

(ⅰ) 한자 어휘를 보고 읽을 수 있게 한다.

<表 2> 新出漢字選定表

학 년	신출 한자수	교육용 한자 외의 수	잔여 신출 한자수	비 고	
				추가 배정	총날자수
1	38	1	37	3	40
2	50	-	50	-	50
3	72	1	71	5	76
4	111	-	111	4	115
5	149	3	146	10	156
6	148	6	142	21	163
계	569	11	557	43	600

(ii) 字意를 이해하여 字意에 맞는 造語能力을 기른다.

(iii) 획수가 간단한 한자는 쓸 수 있도록 한다.

(iv) 문장 내용에 맞는 한자 어휘를 찾아 쓸 수 있도록 한다.

ㅁ) 指導段階 및 유의 사항

(i) 指導段階

意味把握의미파악 段階　　音 익히기 段階

讀破段階독파단계　　쓰기 단계(바른 글자 찾기)

(ii) 指導上의 留意點

각 학년별 國語科의 단지 지도에 可能한 한 맞도록 유의한다.

국어 문장 속의 어휘로 이해력을 높이도록 유의한다.

前項의 지도 단계는 學年實情에 맞도록 變容하여 지도한다.

연습적인 학습으로 망각률을 낮게 한다.

ㅂ) 評　價

(i) 評價基準

· 한자 어휘를 보고 읽을 수 있는가?

· 字意를 理解하였는가?

· 字意에 따라 간단한 造語(낱자로 어휘 만들기)를 할 수 있는가?

· 획수가 간단한 어휘를 쓸 수 있는가?

· 문장 내용에 맞는 한자 어휘를 찾을 수 있는가?

(ii) 實施方法

· 每 시간마다 前時間에 既習事項 習得 정도를 5分 테스트로 確認확인하고 本時學習으로 들어간다.

· 월말 종합 평가를 實施한다.

· 가정에 평가 결과 通報통보는 학기별 1回評語로 한다.

끝으로 본교의 漢字敎育은 어디까지나 우리 民族文化의 바람직한 未來像인 한글 전용을 전제로 한 敎育效果를 높이기 위해 特活특활의 일환으로 실시하는 것임을 부언해 둔다. 그리고 以上과 같은 本校 교육 과정 體系化의 작업은 1975년 3월부터 3개월 餘에 걸쳐 전 직원이 신중하게 기울여 하였음을 아울러 밝혀 두고 諮問자문에 응해 준 韓國才能開發硏究會 김희모 회장님과 女師大 차용주 교수님, 그리고 學園內 中高等學校 국어과 선생들께 이 機會에 感謝감사의 뜻을 전한다.

〈附　錄 I〉

學年別新出漢字要目

(第1學年) 南 東 大 門 山 先 生 人 事 鐘 銃 冊 七 江 教 室 車 宅 班 富 者 金 水 三 兄 弟 木 五 日 記 月 自 己 中 土 八 火

(第2學年) 國 語 旗 年 男 動 物 文 庫 分 團 放 學 房 時 間 植 消 息 防 活 署 安 寧 陽 地 元 氣 藥 溫 度 午 後 點 心 第 一 前 然 昨 圖 電 話 床 秋 收 便 紙 校 級

(第3學年) 橋 必 要 利 表 示 敬 禮 公 主 個 軍 土 器 樂 答 統 領 丹 楓 命 令 拍 手 罰 病 性 成 功 王 子 以 上 移 熱 調 査 將 情 港 訓 鍊 科 書 獨 立 韓 問 題 飛 行 機 食 詩 西 討 泳 形 料 窓 色 郵 票 慰 容 恕 店 員 天 使 鐵

(第4學年) 郡 基 守 準 各 空 局 强 故 農 努 力 多 對 幸 陸 件 亡 花 末 期 無 限 每 送 不 方 法 部 始 作 世 少 雙 失 望 市 外 夕 異 常 硏 究 用 慾 有 名 敵 貨 注 意 材 信 長 短 全 草 家 大 他 習 帳 下 香 廣 場 言 結 果 族 落 內 民 代 路 化 義 俗 的 寸 界 談 産 勝 負 流 稅 發 佛 明 藝 術 原 因 轉 見 再 勤 別 正 精 誠 體 館 千 里 洋 塔 豊 女 祖

(第5學年) 錦 官 弟 理 攻 擊 高 共 開 念 簡 單 工 決 技 近 來 種 師 感 資 妹 海 亂 暴 能 率 若 淸 掃 都 會 同 未 識 滿 足 武 炭 減 普 通 婦 達 兵 父 新 聞 是 說 四 論 運 村 夜 愛 類 質 重 知 由 戰 爭 備 直 接 絶 責 任 親 切 聲 彈 最 線 招 待 忠 道 處 泰 標 品 避

平 和 野 漢 向 協 希 社 合 格 福 貴 規 則 景 求 看 護 秀 節 邑 德 當 胞 到 着 密 林 美 萬 邦 快 本 否 變 相 置 業 仰 友 勇 榮 旅 位 往 岩 石 眞 稅 治 態 特 派 現 岸 確 實 進 患 貴 退 航

(第6學年) 貝 歎 孤 兒 慶 建 騎 古 蹟 光 復 敢 競 經 濟 鄕 健 康 讀 量 篤 目 牧 奉 仕 興 保 存 母 費 貧 樹 油 號 輪 出 所 願 接 承 認 扶 助 賞 宣 選 午 歷 史 遺 疑 聯 維 式 妃 偉 務 在 右 政 府 指 導 傳 增 證 靑 創 造 風 雨 善 解 環 境 恒 總 擧 測 殊 初 制 徒 敗 等 孝 趣 脅 迫 定 恨 唱 音 湖 抗 懷 抱 算 憶 基 礎 老 衆 船 賣 寶 北 白 玉 悲 痛 優 施 策 聽 數 商 素 朴 神 岳 脈 東 榮 益 議 致 夫 恩 惠 竹 繼 展 田 況 財 集 權 昭 征 演 典

(追加選定 補完) 43字

改 困 交 九 根 今 難 洞 兩 連 面 反 百 報 服 死 想 姓 小 宿 氏 身 十 弱 約 永 完 雲 育 衣 二 印 州 春 回 夏 冬 卒 則 肉 久 東 告

〈附 錄 Ⅱ〉

漢字敎育에 대한 學父母 輿論調査分析

① 調査日時 : 1975. 6. 7~6. 10

② 調査對象 : 本校 學父兄 375名

應答者 總數 : 339名

③ 應答者 分類

ㄱ) 學歷別

學 歷	初 中	高 卒	大卒以上	其 他	計
人 員 數	121	120	94	4	339
比 率 (%)	35.6	35.5	27.7	1.2	100

ㄴ) 年令別

年　令	25～29	30～39	40～49	50～59	計
人 員 數	2	180	136	21	339
比　率 (%)	0.9	53.0	40.0	6.1	100

ㄷ) 職業別

職　業	商工業	教　員	一般公務員	專門職	會社員	農　業	其　他
人 員 數	121	54	52	5	33	14	60
比　率 (%)	35.6	15.9	15.4	1.5	9.7	4.2	17.7

④ 設問別 分析

<設問 1> 漢字教育의 實施에 대하여

1. 國民學校에서 漢字教育은?
① 꼭 必要하다. 87.3%　② 國民學校에서는 必要치 않다. 8.0%
③ 잘 모르겠다. 4.7%

漢字教育의 實施에 대한 가부를 알아보기 위한 設問인 것이다.

① 항의 반응에 87.3%라는 大多數의 호응도를 보이고 있어 學父母의 年令·職業·學力者에 관계없이 漢字教育의 절실성을 인식하고 있음이 입증되고 있다.

② 項의 不必要에 0.8%를 나타내는 것도 현실 생활을 떠나 아동의 교육상 心身發達에 不適合부적합함, 즉 漢字의 복잡성 難解性난해성 등을 들어 부담감을 가중시켜 교육의 역효과를 염려하는 데서 오는 기우와 學力不進兒의 자녀를 가진 父兄이 漢字教育의 必要性을 認定하면서도 子女들의 消化力소화력 불충분의 이유를 들어 反對意思를 나타낸 것으로 풀이된다.

이상과 같이 절대 다수의 학부형들이 적극 찬성을 하고 있으며, 文教政

策 이전에 본교에서 한자 교육을 실시한 데 대한 어떤 안도감을 느끼고 있음을 設問 以外의 의견란에서도 발견할 수 있다.

<設問 2> 漢字敎育이 必要性에 대하여

2. 國民學校에서 漢字敎育은 왜 必要하다고 생각하십니까?	
① 우리말이 한자로 된 것이 많아 실생활에 必要하므로	54.9%
② 고등교육을 받기 위해서는 기초가 되므로	17.5%
③ 어려서 배운 것은 오래까지 남아 교육 효과가 크므로	9.4%
④ 才能開發을 위해서는 한자의 교육이 必要하므로	18.2%

漢字敎育을 찬성한다면 그 필요성이 어디에 있는지를 알아보려는 設問인 것이다.

①항의 54.9%로 가장 높은 반응을 보여주고 있다. 이는 우리말의 語源이 대개 한자에서 基因된 것으로 한자를 이해하여야 實生活에 적응해 나갈 수 있는 데 견해를 같이 하고 있고, 최근 조기 교육의 必要性이 선진국에서 좋은 效果효과를 거두고 있음에 비추어 재능 개발을 위해 한자의 조기 교육을 해야 한다고 보는 ④항이 다음으로 18.2%를 나타내고 있음은 최신 교육 심리학적 측면에 공감을 한 學父兄들의 見解라고 풀이되고 있다.

②항의 17.5%의 '高等敎育을 받기 위한 기초가 된다'는 必要性을 本校 學父兄들의 子女敎育에 대한 關心度面에 考察되어야 할 것 같다. 參考로 本校 學父兄들은 子女들의 進學希望을 ① 고등학교까지(6.6%), ② 大學校까지(60.0%), ③ 大學院까지(33.4%)로 되어 있어 全體의 93.4%가 고등교육 以上을 가르칠 希望을 가지고 있음을 보아 ②項의 17.5%에 수긍이 간다고 보겠다.

<設問 3> 漢字敎育課程面에서

3. 漢字敎育은 몇 學年부터 시작하는 것이 적합하다고 생각하십니까?			
① 1학년부터	3.0%	② 3학년부터	13.8%
③ 4학년부터	53.2%	④ 5학년부터	30.3%

4學年 以上부터 願하고 있음이 지배적인 反應이다. 常識的인 판단으로도 漢字의 難解性 등을 考慮고려한다고 할 때 低學年보다는 高學年에서 다루는 것이 타당할 것으로 생각된다.

또한 現在 本校에서 實施하고 있는 것도 4학년부터였기 때문에 ③ ④項의 反應에는 首肯이 간다.

問題는 1학년의 3.0%가 小數이긴 하나 관심이 가지 않을 수 없다. 여기서 참고로 本校 자모들로 구성된 '成人敎室'에서 標集표집한 設問 應答에서 15.8%라는 反應을 나타냈다는 點이다.

특히 設問 外의 意見欄의견란에서도 '漢字敎育은 1學年의 文字解得 직후부터가 좋겠다'는 등의 말이 있다는 것은 早期敎育의 必要性을 뒷받침해 주고 있는 것이다.

<設問 4>

4. 國民學校에서 지도할 漢字數는 몇 字 程度정도가 적당하겠습니까? (참고 ; 文敎部 選定 敎育用漢字 1,800字)			
① 600字	44.3%	② 900字	30.0%
③ 1,200字	18.5%	④ 잘 모르겠다	7.2%

①항의 600字가 가장 비율이 높다. 한자의 난해성과 아동의 심신 발달에 비추어 되도록 글자 수를 적게 잡은 단면이 잘 드러나고 있음을 보여 준다.

문교부 선정 교육용 한자가 1,800자인 점에 비해 본다면 초·중·고로 나누어 각기 그 3분의 1씩을 선정한다는 것도 고려해 볼 만한다.

<設問 5> 漢字指導의 深度面에서

5. 어느 정도까지 가르치는 것이 좋겠습니까?	
① 글자를 보고 읽는 정도	39.2%
② 배운 것의 半程度는 쓸 줄 알게	39.2%
③ 배운 것은 모두 쓸 수 있게	21.6%

여기서 어린이들의 心身發達 特殊性특수성을 考慮하여 조심성 있게 다룬 反應을 엿볼 수 있다.

① ②項 모두 39.2%로 높은 反應이다. 즉 大多數의 意見(① ② 項 合 78.8%)이 國民學校에서도 쓰는 것을 아주 무시할 수는 없다는 정도의 意見을 보이고 있다.

한편 ③項의 모두 쓰기를 원하는 부형들을 참고로 考察해 보면, 첫째 學歷別로 보아 初·中卒者 22%, 고졸자 18%, 大卒 以上이 25%로 높은 학력자에 많은 便이다. 둘째, 年齡別로 보아 30代 15%, 40代 30%, 50代 29%로 높은 年齡層이 쓰기를 더 원하고 있는 便이다.

<設問 6> 指導方法面에서

6. 어느 科目과 關聯을 지워 가르치는 것이 좋겠습니까?			
① 國　語	73.1%	② 道德·社會	12.2%
③ 全科目	13.7%		

어떤 방법으로 漢字指導를 할 것인가를 알아보기 위한 設問 중 하나이다. 他敎科와 關聯을 짓는다고 할 때 어떤 敎科와 關聯을 지어 漢字敎育을 適用하느냐 하는 문제인데, ① 項 國語科에 73.1%로 가장 높다. 역시 文字指導이기 때문에 語學과 가장 關聯이 깊음에 신중을 기하려는 反應으로 보인다.

<設問 7>

7. 漢字敎育 時間配定은?

① 漢字時間을 別途별도로 둔다.	33.6%
② 國語 등 다른 敎科와의 關聯을 지원한다.	47.0%
③ 매일 짧은 時間反復指導가 되도록 別途로 配定한다.	19.4%

②項의 國語科에 關聯을 짓는다는 47%가 가장 높게 나타나 있다. 한편 ①項과 ②項은 結果的으로 漢字指導時間을 別途로 두어야겠다는 意思表示가 된다고 하겠다. 이렇게 分析하여 볼 때 別途로 漢字時間을 選定하되 國語科에서도 漢字를 關聯하여 取扱취급하기를 願하는 것으로 생각된다.

<設問 8> 漢字敎育이 不必要한 理由

8. 漢字敎育이 不必要하다고 가정해 본다면 그 理由는?

① 한글專用에 어긋나는 일이므로	20.6%
② 漢字는 複雜하여 어린이들에게는 무리하므로	57.0%
③ 實生活 別 必要性을 느끼지 못하므로	4.6%
④ 주체성 있는 敎育을 저해할 수 있으므로	17.8%

本項은 設問 1의 ②項 '國民學校에서는 必要치 않다'에 應答者의 原因으로 보고 分析해 보려 한다.

우선 不必要한 理由로서 가장 작은 反應부터 보면 ③項 4.6%가 되겠는데, 즉 '生活에 別 必要性을 느끼지 못하므로'가 가장 적다는 것은 그 역으로 實生活에 必要性은 느끼나 最高 비율인 ②項의 理由로 結局 國民學校에서의 漢字敎育을 기피한다는 意思로 표출되고 있는 것이라 본다.

이에 대하여는 지도상에 있어 그 方法面에 充分히 考慮해야 될 것이며, 한편으로는 兒童敎育心理에 있어 이해가 不足한 父兄들의 無條件 어린 兒童이기 때문에 複雜한 것은 무리라고만 생각하는 데서 비롯된 것도 고려할 문제이다.

일면 ① ②項 등에는 조심성 있게 관심을 갖지 않으면 안 될 것도 認定이 된다.

<設問 9> 家庭에서의 關心度

9. 家庭에서의 漢字指導에 대하여	
① 現在 家庭에서 수시로 지도하고 있다.	12.6%
② 學校에서 實施치 않는다면 앞으로 가정에서 지도하겠다.	56.4%
③ 漢字의 必要性이 없어 지도치 않는다.	11.6%
④ 別로 關心이 없다.	21.0%

① ②項의 積極的적극적인 反應이 68.4%로 높은 比率을 나타내고 있다. 그 중에서 ①項 12% 중에는 現在 漢字指導를 하지 않고 있는 저학년(1~3學年) 父兄이 12名이나 된다는 點이다. 그 외 高學年 學父兄은 現在 하고 있으니까 따라서 관심을 가지고 수시로 지도하고 있는 것으로 풀이가 된다.

<設問 10> 漢字教育에 대한 意見

10. 漢字教育에 대한 그 밖의 意見이 있으면……

나온 意見을 간추려 적어 본다.

○ 漢字教育을 實施한다면 漢字에 능한 教師로 基本原理로부터 徹底철저한 教育이 必要하다고 믿는다.

○ 아동에게 지나친 教育量으로 負擔부담이 오지 않을까 걱정이다.

○ 必須的필수적으로 꼭 必要하며 상용한자 정도는 익혀 두어야겠다.

○ 文教政策方向의 고정화가 아쉽다.

○ 日常生活에 많이 活用되므로 漢字教育은 꼭 必要하다.

○ 他教科成績에 영향을 끼치지 않는 精神的 負擔이 없는 정도로 考慮

하여 지도바람.

○ 漢字를 아주 쓰지 않는다면 必要 없겠으나 現實生活에 必要를 느끼니 할 수 없이 시킬 수밖에 없겠다.

○ 1주 3회 정도 배정 지도.

○ 국민학교에서는 읽고 뜻을 짐작하는 정도로.

○ 漢字課題도 제시해 줌이 效果的.

○ 初步的 漢字指導로 新聞程度는 읽을 수 있게.

⑤ 結論 및 提言

以上과 같은 分析結果를 볼 때 우선 國民學校에서의 漢字教育은 꼭 必要하다고 要約할 수 있겠다.

漢字教育의 必要性으로는 첫째, 漢字語가 우리말에 동화되어 漢字와 우리 生活과는 不可分의 關係를 갖게 된 점이고, 둘째 學父兄들의 立場에서 보아 94.4%가 子女들의 교육을 고등교육까지 希望하고 있는 實情에서 고등교육을 받기 위한 기초교육으로서의 必要性을 공감하게 된다. 셋째로는 早期教育의 必要性 등이 國民學校 漢字教育의 必要性을 뒷받침해 주고 있는 것이다. 더 나아가 漢字教育은 우리 祖上의 文化遺產을 保全 내지는 發展시키기 위해서도 그 必要性이 絶對的절대적이라고 생각된다.

教育課程面에서는 現在 本校에서는 4學年 以上에서는 實施하고 있지만 1學年부터 漢字教育을 願하고 있는 3% 또는 15.8%(成人教室 標集)는 關心을 끌게 하고 있어 재고의 여지가 있다고 보겠다.

教育方法面에서 말과 글자가 不可分의 관계가 있는 점을 考慮해 볼 때 文字만의 獨自的인 지도는 있을 수 없고 設問 6, 7項에서 나타나 있음은 共感이 가고 있다. 또한 어느 정도까지 深度있는 지도가 必要한가는 國民學校로서 學父兄들이 念慮염려했듯이 아동들의 심신 발달상의 念慮와 負擔感 등을 考慮할 때 보고 읽는 정도로 족하다 하겠으나, 그러면서도 쓰는 것을 도외시할 수 없다는 立場도 문제점 중의 하나로 고려할 문제점이다.

家庭關心度에서 적극 反應 68.4%(① ②項)는 고무적이며, 특히 그 중 저학년(1~3학년)에 31.6%가 현재 수시로 지도하고 있다는 反應은 關心度 以前에 漢字敎育의 必要性을 더욱 굳혀 주고 있다. 이에 따라서 本校에서는 본 輿論調査 結果分析과 韓國語文學會 月例硏究 講演報告書 등을 參考資料참고자료로 하고 本學園傘下본학원산하 女師大敎授陣과 韓國才能開發硏究會 등의 協調를 얻어 本校 兒童敎育을 위한 漢字敎育課程을 體系化하여 정리할 것을 말해 둔다.

⑥ 輿論調査 項目別 應答數와 比率表

設問問項	답지	應答數	比率(%)	應答總數	設問問項	답지	應答數	比率(%)	應答總數
1	①	296	87.2	339	6	①	248	73.2	339
	②	27	8.0			②	45	13.3	
	③	16	4.7			③	46	13.5	
2	①	186	54.9	339	7	①	113	33.6	336
	②	59	17.4			②	158	47.0	
	③	32	9.4			③	65	19.4	
	④	62	18.3		8	①	62	20.5	302
3	①	11	3.0	339		②	172	57.0	
	②	47	13.8			③	14	4.6	
	③	180	53.2			④	54	17.9	
	④	101	30.0		9	①	38	12.0	319
4	①	148	44.3	334		②	192	56.4	
	②	100	30.0			③	36	11.6	
	③	62	18.5			④	65	21.0	
	④	24	7.2						
5	①	133	39.2	339					
	②	133	39.2						
	③	73	21.6						

〈淸州雲湖國校 敎師/ 어문연구 17호〉

國語敎育과 漢字

劉 鳳 榮

1897~1985년. 平北 鐵山 출생. 언론인. 조선일보 부사장, 민족문화추진회 이사장 역임. 우리나라의 讀書律이 여타 선진국에 비해 현저히 떨어지고 國民學生의 學力이 저하된 이유가 한글전용의 국어교육 때문이라고 지적하며 漢字敎育 實施를 강력히 촉구하고 있는 글이다. 특히, 우리 국민의 독서율이 떨어지는 것은 독서를 할 만한 국어실력이 부족하기 때문인데 필자는 이를 해결하기 위한 근본조건으로 14가지 항을 제시하여 한자교육 강화를 주장하고, 한자교육을 하지 않기 때문에 발생하는 폐해를 6가지 항으로 나열하며 한자교육의 필요성을 강조하고 있다.

今年 9월 24일부터 年例에 의한 <讀書週間〉이 있었고 이를 契機계기로 해서 우리 國民의 讀書가 先進國에 비해서 너무도 낮다는 事實이 매스컴에 의해서 알려졌고 同時에 어찌해서 우리의 讀書가 他國에 비해서 낮게 되었는가 하는 그 理由도 紹介소개되었는데, 讀書하지 않는 理由 중에는 良書가 없다는 등 많은 理由가 說明되었지만, 가장 重要한 理由인 讀書할 만한 國語實力이 不足하다는 점을 指摘지적한 사람이 別로 없다. 또한 우리의 向學熱이 지극히 높다는 것과 解放 후 各級學校가 많이 創設창설되었다는 事實과 國民校生徒국민교생도의 學力이 低下되었다는 事實 등도 紙上에 紹介된 바 있으나 어찌해서 國民校生의 學力이 低下되었는가 하는 理由에 대해서는 分明하게 指摘된 바 없다.

나는 이 事實을 퍽 異常하게 생각했다. 왜냐하면 어찌해서 讀書할 만한

國語實力이 없는가, 또는 어찌해서 國民學校生徒의 學力이 低下되었는가 하는 理由는 現實情으로 보나 解放 후 30년의 敎育經驗으로 보아서 즉각 알 수 있는 것인데도 枝葉的지엽적이거나 不當한 理由만이 指摘되고 根本的인 理由는 말하는 사람이 없기 때문이다. 單刀直入的으로 말하면 國語實力의 不足이나 學力이 低下된 理由는 30年間 漢字敎育을 하지 않은데 있음은 너무도 分明하다고 하겠다. 그런데 어찌해서 이것이 指摘되지 않고 枝葉的인 問題만이 論議의 對象이 되는 것일까. 내가 생각하기에는 漢字敎育이란 것이 무슨 禁忌금기인 양 생각된 때문이 아닌가 한다. 敎育이란 것은 宗敎와는 다른 것이다. 宗敎일 때에는 信仰신앙만에 左右될 수 있는 것이지만 敎育을 어떻게 信仰만에 依存의존할 수 있겠는가. 敎育은 어디까지나 現實에 適合하도록 해야 하는 것이다. 現實을 無視한 敎育이 어떻게 있을 수 있겠는가. 나는 이 問題를 解明하기 위해서 以下에 몇 가지 根本條件을 提示제시하고자 한다.

(1) 敎育의 重點은 國語敎育에 두어야 한다. 特히 國民學校敎育이 더 그러하다. 義務敎育의무교육인 만큼 그렇게 하지 않을 수 없는 것이다.

(2) 國語라는 것은 現在 우리가 使用하는 말을 指摘하는 것이다. 千年前의 말을 意味하는 것도 아니고 百年後의 말을 意味하는 것도 아니다. 또한 우리 國民間에 使用되는 말이고 外國 사람과는 아무런 關係가 없는 것이다.

(3) 國語는 使用面에서 두 가지로 分類할 수 있다. 하나는 生活用語로서 우리가 日常 使用하는 말이고, 하나는 學術用語로서 學問에는 없을 수 없는 말이다. 國語敎育에는 두 가지 말을 다 가르쳐야 하는 것이지만 특히 學問上의 用語에 더 注力해야 한다. 왜냐하면 日常用語는 家庭에서 自然 배울 수 있는 것이지만 學問上의 用語는 學校가 아니고서는 배울 수가 없기 때문이다.

(4) 國語는 構造面에서 두 가지로 分類할 수 있다. 하나는 固有語로서 우리가 日常 使用하는 말이 大部分이고 하나는 漢字語로서 主로 學問上

의 말이다. 그런데 以上 두 가지 말의 多少를 따진다면 漢字語가 그 半을 약간 넘는다. 그러하기 때문에 漢字를 모르고서는 國語를 안다고 할 수가 없다.

(5) 漢字語를 理解하기 위해서는 먼저 漢字를 알아야 한다. 漢字를 모르고서 漢字語를 안다는 것은 지극히 어려운 일이다. 어떤 境遇경우에는 不可能하다고 할 수 있다. 따라서 國語敎育을 올바르게 하기 위해서는 좋건 좋지 않건 漢字敎育을 하지 않을 수 없는 것이다.

(6) 敎育은 되도록 쉬운 方法을 써야 하는 것이다. 必要 없이 어려운 方法을 써서 兒童의 負擔부담을 過重시킬 必要는 없다. 쉽게 學習할 수 있는 國語를 한글만으로 가르쳐서 어렵기가 짝이 없고 때로는 理解할 수 없게 만든다는 것은 敎育理念에 違背위배되는 것이다. 무엇 때문에 어려운 方法을 써야 하겠는가.

(7) 國民學校敎育에 있어서는 먼저 兒童의 理性啓發이성계발에 힘써야 한다. 理性이 啓發된다면 빨리 成人의 知識을 갖게 될 것이고 國語는 물론 다른 學科들도 쉽게 學習할 수 있는 것이다. 理性을 啓發시키는 데는 한글만으로도 可能한 固有語보다는 漢字語가 더 有效유효하다. 왜냐하면 理性에 關係되는 말은 모두가 漢字語이기 때문이다. 道義的인 말이거나 哲學的철학적인 말이거나 其他 理智的인 말 중에 우리 固有語가 몇 %를 차지하고 있는가를 알아본다면 그 理由를 즉시 알 수 있을 것이다.

(8) 우리는 世界潮流세계조류를 逆行할 수는 없다. 지금 世界는 意思表示를 되도록 簡略하게 한다. 즉 略字와 符號를 많이 使用하는 것이 그것이다. 우리의 國語도 固有語는 音節이 많은 데 비해서 漢字語는 대개 짧은 音節이다. 때문에 國語에 漢字語가 많아지게 된 것이고 또한 이것은 言語進化의 原則이다. 漢字語는 符號化했기 때문에 簡便無比간편무비한 것임을 알아야 한다.

(9) 사람의 記憶力은 10歲 前後가 제일 좋은 때이고 또 視覺시각도 이때가 제일 좋다고 하므로 視覺的인 文字인 漢字의 習得은 이때에 하는 것이

쉽다고 본다. 그렇다면 어찌해서 國民學校에서의 漢字공부를 反對하는 것인지 그 理由를 알 수가 없다.

(10) 國語는 人爲的으로 創造할 수가 없는 것이다. 오랜 동안의 傳統과 文化의 흐름을 따라서 形成된 것이므로 突然돌연한 變化는 許容되지 않는 것이다. 現在 '에스페란토' 같은 人造語가 있기는 해도 이것은 각기 自國의 言語를 버리고 에스페란토로 統一하자는 것이 아니고 自國語는 自國語대로 두고 國際語국제어로만 使用하자는 것이다. 이러한 原則이 있는데도 不拘하고 10餘年 前에 文教部의 主管주관으로 漢字語를 固有語形으로 바꾸려고 試圖시도한 일이 있으니 無知라고 할까, 참으로 어처구니없는 일을 했다. 물론 言語에도 變化가 있을 수 있다는 것은 否認부인할 수가 없다. 그러나 이것은 自然的 趨勢추세에 맡겨야 할 것이고 人爲的으로는 될 수 없는 것이다.

(11) 한글이 優秀한 表音文字인 것은 누구나 다 認定인정하는 것이고 더욱이 國語에는 없을 수 없는 文字임에는 틀림이 없다. 그러나 漢字語까지 한글化 시킨다는 것은 不可能한 것이고 百步를 讓하여 可能하다고 해도 非能率的비능률적인 것은 分明한 일이다. 왜냐하면 同一한 表音文字라고 하면 어려울 것이 없는데 漢字는 表意文字이고 한글은 表音文字이기 때문이다.

(12) 사람의 身體가 뼈와 살로 構成된 것과 마찬가지로 우리 國語도 뼈와 살로 構成되었는데 어떻게 그 하나를 除去제거할 수 있겠는가. 뼈가 없어도 人體가 될 수 없는 것이고 살이 없어도 人體가 될 수 없는 것이다. 이 중의 하나를 除去하자는 것은 無理하기 짝이 없는 것이다. 물론 純한글로 된 글도 있을 수 있는 것이고 純漢文으로 된 글도 있을 수 있는 것이지만 이것은 어느 것이나 完全한 國語로 볼 수가 없다. 왜냐하면 純한글이거나 純漢文으로는 지금 우리가 使用하고 있는 國語를 알아볼 수 있도록 表記할 수가 없기 때문이다. 지금 小說類가 純한글로 되어 있기는 하지만 그것은 主로 身邊雜事신변잡사를 쓴 것으로 生活用語만으로도 敍述이 可能하기

때문이다.

(13) 讀書人口를 增加증가시키려면 國民學校卒業만 해도 讀書를 할 수 있도록 國語를 充分충분하게 가르쳐야 할 것이고 그렇게 하기 위해서는 漢字敎育이 絶對로 必要한 것이다.

(14) 讀書人을 만들기 위해서는 그것을 習性化시켜야 하고 讀書를 習性化 시키려면 15-6歲부터 讀書를 할 수 있게 만들어야 한다. 만약 그 時期를 놓쳐서 20歲를 지나게 되면 讀書할 習性이 생기기 어렵다. 讀書가 習性化한 후에는 讀書를 못 하게 하는 境遇가 있더라도 讀書하지 않고는 못 견디게 될 것이다. 그런데 우리 敎育에서는 國民學校에서 漢字를 가르치지 않으므로 國語를 잘 理解하지 못하고 따라서 15~6歲에는 讀書를 할 수 없게 만들었다. 그리하여 讀書를 習性化시킬 수 있는 唯一의 機會를 虛送허송하게 되니 讀書할 수 없는 國民을 만드는 것이 무슨 利得이 되겠는가 말이다.

以上 條項만으로도 한글敎育이 無理한 일임을 알 수 있을 것이지만, 다시 그로 인한 重大한 弊害폐해를 以下에 列擧열거하기로 하겠다.

첫째, 國民學校는 義務敎育으로서 民主國民이 된 者는 누구나 알아야 할 國語와 常識을 가르쳐 주는 곳인데 漢字를 가르쳐 주지 않음으로써 國語를 모르게 되고 따라서 讀書를 할 수 없게 되었다. 그러므로 國民學校만 卒業한 者는 無識한 者가 되고 말았다. 無識한 者를 만든다는 것은 義務敎育의 目的에 違背되는 것이며 國家가 擔當담당해야 할 일을 포기하는 것이다. 그 結果는 經濟가 허락하지 않아서 上級學校에 進學시키지 못하고 國民學校에만에 그치는 者는 平生을 無識者로서 살아갈 수밖에 없이 되는 反面, 多少의 資産을 가진 者만이 上級學校에 進學해서 無識을 免하게 될 터이니 이것은 資産자산의 有無를 가지고 國民을 差別하는 결과가 되고 말 것이다. 民主國家의 國民된 者는 可能한 限 國家의 惠澤혜택을 均等균등하게 받아야 할 터인데 敎育에서부터 差別을 받게 되니 이것이 可當한 일이겠는가. 國民學校에서 漢字를 敎育함으로써 國家의 財政的 負擔

이 過重하게 된다면 再考의 餘地가 있을지 모르나 現制度를 그대로 두고도 國校 6年間에 1, 2, 3學年에서는 每國語時間마다 漢字 一字씩, 4, 5, 6學年에서는 每國語時間마다 漢字 二字씩을 가르친다고 하면 總計총계 2千字 內外의 漢字를 習得하게 될 것이다. 그리고 漢字教育 때문에 다른 學科에 支障지장을 招來초래케 한다면 이 역시 再考할 만하다고 하겠지만 實驗실험해 본 결과에 의하면 漢字를 習得한 兒童은 習得하지 못한 兒童에 비해서 다른 學科도 優秀하다고 하니 이것이 얼마나 좋은 教育方法이겠는가. 가장 適切적절한 教育時期인 國民學校 6年間을 虛送하다시피 하는 것이 얼마나 큰 民族的 損失이겠는가. 아무리 생각해 보아도 國民學校에서의 漢字教育을 反對하는 理由를 찾아볼 수가 없다.

둘째, 文化와 傳統전통은 繼承계승되어야 하는 것이고 國語 또한 老少를 가릴 것 없이 意思疏通의사소통이 잘 되어야 하는 것인데 漢字教育을 하지 않음으로써 青少年들은 傳來의 國語를 理解하지 못하고 따라서 漢字를 아는 老壯層노장층의 用語나 思想을 모르고 있다. 그리하여 文化와 傳統이 中絶狀態중절상태에 있고 우리와는 아무런 關聯이 없는 外來語가 氾濫범람하게 되니 이것이 果然 우리에게 바람직한 일이겠는가. 우리의 固有思想은 繼承되어야 하고 傳來의 道義觀도의관도 큰 弊害가 없는 限 維持유지되어야 할 것이다. 그런데 思想用語나 道義用語는 모두 漢字로 되어 있다. 漢字教育을 廢止한 結果 우리 國語 중에 있는 思想用語와 道義用語를 잘 모르게 되니 올바른 思考나 道義心이 생길 수가 없다. 그러하기 때문에 漢字를 모르는 青少年層에는 感情감정만이 發達발달하고 理智的인 思考는 發生하기가 힘들게 되었다.

최근 青少年의 兇惡犯罪흉악범죄가 갑자기 增加증가하고 있는데 그 중에는 中學이나 高校生도 끼여 있다는 것을 新聞報道로써 알게 되었다. 이것이 얼마나 놀라운 일이겠는가. 옛날의 兇惡犯은 거의 다 無識者였고 教育받은 者는 別로 없었다. 中·高等學生이라면 10년 가깝게 教育을 받은 者인데 어찌해서 兇惡犯이 되었을까. 이것은 참으로 重大한 일이다. 당연히 그

理由를 찾아내야 할 것인데 一部人士의 意見은 지금 物質文明이 澎湃팽배해서 黃金萬能思想이 생긴 때문이라고 하지만 나는 그렇게 생각하지 않는다. 물론 그 影響영향이 多少는 있을지 모르나 그 주된 原因은 理性의 缺如결여와 道義心의 喪失상실에 있다고 본다. 다른 犯罪는 사람과 境遇에 따라서 있을 수 있는 것이지만 兇惡犯은 理性이 있고 道義를 아는 사람으로서는 行할 수 없는 것이다.

그러면 어찌해서 敎育을 받고서도 理性과 道義를 喪失했는지 그 理由를 찾아보아야 할 것이다. 나는 그것을 分明하게 指摘하겠다. 사람의 思考와 言語는 서로 連結되어 있는 것인데 修學을 했다고 해도 理性을 啓發하거나 道義心을 發揚발양할 만한 國語를 모르기 때문이라고 하겠다. 그런데 國語 중에 있는 理性과 道義에 관한 用語는 거의 다 漢字語로 되어 있다. 한글로 漢字語를 가르칠 수 없다는 것은 위에서 이미 말한 바이지만 30年間의 한글專用敎育의 結果가 그 不可能함을 實證한 오늘에도 漢字敎育을 反對한다는 것은 그 理由를 알아낼 수가 없다.

셋째, 지금 再修生問題가 하나의 社會問題化했고 大學을 卒業하고도 就職취직을 못해서 高等遊民고등유민이 된 者가 많은 것도 또한 社會問題라고 할 수 있다. 大學의 入學者에는 一定數가 定해 있고 志願者지원자는 해마다 늘어 가고 있으니 再修生 역시 增加될 수밖에 없고 官公吏관공리나 會社員 또한 定數가 있는데 大學卒業生은 해마다 增加되고 있으니 失業者실업자가 생길 밖에 없는 것이다. 그러나 國民學校에서 漢字를 가르치고 中·高等學校에서 漢文을 약간 가르친다고 하면 國民學校만 卒業한 者나 中·高等學校만 卒業한 者라도 官公吏나 會社員으로 就職할 수 있게 될 것이다. 따라서 大學志望者는 적어지게 될 것이고 再修生問題나 高等遊民問題도 어느 程度 解決될 수 있을 것이다. 漢字敎育이 이 問題를 解決할 수 있다는 것은 不過 二千字 程度의 漢字知識으로도 모든 文書의 處理가 可能하게 될 것이고 文書處理가 可能하게 되면 어떠한 職場이건 就職이 可能하게 될 것이다.

이와 같이 쉽고도 便利하고 費用도 들지 않는 方法이 있는데도 이것을 反對하는 것은 무슨 理由에서일까. 反對理由가 알고 싶다.

넷째, 우리는 自稱자칭 後進國이라고 한다. 後進國이고 보면 빨리 先進國을 따라가야 할 것이고 그렇게 하자면 모든 것을 速成속성으로 해야 할 것이다. 經濟建設이나 國防態勢完成국방태세완성도 빠를수록 좋을 것이다. 또한 教育이나 文化事業도 迅速爲主신속위주로 해야 할 것이다. 그런데 教育에 있어서는 最善의 方法인 漢字教育을 反對하고 어렵기 짝이 없는 한글專用教育을 하려고 하는 것은 무슨 理由에서일까. 우리 文化가 先進國에 비해서 너무도 落後했다는 것은 누구나 다 아는 것으로 前記한 바 讀書人口가 적다는 것이 이것을 實證하고 있는 터인데 어찌해서 落後의 差를 더욱 增大시키려고 하는 것일까.

우리가 表意文字와 表音文字를 併用할 수 있다는 것은 皇天황천이 준 唯一한 福이다. 이 福을 마다하고 禍를 自取자취하려고 하는 것은 무슨 理由에서일까. 舊韓末 우리 留學生들이 日本에 가 있을 때 일인데 우리 學生들은 假名도 모르고 日本에 갔지만 6個月 乃至 1년이면 日本語를 習得했고 그 程度의 語學으로 專門學校나 大學에서 聽講청강을 할 수 있었다. 그리고는 卒業을 할 때에는 日本人學生보다 優秀우수한 成績성적으로 卒業했다. 그 때 日本人들은 韓國人 學生은 頭腦두뇌가 優秀하다고 했다. 그런데 옛날에 頭腦가 優秀했던 韓國人이 오늘에 와서는 어찌해서 日本人에게 뒤떨어졌는가. 一考해 볼 일이 아니겠는가. 舊韓末의 우리 靑少年들은 日本人보다 漢文實力이 優秀했다. 이것이 모든 學科에 있어서 日本人보다 앞섰던 理由라고 본다.

다섯째, 우리의 實情으로 보아 教育費負擔이 너무 過重하다. 勿論 큰 負擔을 느끼지 않는 人士가 있기는 하지만 大部分은 이것을 큰 苦痛고통으로 생각하고 있다. 中·高校까지라면 웬만한 生活을 하고 있는 사람에게는 그리 큰 問題가 되지 않을 것이지만 大學의 學費는 相當히 過重한 것이다. 그런데 都市生活을 하는 사람은 물론이고 農村에서 1년 收入이 百萬

원이 넘을까말까 하는 사람까지 그 子女들을 大學에까지 보내느라고 無理한 支出지출을 하고 있으니 生計에 影響이 없을 수 없는 것이다. 義務教育이야 누구나 받아야 하겠지만 大學教育은 그렇게 無理를 할 必要가 없는 것이다. 大學은 學者가 되려는 사람, 高等公務員, 高等技術者, 高級管理者 以外에는 꼭 必要한 것이 아니다. 항차 下級公務員, 下級會社員이 되기 위해서 大學教育까지 받아야 한다는 것은 確實히 잘못 된 教育政策이다.

왜냐하면 國民學校만 나와도 前記 職業을 擔當하기에 可能하고 더욱이 中學이나 高等學校를 卒業한다면 充分하겠기 때문이다. 學生數도 피라밋型으로 되는 것이 正常이라고 하겠다. 社會를 構成하는 要員도 需要供給수요공급이 맞아야 하는 것이다. 따라서 中·高校나 大學生의 數도 需要를 充足시킬 만하면 되는 것이다. 지금 우리의 實情은 누구나 子女를 大學에까지 보내는 것을 終局종국의 目標로 하고 있으니 이에서 無理가 생기는 것이다. 經濟的 餘裕여유가 있는 사람이라면 大學을 가거나 外國留學을 하거나 탓할 것이 없는 것이고, 優秀한 才能재능이 있지만 집안이 가난해서 大學에 進學할 수 없는 者에게는 奬學金장학금이나 또는 國家의 補助보조로 大學공부를 하게 하면 되는 것이다. 이것이 學生數를 無理가 없이 調節하는 方法인 것이다. 이것은 위에서도 말한 바와 같이 國民學校에서부터 漢字를 가르치면 될 수 있는 것이다. 그리하여 國民이나 國家의 教育費負擔이 輕減경감된다고 하면 個個人의 生活에도 餘裕가 있게 될 것이고 또한 이것이 集大成하게 되면 國家의 經濟成長이나 經濟建設에 큰 도움이 될 것은 疑心의심할 바 없는 것이다.

끝으로 또 한 가지 追加추가해서 말할 것이 있는데 그것은 教育政策이거나 文化政策에 있어서도 實驗이 必要하다는 것이다. 現代의 모든 일은 科學的인 方法에 의해서 決定되어야 하고 科學的 方法 중에 가장 重要한 것은 實驗임이 틀림없다. 무슨 일이나 是非가 있을 때는 實驗에 의해서 決定짓는 것이 最善의 方法이다. 實驗이 없이 決行된 方法이 萬全일 수는 없는 것이고 그것이 失敗할 때는 그 損失손실을 補償보상할 方法이 없는 것이다. 教育政策이라고 해서 調査研究가 없이 또는 實驗이 없이 決行할 수가 있는 것인가.

解放直後 韓國의 文化나 傳統을 모르는 美軍政이 몇 사람의 意見만 듣고 한글專用教育을 實施한 것은 無知의 所致소치라고 할 수 있는 것으로 당시 獨立政府를 갖고 있지 못한 우리로서는 別方法이 없었던 것이지만, 1948년 8·15에 獨立政府가 樹立된 후에는 當然히 이것이 研究 檢討되었어야 할 것이고, 當時 이에 대한 日可日否가 있은 것을 알았다면 當然히 實驗이라는 方法을 取했어야 할 것이다. 그런데 李承晩政府는 이 일에 대하여 아무런 考慮고려도 없이 美軍政의 政策을 그대로 踏襲답습한 것은 重大한 過誤라고 아니 할 수 없다.

그 후에는 한글專用에 대한 是非는 여러 해 繼續계속되었는데 말로만 日可日否했을 뿐 實驗해 볼 생각은 전혀 없었다. 이것이 教育上 얼마만한 重大事임을 몰랐다고 하면 當時의 文教當局者의 無知가 美軍政 以上이라고 할밖에 없다. 現代化니 科學化니 하면서 實驗이라는 方法이 考慮되지 않았다는 것은 文教의 重大性을 모르는 것인 同時에 國家民族의 將來를 너무도 輕視한 것임이 틀림없다고 할 것이다. 當時에도 愛國愛族이라는 말은 많이 使用되었다. 하지만 重大한 文教政策을 輕視하고서도 愛國이라고 할 수 있을 것인지 참으로 理解할 수 없는 일이다. 解放 以後 이미 30년이 經過했다. 6年制의 國民學校에서 6年間 實驗해 보았다고 하면 5次의 連續實驗이 可能했을 것이다. 그런데 단 한 번도 實驗해 본 일이 없으니 참으로 이상하고도 놀라운 일이 아닐 수 없다.

위에서도 말한 바와 같이 宗教라고 한다면 是非를 가릴 수 없다고 하겠지만 教育을 어떻게 몇 사람의 所信만에 依存할 수 있겠는가. 그것이 少數人士에 局限된 일이라면 損失이 있다고 해도 그리 큰 問題가 될 수 없다고 하겠지만, 教育은 國家全民族이 다 같이 그 影響을 받게 되는 것이므로 損失이 있게 될 경우 그 被害피해는 至大하게 될 것이다.

世宗大王은 偉大위대한 聖君이다. 그가 創制한 한글은 우리 民族에게 文化上으로나 生活上에 莫大한 利益을 준 것이다. 大王의 功績을 생각해서라도 當然히 善用토록 했어야 할 것인데 一部人士는 이런 것은 생각조차 하지 않고 大王의 意圖와는 달리 한글專用을 주장해서 大王의 功績을 虛無로 돌리려고 할 뿐 아니라 一步를 더 나아가서 한글까지 抹殺말살하려고 하니 愛國愛族하는 사람으로서는 도저히 容恕할 수 없는 일이다. 이 말을 혹시 疑訝의아해하는 사람이 있을 듯해서 添加첨가하여 말한다. 한글專用主義者 중에는 한글의 字母를 풀어서 로마字와 같이 쓰자고 主張하는 사람이 있는데 그렇게 할 경우 로마字로 代用하게 되고 한글은 그 原則만이 남아 있을 뿐 字形은 없어지겠기 때문이다.

以上에서 말한 것은 主로 教育上의 한글專用의 弊를 指摘한 것이지만, 日常實用上에도 한글專用이 無理하다는 것을 簡單히 添加하려고 한다. 文字란 것은 使用에 便하고 또 正確해야 하는 것이다. 漢字가 보기에 便하다는 것은 表意이기 때문에 그 音을 모르고서도 그 뜻을 알 수 있고 表意만으로도 目的이 達成되는 것이므로 音을 알아야 하는 不便이 없는 것이다. 漢字가 正確하다는 것은 現行國語에 있는 漢字語를 漢字音으로 한글로 表記하게 되면 同音異義의 말이 많으므로 混同혼동될 경우가 많기 때문이다. 또한 國漢文混用일 경우 視覺에 빨리 들어와서 純한글보다 읽는 時間이 節約된다는 것도 알아야 할 것이다. 지금 世上은 複雜多端복잡다단해서 무슨 일이나 빨리 處理해야 하고 讀書 역시 같은 文書 같은 意義의 것이라면 短時間內에 읽고 理解하는 것이 좋을 것이다. 무엇 때문에 읽기 힘들고 理解하기 어려운 純한글을 보아야 한다는 말인가. 有志 여러분의 再考三思를 바라는 바이다.

〈本會副會長 · 文博/ 어문연구 13호〉

國語敎育과 漢字

劉 鳳 榮

1897~1985. 平北 鐵山 출생. 언론인. 조선일보 부사장, 민족문화추진회 이사장 역임. 언론인으로서의 필자는 固有語는 한글로, 漢字語는 漢字로 表記하면 간편하고 정확한 意思表示가 될 것인데, 무슨 이유로 한글만을 專用해야 하는지 질문을 던지면서, 우리 國語를 유지·보존하기 위해서, 그리고 우리 文化를 계승·유지하기 위해서 國語에 흔히 使用되는 漢字는 國民 누구나 알아야 할 것이라고 주장하고 있다. 뿐만 아니라 國語는 敎育上 가장 重要한 것이고, 國語를 完全 理解하기 위해서는 漢字敎育이 최선의 방법이므로 敎育效果를 높이기 위해서 제한된 수의 漢字는 반드시 敎育해야 한다고 주장하고 있다.

國語敎育에 關한 말을 하기에 앞서 國語自體에 對한 말을 먼저 해야 하겠다. 말이란 것이 人類 相互間 意思를 交換교환하는데 絶對 必要한 것임은 두말할 것 없는 것이고, 特히 國語라고 한다면 한 民族 또는 한 國民에 通用될 수 있는 말을 뜻한다.

人間이 意思를 서로 交換하는데는 손짓 발짓도 必要한 때가 있지만, 이것이 言語를 대신할 수는 絶對로 없다. 言語는 人類에 있어서 가장 重要한 行動中의 하나이다. 말은 모든 事物을 說明하는 것이고 모든 思考를 表示하는 것이다. 言語가 없이는 人類文化가 形成될 수 없는 것이다. 傳統과 習慣습관의 維持發展유지발전도 不可能한 것이다. 그러나 通話통화할 수 있는 相對가 있어야만 言語는 必要한 것이고, 通話할 相對가 없을 때는

無用한 것이 되고 만다. 그러므로 多數한 同族間에 通用되는 言語는 더 한 층 重要한 것이다. 따라서 國語와 民族은 不可分의 關係에 있다고 할 것으로 國民된 者는 當然 國語를 尊重존중해야 할 것이다. 그러나 한 國家에 여러 種類의 言語가 使用되는 곳도 있는데 이것은 不幸한 일임에 틀림이 없다. 우리는 지금 全國民이 거의 同一한 國語를 사용하고 있으니 多幸한 일이라고 하겠다. 그런데 우리 國語는 두 가지 種類의 言語로 構成되었다. 그 하나는 固有語로서 表音만으로 表記표기해도 좋은 것이고, 그 하나는 表意性을 가진 것으로 表意語인 漢字로 表記해야 할 漢字語이다. 이 두 가지 言語를 表音 한 가지로 統一하자는 意見이 解放後 몇 사람으로부터 提示되어 國家에서도 이것을 採用채용해 왔다. 그 主張인즉 우리에게는 優秀한 表音文字인 한글이 있으니 우리 文字로 統一하는 것이 옳지 않으냐 하는 것이다. 언뜻 보면 옳은 主張인듯 하지만 漢字語廢止한자어폐지는 實際 不可能한 일이며 혹시 可能하다고 해도 有害無益유해무익한 것이다. 固有語는 한글로, 漢字語는 漢字로 表記한다면 簡便간편하고 正確정확한 意思表示가 될 것인데, 무슨 理由로 한글만을 專用해야 하는가. 한글專用을 主張하는 것은 우리글을 우리가 쓴다는 感情 때문인데 世上 일이란 決코 感情으로 左右할 수 없는 것이다. 事理에 妥當타당한가 實際에 有益한가, 그 與否를 分明히 한 연후에 決行해야 하는 것이다. 또한 實驗이 隨伴수반되어야 하는 것이다. 況且황차 國民精神과 國家文化에 重大한 關聯관련을 가진 言語와 文字問題아니겠는가. 解放後 30餘年間 우리는 이것을 充分히 實驗했다. 한글專用教育의 結果로 國民學校를 卒業한 者는 거의 다 國語를 잘 모르고 中學校와 高等學校를 卒業한 者도 마찬가지이고 大學을 卒業하더라도 國語實力이 보잘것없다. 그 理由는 이러하다. 우리 國語는 約半數가 生活用語이고 約 半數가 學問的인 用語인데 日常用語는 한글만으로 表記해도 理解할 수 있지만 學術用語는 漢字 아니고는 正確한 表記가 不可能한 것이다. 그러하기 때문에 漢字를 모르고서는 國語를 完全히 理解할 수가 없는 것이다. 國語와 漢字와의 關係관계가 이와 같다고 하면

敎育과 漢字와의 關係 또한 同一하지 않을 수 없다. 國語가 尊重되어야 함은 두말할 것 없는 것이지만, 이에 따라서 國語敎育도 尊重되어야 함도 當然한 論理이다.

國語敎育은 敎育의 基礎이다. 國語敎育이 없이 다른 敎育을 한다는 것은 不可能한 것이다. 이것은 基礎工事 없이 建築건축을 한다는 것과 同一하기 때문이다.

敎育도 다른 일과 마찬가지로 基礎가 必要하다고 하면 國民學校敎育에 있어서 國語敎育을 充實하게 해야 할 것도 너무나 當然한 일이다. 따라서 漢字敎育은 不可避불가피한 것이다. 敎育이라고 해서 어렵고 힘들게만 할 必要는 없는 것이다. 國語敎育에 있어 우리 國語에 使用되는 漢字 2千字 程度만 習得한다면 國語를 거의 다 알게 될 것이므로 國民學校에서 漢字敎育은 이 問題를 거의 다 解決하리라고 본다. 또 漢字는 視覺的시각적인 文字이기 때문에 國民學校年齡의 兒童에게 適合한 것이다. 사람의 視覺은 10歲 前後에 제일 發達되는 것이다. 그때에 漢字를 習得하는 것은 成年 以後보다 容易하다는 事實을 알아야 할 것이다. 容易한 時期를 버리고 視覺이 衰弱쇠약해질 時期를 기다려야 할 理由는 어디에 있겠는가. 漢文이 어려운 글이란 것은 世上이 다 알고 있는 事實이다. 그러나 지금 말하는 漢字는 漢文과는 다른 것이다. 漢文이 漢字로 된 것은 事實이지만, 여기서 말하는 漢字는 우리 國語에 使用되는 漢字를 말하는 것으로 局限국한된 數이다. 그것이 어려운 것이 아니라는 것은 우리 先人들이 이미 經驗한 것이다. 漠然막연히 어렵다고 생각할 것은 아니다. 또 表音文字인 한글을 使用하면서 表意文字인 漢字를 混用한다는 것은 不便하지 않은가 하는 사람도 있다. 그러나 不便하다는 것은 觀念에 不過한 것이고, 事實은 便利하다는 것을 알아야 할 것이다. 勿論 타이프를 使用할 때에는 漢字를 混用하는 것이 不便하겠지만 漢字語를 漢字로 쓰는 것이 便利하고 正確하다는 事實을 否認부인할 수 없을 것이다. 또한 쓰는 사람은 하나인데 對해서 보는 사람은 百이나 千이나 또는 그 以上일 수도 있는 것이므로 한때의 不便

쯤은 참아야 할 것이다. 지금 世界의 表記傾向을 보면 表音文字를 使用하는 사람들이 表意的인 表記를 하는 경우가 차차 增加하고 있다. 이것은 그렇게 表記하는 것이 筆者나 讀者에게 다같이 便利하기 때문이다. 또 한 가지 問題點이 있다. 그것은 우리의 文化는 거의 다 漢字로 되어 있다는 事實이다. 우리 古典이 모두 漢文으로 되었다는 事實이 그것이다. 그러한 純漢文으로 된 古典을 理解하기 위해서는 漢文知識이 있어야 하겠지만 現代教育에 있어 古典을 讀破독파할 수 있는 漢字教育을 할 수 없는 만큼 오늘 우리는 우리 古典을 한글로 國譯국역하고 있다. 그런데 아무리 國譯이라 해도 漢字知識이 全無하다면 國譯한 것을 理解할 수가 없는 경우가 數多하게 있다. 이 경우를 생각해서도 最少限의 漢字는 알아야 하게 되어 있다. 어떻게 漢字를 完全除去완전제거할 수 있겠는가. 國譯한 古典을 理解하기 위해서도 우리 國語에 使用되는 漢字는 반드시 알아야 할 것이다. 우리 文化를 尊重하고 自體意識을 잃어버리지 않게 하기 위해서도 局限된 漢字의 教育은 不可不 해야 할 것이다. 漢文學習은 一部學者를 除外하고는 必要가 없을지 모르나, 國語에 흔히 使用되는 漢字는 어느 面으로 보나 國民必修의 것이라고 하지 않을 수 없다. 되풀이해서 말하지만, 우리 國語를 維持保存하기 위해서나, 우리 文化를 繼承維持계승유지하기 위해서나, 國語에 흔히 使用되는 漢字는 國民 누구나 알아야 할 것이다. 뿐만 아니라 國語를 쉽게 理解하고 教育效果를 높이기 위해서도 制限된 數의 漢字는 꼭 教育해야 할 것이다. 이 問題는 決코 感情的으로 論할 것이 아니고, 民族과 國家라는 大局으로 보아서 愼重신중히 다루어야 할 것이다. 그러하다면 經驗을 돌아보고 現實을 實驗해 보아서 그 어느 便이 옳은 일인가를 알아내야 할 일이다. 一時的인 感情과 分別없는 妄想망상으로 漢字教育을 拒否거부해서는 될 수 없다. 國語의 純粹性순수성에 對하여 一言코자 하는 것은 最近 外國語의 混用이 너무 지나치다는 點이다. 國際交流가 盛行되는 이때라, 外國語가 國語에 混用되는 것은 不可避한 일이라고 하겠지만, 混用의 度가 지나치게 되면 國語는 重大한 損傷손상을 받게 될 것이며, 甚

심한 경우에는 純粹性순수성을 完全히 喪失상실하게 될 것이다.

그러므로 外國語는 可能限한 原語를 使用하지 말고 飜譯번역해서 써야 한다. 어떤 外國語가 우리말에 該當되는 어휘가 없어서 不得已 原語를 써야할 경우라고 해도 우리 音韻음운에 適合하도록 고쳐서 써야 한다. 原音主義는 있을 수 없는 것이다. 國語는 어디까지나 우리의 말이고 外國과는 아무런 關係가 없기 때문이다. 그리고 中國·日本 等 漢字使用國의 固有名辭는 우리의 漢字音으로 表記해야 한다. 最近 우리 新聞이나 放送에서는 日本의 固有名詞를 日本式音으로 쓴다. 한데 50餘年前 日帝時代의 우리 新聞은 日本의 地名 人名을 꼭 우리 漢字音으로 表記했지, 絶對로 日本音은 쓰지 않았다. 지금 무슨 理由에서 日本音으로 表記하는 것인지 참으로 알 수 없는 일이다. 되풀이해서 말하지만, 國語는 教育上 가장 重要한 것이고, 國語를 完全 理解하기 위해서는, 漢字教育이 最善의 方法이란 것을 알아야 한다. 漢字教育이 教育의 質을 向上시키고, 따라서 實務的인 面에서나 學問的인 面에서나, 優秀한 人材를 輩出배출시킬 것은 疑心의심할 바 없다. 學校의 數나 學生의 數가 많은 것을 바라기보다는 學生의 質을 높이는 것이 더 必要하지 않을까 한다. 우리의 向學熱이 어느 나라보다도 旺盛왕성하다는 것을 자랑삼아 말하는 사람이 있다. 勿論 좋은 現象이지만, 이와 同時에 教育方法을 改善해서 國民學校에서부터 漢字教育을 實施실시한다면 學校數와 學生數가 많아짐과 同時에 教育의 質이 보다 눈에 띠게 向上될 것이다.

우리는 지금 先進國으로 自處하지 못하고 있다. 先進國으로 自他가 公認하게 되려면, 우선 教育의 質부터 높여야 할 것이고, 이에 따라서 文化가 急速度급속도로 發展해야 할 것이다.

그리하여, 우리의 文化가 世界 最高의 水準에 到達도달하게 된다면, 그 얼마나 多幸한 일이겠는가. 漢字가 우리 글자가 아닌 與否를 말할 때가 아니라, 우리 文化發展에 有用한 것이라면 教育을 주저할 理由가 어디에 있겠는가. 世上 일이란 것은 順理與否와 妥當性有無타당성유무만 따져야 하는 것이다.

〈本懷副會長・文博/ 어문연구 22호〉

韓國의 漢字問題

兪 昌 均

1925년 慶北 永川 출생. 영남대, 계명대, 한국정신문화연구원 교수 역임. 이 글은 해방 후 美 軍政廳에 의한 한글전용정책은 국민적 합의를 바탕으로 하지 않았고 현실적으로 성과도 없었으므로 실패한 정책이며, 국어교육의 이념으로서 전통문화의 계승을 위해서는 국민학교에서 천 자 이상, 중학교에서 상용한자 수준, 고등학교에서는 고전을 읽을 수 있는 단계까지 교육해야 한다고 강력히 주장하고 있다. 특히 민족문화 교육을 위해서 한자를 폐지해서는 안 되는 이유를 두 가지로 들고, 한자교육 폐지론이 거론하는 명목 세 가지를 조목조목 비판함과 아울러 한자의 略字 사용에도 분명한 반대 입장을 취하고 있다. 또한 한자어가 국어에서 차지하는 막대한 비중과 한자의 뛰어난 助語力을 들어 한자의 효력을 강조하면서 한자교육의 필요성을 강조하고 있다.

I

오늘날 우리의 言語生活에서 漢字의 문제는 매우 심각한 課題과제로 다시 등장하고 있다. 그것은 한글의 專用을 시행한 지 半世紀에 달함에도 一般大衆이 가장 많이 접하는 新聞과 雜誌 그리고 專門 學術書籍학술서적들이 여전히 漢字를 混用하고 있어, 大學을 나와도 新聞 하나 제대로 읽지 못하는 文盲 아닌 文盲者가 續出속출하고 있는 현상이다. 세계 어느 나라에 이러한 절름발이 敎育이 있단 말인가. 실로 痛歎통탄할 일이 아닐 수 없다.

理論上으로는 한글의 專用은 충분한 타당성이 있다고 하겠다. 그러므로 오늘날까지 大多數의 國語學者들이 一部의 사람들을 除外제외하고는 한글의 專用에 대해 적극적으로 찬성은 하지 않더라도 동조 내지 방관하는 태도를 취해 왔다. 그러나 이제 半世紀가 지났음에도 그 成果가 없다면 거기 대한 原因과 實相을 심각하게 再檢討하지 않으면 안 될 것으로 믿는다.

이것은 한마디로 한글의 專用이 실패했음을 뜻하는데 그것은 理想을 쫓는 나머지 傳統과 現實을 무시한 데서 말미암은 것이다.

言語政策은 물론 理想을 追求추구하는 것이지마는 그 理想은 歷史的 背景과 慣習관습을 토대로 충분한 분석과 검토가 이루어진 다음에 이루어져야 할 것이다. 그렇지 않으면 理想은 現實과 乖離괴리되는 結果를 가져오고 말 것이다. 현재 우리의 言語生活의 實相은 이 理想과 現實의 乖離에서 말미암은 것이다. 우리는 지난 半世紀 동안의 言語政策을 反省하고 現在의 不合理한 現狀현상을 再檢討할 必要性필요성을 느끼는 것이다.

言語政策의 實踐실천은 다른 分野의 政策과는 다르다. 言語生活의 主體는 言語大衆이다. 아무리 훌륭한 政策이라도 大衆이 그것을 수용하지 않는다면 그 政策은 失敗하고 말 것이다. 즉 强要된 言語政策은 生命을 가지지 못한다. 中國에 있어서는 隋 以來로 標準音의 制定을 目標로 韻書를 編纂편찬해 왔고 그것은 또한 中國의 言語政策에서 成功을 거둔 것으로 생각된다. 그러나 오늘날 歷代의 韻書 가운데 明의 洪武正韻홍무정운만은 좋은 評價평가를 얻지 못했고, 그것이 中國語의 言語的 統一에 크게 기여한 것으로는 생각되지 않는다. 그것은 洪武正韻이 現實音을 떠나 理想音을 追求추구한 데서 말미암은 것으로 생각된다. 우리에 있어서도 東國正韻은 우리 漢字音의 標準化를 試圖시도한 最初의 韻書로서 그 體系는 理論的으로 完璧완벽하고 빈틈이 없다. 그럼에도 그것이 一般의 呼應호응을 얻은 것으로는 보이지 않는다. 記錄에서 볼 때 世宗 때는 물론이요, 成宗 때에 이르기까지도 朝廷조정에서 初學者에게 이 音을 敎育하도록 指示했음에도 큰 成果가 없었다. 이와 같은 사실은 言語 政策이 理論的으로 아무리 훌륭하다 하더라도 大衆이 그것을 수용하지 않는다면 失敗한다는 엄연한 사실을 말하는 것이다. 즉 言語政策은 國民的 合意를 바탕으로 해야 된다는 것을 뜻한다.

한글專用에 대한 論議는 甲午更張갑오경장까지 소급하나 具體的인 實踐의 段階단계에 들어간 것은 光復의 興奮흥분이 아직 가시지 않은 1945年 12月 8日 美 軍政廳군정청에 의한 漢字 廢止폐지와 橫書횡서의 결정에서 비롯한다. 이 때 우리는 충분한 연구 검토나 사전 준비도 없이 한글의 專用이 곧 祖國 光復과 연결되고 그것이 國家 再建의 초석이 된다고 믿었기 때문에 긍정적으로 평가되었던 것이다. 그러나 文化史的으로 傳統과 慣習에 깊이 젖어 있던 言語生活의 實相과 國民의 意識 水準은 그것을 受用할 만한 자세가 되어 있지 않았던 것이다. 美 軍政廳에 의한 한글專用의 決定은 우리 民族에게는 一種의 革命이었다. 漢字의 廢止를 주장하는 사람들은 그것이 결코 革命이 아니라고 하지마는 國民的 合意에 의하지 않고 一時에 變革변혁을 試圖한 것이 革命임이 분명하다. 우리는 言語政策의 變革은 政治的 革命 이상으로 중요한 民族的 課業으로서 그 실천에 앞서 最小限의 國民的 合意를 얻어야 할 것으로 믿는다. 國民이 合意에 同調하지 않는다면 合意를 이룰 때까지 說得하고 啓蒙하는 努力을 기울여야 할 것이다.

新聞과 雜誌가 아직도 한글專用에 나아가지 못한 理由가 어디 있는가? 한글의 專用을 주장하는 사람들은 國民이 읽지 못하는 新聞을 만드는 것은 讀者를 무시한 독선이라고 할지 모른다. 그러나 우리의 생각은 다르다. 新聞은 社會의 公器이기는 하나 營利영리의 追求를 피할 수가 없다. 營利的으로 가장 중요한 것은 讀者의 確保확보이다. 大衆이 한글專用을 원한다면 벌써 한글의 專用으로 나아갔을 것이다. 그럼에도 한글의 專用을 실천하지 못함은 아직도 國民이 國漢文混用을 바라고 있음을 뜻하는 것이다.

이와 같이 國民이 아직도 漢字의 魅力매력에서 벗어나지 못함은 歷史的 背景배경과 傳統意識에서 비롯하는 것이다. 한글專用이 아무리 바람직한 理想이라 하더라도 우리는 이 엄연한 사실을 외면할 수가 없다. 이에 대한 再檢討가 요망된다.

한글의 專用은 漢字의 廢止가 前提된다. 漢字의 全面的인 廢止는 그에 앞선 制度的 장치와 意識의 變化 등이 뒤따라야 한다. 여기 制限된 紙面에서 전부 논의할 수는 없다. 한글의 專用은 항상 漢字敎育의 廢止까지도 同伴동반해서 논의되는 경향을 보여 왔다. 그러나 漢字의 敎育은 敎育으로서 政策的 課題인 한글의 專用을 떠나서 깊이 있게 다루어져야 한다. 여기서는 주로 漢字 敎育의 强化가 緊要긴요한 現實的 課題임을 살펴보고자 하는 것이다.

Ⅱ

1. 國語 敎育의 理念

漢字使用의 廢止를 주장하는 사람들은 漢字漢文의 敎育까지도 廢止해야 된다고 주장한다. 그러나 이러한 理論은 敎育의 基本 原理와 國語敎育의 理念에 비추어 수긍할 수가 없다. 우리가 한글의 專用이 理論的으로 바람직하다 하더라도 그것을 漢字 漢文의 敎育에까지 擴大확대하는 것은 敎育의 目標에서 벗어나는 것이다.

漢字 漢文敎育의 廢止를 주장하는 사람들은 國民學校 時節에 그들이 漢字의 學習에 시달린 사실을 回想회상하고 漢字의 學習때문에 결국 다른 學科目을 등한시하게 되고 나아가 國語에 대한 興味흥미를 잃게 된다고 했다. 그러나 사람에 따라서는 이와 反對되는 경우도 생각할 수 있을 것이다. 漢字의 學習에 熱中열중하다가 보면 漢字의 魅力을 느끼게 되고 나아가 그것이 國語에 대한 興味를 북돋우게 될 것이다. 한글만 專用하기 때문에 국어는 쉽다는 생각에 젖어 아예 공부를 하지 않으려고 하는 경우도 생각할 수 있다. 오늘날 大學 入試에서 英語 數學 같은 科目에는 熱中하면서 國語는 쉽다는 생각에서 그 半도 공부하지 않는다. 그럼에도 試驗 成績성적이

다른 科目보다 나은 것이 없다. 이러한 사정은 한글의 專用이 오히려 國語 輕視경시의 경향을 가져온 것이라고도 할 수 있다.

우리의 敎育은 現在 義務敎育의무교육이 中學校까지 나아가는 段階에 있으나 머지않아 高等學校까지 擴大될 것이다. 이것은 現代社會에 있어서 이 段階까지가 國民敎育의 基本 課題임을 뜻한다고 할 수 있다. 우리는 國民敎育이 단순한 생활의 便宜편의를 위한 것이 아님을 알아야 한다. 적어도 國民敎育은 實生活의 便宜를 위해서만이 아니라 사람답게 산다는 것, 나아가 民族文化에 대한 깊은 이해와 그것을 통해 새로운 文化의 창조에 기여함에 있을 것이다. 國民敎育이 단순한 生活의 方便으로서만 필요한 것이라면 굳이 漢字를 익힐 필요가 없을 것이다. 우리의 敎育이 人格의 陶冶도야와 創造的 文化의 發展을 目標로 한다면 現在 當面한 生活의 方便보다는 傳統文化의 繼承계승 發展에 있다고 할 것이다. 漢字가 비록 外來文字라고 하더라도 二千餘 年에 걸쳐 文化的 活動이 이루어졌고 그것을 통해 文化가 생성되어 왔기 때문에 傳統 文化의 얼은 이 속에 담겨져 있는 것이다. 그럼에도 아무런 準備준비도 없이 갑자기 漢字敎育을 廢止함으로써 여기에서 傳統 文化의 斷絶단절을 가져오게 된 것이다. 오늘날 戰後의 새 敎育을 받은 젊은 사람들은 우리 倫理 規範규범을 이해하지 못하고 西歐의 物質 文化만을 동경하는 나머지 참다운 韓國의 精神, 東洋의 精神이 어떤 것인지를 깨닫지 못하고 있다. 昨今작금 많은 사람들이 社會 規範의 崩壞붕괴를 개탄하고 있으나, 그 責任의 一端이 傳統 文化에 대한 敎育의 斷絶에서 말미암은 것으로 생각한다. 東洋 文化의 根幹근간은 倫理와 道德, 즉 人格의 陶冶에 있다. 傳統的 倫理 規範을 20世紀의 高度 産業社會에 그대로 적응시킬 수는 없다 하더라도 傳統文化에 대한 敎育을 단절시키고자 한다면 그에 앞서 새로운 時代에 副應부응할 수 있는 規範이 먼저 마련되었어야 하는 것이다. 그렇지 않고 갑자기 傳統 文化를 담은 그릇인 漢字와 漢文의 敎育을 中斷시킴으로써 오늘날과 같은 社會的 混亂혼란을 가져온 것으로 생각된다. 文化에 대한 變革은 制度的 變革과는 다른 것이다.

그것은 어디까지나 점진적이어야 하는 것이다.

國民教育의 教科目에서 國語야말로 教育의 目標, 民族精神의 繼承, 創造的 文化의 啓發계발을 위한 核心핵심 科目이다. 이것은 단순히 '말하기, 쓰기, 듣기, 읽기'에 그치는 것이 아니라 傳統文化에 대한 깊은 이해 위에서 뿌리를 박아야 참다운 꽃을 피울 수 있는 것이다. 漢字는 傳統文化를 담은 그릇이다. 漢字 漢文에 대한 기본 지식이 없이는 國語教育의 참다운 目的을 달성할 수 없을 것이다.

2. 傳統文化의 繼承과 漢字 漢文의 教育

앞에서 이미 言及한 바 있거니와 우리의 傳統的 文化遺産은 거의 漢文으로 기록되어 있다. 이것의 正當한 繼承은 곧 文化 遺産에 대한 正確한 理解를 바탕으로 함은 말할 필요도 없다.

漢字教育의 廢止를 主張하는 사람들은 굳이 原文에 접하지 않더라도 번역한 것으로 충분하다고 한다. 그것은 一理가 있는 이야기이다. 옛 古典 가운데는 그 文章이 더러는 쉬운 것도 있지마는 대개는 엄청나게 어렵다. 그렇기 때문에 漢文에 대한 여간한 造詣조예가 없이는 그것을 이해하기가 어렵다. 그렇기 때문에 일반이 손쉽게 古典에 접할 수 있는 길은 번역을 통하는 것이 가장 效果的이다. 우리는 이 문제에 대하여 큰 이의를 제기할 이유가 없다.

그러나 가장 基本的인 問題는 이 古典들의 번역 사업이 이루어지기도 前에 漢字의 使用과 教育을 廢止하는 데서 비롯했다. 그렇기 때문에 文化의 斷絶을 가져오게 되었던 것이다.

다음으로 모든 古典의 번역이 이루어졌다 하더라도 우리는 民族 文化의 教育이라는 입장에서 漢字 漢文의 教育을 廢止해서는 안 된다. 그 이유는 다음의 두 가지이다.

첫째, 古典의 번역을 위한 學者의 養成이다.

둘째, 古典이 內包한 근본정신을 이해하는데 번역본은 原本에 미치지 못한다.

첫째 문제의 解決을 위해서는 大學에 漢文學科를 설치하여 장차 그것을 전담할 學士를 養成하면 된다고 하나, 過去 數千年間에 걸쳐 이루어진 東洋 文化의 精髓정수를 漢文學科 出身의 몇 사람으로써 가능하리라고는 생각되지 않는다. 過去의 文化에도 文學만이 있는 것이 아니고, 經學, 歷史, 哲學철학에서 算學산학, 地理, 卜術점술에 이르기까지 廣範圍하게 集積되어 있다. 이것을 少數의 漢學者에 의해 全部 번역한다는 것은 어려운 일이다. 어떤 學問이든 歷史와 傳統이 없는 것이 없다. 東洋의 學問을 하고자 하는 사람은 누구라도 쉽게 過去의 典籍전적에 접할 수 있어야 한다. 또 西洋의 學問을 하는 사람도 역시 東洋의 그것과의 比較에서 世界的인 學問의 基盤을 構築구축할 수 있다. 그러기 위해서는 國民의 基礎敎育의 段階에서부터 모든 사람은 장차 古典에 접할 수 있는 基本敎育을 받아야 한다. 大學의 漢文學科에서만 漢學者를 養成하자는 것은 너무도 편협한 識見이다. 東洋의, 또는 우리의 傳統文化를 몇 사람의 엘리트에게 맡기라고 하는 것은 過去에 漢文을 貴族의 獨占物독점물로 생각했던 것과 同一한 발상이다. 傳統性, 歷史性에서 볼 때 우리의 漢文學은 國文學에 對立되는 槪念이 아니고 同一的인 것이다. 萬若 장차 漢文學의 繼承 發展이나 古典의 번역을 위한 것이라면 그 使命은 國文學者에게 주어져야 한다. 또 歷史와 哲學 등은 마땅히 史學者나 哲學者에게 넘겨져야 할 것이다. 그럼에도 漢文學科를 따로 設置설치해서 무엇을 하자는 것인지 알 수 없다. 이것은 國家的으로도 敎育의 浪費낭비가 아닐 수 없다. 또 古典의 번역을 위해서 大學 4年 間에 80學點 程度의 修業수업을 했다 해서 漢學에 대한 깊은 造詣가 이루어진다고는 생각되지 않는다. 적어도 國民敎育의 段階에서부터 착실하게 그 기초를 다져야 할 것이다. 이런 점에서 漢文學科는 國文學科에 통합됨이 마땅하다. 그것은 現在 漢文學科에 소속된 敎授의 絶對 多數가 國文學科 出身이거나 國文學을 專攻한 사람임을 보아도 알 수 있다.

國文學科도 이에 따라 傳統文化의 繼承이라는 차원에서 漢詩, 漢文學을 異端으로 취급할 것이 아니라 國文學에 吸收흡수해야 할 것이다.

둘째의 문제는 漢字의 表現的 機能과 關係를 가지고 있다. 일반적으로 文字는 音聲言語를 表記하는 道具로 看做간주되고 있다. 그것은 틀림없는 사실이다. 그러나 表意文字인 漢字는 단순히 音聲言語를 表記하는 道具로서뿐만 아니라 그 이상의 어떤 機能을 수행한다. 漢字는 音聲言語를 表記하는 외에 그 自體가 스스로 어떤 概念을 再創造하는 기능을 가지고 있다. 이것이 漢字가 가진 가장 큰 魅力이라 할 수 있다. 漢字는 1字가 한 뜻을 나타내나, 우리는 일찍부터 이것을 2字 이상 결합시켜 새로운 語를 再構成해서 使用해 왔다. 이로써 無限大로 複合語복합어·派生語파생어 등을 만들 수 있게 된 것이다. 이 문제는 造語法에서 다루어지기는 하나, 이 複合語·派生語는 表音文字의 경우와는 성질이 다르다. 즉 漢字語는 語와 語의 結合이기 때문에 表象하는 概念은 좀더 多樣性다양성을 띠게 된다. 漢字는 1字로써 많은 字義를 가지고 있다. 文脈문맥에 따라 그 字義가 달라지는 것이다. 이렇게 다양한 字義가 복합해서 이루는 語義는 더욱 多樣해진다. 그러므로 古典은 번역으로서는 作者의 참된 精神을 理解하는 것이 어렵다. 그러한 것은 직접 原典을 통해서 참된 精神을 얻을 수 있게 되는 것이다. 물론 일반이 그 表面的인 意味만 이해하려 한다면 번역으로도 가능하다. 예컨대 小說이라든가 歷史라든가 地理와 같은 것은 번역으로써 어느 정도는 가능할 것이다. 그러나 經學이라든가 詩나 文學에 이르러서는 번역은 原典에 미치지 못한다. 우리가 傳統文化에 대한 깊은 이해를 전제로 한다면 역시 原典에 접하는 것이 有利하다. 이런 뜻에서 우리는 高等學校만 卒業하면 필요한 경우에 直接 古典을 대할 수 있을 정도의 漢字 漢文의 教育을 해야 할 것이다. 國民은 누구나 자기가 원하는 것을 教育받을 수 있는 權利가 있고 읽을 수 있는 權利가 있다. 그럼에도 政策的으로 國民教育의 段階에서 이것을 막아 버리는 것은 옳은 일이 아니다.

3. 漢字 漢文 敎育의 限界와 範圍

漢字敎育의 廢止를 주장하는 이유는 다음과 같은 세 가지로 귀납된다.

첫째, 漢字는 字數가 너무 많고 字劃자획이 복잡하여 배우기가 어렵다는 것이다.

後漢 때의 許愼이 지은 '說文解字'(全 14卷)는 漢字의 構造와 運用을 記述한 책으로 유명하다. 여기에 수록된 총 字數는 9,353字이다. 이것은 당시의 漢字를 集大成한 最古의 文獻문헌이다. 여기에 수록된 字 외에도 그 뒤에 나온 자료들에 의하면 더 있었을 것이나 許愼은 이것만으로도 當代의 漢字를 網羅망라한 것으로 생각했음이 분명하다. 許愼은 여기에서 字類를 六書로 분류했는데 六書에서도 象形字와 指事字만이 基本字에 해당하고 會意字와 形聲字는 이 基本字를 둘 이상 複合해서 만든 것이다. 그리고 轉注字전주자와 假借字가차자가 있으나, 이는 앞의 넷 중에서 그 뜻이나 音을 빌려 轉用한 것으로 漢字의 形態와는 關係가 없다. 그런데 基本字에 속하는 象形과 指事는 전부 735字이며 여기에 會意字 655字를 加算가산하더라도 不過 1,390字에 지나지 않는다. 여기에 會意字를 加算한 것은 複合字이기는 하나 字義와 字音의 面에서 基本字의 機能을 떠나 獨自性을 가지고 있기 때문이다. 總 字數 9,353字에서 1,390字를 減한 7,963字가 形聲字에 속하는 것으로 볼 수 있는데 이것은 거의 85%에 해당한다. 그리고 '形聲 · 指事 · 會意'는 전부 14.8%에 지나지 않는 것이다. 만약에 會意字를 제외하고 象形과 指事만을 대상으로 한다면 그것은 7.8%에 지나지 않는다.

漢字는 그 자체의 성격으로 말미암아 얼마든지 字數를 증가할 수 있다. 南宋 때 鄭樵가 지은 '通志 六書略'에는 24,235字로 象形 · 指事 · 會意의 合計가 1,455字로 增加증가했음을 볼 수 있다. 이것은 '說文解字'에 비해 800字가 增加했으나 이 800字는 거의 會意字에 속하는 것으로 象形字와 指事字는 增加하지 않았다.

宋代의 代表的인 韻書로 꼽히는 '大宋重修廣韻'의 標目字도 20,194字

로 '六書略'과 큰 차이가 없다. 淸代의 '康熙字典'에는 46,216字로 엄청난 增加를 보이고 있으나 이 숫자는 宋代의 集韻에 버금가는 것이다. 그러나 여기에는 이미 쓰이지 않던 옛날의 낡은 字를 총망라함에서 말미암은 것으로 한 時代에 常用되던 漢字를 대상으로 한 것이 아니다. 宋代에는 廣韻·集韻과 함께 常用으로 編纂편찬한 '禮部韻略'이 있다. 이것은 처음에 8,829字를 수록했으나, 그 뒤 여러 版本이 나옴에 多少의 加減이 행해졌으나, 대체로 9,000字 內外이었다.

漢字의 字數가 많아서 배우기 어렵다고 하는 사람들은 대개 '康熙字典'의 字數를 기준으로 5萬字라고 하나 이것은 漢字의 敎育을 지레 겁먹게 하기 위한 一種의 공갈이다. 이것은 古今의 漢字를 망라한 것으로 이것을 다 익히고 있는 사람도 없고 또 학습할 필요도 없다. 文字도 時代에 따라 차이가 있다. 時代에 따라 새로 만들어지기도 하고 지금까지 쓰던 것이 뒷전으로 밀려나기도 한다. '康熙字典'의 5萬字는 國語辭典의 語彙 項目과 같은 것이다. 한글을 전용한다 하더라도 이 語彙 項目을 다 학습하지는 아니한다.

宋代의 '禮部韻略'은 科試用으로 쓰인 것이며, 우리나라에서도 가장 많이 쓰인 것인데 여기의 9,000字만 하면 거의 充足된다고 생각했던 것이다.

敎育用 字書로는 '千字文, 類合, 訓蒙字會'가 代表的인 것이다. '千字文'은 이름 그대로 1,000字이다. '類合'은 單卷으로 된 類合과 上下 2卷으로 된 '新增類合'이 있다. 前者는 1,518字이며 後者는 3,000字이다.[1] '訓蒙字會'는 3,360字로 이 중에서는 가장 많다. 이들 字書는 漢字의 敎育을 위한 基本敎材로 字數가 1,000 → 1,518 → 3,000 → 3,360과 같이 漸次점차 增加하고 있으나 基本 敎育의 범위를 어디까지 할 것이냐에 따라 결정된 것이다. 위는 다음과 같은 두 段階의 敎育課程을 생각한 것이 아닐까 한다.

---

1) 李基文은 '類合'이 먼저 되고 '新增類合'이 뒤에 된 것으로 보고 있는데, 이 見解는 타당한 것으로 생각한다. (李基文, 訓蒙字會研究, 韓國文化研究所, 1917, p.18)

基礎 教育 1,000 ~ 1,500
基本 教育 3,000 ~ 3,500

基礎 教育은 漢字教育의 入門 段階이다. 이 段階는 現在의 國民學校 水準을 뜻하는 것이다. 基本 教育은 漢文을 理解할 수 있는 水準을 뜻하는 것으로 現在의 高等學校의 教育 水準에 해당한다.

우리는 學校의 教育에서 이 정도의 教育은 해야 한다. 現在 國民學校나 高等學校에서의 漢字教育은 이 水準에 못 미치고 있으나, 옛날의 우리 先人들이 學習한 것을 어렵다고 핑계 대는 것은 말도 안 된다.

이제 3,500字를 기준으로 생각해 보자. '康熙字典'을 기준으로 한 六書별 字數의 比率은 象形 3.05%, 指事 0.44%, 會意 3.10%, 形聲 90.4%, 轉注 1.57%, 假借 2.44%와 같다. 이 비율을 3,500字에 적용하면 象形 106字, 指事 15字, 會意 108字, 形聲 2,582字, 轉注 51字, 假借 85字가 된다. 여기에서 基本字가 121字에 지나지 않고 會意字를 加算하더라도 230字 정도에 지나지 않는다. 그런데 漢字에서 가장 많은 字數를 차지하는 形聲字는 會意字와 함께 複合字로서, 一字가 形符형부와 聲符의 두 조각으로 나누어졌고, 形符는 뜻을, 聲符는 音을 指示한다. 이 聲符와 形符가 바로 基本字에 속하는 것으로 3,500字를 기준으로 하더라도 230餘 字에 지나지 않음을 알 수 있다. 漢字가 지닌 또 하나의 魅力은 여기에 있다. 우리는 聲符의 音과 形符의 뜻만 이해하면 形聲字의 音과 뜻도 자동적으로 理解하게 되는 것이다. 漢字의 字數가 그렇게 많음에도 불구하고 우리 先人들이 그것을 크게 고통스럽다고 느끼지 않은 것은 漢字에 대한 基本教育만 받으면 다른 字에 대한 類推유추가 어느 정도 可能했기 때문이다.

漢字는 字劃이 복잡하기 때문에 배우기가 어렵다고 한다. 물론 한글에 비하면 복잡한 것이 틀림없다. 그러나 앞에서 言及한 바와 같이 漢字는 構成上 形聲字가 絶對 多數를 차지하기 때문에 形聲字를 構成하는 要素字 즉 基本字에 대한 基礎 知識만 가지면 類推 判斷으로서도 어느 정도의 이해가 가능한 것이다. 또 字劃이 복잡한 만큼 1字 1字가 分明한 어떤 概念을 지시하기 때문에 오히려 讀書上으로는 表音文字보다도 빠른 理解를 촉진할 수도 있다. 그것은 字劃의 복잡성이 오히려 指示概念과 直結되어 있기 때문에 讀書의 能力을 向上시킬 수도 있다는 것이다.

字劃이 복잡하다고 하나 基本字에 속하는 象形, 指事 등의 字는 그다지 복잡한 것이 아니다. 字劃이 복잡한 것은 會意字와 形聲字인데, 이것은 뜻이나 音을 直觀的으로 이해하는 데 도움이 된다.

둘째, 漢字는 外國文字이기 때문에 教育할 必要가 없다는 것이다.

漢字는 發生的으로는 外國 文字임이 분명하다. 물론 우리가 자랑할 수 있는 한글이라는, 世界에서도 그 類例를 찾아보기 어려운 民族 固有의 文字가 있는데도 굳이 漢字의 使用이나 教育을 하는 것은 民族의 自尊心자존심이 허락하지 않는다는 것이다. 이 理論에 반대할 이유는 없다. 그러나 이것을 실천에 옮기는 데는 역시 두 가지의 문제가 있음을 지적하지 않을 수 없다. 하나는 漢字가 비록 中國의 文字이기는 하나 우리는 이미 二千年에 걸쳐 이 文字를 사용해 왔다. 그 사용한 역사의 오래됨과 그것을 우리의 音韻體系에 적응시켜 사용해 온 점에 있어서 이미 外國의 文字라는 觀念을 벗어난 지 오래다. 이런 점에 있어서 漢字는 우리에게 있어서는 固有의 文字와 같은 구실을 해 온 것이라고 할 수 있다.

어떤 文字를 막론하고 起源的기원적으로 소급한다면 民族 固有의 文字가 아닌 경우가 많다. 로마자를 쓰는 英·獨·佛도 역시 자기들의 固有文字라고는 할 수 없다. 日本의 假名 文字가 역시 漢字를 簡略化간략화하거나 草書化한 것으로 그들이 창제한 固有 文字가 아니다. 이와 같이 그 뿌리까지 캐어 올라간다면 한이 없는 것이다. 漢字도 또한 같다고 하겠다. 그 처음이 倉頡창힐에서 비롯한다고 하나 확실한 것은 殷代의 甲骨文字갑골문자에서 그 뒤에 나온 金石·篆字전자를 거쳐 漢字에 이른 것이다. 初期의 契文계문을 만든 사람이 꼭 中國人이라고 斷定할 수도 없다. 漢文은 中國의 文임이 분명하나 그 字만은 반드시 中國의 것이라 해서 함부로 배척할 것이 아니다. 우리가 二千年 이상이나 이 文字를 통해서 文化를 이룩한 역사적 배경을 생각한다면 外國의 文字이기 때문에 배격해야 된다고 하는 것은 지나치게 排他的배타적이요, 鎖國的쇄국적이며 感情的이라고 하지 않을 수 없다.

셋째, 漢字의 敎育은 한글의 專用化를 沮害저해하는 要素로 作用하기 때문이라고 한다. 이것도 한글의 專用만을 생각한다면 理論的으로 옳은 말이다. 우리는 여기에서 政策과 敎育의 機能에 대해 생각해 볼 필요가 있다. 한글의 專用은 政策의 問題이며 漢字의 敎育은 敎育의 과제이다. 言語政策은 다분히 實用性, 效率性효율성, 統一性에 중점을 두는 데 대해 言語敎育은 좀 더 높은 次元에서 實用性에 發展的인 理想을 志向하고 效率性에 傳統性을 加算하여 劃一的 統一性보다는 多樣性을 追求한다. 그러므로 한글의 專用을 위해서 文化的 發展의 理想이나 傳統性과 多樣性을 무시하고 漢字의 敎育을 廢止한다는 것은 敎育을 政策의 侍女시녀로 타락시키는 결과를 가져오게 하는 것이 아닌가. 言語 敎育이 文字政策의 理念을 超脫초탈할 수는 없으나, 그렇다고 그 政策 때문에 必要로 하는 敎育의 理念을 具現하는 데 必要한 諸課題를 忘却망각해서는 안될 것이다.

한글專用이라는 입장에서 보면 漢字의 敎育이 專用化의 促進촉진에 장애가 됨은 물론이거니와, 그렇다고 그것으로 말미암아 國語 敎育이 本來의 目的에서 逸脫일탈해서는 안될 것이다. 우리는 한글의 專用과는 관계없이 전통문화의 계승이라는 遠大한 理想에서 漢字의 敎育은 그대로 실시되어야 할 것으로 믿는다.

4. 漢字敎育에 있어서의 略字의 문제

漢字의 敎育을 주장하는 사람도 漢字의 字劃이 복잡하여 배우기 어렵다는 것을 是認하고 이에 대한 勞苦노고를 덜기 위해 可及的이면 略字를 많이 만들어 쓰는 것이 좋다고 한다. 그러나 이 문제는 漢字敎育의 根本趣旨취지와 어긋나는 것이다. 略字는 旣成의 字劃을 줄여 簡略化하는 것이기는 하나, 그 形態가 旣成의 것에서 벗어났다는 점에서 새로운 漢字를 追加추가하는 結果밖에 가져오지 않는다. 우리의 漢字敎育의 第一次的인 目標는 傳統文化의 繼承이라는 큰 理想에서 出發한다 함은 앞에서 말한 바와 같으나, 이 경우에 旣成의 字形을 다른 것으로 바꾸는 것은 옳지 않다. 이미 옛 先人들이 一部 漢字 가운데는 略字를 써 온 것이 있다. 그런 것은 古典의 理解를 위해서 必要하나, 우리가 스스로 새로운 字形을 만드는 것은 찬성할 수가 없다.

어렵고 복잡하기 때문에 略字를 쓴다고 하나, 그럴 바에야 한글을 專用할 것이지 굳이 漢字를 敎育할 必要가 어디 있는가.

어렵기 때문에 敎育하지 않는다는 것은 용납되지 않는다. 敎育은 단순히 쉬운 것만을 배우기 위해서 필요한 것이 아니다. 또 實用上 한글만으로도 충분한데 어려운 漢字를 敎育할 필요가 어디 있는가 한다. 敎育은 日常生活의 方便으로만 필요한 것이 아니다. 우리가 高等學校에서 微積分미적분, 外國語를 배우는 것 이상으로 漢字 漢文의 敎育이 民族 敎育의 擴充확충이라는 입장에서 필요로 하는 것으로 믿는다. 그러므로 어렵기 때문에 略字를 만들어 敎育한다는 것은 敎育의 手段에서 벗어나는 것이다.

略字를 꼭 필요로 하는 경우에도 첫째는 過去의 傳統에 따라야 하고, 둘째로 略字도 漢字의 範圍에 속하는 것이므로 漢字의 構成法에서 벗어나서는 안 될 것이다.

現在 中國에서 利用되고 있는 簡化 方案방안은 우리의 입장에서는 바람직하지 않다. 中國에서도 굳이 이러한 新字 비슷한 略字를 쓸 바에야 차라리 다른 表音文字를 利用하는 것이 좋지 않겠는가. 다음에 그들의 簡化方案을 살펴보기로 한다.[2]

1) **古字를 採用함** : 從→从, 衆→众, 禮→礼, 無→无, 氣→気, 處→処

2) 이 方案은 최영애의 '中國文字改革'에 따른 것이다. (국어생활 제17호, 국어연구소, 1989.)

위에 보인 古字 가운데 从·众은 쓰이지 않은 지 오래이다. 이런 것을 새로 利用하는 것은 初步者에게는 '從·衆'과의 關係에서 또 다른 부담을 준다. 예컨대 일찍이 '从'을 바꾼 것은 '從'이 '他·彶·往·征·待·徑……' 등과 相對的인 價値를 가지는 것이다. 漢字의 字數가 그렇게 많음에도 數千 年 間 그 生命을 維持유지할 수 있었음은 이러한 相對的 價値에 따른 直觀的 判斷이 쉽게 이루어질 수 있기 때문이다. 이것을 '从'으로 바꿈으로써 그러한 有效性유효성이 消滅소멸되고 마는 것이다.

2) **草書體를 楷書化함**

이것도 앞의 理論이 그대로 적용된다.

3) **筆劃을 간단히 줄임** : 魚→鱼, 單→单, 變→变, 沖→冲, 勞→労, 莊→庄, 燭→烛

이들의 거의 대다수는 전통적으로 써 내려 온 字形을 유지하고 있다. 그러나 魚의 '灬'를 '一'로 바꾼 것은 1)에서 말한 바와 같은 이유에서 바람직하지 않다. '灬'과 '一'는 表記에 所要되는 時間에 약간의 차이가 있으나, 그 정도의 차이라면 거의 新字라 할 새 字形을 만들 이유가 어디 있는가.

4) **간단히 부호로 변체자 일부를 대신함** : 觀→观, 戲→戏, 鄧→邓, 區→区, 歲→岁, 羅→罗, 劉→刘, 齊→齐

漢字는 字形을 構成하는 要素 그 自體가 漢字로서의 생명을 가진다. 이 構成 要素를 본디 表象하는 機能을 떠나서 變形하거나 交替교체해서는 안 된다. 本項에 있어서 '雚·虛·登'은 構成 要素로서의 機能이나 形態가 전혀 다른 것임에도 불구하고 '又'로 묶었다. 또 '歲'의 一部를 '夕'으로 바꾸고 '羅'의 '維'를 '夕'으로 同하게 하였다. '劉'의 '卯'과 '齊'의 '亝'를 '文'으로 묶었다. 이것은 단순히 字劃을 簡略化하는 데만 중점을 두고 漢字가 가진 本來의 特殊性특수성을 完全히 무시해 버렸다. 이것은 略字가 아니라, 새로운 字를 目錄에 追加했다는 의미밖에는 없다.

5) **글자의 一部만 취함** : 習→习, 務→务, 霧→雾, 條→条, 廣→广, 醫→医, 蟲→虫, 飛→飞

이들은 우리의 吏讀이두의 略字形과 비슷하다. 이 가운데 '条·广·医·虫'과 같은 것은 從前부터 써 온 것이다. 그러나 '習'에서 '习'를 취한 것은 납득하기 어렵다. '習'은 '羽+自'이므로 최소한 그 構成 要素만은 살려야 할 것이다. '县'도 종래의 '県'만 못하다. '県'은 그래도 構成 要素를 살렸기 때문이다.

6) 동음자로 바꿈

漢字 가운데는 音·義가 같으면서도 글자를 달리하는 것이 적지 않다. 이런 경우에도 實用의 面에서는 하나로 統一해도 무방하나 教育의 面에서는 둘 다 學習하는 것이 바람직하다.

7) 聲旁을 간단한 동음자로 고침 : 鐘→钌, 遼→辽, 遷→迁, 郵→邮, 燈→灯, 階→阶, 運→运, 遠→远, 猶→犹, 藝→艺

이것도 그다지 바람직하지 않다. 특히 聲符는 表音的 機能을 부담하는데, 이 表音이 時代와 地方에 따라 차이가 생기기 때문이다. 우리 漢字音을 기준으로 할 때 '重→由, 登→丁, 酋→尤가 等價音이 아니므로 略字에서 이 둘을 等價的으로 처리하는 것은 옳지 않다.

이상과 같이 漢字의 略字化는 實生活에 多少의 時間 節約의 效果는 있을지 모르나 教育의 側面에서는 바람직한 것이 아니다. 教育은 단순히 現實의 便宜를 위해서만 있는 것이 아니라 傳統文化의 繼承이라는 좀 더 높은 次元에서의 效果를 期待하기 때문이다.

5. 漢字語의 教育에 있어서의 漢字와 한글의 차이

漢字의 使用과는 관계없이 우리는 日常生活에서 얼마나 많은 漢字語를 쓰고 있는가는 지금까지의 통계가 그것을 증명해 주고 있다. '큰사전'에 나타난 통계로는 52.11%, 국어대사전(이희승 편)에서는 69.32%로 되어 있다. 두 사전의 통계에 차이는 있으나, 이것은 語彙를 採錄채록하는 기준의 차이에서 말미암은 것이다. 그리고 사전의 통계는 語彙項目을 기준으로 한 것이지마는 실제 사용에 있어서는 漢字語에 대한 心理的 作用에서 個人差가 있다. 漢字語를 선호하는 사람은 表現上 위의 통계보다 훨씬 높은 비율을 가질 것이다. 그러나 대체로 평범한 경우에 있어서는 대체로 위의 통계에서 크게 벗어나지 않는다.

漢字는 한 字 한 字가 自體의 意味를 가지나, 거의 大多數의 경우 두 字 이상의 복합형을 이루어 쓴다. 그렇기 때문에 漢字는 그 字數들의 順列組合조합에 의한 無限大의 語彙項目을 만들 수 있어서 表現하고자 하는 概念에 相應하는 어떤 語彙도 만들어 쓸 수 있다. 이것은 그만큼 造語力이 뛰어남을 뜻하는 것이다. 보통 文字는 音聲言語를 전사하는 데만 그치는 것으로 생각하고 있다. 또한 言語學的으로도 文字는 音聲言語를 전사하기 위한 道具로 규정하고 있다. 表音文字는 분명히 그렇다고 말할 수 있다. 그러나 漢字는 다르다. 漢字는 音聲言語의 轉寫전사라는 機能 외에 새로운 造語에 의해 새로운 文化를 再創造하는 기능도 수행한다. 이 점이 漢字가 지닌 가장 큰 魅力이라고 할 수 있다. 우리는 先人들이 남긴 哲學에서 漢字의 概念化에 의해 展開된 理論의 啓發을 적지 않게 접할 수 있다. 우리의 言語 中樞중추에서 知覺된 聽覺映像청각영상은 抽象的추상적이며 漠然막연한 것이다. 그것을 具體化시키는 것은 그것을 담는 그릇 즉 言語이다. 물이 그릇의 모양에 따라 달라지듯이 우리의 知覺도 語彙의 量이 豊富풍부하면 豊富할수록 表現力은 한층 高揚고양된다. 國語教育의 一次的 目的이 여기에 있다고 하면 固有語에 의한 語彙의 啓發이 더 進展진전될 때까지 漢字語의 教育은 不可避불가피한 것이다.

漢字語는 한글로 표기했을 때 보다는 漢字로 표기했을 때 學習上 理解가 빠르다. 이것을 이해하는 데는 林四郎의 '漢字 基底語考기저어고'는 매우 興味 있는 研究로 생각된다.[3] 여기서 말하는 基底語란 漢字語에서 基底의 機能을 수행하는 것과 基底에 지니고 있는 意味를 뜻한다. 그는 基底

3) 林四郎(1980). 漢字基底語考, 文藝言語研究(言語篇) 第5號, 筑波大學.

語·基底意味로서 다음과 같이 5種을 들었다.

A. 基底語가 明確하게 認識되는 것
B. 基底語에서 基底意味로 移行하는 것
C. 基底意味로 다룰 수 있는 것
D. 特別한 過程을 거쳐서 別個의 基底語를 獲得획득할 수 있는 것
E. 基底를 포착하기 어려운 것

A는 漢字語에서 가장 많은 경향을 보여 주는 것이다.
國－國家·國會·國交·國際·國籍……
城－城郭성곽·城內·城中……
打－打開타개·打擊타격·打算·打診·打電……

B도 比較的 豊富하다.
健－健全·健康건강·健脚건각·健筆·健在
速－速力·速記·速成·速達·速報

C의 例는 다음과 같다.
育－教育·愛育·養育……
視－視覺·視界·視察·視聽·視野……

紙面 關係로는 다 적을 수는 없으나, 이것은 漢字를 통한 語彙의 教育에 聯想연상 또는 喚起환기 作用을 일으킴으로써 처음 대하는 語彙도 字를 통해서 意味를 把握파악할 수 있는 效力효력을 가지고 있음을 뜻하는 것이다.

Ⅲ. 맺음말

우리는 漢字 漢文의 敎育이 古典의 번역을 위한 번역사의 養成에 있는 것이 아니라 敎育 目的의 具顯구현을 위한 實踐的 課題로서 國民의 基礎敎育의 段階에서부터 體系的으로 實施실시되어야 함을 강조하고자 하는 것이다. 現在 形式的으로 國民學校에서부터 漢字를 敎育하고 있으나, 그것으로는 不足하다. 적어도 國民學校에서 千字 이상, 中學校에서는 常用漢字는 거의 터득해야 하고 高等學校에서는 어지간한 古典은 읽을 수 있는 단계까지 敎育해야 한다. 漢字 漢文의 敎育을 浪費로 생각하는 것은 근본적으로 잘못된 발상이다.

〈前 계명대학교 국어국문학과 교수/ 어문연구 72호〉

한글과 漢字의 言語文化的 差異

尹 元 澈

1955년생. 현 서울대학교 종교학과 교수. 이 글은 한자의 言語文化的 차별성을 거론하며 한자교육의 실시를 주장한다는 점이 눈에 띄는데 그 논리는 다음과 같다. 공자·석가모니·소크라테스·예수 등의 성인들은 文字文明의 발달과 함께 급격히 사라져 간, 無文字文明의 美德인 사랑·용서 등을 문자문명의 언어를 통해 전달하려 하였는데, 한자의 경우 표음문자와 달리 구별·차별·대립이 덜한 直觀的 문자라는 점에서 구별·차별·대립의 세계관이 만연한 지금의 인류문명을 바로 잡기 위해 결국 한자교육이 반드시 필요하다는 것이다. 더욱이 한자어의 비중이 높은 우리나라의 경우 언어문화의 수준을 높이기 위해서는 훌륭한 고유 어휘를 되살리는 한편, 한자 어휘를 제대로 배우도록 國庫를 부어 노력을 경주해야 할 필요가 있다고 주장하고 있다.

1. 文字文明과 無文字文明

人類 文化史에 보면, 大聖人으로 일컫는 이들, 크게 성공한 普遍宗敎보편종교나 思想을 창시한 이들 가운데 여럿이 西曆紀元前 5~6세기에 집중적으로 등장했던 것을 볼 수 있다. 흔히 孔子, 釋迦석가, 소크라테스 등을 그 대표적인 예로 꼽는다. 예수도 時期가 좀 늦기는 하지만 같은 반열에 넣을 수 있다. 이들은 지역이 서로 다르면서도 흥미롭게도 비슷한 시기에 출연하였다. 칼 야스퍼스(Karl Jaspers)는 그것을 軸의 時代라고 불렀다. 人類文化에 중대한 축이 된 시대라는 것이다. 적어도 인류의 精神文化에서는 그 이

후 그만큼 혁명적인 變化가 없었으며 우리는 아직도 그들이 闡明천명한 思想과 思考의 틀 속에, 적어도 그 영향 속에서 살고 있다.

왜 그런 현상이 일어났는가? 무엇이 그들로 하여금 그렇게 나서게 하였을까? 그것은 일단 그들의 가르침을 分析분석해 보면 알 수 있을 것이다. 다행히도 그들이 이야기한 것이 文書로 남아 있다. 그 문서들을 통해서 가만히 들여다보면, 그들은 共通的으로 眞理에 대한 강력한 確信확신을 갖고 있었고, 당시의 사람들이 일반적으로 眞理를 忘失망실하고 있는데 대해서 痛歎통탄을 하고 있었다. 또한 그들은 共通的으로 진리는 예전부터 있었다는 이야기를 하였다. 자기가 새로이 진리를 만들어 내세우는 것이 아니라 예전부터 있었던 眞理를 새삼 이야기하는 것일 뿐이라고 하면서, 옛것, 옛 聖人들에 대한 극진한 尊敬존경을 표하였다.

그런 몇 가지 공통된 特徵특징을 바탕으로 해서 그들이 문젯거리로 삼은 것이 무엇인지 짐작해 보고자 한다. 그 때는 文字가 한창 유용하게 쓰이고 퍼져가던 때였다. 물론 文字가 발명되어 쓰인 것은 훨씬 이전부터였다. 하지만 그것이 本格的으로 널리 쓰이고 급격히 보편화되기 시작한 것은 역시 西歷 紀元前 1000년 안에 벌어진 일이다. 그와 함께 言語全般이 문자와 結託결탁하는 현상이 벌어졌을 것이다.

문자가 발명되기 이전, 그렇게 보편적으로 쓰이기 이전, 言語가 문자와 결탁하기 이전에도 인류는 물론 存在하고 삶을 꾸려 왔다. 인류의 全體歷史 가운데 문자와 결탁된 언어의 歷史는 지극히 짧다. 인간이 가진 여러 가지 조건을 보면 대단히 약한 동물이다. 그런데도 수백만 년을 생존해 왔다. 그렇다면 분명히 그것을 가능하게 한 智慧지혜가 있었고, 대대로 내려오는 경험의 傳受가 있었던 것이다. 오늘날과 같이 문자와 결탁한 언어가 없었어도 人間 노릇을 하고 生命 노릇을 하고 있었던 것이다. 오늘날 秩序질서, 아름다움, 참이라고 表現하는 그런 것이 문자가 없던 그 때라고 없었을 리 없다. 말을 만들자면 無文字文明이라 부를 수 있을 그런 것이 수백만 년 내려오다가, 文字의 發明, 普遍化와 함께 급격히 무너졌다고 짐작할 수 있겠다. 앞에서도 언급했듯이 긴 無文字文明의 역사가 있었고, 그긴 歷史만큼 인간의 삶에서 결코 무시 못 할 比重을 차지할 것이다. 긴 역사 동안 인류의 삶을 지탱해 왔던 만큼 無文字文明에도 좋은 것이 많이 있었을 것이다. 그런데 그것이 文字文明의 발달로 인해 급격히 사라졌을 것이다.

計算器계산기 發明을 예로 들어보자. 우리는 數學 공부를 하면서 계산하는 훈련을 많이 받았다. 數를 다루어 계산하는 훈련이 수학 공부에서 큰 比重을 차지하였다. 그러나 이제는 수학 공부에서 인간이 두뇌로 계산을 하는 훈련은 별로 중요하지 않다. 計算器가 다 해주기 때문이다. 計算器가 발명된 뒤로 인간의 계산 능력은 급격히 저하되었을 것이다. 文字文明이 등장했을 때에도 그런 식의 변화가 많이 있었을 것이다.

그러면 文字文明과 無文字文明을 가르는 중요한 차이는 무엇일까? 우리는 지금 문자문명 속에서 살고 있으므로, 일단 문자문명의 特徵만을 가지고 미루어 짐작해 볼 수밖에 없다. 특히 文字의 特性을 들여다 볼 필요가 있을 것이다. 여기는 그 가운데에서도 특히 文字가 區別구별, 差別차별하는 역할을 한다는 特性에 초점을 두고자 한다. 사실상 문자뿐만 아니라 言語 일반의 특징적 역할이 구별에 있다. 그러나 문자와 결탁된 言語는 특히 그 區別을 고착화하고 절대화하는 경향이 있다. 이 점은 다음 章에서 더 논의하기로 하겠다.

아무튼, 그러나 人間生活에는 구별도 중요하지만 구별하지 않는 것도 重要하다. 사랑이 그 한 예이다. 부모 자식 사이의 사랑은 구별을 무시하기 때문에 힘이 있는 것이다. 한 몸으로 여기기 때문에 다른 어떤 사랑과도 비교할 수 없는 힘이 있다. 남편과 아내 사이를 一心同體라고 表現하는 것도 마찬가지이다. 인간의 삶에서는 구별 안 함으로써 이익을 보는 것이 적지 않게 많다. 그런데 文字文明이 발달하면서 매사에 구별이 重視되고 구별 안 하는 美德이 급격히 사라져갔다고 짐작할 수 있다.

人類를 걱정하는 聖者들의 안목에서 이것은 큰 문제였을 것이다. 그들이 共通的으로 역설한 것이 사랑과 容恕용서이다. 용서한다는 것도 區別 않는 태도를 바탕으로 한다. 分明히 나쁜 일이 있었지만 없었던 일로 치는 것이다. 내가 損害손해를 보았는데도 損害 보았다고 여기지 않는 것이다. 區別을 넘어서지 않으면 容恕도 없다. 기껏해야 자기의 손해를 참고 넘어가는 것이 있을 뿐이다. 그저 참고 넘어가는 것과 容恕하는 것은 次元이 완전히 다르다.

많은 宗教的인 체험이 이 구별 않는 태도에 뿌리를 둔다. 佛教에서 無念, 無心, 無想의 境地경지라고 하는 것이나 부처와 衆生이 하나라고 하는 것이 그 예이다. 基督教기독교에서 하느님과 우리 사이를 연결하는 것도 마찬가지이다. 創造主와 被造物피조물이라는 차이, 더욱이 인간은 原罪원죄의 罪人이고 창조주는 絶對善절대선이라는 근본적인 구별을 하면서도 깊은 次元에서 하나로 연결하려고 한다. 그런 대목이 어느 宗教에나 다 있다. 그런데 그런 것이 文字文明의 확산과 함께 급격히 사라졌다고 짐작된다. 정리하자면, 오랜 歷史를 가진 無文字文明의 美德, 이를테면 사랑, 용서 등이 문자문명의 발달과 함께 급격히 사라져갔다. 거기에서 위기의식을 느낀 이들이 無文字文明의 장점을 문자문명에 전달하려고 나섰다. 그러나 그들이 무작정 문자문명을 否認부인하고 무문자문명으로 돌아가자고 한 것은 아니었다. 그들이 애쓴 것은 無文字文明의 장점을 文字文明의 言語를 통하여 전달하려고 했던 것이다. 그것이 聖人들이 出現한 의의라고 생각된다. 당시에 다른 聖者들도 많았고 문자문명 자체를 혐오한 이들이 많았을 것이다. 그러나 오늘날 세계 몇 대 성인이라고 하는 이들은 無文字文明의 장점을 문자를 통해서 文字文明에다가 전해주려고 했던 것이고, 그것이 각 宗教의 經典경전으로 남아 지금껏 숱한 문자문명 속의 인류의 삶에 영향을 끼치고 있다.

2. 不二의 直觀과 表音文字

문자에는 크게 表意文字와 表音文字가 있다. 표의문자의 대표적인 것이 象形文字상형문자에서 출발한 漢字이다. 그런데 가만히 보면 구별하지 않는 無文字文明의 특성을 그나마 잘 간직한 것이 表意文字이다. 반면에 분별, 구별 차별의 특성은 表音文字에서 더 강하다. 구별하지 않는 것을 불교의 표현으로 不二라고 하는데, 不二의 안목은 分析이 아니라 直觀이다. 그런 직관에 그나마 가까운 것은 表音文字가 아니라 表意文字이다.

表音文字의 언어에서는 差別이 기본적 특징이 된다. 더욱이, 일단 차별을 지어내면 그 言語上의 分別에 집착하는 경향이 있다. 언어로 빚어 놓은 差別의 틀을 가지고 實際실제를 재단하려고 한다. 그 차별의 틀에 남들이 따라오고 복종하기를 강요하는 특징이 있다. 文字와 言語가 인간의 思考를 支配지배하려고 하는 것이다. 그래서 거기에서 오만도 생긴다. 表音文字는 오만하다. 지배하려고 하는 것이 오만이고 한번 만들어 놓으면 그 차별에 집착하는 것이 또한 오만한 성격이다.

그런데 象形文字는 그렇지 않다. 산이라 하려면 산의 모습을 그려 놓고 「뫼 山」字라 하고, 내라 하려면 시냇물 흘러가는 모습을 그려 놓고 「내 川」字라고 한다. 그것은 객관적인 모습을 그대로 그려 놓은 것일 뿐이지 그 文字에 집착해서 사고를 묶어놓을 필요는 없다. 그런 文字는 달 가리키는 손가락으로 만족하고 말지 그 이상에 집착하지 않는다. 나룻배는 사람을 저 언덕에 옮겨 놓으면 그만이고, 사람들은 뒤를 안 돌아보고 그냥 가 버린다. 그렇다고 나룻배가 사람을 怨望원망하지는 않는다. 자기는 나룻배로서 만족하는 것이고 사람들을 건네주면 그만이다. 그런 역할이 文字에도 드러난다. 산만 보여주면 그만이고 내만 보여주면 그만이지 執着집착도 오만도 支配하려는 성격도 없다. 그런 특성이 구별을 넘어선 無文字文明的인 인간의 長點, 이를테면 사랑, 용서 같은 것을 드러내는 데 아주 좋다.

「뫼 山」字를 써 놓고 백 명이 보면 백 명이 다 각자 자유롭게 그 內容을 생각한다. 자기 고향의 산을 생각할 수도 있고 登山했던 지리산, 설악산을 생각할 수도 있으며, 감명 깊게 본 어느 山水畵산수화의 산을 생각할 수도 있다. 각자의 因緣인연과 業, 希望희망, 抱負포부에 따라서 산이 자유롭게 다가온다. 그런데 表音文字에서는 산이라는 말이 그 자체로서보다는 文章 속에서 의미를 갖는다. '저기에 산이 있다.' '이것은 우리의 산이다.' '저것은 한라산이 아니라 白頭山이다.'라는 식으로 文章을 만들어야 意思傳達이 된다. 그러면 백 명의 학생이 말하는 사람의 意圖의도와 構造 속으로 들어와 합의를 해야 한다. 그런 文字의 言語는 장사하는 데 필요한 문서, 계약서 같은 것을 만드는 데에는 아주 좋다. 그러나 말하는 사람과 듣는 사람이 모두 자기 마음대로 생각하는 多樣性다양성을 包容하는 일은 못한다.

다양성을 認定인정한다는 것은 宗敎의 큰 주제요 장점이다. 사랑한다는 것, 容恕한다는 것이 달리 말하자면 바로 다양성을 인정하는 것이다. 다른 存在를 그대로 인정해야 사랑이 가능한 것이다. 용서란 미운 사람도 인정하는 것이며 미운 사람과 함께 사는 것이다. 진정한 평화는 거기에서 나온다. 진정한 多樣性의 인정은 사실은 宗敎的인 경지의 것이다. 요즘 종교라고 하면 먼저 獨斷的독단적이고 排他的배타적인 태도를 떠올리게 된 것은 종교의 變質 때문이다. 문자의 도그마에 세뇌되어서 그렇게 된 것이지 그것이 종교 본연의 모습은 아니다.

表音文字의 文法은 복잡하고 까다로우며 엄격하다. 독일어, 라틴어, 프랑스어, 산스크리트語, 또 한글의 문법을 생각해 보면 알 수 있다. 산이라 하면 그것이 主語냐, 目的語냐 補語보어냐에 따라 그 앞뒤에 무엇이 붙어야 하고, 어디에 位置해야 하는가 하는 법칙이 아주 엄격하다. 또 單數냐 복수냐, 主格이냐 목적격이냐, 過去냐 현재냐 미래냐, 하는 것을 엄격한 법칙에 따라 表記해야 한다. 그래야 구별이 정확하게 된다. 그런데 古典 漢文은 그렇지 않다는 것을 우리는 잘 알고 있다. 현대 중국어는 表音文字의 언어로 달려가려고 애쓰고 있으나, 古典 漢文에서는 문법이 별로 큰 역할을 못한다. 원칙은 몇 개 없고, 그 각각에 예외가 훨씬 더 많다. 문장의 성격이

굉장히 다르다는 것을 거기에서도 볼 수 있다. 고전 한문을 解釋해석하려면 독자의 想像力상상력과 글 읽어본 체험, 그 글을 통해 드러나는 意味를 읽을 줄 아는 경지, 能力이 동원되어야 하는 반면에 表音文字로 된 문장은 순서와 구조를 따져서 그 뜻이 일정하게 전달되는 것이다.

表音文字의 언어에서는 불변성이 중요하다. 나와 청중이 하나로 되어 변질되지 않은 채로 전달되는 것이 중요하다. 그것이 장점이라면 장점이다. 그러나 生命現象은 그런 것이 아니다. 生命은 변화해야 하고 發展해야 하고 정반대의 것과 共存해야 한다. 바로 거기에 생명의 특징이 있는데, 不變의 고착을 기도한다면 곧 생명을 비생명화하는 셈이다. 물론 불변성을 특징으로 하는 言語文字도 필요하다. 장사할 때 그런 언어를 써야지 애매모호한 言語文字를 갖고는 안 된다. 法律文書에도 마찬가지이다. 그러나 사랑, 용서, 종교적인 체험을 전달하려면 불변의 고착된 의미로 전횡을 부리는 言語文字 갖고는 안 된다. 敍述目的서술목적과 분야가 다른 것이다. 文化도 다양해야 사람 사는 맛이 나고 생명이 생명다운 너그러움과 넉넉함, 여유, 자유가 나오는 것이다.

3. 正 名

세계 어느 宗敎를 보아도, 적어도 古典宗敎에는 모두 怨讐원수를 사랑하라는 말이 다 있다. 禪師선사들은 이런 말도 한다. '怨讐를 사랑하려고 해도 원수가 없다.' 衆生을 濟度제도하려고 해도 모두가 이미 부처님이고 제도할 중생이 없다는 것이다. 그렇게 철저하게 區別을 넘어서는 태도는 文字가 나와서 구별을 固着化하기 이전의 傳統, 無文字文明이라고 지칭하는 그 전통의 產物이라고 생각된다. 그런 不二의 안목은 아무래도 西洋보다는 東洋文化史에서 특히 종교를 통하여 뚜렷하게 展開되었다. 흔히 말하듯이, 서양의 문화에서는 아무래도 分析, 區別의 言語文字가 주도적인 역할을 한 것이 사실이다. 그런 두 문화의 차이, 對照대조가 과연 本質的인 것이냐 하는 것은 별개의 문제이다. 다만 文化史的으로는 그런 대조되는 特徵이 분명히 드러난다는 이야기일 뿐이다. 문화사적으로 드러나는 差異를 가지고 성급하게 本質的 特性으로 삼아 서로 비방하는 것은 잘못이다.

아무튼, 生命의 실상을 제대로 보기 위해서는 東西洋을 막론하고 文字言語에 구속되는 思考方式을 넘어서 不二的인 直觀을 되찾고 실천해야 할 필요가 있다. 서양 문화를 주도한 基督敎의 敎主인 예수님의 사업 가운데에서도 중요한 것 하나가 그것이었다는 점은 흥미로운 일이다. 文字에 매달려 고착된 律法解析율법해석과 실천을 깨고, 律法의 본래 뜻으로 돌아가자는 운동을 벌인 것이다. 그것도 文字에 구속되어 모든 分別을 고착시켜 理解하는 방식에 경종을 울리면서 뭔가 그 이전의 것을 들이밀려고 한 운동이라고 볼 수 있겠다.

이미 돌이킬 수 없이 文字文明에 사는 이상, 문자를 버릴 수는 없는 일이다. 언어 문자의 구속을 넘어서기 위해 이제 우리가 해야 할 일은 言語文字를 바로 세우는 일이다. 더 정확히 말하자면 언어 문자에 대한 우리의 태도를 고치는 일이다. 현대 言語學者들은 언어란 인간이 사유를 표현하는 도구가 아니라 인간의 사유를 規定규정하는 틀이라고 하였지만, 그것은 철저히 文字文明에 끄달려서 하는 이야기이다.

이런 이야기를 할 때는 늘 언급되는 것이 孔子의 正名思想이다. 공자의 弟子가 '선생님은 執權집권하면 무슨 일부터 할 것입니까?'하고 묻자 正名이라고 대답하였다. 名은 이름이라는 뜻이지만, 言語一般이라고 확대 해석할 수 있다. 언어를 바르게 한다는 것이다. 말과 사실이 뒤틀리는 것이 생명에 혼란을 일으키기 때문이다. 올바르지 못한 사람일수록 자기가 올바르다고 내세우고 정작 올바른 사람은 그런 意識조차 없이 살다보니까 언어가, 그리고 실상이 혼란에 빠진다. 언어가 不正確하게 쓰이고 따라서 人間의 삶이 뒤틀리는 것이다. 그래서 그것을 바르게 하는 일부터 하겠다는 것이다.

그런데 그 작업을 어떻게 할 것인가? 여기에서 孔子는 正名은 곧 正人

이어야 한다고 했다. 言語文字를 쓰는 사람이 정상화되어야지, 그렇지 않고는 正名이 불가능하다는 것이다. 사실은 言語文字의 타락이 아니라 사람의 타락이 문제를 일으키는 것이기 때문이다. 아무튼 여기서 우리가 배우는 중요한 洞察통찰은, 사람을 바로 세우는 일과 言語文字를 바로 세우는 일은 불가분의 작업이라는 것이다. 區別, 差別, 對立의 세계관이 휩쓸고 있는 지금의 人類文明, 그것을 바로 잡는 일은 결국 사람을 바로 세우는 일이겠고, 그 일에서는 언어 문자를 바로 세우는 것이 큰 비중을 차지하는 것이다.

4. 漢字教育의 필요성

요즘 학생들은 책을 펴보고 漢字만 나오면 덮어버린다. 海外에서든 國內에서든 文化教育이 그것 때문에 막대한 지장을 받는다. 한글로 쓰였다고 해도 發音만 한글이지 거의 모든 개념이 漢文用語이다. 그래서 몇 번 읽어봐도 모르겠다고 한다. 한국 교육정책에서 言語教育의 문제는 정말로 중요한 문제이다. 한국의 文化를 바로 세우기 위해 한국학을 할 용의가 있으면 漢文教育을 해야 한다. 지금처럼 한자를 모르면 도저히 더 이상 진행시킬 수 없다.

漢字가 배우기 어렵다는 말을 하지만, 처음에 漢字를 그림으로 그리는 미국 학생들이 한 학기가 지나면 漢詩를 짓는 것을 보면 漢字, 나아가 漢文도 절대로 어려운 글이 아니라는 것을 확인할 수 있다. 한자가 어렵고, 그것 때문에 나라가 망했다는 말도 있는데, 그것은 나라 망한 책임을 엉뚱하게 돌리려고 하는 意圖와 농간이 들어있는 말이다. 국민을 傳統文化로부터 이간질하는 의도이다. 사태에 대한 責任을 엄격히 分析하지는 않고 성급히 전가하면서 자기는 그 책임에서 빠지려고 하는 농간이 들어 있다. 배우기는 한글도 만만치 않게 어려운 글이다. 한자, 한글이 다 장점이 있는데, 이왕에 우리가 갖고 있는 한자의 資産자산을 쓸어버리려는 것은 이해하기 어렵다. 그 문제를 하나의 民族的 案件안건으로 상정해서 굉장히 科學的으로, 전문가들을 구성해서 國庫국고를 부어 넣어 철저히 해결해야 할 것이다.

언어 배우기는 글자 배우기가 아니라 사실은 어휘 배우기이다. 言語能力은 그대로 文化的 力量의 가장 중요한 바탕이 된다. 그래서 미국에서는 全國的으로 語彙 競試大會경시대회를 큰 행사로 치른다. 國費국비를 들여 엄청난 장려 운동을 한다. 학생들은 이를 위해서 영어뿐만 아니라 그 語原이 되는 라틴어를 공부하고 또한 다른 알파벳 언어뿐만 아니라 이제는 동양 언어까지도 많이 공부한다. 그렇게 하다 보니 言語文化의 수준이 실로 대단히 높게 잡히게 되었다. 적어도 이것이 제대로 된 영어의 수준이라고 하는 기준이 뚜렷하게 잡혀 있는 것이다.

미국의 어느 유수한 大學出版社 책임 편집인에게서 이런 이야기를 들었다. 출판을 위해서 보내오는 原稿원고 가운데 거의 손질 없이 그대로 출판할 수 있는 것은 2할이 채 안된다고 한다. 나머지는 專門的인 編輯人편집인이 대대적으로 손을 보아야 한다. 그것은 誤字오자나 脫字탈자를 손보는 정도의 단순한 矯正作業교정작업이 아니다. 어휘를 적절히 선택하고 고급 英語文體로 다듬는 일이다. 또 실제로 목격한 일로서, 文章力이 모자라는 어느 교수는 論文을 學術誌학술지에 보내기 전에 자기 돈을 써서 전문가에게 손질을 맡기곤 한다. 그리고 대학마다 학생들이 들고 오는 報告書보고서를 손보아 주는 기관을 운영한다. 그만큼 미국의 言語文化 水準수준은 그 기준이 뚜렷이 잡혀 있고, 심지어는 大學教授들조차도 끊임없이 그 기준을 올려다보면서 上向의 發展을 도모하지 않으면 안 되게 되어 있다. 그런 데에서 쌓이는 문화적 역량은 일일이 증거를 거론할 필요도 없이 실로 엄청난 것이다.

미국의 語彙 競試大會에서는 단어를 불러주고 그 철자를 하나하나 말하도록 하지만, 우리 경우에는 그런 시험이 별로 의미가 없을 것이다. 그만큼 한글은 發音을 잘 表記하는 우수한 문자이다. 단어를 불러 주고 한글 철자를 대게 하는 시험은 初等學校 저학년에서 이미 出題할 單語가 바닥날 것이다. 그렇다면 우리의 言語生活에서 정말 중요한 것은 어휘를 풍부하게 알고 그 뜻을 정확하게 파악하여 적절히 사용할 수 있는 실력이다.

그 실력을 涵養함양하는 노력은 크게 두 가지 방면으로 傾注경주되어야 한다. 그 하나로, 훌륭한 固有의 語彙들이 많이 사장되었는데 그것을 되살리는 노력을 대대적으로 벌일 필요가 있다. 한편, 그것을 다 되살리더라도 그것이 外來語彙를 모두 대체해 주지는 못한다. 특히 우리 언어에서는 漢字語彙가 절대적으로 큰 比重을 차지하고 있는데, 그것을 모두 固有語彙로 바꾼다는 것은 불가능하기도 하려니와 현명한 일도 못된다. 따라서, 어차피 漢字語彙를 제대로 배우는 것이 우리의 言語教育에서 핵심 사안이 될 수 밖에 없다. 그런데 한자 어휘를 漢字로 배우지 않고서 한글 表記로만 배워서는 그 뜻과 활용을 제대로 장악하는 데 뚜렷한 限界가 있다는 점은 누구나 잘 알고 있다.

그런데도 이미 우리의 日常言語 속에 큰 비중을 차지하고 있는 漢字 어휘들을 한글 표기로만 배우게 해야 한다고 주장하는 것은 우리의 言語 文化水準의 기준을 하향 조정하겠다는 것이나 마찬가지이다. 더욱이 漢字는 배우기 어렵다는 것도 이유의 하나로 대는 경우가 있는데, 이것은 앞에서도 언급했듯이 경험상 분명히 반증이 있는 논리이다. 설사 그 이유에 일말의 타당성이 있다고 하더라도, 용이함만을 내세워 下向 平準化를 도모하는 것은 文化的 力量의 제고에 도움이 되는 것이 아니며 오히려 수준을 천박하게 만들 뿐이다.

〈서울大 助教授/ 어문연구 - 97호〉

國語教育의 바른 길
-漢字 問題를 中心으로

李 基 文

1930년 平北 定州 출생. 국어연구소 소장, 국어학회 회장 역임. 현 학술원 회원, 서울대 명예교수. 이 글은 韓國語文敎育硏究會의 第149回 全國學術大會 基調講演으로 발표된 글로서, 한글전용으로 오늘날 국어교육이 위기에 직면하였다고 보고 한힌샘 周時經과 외솔 최현배로부터 비롯된 한자 배척 논리는 西歐的 偏見에서부터 비롯되었음을 지적하고 있다. 따라서 초등학교부터 한자를 교육할 것과 이를 위해 교사들을 재교육할 것을 주장한다. 특히 외솔의『글자의 혁명』(1947)에서 '한자 안 쓰기'를 주장한 부분의 세 가지 논리를 비판하고 있는데, 외솔의 주장이 알파벳을 가장 좋은 문자체계로 보는 서구적 문자관에 경도되어 있는 것이라고 비판하고 있는 점이 주목할 만하다.

Ⅰ.

敎育이 문제입니다. 그 동안 이 나라의 文化, 學問이 제대로 발전하지 못한 근본 원인은 잘못된 교육에 있습니다. 오늘날 社會 전반에 잔뜩 먹구름이 끼어 있는 것도 따지고 보면 교육 탓입니다.

교육은 학교에서만 이루어지는 것이 아닙니다. 태어난 그 순간부터 시작됩니다. 어렸을 때의 가정교육이 중요함은 새삼 말할 것도 없습니다. 학교교육에서도 초등학교가 가장 중요하고 그 다음이 중학교, 고등학교, 대학이라고 저는 생각합니다. 대학은 교육을 마무르는 곳으로서 그 중요성이 인정됩니다. 그런데 오늘날 우리나라의 교육은 하나도 제대로 이루어지지 않고 있다는 것이 제 솔직한 느낌입니다.

저는 학교교육 중에서 국어교육이 가장 큰 문제라고 생각합니다. 국어는 모든 생각, 지식을 담는 그릇인데, 그 교육이 잘못되면 다른 교육이 제대로 될 리가 없습니다.

국어교육의 設計설계는 국어에 대한 올바른 理解의 基礎기초 위에 세워져야 합니다. 그런데 국어에 대한 올바른 이해는 쉬운 듯 하지만 쉽지가 않습니다. 光復後광복후에 세운 국어교육의 기본 정책이 국어에 대한 그릇된 이해 위에 세워져서 지금까지 국어교육을 그르쳐 왔음에 생각이 미치면 이것이 얼마나 중요한 일인가를 알 수 있습니다.

Ⅱ.

19세기 말에 西歐의 文法學이 알려진 뒤에 몇 분이 국어 연구를 하게 되었는데 그 중심에 한힌샘 周時經이 있었습니다. 이 분의 文字에 대한 생각은 한 마디로 西歐的서구적인 것이었습니다. 한글을 존중하고 漢字를 배척한 것은 이분의 생각의 밑바닥에 西歐的인 基準이 있었기 때문이었습니다. 漢字를 배척한 데는 알파벳을 가장 좋은 文字體系문자체계라고 보는 생각이 깔려 있음을 看過간과해서는 아니 됩니다. 이 분은 한글의 가로쓰기를 주장했고, 한 걸음 더 나아가 가로풀어쓰기 試案시안을 만들기도 했습니다. 이것이 한글을 알파벳과 가깝게 하려고 한 것임은 두말할 것도 없습니다.

한힌샘의 제자들은 스승의 생각을 계승했는데 외솔 최현배의 이름을 대표로 들 수 있습니다. 외솔은 1922년 대학을 다닐 때 처음 가로풀어쓰기의 試案을 발표했다고 합니다. 大字와 小字를 마련하고 半母音字까지 마련하였으니 알파벳에 더욱 가까워진 것이었습니다. 외솔의 집념은 대단한 것이어서 全生涯전생애를 바치다시피 했습니다. 어찌하여 이런 헛된 노력을 했을까 하고 지금 젊은이들은 의아한 느낌을 가질 듯합니다. 그 정도로 외솔의

文字觀문자관은 완전히 西歐的인 것에 기울어져 있었습니다.

이런 관점에서는 漢字가 惡의 化身으로밖에 보이지 않을 것입니다. 실제도 외솔은 1947년에 간행한 『글자의 혁명』에서 이런 생각을 피력했습니다. 이 책에는 (1) '한자 안 쓰기', (2) '한글 가로쓰기'의 두 주장이 담겨 있는데 (1)의 내용을 보면 '첫째 조각 : 한자의 불리한 점'에서는 한자가 배우기 어렵고 타이프라이터, 리노타이프 같은 문명의 이기를 이용할 수 없음을 밝혔고, '둘째 조각 : 한자의 해독'에서는 한자로 인해 우리말이 여위어지고 쭈그러졌다는 점, 대국 섬기기, 외국 높이기의 사상이 뿌리박게 되었다는 점, 겨레의 독창력 발휘가 저해되었다는 점을 지적하였고, '셋째 조각 : 한자를 안 쓰기로 하자'에서는 한글만 씀으로써 대중문화의 건설, 과학교육의 진흥, 우리말의 자연스러운 발달을 이룰 수 있음을 주장하였습니다. 이 내용에는 외솔의 文字觀뿐 아니라 言語觀도 잘 나타나 있습니다. 이것은 지금 행해지고 있는 국어교육의 기초가 된 이론이므로, 올바른 국어교육의 새 틀을 짜기 위해서는 이에 대한 엄정한 비판이 이루어져야 할 것임을 느낍니다. 과거에도 이런 비판을 한 일이 있지만 이 책의 주장을 중심으로 하여 다시 말씀드리기로 하겠습니다.

'첫째 조각 : 한자의 불리한 점'

漢字가 배우기 어려운 문자임은 부인할 수 없습니다. 그러나 한글 전용론자들이 漢字의 어려움을 말하면서 옛날 우리 조상들은 漢字 배우기에 평생을 바쳤다고 한 것은 지나친 誇張과장이었습니다. 우리 조상들이 漢文 쓰기를 익히는 데 많은 시간과 노력을 들였습니다. 그들은 글을 漢文으로 썼습니다. 漢詩도 썼습니다. 漢字 數千字를 배우는 일과 漢文을 익히 알고 쓰는 일은 아주 다릅니다. 오늘날 중·고등학교를 다닌 학생이면 누구나 數千의 英語 단어를 배워서 알고 있습니다. 그러나 英文으로 편지 한 장 쓰기가 쉽지 않고 간단한 隨筆수필이라도 쓸 엄두를 내지 못합니다. 英文學을 전공한 學者도 英詩를 쓰라면 두 손을 들고 맙니다.

文明의 利器이기를 이용할 수 없다고 한 것은 앞을 내다보지 못하고 한 말입니다. 오늘날 漢字의 機械化기계화는 아무 어려움이 없습니다. 앞으로는 漢字가 도리어 기계화에 유리해질 것이라고 말하는 전문가도 있습니다. 애당초 기계를 놓고 그 기계에 잘 맞느냐, 안 맞느냐로 文字體系를 評價평가하려는 發想 자체가 잘못된 것이었습니다. 알파벳을 위하여 만든 기계에 한글이나 漢字가 맞지 않음은 불을 보듯 뻔한 일입니다. 그러니까 한글은 고쳐야 하고 漢字는 없애야 한다고 했으니 참으로 어처구니없는 일입니다. 한글이나 漢字에 맞는 기계를 만들려고 노력하는 것이 당연한 도리가 아니었겠습니까.

'둘째 조각 : 한자의 해독'

漢字가 우리말의 발전을 방해했다는 것은 너무나 좁게 본 것입니다. 넓게 보아야 합니다. 첫째, 우리 조상들은 漢字를 받아들여서 記錄을 할 수가 있었습니다. 비로소 文明의 段階단계에 들어선 것입니다. 그 과정에서 漢字의 音과 새김(訓, 釋)을 이용하여 固有語를 적는 방법을 발전시켰습니다. 音을 이용하는 방법은 中國에 이미 있었던 것이지만, 漢字에 새김을 붙이고 그 새김을 表記에 이용한 것은 우리 조상들의 獨創독창이었습니다. 이것이 日本에 건너가 오늘날까지 이어지고 있음은 우리가 다 잘 알고 있는 사실입니다. 둘째, 中國語 語彙를 받아들였습니다. 中國은 東洋文化圈의 中心이었습니다. 大文明圈의 변두리에 있는 民族이 그 中心 文化와 學問을 받아들인 것은 西洋에서나 東洋에서나 마찬가지였습니다. 우리 민족은 타고난 높은 知能으로 中國의 文化를 가장 먼저 全面的으로, 體系的으로 받아들여서 그것을 능히 消化소화하였고 獨創的으로 발전시켰습니다. 이것은 最善의 選擇선택이었습니다. 우리나라는 이렇게 해서 文明國으로 발돋움할 수 있었습니다. 漢字語가 大量으로 들어와 우리말이 文明語가 되었습니다. 英語가 文明語가 된 것도 大文明語인 라틴語 語彙를 大幅대폭 받아들여서 이루어졌습니다.

우리 조상들의 事大思想은 日帝 植民主義者들이 惡意的악의적으로 퍼뜨린 것인데 우리나라 일부 학자들이 無批判的무비판적으로 이것을 따랐습니다. 우리 조상님들은 오늘의 우리보다 훌륭했다고 저는 늘 생각합니다. 우리가 무슨 낯으로 조상님들의 흠을 잡을 수 있겠습니까. 오늘날 우리는 머리끝부터 발끝까지 西歐化되어 있습니다. 위에서 우리는 외솔의 學問이 얼마나 깊이 西歐的인 偏見편견에 빠져 있었는가를 보았습니다.

'셋째 조각 : 한자를 안 쓰기로 하자.'

한글 專用이 大衆文化에 도움이 됨은 너무나 당연한 이야기입니다. 世宗大王의 한글 創制는 '愚民우민'을 위한 것이었습니다. 그런데 현대 '大衆'의 知的 水準수준이 옛날의 '愚民'과는 비교도 할 수 없을 정도로 높아졌음을 지적하지 않을 수 없습니다. 비근한 예로 오늘날 대중을 상대로 하는 신문, 잡지에는 한글 뿐 아니라 漢字, 로마字도 건성드뭇하게 보입니다.

한글 專用이 '科學教育의 振興진흥'을 가져온다는 말은 듣기가 여간 거북하지 않습니다. 人文·社會科學도 그렇지만 自然科學의 경우, 光復前에는 모두 術語술어가 日本에서 들어왔습니다. 대부분 漢字語여서 그대로 받아들일 수가 있었습니다. 光復後에도 이 흐름은 줄지 않았습니다. 과거의 습관이 몸에 밴 탓도 있었지만 우리나라 학자들의 漢字語 造語 能力이 없어진 것이 주된 이유였습니다. 요즈음 大學의 自然科學 研究는 모두 英語로 이루어지고 있습니다. 論文을 英語로 쓰는 것이 일반화되어 있고 강의를 들어보면 술어는 거의가 英語요 우리말로 토를 다는 정도입니다. 이러니 우리말로 글을 쓰게 되면 큰 고민에 빠지게 됩니다. 저는 최근에 <大學新聞>(서울대학교, 1610호, 2003. 9. 8)에 실린 對談대담 記事(석학 인터뷰, 지구물리학계의 젊은 대가, 해구를 밝히다)를 보고 당혹하지 않을 수 없었습니다. 무엇보다도 '해구'가 무엇인지 떠오르지 않았습니다. 『표준 국어 대사전』까지 펴 보았습니다. '海口, 海丘, 海狗, 海區, 海寇, 海溝. 海鷗' 중에서 '海溝'가 아닐까 짐작을 했을 뿐입니다. 英語로 진행된 對談을 우리말로 변역하기가 여간 어렵지 않았을 것이지만, 그나마 한글로 써서 저와 같은 門外漢문외한은 제목부터 이해할 수가 없었습니다.

지금까지 말씀드린 '한자 안 쓰기'의 결론 부분에서 외솔이 한자의 폐기는 인류 사회의 文字史, 文化史의 발전 단계로 보아 필연의 형세임을 말한 대목이 눈길을 끕니다. 이것은 西歐的 偏見입니다. 외솔이 이 偏見에 중독되어 있었음을 볼 수 있습니다. 과거에 中國과 日本에 漢字의 運命운명을 豫見예견한 文人, 學者들이 있었습니다. 외솔은 이들의 주장을 따른 것입니다.

Ⅲ.

저는 國語에 대한 올바른 理解 위에서만 올바른 國語教育이 이루어질 수 있음을 강조한 바 있습니다. 올바른 국어교육이 국어 語彙의 70퍼센트를 웃도는 漢字語를 제쳐놓고 이루어질 수 없음은 明白한 일입니다. 여기서 漢字語의 本質을 분명히 밝히는 것이 가장 중요한 課題로 등장하게 됩니다.

言語學에서 借用語차용어 또는 外來語라 부르는 단어들이 있습니다. 다른 言語로부터 들어온 단어를 가리킵니다. 이렇게 단순하게 생각하면 '담배', '망토', '테마', '호텔'이나 '君子', '電話전화'가 같은 借用語가 됩니다. 이들이 모두 같은 借用語라면 구태여 漢字를 배울 필요가 없습니다. '호텔'과 같이 '전화'를 한 덩어리로 배우면 그만입니다. 그러나 이 사이에는 큰 差異가 있습니다. 漢字語를 이루고 있는 漢字들 하나하나는 獨自性을 가지고 있고 우리들의 言語意識 속에 獨立된 單位로 살아 있는 것입니다.

위에서 든 예를 다시 들면, '電'은 '電話'뿐 아니라 '電光, 電球전구, 電力, 電流, 電報, 電線, 電信, 電壓전압, 電熱전열, 電子, 電柱전주, 電池전지, 電鐵, 電蓄전축, 電波' 등에도 쓰이고 '感電, 漏電누전, 發電, 送電송전, 停電정전,

充電충전' 등에도 쓰입니다. '電'이 지금 이렇게 많은 단어에 쓰이고 있다는 사실도 중요하지만 앞으로 필요하면 언제라도 새로운 단어를 만들 수 있는 힘을 가지고 있다는 사실이 더 중요합니다. 커다란 造語조어 能力을 가지고 있는 것입니다. 이 '電'의 獨自性을 否認부인하는 일이란 있을 수 없습니다.

漢字의 獨自性은 우리들의 日常生活에서 쉽게 찾아볼 수 있습니다. 그 대표적인 예가 아이가 태어났을 때 漢字로 이름을 짓는 일입니다. 이것은 漢字가 살아 있음을 보여주는 뚜렷한 증거입니다. 이 사실은 漢字語를 올바로 이해하기 위해서나 漢字의 풍부한 造語力을 活用하기 위해서는 漢字를 배우지 않을 수 없음을 깨닫게 합니다. 漢字 하나하나가 독자성을 가지고 살아 있기에 우리들의 책상 위에 玉篇옥편이 놓여 있는 것입니다.

Ⅳ.

오늘날 우리 國語는 큰 위기에 처해 있습니다. 우리 국어를 文明語로 끌어 올린 것은 漢字語였는데 이제 그 脈이 끊기려 하고 있습니다. 우리나라 學問은 英語 차지가 되어 가고 있습니다. 한글 전용을 부르짖는 동안에 이런 엄청난 일들이 일어나고 만 것입니다. 이 형세를 돌이킬 수 있는 유일한 길은 漢字를 배워서 그 힘을 最大로 活用하는 것입니다.

漢字를 배우기는 그다지 어렵지 않습니다. 漢字의 構造는 서로 연관되어 있습니다. 처음 數百字를 배우는 것이 조금 어렵지만 그 고비를 넘기면 쉬워집니다. 제 말씀의 序頭에서 초등학교교육이 가장 중요하다고 했는데, 저는 漢字의 基礎를 초등학교에서 다지는 것이 매우 중요하다고 생각합니다. 무엇보다도 제 경험에 비추어 이렇게 생각합니다. 오늘날 문제는 가르칠 사람입니다. 가르칠 사람을 길러야 합니다. 敎師들의 再敎育이 시급합니다.

國語敎育에는 여러 문제가 있음을 저는 알고 있습니다. 저는 이에 관하여 체계적으로 논할 자격이 없는 사람입니다. 그 중 가장 중요한 漢字教育에 대해서 평소 생각해 온 것이 있어서 그 一端을 총총히 말씀드렸습니다. 너그러이 보아 주시기 바랍니다.

아무쪼록 이 大會가 잘 진행되어 所期의 成果를 거두기를 바랍니다. 이런 노력으로 國語教育이 차츰 올바른 길에 들어설 수 있을 것으로 믿습니다.

〈서울大 名譽教授/ 어문연구 120호/ 第149回 學術大會 基調講演〉

初等學校 漢字敎育의 實際

李 文 周

이 글은 한자교육의 필요성을 주장하는 필자가 1992년부터 1996년까지 4년간 인천관내 초등학교 교장으로 재임하면서 초등학생에 맞춘 한문교육을 시행해 보고 成果를 거두었던 내용을 소개한 것이다. 구체적으로 4-6학년의 高學年에게는 교과 용어 중심의 지도를, 低學年에게는 기초한자 지도를 하되 최근 대중화되어 학생들에게 친근한 컴퓨터를 활용하고 어문학적 관점이 아닌 전반적 학문의 측면에서 高次的 思考力을 기르기 위한 접근이 필요하다고 제언하고 있다. 특히 컴퓨터와 放送을 활용한 한자교육을 제시하고 있다는 점이 돋보이는 글이다.

Ⅰ. 序　言

이제 初等學校 漢字敎育의 필요성이나 當爲性은 再論의 여지가 없다고 본다.

비록 定規敎科정규교과는 아니지만 汎社會的범사회적인 필요, 學父母인 市民들의 요구, 敎師 개개인의 使命感에 따라 學校 또는 敎師 나름의 漢字敎育을 많은 初等學校에서 실시하고 있다.

그러나 必要性이나 當爲性이 切實절실하다고 해서 가르치는 것만이 能事가 아니라고 생각한다.

初等學校 학생 특유의 성장발달에 따른 그들의 知的 能力이나 고유한 指導方法지도방법과 학교 여건은 물론 현재 一線敎師의 漢字에 대한 素養소

양도 고려한 바탕에서 이루어져야 할 것이다.

本人은 1992년부터 1996년까지 4년간 仁川管內 初等學校 校長으로 在任하면서 이러한 諸 問題를 염두에 두고 漢字教育을 실시하였으며 나름대로는 成果를 거두었다고 自負자부하면서 간략히 소개해 보고자 한다.

Ⅱ. 漢字教育의 實際

1. 高學年(4, 5, 6학년) 學問教科(社會, 數學, 科學)의 用語中心 指導

(1) 背景

學問教科는 궁극적으로 知識의 구조, 즉 概念, 一般化된 지식을 배우는 教科이다. 따라서 學問教科인 社會科, 數學科, 科學科 學習을 원활히 하기 위해서는 해당 교과에서 꼭 알아야 할 用語(概念語개념어)指導가 先行되어야 하는 것이 現代 教育理論이다.

(2) 實施內容 및 方法

① 週 3~4個 用語選定 指導(1日 1~2字 分量)

② 選定된 用語를 '學習紙학습지'를 만들어 全 兒童에게 배부(前週 土曜日 배부)

③ 주로 社會科를 中心으로 用語를 선정하여 指導하고, 年 2~3회는 數學 및 科學科에서 選定指導

④ 該當教科해당교과 進度에 맞추어 主要한 用語를 難易度를 고려하여 선정

⑤ 낱字, 用語 함께 提示

⑥ 낱字는 音과 訓을 提示하고 用語는 教科內容에 맞게 뜻풀이

⑦ 用語가 나오는 教科書 文章提示문장제시

※ 例外 : 4學年 社會科 學習內容 : 首都圈수도권(4月 4週分)

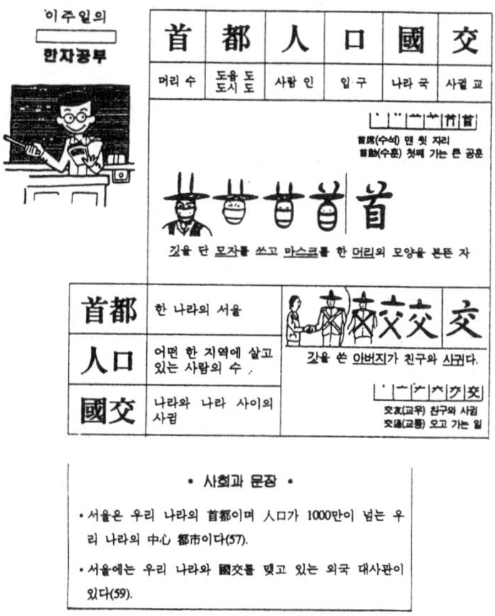

(3) 選定된 漢字數

學年	用語數	漢字數
4	107	195
5	121	210
6	128	223

2. 低學年 基礎漢字 指導

(1) 背景

日常生活에서 많이 사용하고, 재미있고 쉽게 배울 수 있는 基礎漢字 指導의 필요

(2) 實施內容 및 方法

① '學習紙'로 製作제작하여 每週 土曜日에 배부(年 36週)

② 基礎的인 漢字 週2字(1語彙) 提示

③ 漢字의 音과 訓, 글자의 意味, 語彙의 뜻풀이, 筆順 등 提示

④ 家庭에서 父母와 함께 공부할 수 있도록 家庭學習紙로 配付배부

⑤ 語彙는 '國語辭典 찾기 大會'와 連繫指導연계지도

※ 例行 : 2學年 14號(6月 2週)

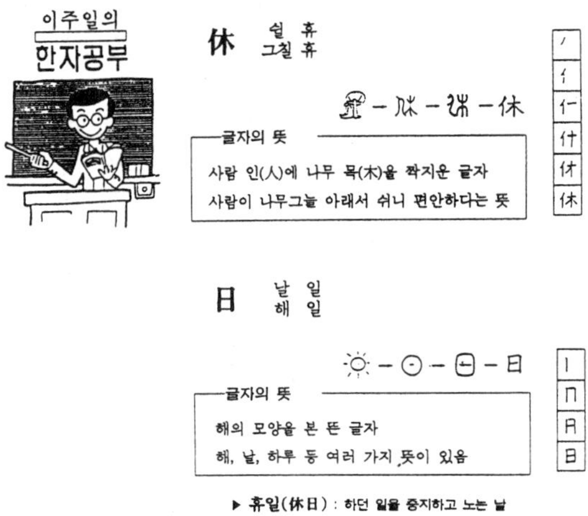

(3) 選定된 漢字

① 2학년 (36주분 72字)

번호	낱말	한자	번호	낱말	한자	번호	낱말	한자	번호	낱말	한자
1	월	月	11	내외	內外	21	강산	江山	31	영구	永久
2	화	火	12	좌우	左右	22	양심	良心	32	시작	始作
3	수	水	13	방향	方向	23	공중	空中	33	경치	景致
4	목	木	14	휴일	休日	24	반년	半年	34	합격	合格
5	금	金	15	출입	出入	25	동리	洞里	35	하인	下人
6	토	土	16	천지	天地	26	세상	世上	36	과실	果實
7	대소	大小	17	빙수	氷水	27	주소	住所	37	우마	牛馬
8	부모	父母	18	상경	上京	28	친절	親切	38	목적	目的
9	형제	兄弟	19	우주	宇宙	29	춘하	春夏	39	인구	人口
10	남녀	男女	20	태양	太陽	30	추동	秋冬			

② 3학년 (36주분 72字)

번호	낱말	한자	번호	낱말	한자	번호	낱말	한자	번호	낱말	한자
40	수족	手足	49	위인	偉人	58	신하	臣下	67	개량	改良
41	급행	急行	50	전부	全部	59	등교	登校	68	죄인	罪人
42	환자	患者	51	심정	心情	60	가능	可能	69	봉사	奉仕
43	곡선	曲線	52	최고	最高	61	허가	許可	70	방법	方法
44	아동	兒童	53	문화	文化	62	순서	順序	71	산림	山林
45	선생	先生	54	가정	家庭	63	정답	正答	72	공장	工場
46	성공	成功	55	기본	基本	64	평화	平和	73	생산	生産
47	자수	自首	56	구별	區別	65	반공	反共	74	저금	貯金
48	출석	出席	57	전시	展示	66	비교	比較	75	유명	有名

3. 컴퓨터를 통한 漢字技能章制 實施

(1) 背景

漢字는 劃이 많고 筆順이 複雜복잡해서 '쓰기 교육'은 定規敎科로 確定확정되지 않는 現實的으로 初等學校에서 指導가 어려운 實情이다. 따라서 배운 漢字를 활용하여 日記 쓰기, 글짓기, 報告書보고서 作成 등을 요즈음 각 家庭마다 대중화된 컴퓨터를 利用할 수 있도록 意圖的인 指導가 필요함.

(2) 實施內容 및 方法

① 對象 : 本校 4, 5, 6學年

② 事前敎育 : 學校 自體에서 4, 5, 6學年 學生 全員에게 '워드프로세서 指導 課程'을 마련하여 컴퓨터의 文書作成, 編輯편집, 漢字使用法을 이수토록 함

③ 배운 漢字가 있는 한글 文章을 주고 해당 用語를 漢字로 文書作成하기

④ 例示

◎ 出題 文章 例示 : 1)국가가 2)영토나 3)주권을 빼앗기면 4)국민은 어려움을 겪게 된다.

◎ 正答 : 1)國家가 2)領土나 3)主權을 빼앗기면 4)國民은 어려움을 겪게 된다.

4. 特別活動 漢字部 指導

(1) 背景

特別活動 漢字部는 매주 1~2시간은 定規時間이 확보된 만큼 어린이의 발달 수준에 맞추어 敎材選定 및 '쓰기 指導'의 필요

(2) 實施內容 및 方法

① 組織조직 : 4, 5, 6學年 3개 부서

② 選擇敎材 : "四字小學"에서 難解度를 고려하여 매시간 '四字二句' 씩 選定해서 指導

③ 授業 方法

○ 앞 句 낱字 익히기

○ 앞 句 뜻 풀이하기

○ 對句 낱자 익히기

○ 對句 뜻 풀이하기

○ 全體意味 把握파악하기

○ 筆順 익히기

○ 反復반복해서 쓰기

○ 暗誦암송하기

④ 例示

써 보기 : 아래 양식(B_4)에 크게 반복해서 쓰기(예시)

出						
날 출						
必						
반드시 필						
告						
알릴 고						
之						
이(갈) 지						

出必告之(출필고지) 외출(外出)할 때에는 반드시 이를 부모님께 아뢰고.

행할 행	반드시 필	바를 정	곧을 직	말씀 언	곧 즉	믿을 신	성실할 실
行	**必**	**正**	**直**	**言**	**則**	**信**	**實**

행동은 반드시 바르고 곧게 하고 말은 미덥고 성실하게 하라.

⑤ 本敎材의 長點

○ 낱字와 句의 調和조화

○ 句와 句의 調和

○ 暗誦하기 좋다

○ 倫理, 道德 指導資料 活用可能

5. 放送敎育 및 視聽覺資料 製作活用

(1) 放送敎育

擔任敎師담임교사의 能力을 고려하여 多元化 放送을 통하여 各學年 ‘學習紙’ 內容 講義實施

(2) 視聽覺資料 活用

① OHP資料 製作活用

② 漢字카드 製作活用

6. 評價

(1) 回數 : 年 4回

(2) 評價 問項 作成 “例”

① 音, 訓 쓰기

※다음 한자를 읽으시오

예	人	사람 인			
1	氣		2	水	
3	象		4	軍	

※ 다음 한자의 음과 훈을 쓰시오

예	仁川	어질 인, 내 천
5	冬至	

② 어휘 읽기

○ 금강 하류에는 넓은 平野가 펼쳐진다.

( )

○ 옛날은 漢江 上流에서 하류로 내려

( )

○ 한자를 읽으시오

9. 平行( ) 10. 直進( )

○ 나라 일을 맡아 하는 기관을 <u>政府</u>라고 한다.

1

1. ( )

※ 다음 글을 읽고 낱말을 찾아 ―로 이으시오

41.물건을 쓰는 일 · ① 利用

42. 물건을 이롭게 씀 · ② 漁業

43. 물고기를 잡거나 기르는 일 · ③ 用水

③ 基本方向

- 쓰기는 出題하지 않는다.
- 낱字 익히기와 함께 語彙 읽기, 뜻과 連結연결짓기 등으로 出題

Ⅲ. 마치면서

(1) 컴퓨터가 大衆化되고 있는 時點에서 日本에서처럼 初等學校에서 漢字教育을 活性化할 수 있는 계기가 도래했다고 판단됨.

(2) 初等學校에서의 漢字教育 필요성을 語文學의 틀에서 벗어나 社會科學, 自然科學 등 전반적인 學問을 하는 立場과 兒童의 高等精神能力 혹은 高次的 思考力을 기르는데 漢字教育이 꼭 필요하다는 認識의 접근이 요구됨.

(3) 初等學校에서 漢字의 쓰기 指導는 定規教科로 채택되지 않는 한 漢字의 音, 訓指導, 語彙의 音 익히기 指導에 重點을 두는 것이 좋겠음.

〈仁川教員研修院 教授部長/ 어문연구 96호〉

漢字教育은 하여야 한다

李 炳 主

1912년 忠南 公州 출생. 제7·8·9대 국회의원 역임. 이 글은 '한자교육은 하여야 한다'는 단정적인 문구로 시작하여 한자교육의 필요성을 역설하고 있다. 예전에 비해 요즘 사람들의 도덕의식이 낮아진 것은 道德 倫理敎育이 내포되어 있는 한자교육을 제대로 하지 않았기 때문이라며, 확고한 價値觀 형성과 思考力 발달을 위해서라도 한자교육을 하여야 한다고 주장하고 있다.

漢字敎育은 하여야 한다.

語文의 發達발달을 보고 그 民族의 文化의 尺度를 말하는 것은 당연한 일이다. 우리나라의 文字가 생긴 것은 길게 보면 4千年이 되고 짧게 보면 3千年이라고 하겠으니 箕子기자가 東方으로 오신 것이 3千年이 되었기 때문이다. 歷史에 記錄된 것으로 보더라도 儒敎나 佛敎의 經典이 傳來된 것이 1700餘年이 되었으니 우리나라의 語文은 世界에서도 일찍 發達된 나라라고 생각한다. 그러기에 漢字의 傳來는 적어도 3000年 以上이 되었을 것이요 韓國 中國 日本을 위시한 東洋의 여러 나라에 漢字文化가 發達되었다. 高句麗 百濟 新羅 등 三國時代부터 漢文敎育을 많이 시켰다고 본다. 朝鮮朝 世宗大王께서 訓民正音을 創制창제하시어 글 모르는 百姓을 위하여 배우기 쉽고 읽기 쉬운 글자를 만드시어 萬百姓에게 가르치셨다.

이 사람도 七歲때에 諺文언문이라 해서 3日만에 깨쳐 이야기 책을 읽었으니 참으로 배우기 쉬운 글로 알고 있다.

나는 이 세상에서 가장 훌륭한 글자는 漢字와 한글로 안다. 왜냐하면 漢字는 表意文字로서 簡潔간결하면서도 뜻이 깊기 때문이니 2千年~3千年前에 記錄한 碑文비문이나 書冊을 읽을 수 있고 그 뜻을 알 수 있다는 것이며 한글은 表音文字 중 제일 잘된 文字이니 스물넉자로 모든 發音을 表現할 수 있기 때문이다. 우리 語文은 表意文字 중 제일 잘된 漢字와 表音文字 중 가장 잘된 한글의 混合혼합으로 이루어져서 近世에 있어서 語文의 文化를 均衡균형있게 發展시켰다고 생각된다. 이 얼마나 幸福행복한 民族인가. 그런데 8·15 光復後 西歐文化의 急速급속한 渡來도래로 모든 傳統을 깨고 漢字漢文敎育을 등한시하고 한글만의 專用을 하고 한글 專用者는 愛國者요 漢字漢文敎育 主張은 非愛國的인 양 漢字는 中國 것이요 한글은 韓國 것이라고 생각하는 사람이 많아졌다. 近者에 와서 젊은 世代의 道德性이 喪失상실된 것은 敎育의 잘못에 있으니 그 중 하나는 漢字漢文敎育을 하지 않은 데도 原因이 있다고 본다. 우리나라에서 내려오는 漢字敎育은 대부분 道德敎育이 內包내포되어 있었다. 例를 들면 童蒙先習 小學 論語를 읽으면 自然히 道德敎育이 되기 때문이다. 道德敎育을 하는데 쉬운 말로 번역해서 가르쳐도 좋으나 原文을 읽어 본 사람은 그 참 文章 맛을 맛볼 수 없다. 一部 사람들은 漢字는 中國 글자라 하나 3千年 以來 使用하였고 우리말의 7割이 漢字語로 구성되었으니 어찌 漢字를 中國 글자라 하겠는가. 漢字는 우리 文字이다. 또 光復後에 漢字를 中國 글자라 하여 한글만을 가르쳐야 한다고 하였다. 그러나 漢字와 漢文을 가르치지 않으면 道德性을 喪失하게 되니 日帝治下에서도 朝鮮語及漢文敎科書가 있어서 論語 孟子 中庸중용 大學의 抄를 배웠다는데 이로 因하여 道德 倫理敎育이 되었으니 그 당시 사람은 지금의 靑少年보다 道德性이 높은 것으로 안다. 또 漢文敎育을 하지 않으면 思考力의 發達이 적다는데 이것은 韓國內 國民學校 敎師들의 研究와 日本의 大學敎授들의 證言이다. 國民

學校 때 漢字를 가르친 兒童은 中·高校에서 成績성적이 優秀우수하다는 것이다.

우리 世代 사람들이 六, 七歲 때 읽고 行한 것이 몸에 배어서 倫理 道德에 어긋나는 일이 없게 行動한다. 이것은 小學에 있는 灑掃應對進退之節 愛親敬長隆師親友之道(물뿌리고 청소하고 대답하는 법과 나아가고 물러가는 예절 그리고 어버이를 사랑하고 어른을 공경하며 스승을 높이고 벗과 가까이 하는 법)라는 글이다.

이 16字만 알고 實踐실천한다면 家庭이나 社會生活에 있어서 큰 過誤과오는 없을 것이요 近者에 와서는 模範青年모범청년이 될 것이다. 우리 世代에서는 이 程度는 다 알고 行했다고 생각된다. 그러나 요사이는 스승의 머리를 강제로 깎고 구타하는 學生이 있는가 하면 濟州道제주도에 旅行여행가서 어버이를 버리는 사람이 있다 하니 寒心한심한 얘기다. 新聞에서 본 記憶기억이 있는데 美國에서 博士學位를 받아 온 聖職者성직자가 自己 아버지에게 행패한 行爲에 놀라지 않을 수 없었으니 物質萬能 利己主義가 팽배하고 倫理 道德이 땅에 떨어진 關係관계로 안다.

이것은 根本的으로 教育의 잘못에서 왔으니 첫째 어릴 때부터 分明하고도 確固확고한 價值觀가치관을 지닐 수 있도록 가르쳐야 한다. 어려서부터 철저하게 生活教育을 시킬 것이다. 글씨나 셈공부는 이러한 價值觀이 定立되어 實踐에 옮겨지고 生活化된 뒤에 施行하여야 한다. 國民學校 뿐만 아니라 中高等學校 전반에 걸쳐 價值觀을 定立시켜 주는 教育이 우선 되어야 한다. 둘째 實踐하여야 하나니 率先垂範솔선수범하여야 한다. 자식에게 孝道하라 하기 前에 내가 먼저 父母에게 孝道하고 애들에게 清掃청소하라 하기 前에 自己가 먼저 清掃하여야 한다. 애들에게 책 읽으라 하기 전에 父母가 먼저 책을 읽어야 하며 아이들에게 儉素節約하라 하기 전에 父母가 먼저 行하여야 한다. 이리하면 道德性이 回復회복될 것이다. 西歐文化가 물밀듯이 들어와서 東洋文化 더욱이 韓國傳統文化가 피해를 받으니 韓國의 나쁜 점은 버릴 것이나 좋은 點은 계승발전 시켜야 하고 西歐의 좋은 點은 받아들여야겠다. 漢字漢文教育은 우리나라에 도움이 될지언정 害를 끼치지 않을 것임을 確信확신한다.

〈本會顧問·前 國會議員/ 어문연구 77·78호〉

中等(中 · 高)教育과 漢字

李 相 翊

1934년 忠北 鎭川 출생. 서울대 교수 역임. 한자교육의 필요성을 강조하기 위해 일곱 가지 항의 大前提를 우선 지적한 후, 해방 후부터 교과서 표기방식 논의와 관련하여 정책적 배경을 정리하고 교과서 한자표기 원칙에 대한 신문사설 및 논설, 연구물 등의 目錄을 정리하는 한편, 한글전용과 한자혼용의 교과서 표기방식에 대한 輿論調査 結果를 제시하고 있다. 또한 이를 바탕으로 중고등학교의 한자교육과 관련된 사항을 여섯 가지 항목을 나누어 제언하고 있다.

오랫동안 한글專用과 國漢混用의 論爭 와중에서 시달려 온 중·고등학교 교육이 이젠 어느 정도 뿌리를 내려가는 시점에서 다시 한 번 현 상황을 점검하며 앞으로의 교육 발전을 다짐하는 몇 가지 의견을 제시하고자 한다.

Ⅰ. 大前提-문제 해결의 실마리-

1) 文字政策과 言語政策은 구분되어야 한다.

2) 學校의 漢字教育과 社會의 한글 專用은 區分되어야 한다.

3) 民族의 전통 문화를 이해하고 계승 발전시키기 위해 漢字의 지식은 필수적이다

4) 東洋文化圈에서 漢字의 知識은 필수적이다.

5) 세계화・선진화를 위해 漢字教育은 英語教育에 필적할 만한 비중을 두어야 한다.

6) 漢字教育은 국어 교과만을 위해서가 아니라 모든 교과 학습의 기초 능력을 신장시킨다는 뜻에서 더욱 강조되어야 한다.

7) 고등학교는 초・중학교 과정과 대학 과정을 이어주는 역할을 하는 한편, 고등학교 과정만으로도 완결될 수 있는 교육 기능을 다해야 한다.

Ⅱ. 中・高等學校 교과서의 表記方式 論議

1. 교과서 표기방식에 관한 정책적 배경

1948. 10. 9.	한글전용법(法律 제6호 공포)
*1949. 11. 5.	<교과서에 한자사용결의안> 國會 可決가결
1950. 4. 28.	국민학교 교육한자 1000字 선정
1956~1957	이승만 대통령이 수차에 걸쳐 한글전용촉구 담화발표
*1957. 10. 18.	문교부 교육한자 1300字 선정 *초・중・고 국어 교과서에서는 混用 국어外 교과서에서는 倂用
*1970. 1. 1.	한글 專用 교과서로 개편
*1971. 1. 17.	中學校 교과 과정에 한문 과목 신설 계획 발표(閔寬植 문교부장관)
*1972. 8. 16.	漢文교육 기초 한자 1800자 確定확정・公布
*1974. 7. 11.	중・고교 교과서에 漢字 倂用 방침 발표(閔寬植 문교부 장관)

2. 교과서 漢字表記 原則에 대한 연구-신문사설, 논설, 연구물-

<신문사설>

1) 한글전용법률 改正에 무리가 있어서는 안 된다.
(한국일보, 1957. 12. 7)
2) 한글전용에 선행될 諸問題(동아일보, 1962. 10. 10)
3) 문교부의 國漢文 混用 教育 공식방안을 보고
(조선일보, 1964. 7. 19)
4) 한글專用과 漢字教育(중앙일보, 1969. 10. 11)
5) 한글專用과 漢字教育(중앙일보, 1970. 1. 6)

(한글전용에 대한 비판)

6) 中・高校 漢文教育의 문제점(새한신문, 1972. 2. 28)
7) 教育用 基礎漢字의 선정(중앙일보, 1972. 6. 8)
8) 基礎漢字의 확정(1972. 8. 17)
9) 基礎漢字의 계속보완(동아일보, 1972. 8. 17)
10) 基礎漢字와 語文教育(동아일보, 1972. 8. 18)
11) 基礎漢字教育의 의의(서울신문, 1972. 8. 18)

(기초한자 1,800자 선정호평)

12) 基礎漢字의 확정과 文字政策(경향신문, 1972. 8. 18)
13) 漢字教育還元의 의미(경향신문, 1979. 7. 12)
14) 國・漢字 併記體制의 決斷결단(한국일보, 1974. 7. 13)
15) 正常復歸한 語文政策(서울신문, 1974. 7. 13)
16) 漢字의 教育(중앙일보, 1974. 7. 16)
17) 漢字教育復活論 : 語文政策의 無原則 더 이상 不願
(한국일보, 1975. 6. 2)
18) 漢字教育에 바란다(조선일보, 1975. 6. 27)

(한자병기 환영)

<논설, 연구>

1) 朴湧植 ; 初・中・高校 教育을 國漢混用 教科書로(국어교육의 개혁을 위하여, 1986)

2) 申鉉根 ; '중학 국어 漢字'에 들어있는 漢字의 研究(국어교육의 개혁을 위하여, 1986)

3) 李殷晟 ; 中等教育과 學術用語(국어교육의 개혁을 위하여, 1986)

4) 李和順 ; 中等學校 教育用 基礎漢字의 문제점과 보완방안(국어 교육의 개혁을 위하여, 1986)

5) 崔台鎬 ; 中·高校 國語 教科書의 문제점(국어교육의 개혁을 위하여, 1986)

6) 南廣祐 ; 初·中·高에 있어서의 漢字教育(민족지성 14, 1987)

3. 교과서 표기방식에 대한 여론

- 자료 : 한국교육개발원 ; 한글전용과 한자혼용에 대한 선호도 조사 연구, 1989-

*국민학교 교과서

표기방식 / 집단	한글전용	한글전용원칙 한자병기	한자병기	한자병기원칙 한자혼용	계
대 학 생	142(38.5)	205(55.6)	15(4.1)	7(1.9)	369(100)
학 부 모	232(23.8)	583(59.9)	99(10.2)	60(6.2)	974(100)
교 사	130(29.2)	246(55.3)	38(8.3)	31(7.0)	445(100)
계	504(28.2)	1,034(57.8)	152(8.5)	98(5.5)	1,788(100)

*중학교 교과서

표기방식 / 집단	한글전용	한글전용원칙 한자병기	한자병기	한자병기원칙 한자혼용	계
대 학 생	42(11.4)	151(40.8)	107(28.9)	70(18.9)	370(100)
학 부 모	76(7.9)	367(37.6)	270(27.7)	262(26.9)	975(100)
교 사	38(8.5)	191(42.9)	103(23.4)	113(25.4)	445(100)
계	156(8.7)	709(39.6)	480(26.8)	445(24.9)	1,790(100)

*고등학교 교과서

표기방식 / 집단	한글전용	한글전용원칙 한자병기	한자병기	한자병기원칙 한자혼용	계
대학생	31(8.5)	94(33.9)	53(19.1)	111(40.1)	277(100)
학부모	55(5.7)	155(26.3)	105(17.8)	288(48.9)	589(100)
교사	23(5.2)	161(20.8)	156(19.3)	344(55.7)	701(100)
계	109(6.1)	454(25.5)	355(20.0)	861(48.4)	1,799(100)

Ⅲ. 提 言

중·고등학교 6년 과정에서는 한글專用이냐 國漢混用이냐의 논의보다는 漢字倂記와 國漢混用의 방식 중 어느 쪽이 교육상 효율적이냐 하는 실험적 검토가 현안 과제이다. 우선 위에서 논의된 내용을 바탕으로 다음 몇 가지를 제언해 둔다

1) 중학교 국어 교과서는 현행 漢字倂記體制가 좋다.

2) 고등학교 국어 교과서는 漢字倂記에서 混用體制로 개편되었으면 한다(혹 학습에 부담이 된다면, 新出漢字에 한해 괄호 속에 倂記해도 좋겠음).

3) 국어外 교과서에서도 학습의 효율성을 높이기 위해 漢字倂記體制는 적극적으로 검토되어야 한다.

4) 물론 漢文敎科는 필수과목으로 규정되고, 현재 영어 시간에 준하는 비중의 시간 배정도 고려되어야 한다.

5) 全國의 師範大學사범대학에 漢文敎育學科를 증설하여 漢字·漢文敎育의 방법론을 개발하고 유능한 漢文敎科 敎師를 양성해야 한다.

6) 中·高 漢文 교과서는 漢字·漢字語 指導에 비중이 주어져야 한다.

그리고 漢文 교과서는 국어 교과서와 유기적인 관계를 유지하면서 공동 기획, 편집되었으면 한다.

(記錄者: 咸福熙)

〈서울大 교수/ 어문연구 88호〉

漢字敎育의 必要性
-實驗과 調査 없는 言語政策의 虛點

李 崇 寧

1908-1994. 서울 출생. 서울대 교수, 국어학회 회장, 학술원 회원 역임. 해방 후 한글專用과 漢字使用 정책간의 논란 속에 실험과 조사 없이 한글전용이 학교교육에 실시되어 생겨난 문제점들을 지적하고, 한자교육을 통하여 국어교육을 강화하여야 함을 강력히 주장하고 있는 글이다. 특히 養正高校의 金忠會敎師가 한 반은 한자를 가르치고 한 반은 가르치지 않은 결과 한자교육이 국어의 이해에 큰 도움이 되었음을 확인한 실험을 언급하고 과학시대인 오늘날 이러한 실험과 조사도 없이 실시된 한글전용교육을 비판하였다. 또한 수많은 한자어 同音異義語를 생각했을 때 한자를 교육하지 않는 것은 넌센스라며 한자교육 실시를 역설하고 있다.

우리나라에는 終始一貫종시일관하는 言語政策이란 解放以後해방이후 없었다는 것은 누구도 是認시인할 것이다. 그것은 一部에서 軍政時代에서 建國까지 文敎部를 背景배경으로 一方的으로 그때그때 작은 委員會위원회를 꾸며 萬事 뜻대로 結論지을 수 있게 하여 處理해 나간 것인데, 輿論의 反對가 어쨌든 간에 社會現實을 無視하고 學校敎育을 그르쳤기 때문이다. 그리하여 政府施策정부시책에 대한 不信의 態度가 造成되었고, 모슨 施策에도 귀를 기울이지 않으려는 慣習性관습성을 길러 놓은 것이다. 그중 가장 큰 문제가 '한글專用'과 '漢字使用'의 엎치락뒤치락 하는 是非이었다.

여기서 가장 慨歎개탄할 노릇은 科學的인 實驗실험이나 調査 없이 時代에 맞지 않는 쇼비니즘을 가지고 나선 것인데, 이제 漢字敎育이 다시 實施되게 되었지만, 한글 專用主張者와의 對話대화도 필요 없는 相反된 태도는 解消해소될 可望이 거의 없게 된 터이다. 民族文化의 大計를 세움에 현실을 無視한 '愛國云云'은 너무도 時代에 뒤떨어진 妄說망설이다. 지난날 여러 번 中共이 漢字를 撤廢철폐한다고 大書特記한 學者에게 묻고 싶은데 과연 中共이 漢字를 철폐했는가? 北韓이 지금 漢字敎育을 하고 있음은 그곳 言語政策論에 뚜렷이 宣明선명되었으니 이 사실도 國民에게 알려야 할 사실이다. 우리는 實驗과 調査에서 한글專用이 學校敎育에서 어떠한 缺陷결함을 露出하고 있는가는 쉽사리 밝혀질 것이라고 믿는다. 數年前에 養正高校의 金忠會敎師가 試驗시험삼아, 한 班은 漢字를 가르치고, 한 班은 가르치지 않은 그 結果의 比較비교에서 뚜렷한 答을 얻었다고 한다. 漢字를 가르친 班의 學生의 所感소감을 作文에 課하니 異口同聲이구동성으로 "漢字를 앎으로 해서 國語의 理解에 크게 도움이 된 것에 놀랐다"는 內容이 있다고 한다. 이것은 簡略간략하긴 하나 一種의 實驗이 될 것이다. 이 정도의 實驗쯤이라도 各學校에서 課해질 수 있게 되었는데 今後 좋은 結果가 나올 것을 疑心의심하지 않는다. 멀지 않아서 한글 專用이 國語敎育에 얼마나 害를 끼쳤는가가 白日下에 드러날 날이 올 것이다.

오늘날은 科學時代다. 實驗과 調査 없이 論難한다는 것은 아무리 巧言麗辭교언여사를 써보아도 믿을 것이 못된다. 그런 時代는 이미 지나간 지 오래다. 北韓까지도 漢字敎育을 實施하고 있다는 事實에 눈을 감으려고 해서는 아니 된다.

끝으로 意味論에서 보면 辭典에서 쏟아져 나오는 同音異義語를 들고 따져 보자. 漢字語를 抹殺말살한다는 것은 넌센스에 가까운 일로서, 우리 國語의 語彙의 半을 훨씬 上廻상회하는 漢字語를 어느 누가 企圖기도한다고 될 일은 아니다. 한글 專用에서 보면, 우리 國語에는 同音異義語가 너무도 많은 데 놀라지 않을 수 없다. 그러므로 漢字語를 한글로만 써놓고 뜻을 묻는다는 試驗은 있을 수 없게 된다. 이것은 틀림없이 한글 專用이 許容될 수 없는 過誤과오의 實證실증이 된다. 보라! 다음 例들을(例는 梁柱東氏 責

任監修책임감수의 「새 국어 대사전」에서 추린다).

대사 → 臺詞・大祀・大事・大師・大寫・大赦・代謝・大使……八例
대상 → 臺上・大祥・大喪・隊商・帶狀・代償・大商・對象……八例
대서 → 大書・代書・大暑・代署……四例
계사 → 鷄舍・繼嗣・戒師・癸巳・啓事・繫辭……六例
고정 → 考訂・孤貞・孤亭・苦情・高情・考正・考定・固定……八例
구수 → 丘嫂・拘囚・仇讐・蚨嫂・口受・口授・久囚……七例
모사 → 毛紗・毛糸・模寫・謀士・謀事・茅沙・帽紗・茅舍・某事……九例
미관 → 味官・微官・美官・美觀……四例
문선 → 文選・文選(…벼슬의 임명 따위의 일)・門扇・門線・門禪・聞善…六例

이렇게 보면, 同音異義가 너무도 지나칠 정도다. 보통 漢字語의 한글 專用이면 흔히 둘 또는 세 개의 異義쯤은 흔한 것이니 國語辭典을 한글로 基準기준하여 論한다면 辭典으로 成立되기 어려울 정도다. 이러한 分揀분간은 漢字로 말미암은 것임은 勿論이며 그 정확한 뜻의 구별이 漢字를 모르고선 이루어질 수 없다는 것도 된다. 이런 사실에 눈을 감아서는 아니 되며 '口受・口授'나 '苦情・固定' '毛糸・謀士' '微官・美觀' '大使・大師' '大祥・對象'……이 한글 專用으론 구별될 수 없다면 정확한 概念을 가르쳐 주기 위해서라도 漢字의 教育은 절대로 필요한 것이 된다. 더 쉬운 例라도

방화 → 放火・防火・防花
반공 → 反攻・半空・反共
양도 → 兩刀・糧道・讓渡
공사 → 工事・公私・空士・公事・公使
상사 → 上司・上使・喪事・常事

와 같이 쏟아져 나오는 것이 現實이다. 이런 語彙를 놓고 意味의 分析이 手段이 될 漢字教育을 禁한다는 것이 學生들에게 國語의 理解를 鈍化둔화 시키는 것이 된다. 筆者는 天主教 教理冊을 들고 보면 그 用語가 한글로 씌었기로 一般信者가 그 概念을 뚜렷이 모르고 어떠한 일을 하는 것이다로만 理解하고 있다. 近者에 와서 몇 例는 漢字로 어찌 表記하는가를 알게 되었는데

조당・피정・성조・사백주일・*당무지구・대림・*계사・*초사・몽소승천
(*는 곳에 따라 괄호를 치고 漢字를 밝힌 곳도 있다.)

지금도 '조당'은 그 概念을 正確히 모르겠고 結婚결혼한 者가 妾을 얻는 것 같은 例를 말하는 것으로 믿고 있다. 그러므로 漢字를 모르는 오늘의 國民은 이 같은 경우 不便을 느끼지 않을지 모르나 이미 漢字를 통한 意味分析을 모르는 것이 習性化습성화됨이니, 文化創造는 이대로 가면 可望이 없게 될 것이 아닌가 걱정이다.

忠南에 京釜線경부선의 한 驛에 '오정'이 있다. 한글 專用에서 자라난 오늘의 젊은이들은 '오정'을 驛의 이름으로 알 뿐이지 '梧井'이란 뜻을 알 리도 없어 言語의 文學性을 인식하지 못하고 있다. 八公山의 桐華寺동화사 뒤에 '양진암'이 있으나 그것이 '養眞'이란 뜻임을 알 리 없다. 여기서 言語의 哲學性철학성을 몰라서 젊은, 또는 어린 世代로는 言語의 哲學的 訓練훈련을 거치지 못할 것이 된다. 여기서 思考法이 鈍化되고 後日 文化創造에 意慾의욕을 잃게 될 것이 걱정이다.

압력・암녁・압력(壓力)에서 왜 '압력'이 옳다는 것인지, 한글專用으로 教育을 받는 또는 받은 者에게는 알 리도 없거니와 알 意慾도 喪失한 것이 된다. 그저 무거운 負擔부담으로 될 뿐이다.

以上에서 보면, 漢字教育을 통하여 國語教育을 强化해야 한다는 것을 똑바로 認識해야 한다. 漢字는 極東文化의 象徵상징이며, 이 漢字를 통하

여 韓國, 日本, 中國이 다 함께 文化面에서 歷史的 또는 現實的인 關係를 지니게 될 것이 아닌가 한다. 韓國만이 文化的으로 孤立돼서는 아니될 것을 强調강조하는 바이다.

〈文博 · 本會副會長/ 어문연구 1호〉

文字教育에 대한 教育學的 側面에서의 考察

李 溶 傑

이 글은 일관성 없는 문자교육으로 학생들이 피해를 입고 있다며 6개 항목에 걸쳐 한글전용 교육정책의 난점을 지적, 비판하고 있다. 특히 한자어가 우리말 어휘의 70%를 차지하는 이상 한글만 알아서는 의미가 통하지 않고, 한글전용 교육으로 스스로를 속박하고 있으며, 과학적 가르치기도 되지 않는다고 주장한다. 또한 낮은 讀書律 역시 한글전용의 결과가 아닌지 되물으며 한자교육의 필요성을 역설하고 있다.

1. 一貫性 없는 文字教育으로 학생들이 피해를 입고 있다.

㈎ 국어는 國語學者들의 占有物이 아니다. 일부 학자들의 '所信'이 자라나는 세대의 정신적 발달을 沮害저해하는 일이 있어서는 안 된다.

㈏ 한글專用과 國漢文併用이 여러 차례 뒤바뀌는 틈에 끼여 학생들은 당황하여 혼란에 빠지게 된다. 대학원까지 '傳記'를 '電記'로, '傳統'을 '傳通' 등으로 쓰는 학생들이 드물지 않다는 사실은 이러한 혼란의 일단을 보여 주고 있다.

㈐ 漢字를 아는 세대와 모르는 세대 사이의 文化的 斷絶단절이 급작스럽게 造成되어 近代化過程에서 일어나고 있는 價値混亂가치혼란과 상승하여 우리의 傳統이 破壞파괴될 우려가 있다.

㈑ 국민학교 교육만을 받은 사람들을 새로운 文盲者로 만들게 될 것이다.

2. 意思疏通은 意味가 통해야만 可能하다.

(가) 한글로 表記된 낱말과 글을 읽는다는 것과 그 의미를 理解한다는 것은 별개의 문제이다.

(나) 한글만으로 意思疏通이 빠르고 正確정확하게 될 수 있다면 무엇 때문에 아직까지도 한자가 使用되고 있는가? 한글 전용 주장자는 자기가 漢字를 전혀 모르고 있을 경우를 상상해 보아야 한다.

(다) 한자를 알고 있어도 필요한 경우에는 한글 전용을 할 수 있다.

3. 語彙의 약 70%가 漢字語인 우리말을 한글만으로 가르치고 배우기가 힘들다.

(가) 表音文字도 表意를 하고 있다.

<例> tele ─┬ phone
　　　　　　├ scope
　　　　　　├ vision
　　　　　　└ graph

(나) 한글 전용에 의하면 風力·風向·風速·風波·風浪·通風·旋風선풍·强風·疾風 등등의 낱말들을 모두 개별적으로 가르치고 배워야 한다. 이러한 경우 '風'자를 정말로 가르칠 필요가 없는가?

(다) 학생들이 새로운 漢字語의 의미를 스스로 알아낼 수 있는 創意力을 마비시킨다.

4. 한글 전용은 '機械化기계화'라는 견지에서 결코 正當化정당화될 수 없다. 우리는 새로운 기계를 開發해야지 기존의 技術기술에 우리의 文化를 속박해서는 안 된다.

5. 한글이 科學的이라면 科學的으로 가르쳐야 한다.

(가) 英·美에서는 발음과 맞춤법이 크게 다른 까닭으로 게시탈트心理學의 全體知覺說에 의거한 轉讀法을 채택한 일이 있었다.

(나) 한글과 英語의 차이에 비추어 轉讀法의 模倣모방은 처음부터 잘못된 것이었다.

(다) 母音과 子音의 일정한 結合規則을 直觀的으로 파악할 수 있게 하는 방법을 채택해야 할 것이다.

6. 우리나라의 낮은 讀書率은 한글專用과 전혀 관계가 없는가?

〈서울大師大敎授·文博/ 어문연구 10호〉

漢字의 早期敎育

-語彙力增進-知能發達-基礎敎育

李 容 完

1921년 仁川 출생. 이 글은 漢字 早期敎育을 주장하고 있다. 사람은 말로 생각하므로 어휘력이 풍부해야 사고력이 풍부한데, 어휘력을 늘리는 방법은 漢字를 가르치는 일이라고 주장한다. 특히 어휘력을 늘리게 되면 知能을 발달시키는 동시에 기초교육이 된다고 강조하며, 單純記憶力이 가장 왕성한 5~6세 때부터 한자를 가르쳐야 한다고 주장하고 있다. 漢字는 構圖 判別力으로 구별이 가능하여 아기에게는 한글보다 漢字가 오히려 쉽다는 주장이 돋보이는 글이다.

사람은 말로 생각한다. 말이 먼저요 생각은 나중이다. 語彙力이 豊富풍부해야 思考力이 豊富하다. 國民學校 어린이도 語彙力만 있으면 微積分미적분을 풀 수 있다는 것이다.

女子가 수다스러운 것은 自然의 攝理섭리다. 어머니들이 수다스럽기 때문에 말 모르는 아기와 온 종일 이야기하면 아기 머리에 錄音녹음 테이프 모양 錄音되었다가 어느 年齡연령에 達하면 풀려나와 말을 하게 되는 것이다. 프랑스의 어머니들은 모이면 '우리 아기는 프랑스 말을 얼마만큼 안다'는 것이 話題라고 한다. 獨逸독일의 낌나줌(人文高等學校)에서는 午前中엔 語學만 한다. 語學實力이 學問의 밑바탕이기 때문이다. 日本에서는 大部分의 幼稚園유치원에서 漢字 800字를 가르치고, 마쯔시다(松下) 電器會社전기회사에서 經營경영하는 塾에서는 大學卒業生을 뽑아 5年間 指導者養成지도자양성을 하는데 漢文·英語가 主要敎科라고 한다. 世界의 指導者가 되려면 漢文·英語에 能해야 하기 때문이다.

우리말에서 語彙力을 늘리는 方法은 漢字를 가르치는 일이다. 父母子女 4字만 알면 父母·子女·父子·父女·母子·母女·女子 7個의 單語를 正確정확하게 理解하고, 父子만 가르치면 父女·母子·母女 等의 말을 만드는 創意·應用力이 길러진다. 筆者가 幼稚園에 다니는 孫子에게 이 4字를 가르쳤더니, 텔레비전에서 '父傳子傳'이 나오니까 "母傳女傳도 있겠네"라고 해서 食口들이 깜짝 놀랐다.

語彙力을 늘리는 일은 知能을 發達시키는 同時에 基礎敎育이다. 그런데 피아노 學院·美術 學院 等 專門敎育機關(아기들 相對로)은 많아도 語彙力을 늘리는 基礎敎育은 아기들에게 시키지 않는 것은 民族의 低質化저질화가 豫想예상되는 것이다.

한글 專用論者들은 '單語의 뜻은 文章 속에서 理解되는 것이지 語源(漢字語의 漢字는 語源이 아니라 語素임)으로 아는 것이 아니라'고 한다. 筆者는 國民學校 6學年에게 다음과 같은 實驗실험을 해 보았다.

短篇小說단편소설을 들려준다면서

> 시장에서 어린 딸은 어머니 뒤를 놓쳐버렸다. 서로 찾아 헤맨다. 딸이 어머니를 발견했다.
>
> "엄마!"
>
> 모녀는 부둥켜안았다.

하고 나서 '모녀'의 뜻을 물었더니 '딸과 어머니'라고 한다. '모'는 딸이고 '녀'는 어머니라는 것이다. 이유는 딸이 먼저 어머니를 발견했으니까 앞의 것이 딸이요 뒤의 것이 어머니라는 것이다.

文敎行政當局者문교행정당국자·한글專用論者 諸公은 귀와 눈이 있는가?

한글은 '가나다라……, 가갸거겨……, 감남담람……' 等 理論的인 짜임의 글자로 왼쪽 腦를 發達시키고, 漢字는 '山'에서 山 모양을 느끼는 感情的인 글자로 오른쪽 腦를 發達시키므로 한글과 漢字를 同時에 가르치면 頭腦의 均衡發達균형발달에도 큰 몫을 한다.

아기의 낯가림은 構圖判別力구도판별력의 始初시초다. 그런데 한글은 글자 모양이 構圖的으로 서로 같아서(가나, 모보포) 構圖判別力으로는 區別되지 않으나, 漢字는 構圖判別力으로 區別이 可能하여 아기에게는 한글보다 漢字가 오히려 쉽다. 따라서 漢字는 早期教育이 可能하고 또 效果的효과적이다.

精神機能정신기능은 下等精神機能으로 知識(單純記憶단순기억)·單純한 理解가 있고 高等精神機能으로 理論的理解·適用(應用)이 있는데, 單純記憶力이 가장 旺盛왕성한 5~6歲 때 漢字를 가르치면 一生의 큰 財産재산이 된다.

〈本會 理事/ 어문연구 65·66호〉

한글맞춤법 表音不備 漢字사용 불가피

李 允 子

이 글은 한글 맞춤법의 表音不備와 정보전달의 밀도를 높이기 위해, 또 민족문화의 계승과 높은 한자어 비율, 동음이의어가 많은 현실을 고려했을 때 국민학교부터의 한자교육이 필요하다고 주장하고 있다.

과격한 한글전용론을 펴온 사람들 중에는 自身이 사투리 발음을 쓰고, 표준말 발음 실상을 잘 모르는 사람이 많다. 따라서 그들은 우리 표준말 發音과 現行 한글맞춤법에서 말글간 相應상응에 얼마나 큰 차질이 있는지 모르는 수가 많다. 그런 중에 한글전용론 李江魯씨가 「말글 원리」를 어연번듯이 들고 나온 것은 크게 환영할만한 일이다. (2월 23일자 「독자 한마당」)

말글 原理를 가지고 손쉬운 데서부터 이야기를 시작해 보자. 가령 「한자」(一尺/一字)와 「한자」(漢字), 「사적」(私的)과 「사적」(史蹟) 또는 「성적」(成績)과 「성적」(性的)…처럼 하나도 같은 소리 음절이 없는 단어쌍을 漢字로 쓰거나 로마자로 표기하거나 국제음성기호로 나타내거나 심지어 15세기 훈민정음 表記方式으로 적어도 모두 구별되지만 유독 현행 한글맞춤법으로는 하나도 구별을 못하니 참으로 딱한 노릇이다. 이렇게 말로 하면 구별되지만 한글로만 적어 놓으면 구별 안 되는 우리말이 도대체 몇 천쌍이 되는지 알기나 하고 한글專用, 말-글 원리를 이야기하는가?

그리고 「父母兄弟 山川草木…」 같은 것을 우리 音으로 발음하면 우리

말이라는 것은 엄연한 사실인데 이것을 「글자에서 말이 생겨난다」는 것으로 엉뚱하게 해석하다니 그것이 李江魯씨 자신의 생각이 아니라면 그 무슨 당치 않은 곡해인가? 아주 뻔한 것이지만 다시 설명을 되풀이 하자면 「Paris」 같은 지명을 「빠리」로 발음하면 프랑스어요, 「패리스」로 발음하면 영어가 되듯이, 「東京」도 「뚱찡」으로 읽으면 중국말이요, 「도쿄」로 읽으면 日本말이요, 「동경」으로 읽으면 한국말인데 이것이 아직도 이해가 안 되는가?

한글 맞춤법이 表音不備 때문에 그리고 정보전달의 밀도를 높이기 위해서 지금 漢字 사용이 현실적으로 불가피하다. 뿐만 아니라 우리 民族文化 전통의 뿌리를 자르지 않기 위해서는 물론, 한자가 70%나 되고 同音異義語가 너무나 많은 현실에서 國民學校부터 국어교육의 일환으로 한자교육을 실시하는 것은 우리 겨레가 머나먼 미래에까지 결코 포기할 수 없는 의로운 과업이 될 것이다.

〈本會 硏究委員/ 어문연구 81·82호〉

가정교육과 漢字

李 潤 子

1928년 서울 출생. 21세기는 태평양시대로, 漢字文化圈에 속하는 나라가 위력을 떨칠 것이라고 예상하면서 그러한 시대를 대비하여 가정에서부터 한자를 가르쳐야 한다고 주장하고 있는 점이 눈에 띄는 글이다. 韓·中·日 3국이 공히 쓰는 상용한자 1,245자 정도는 가르쳐야 하며 반듯한 자세로 글자의 깊은 뜻을 새기며 배우는 한자교육의 방식을 통해 傳統倫理와 價值觀까지 익히도록 하여야 한다며 家庭에서의 한자교육 필요성을 역설하고 있다.

漢字敎育과 관련하여 "한글세대"가 생각나고 이와 함께 다른 여러 "세대"도 머리에 떠오릅니다.

우리나라에서는 세대 구분을 하는 것으로 여러 가지 표현이 있습니다. 6·25전쟁 세대, 4·19세대, 거기에 한글세대, 컴퓨터 세대, 최근에는 X세대까지 다양한 표현으로 세대별 특징을 보이고 있습니다. 사실 단군의 같은 자손으로서 때로는 이들 세대의 생각에 공감을 느낄 때도 있지만 때로는 세대 간의 단절로 인해 가슴이 답답할 때도 많았습니다. 여러분 가운데서도 이와 비슷한 경험을 한 분이 적지 않을 것입니다. 그러나 저는 무엇보다도 가장 큰 어려움을 겪은 세대로는 6·25세대나 4·19세대가 아니라, 오히려 한자에 무지해서 자신의 부모나 가족의 이름조차 漢字表記를 잘 못하기도 하는 한글세대라고 생각합니다. 6·25세대나 4·19세대는 역사의 격동기에

태어나서 고난과 가난을 경험했지만 그 만큼 인생의 깊이와 폭을 더할 수 있는 기회도 가질 수 있었다고 봅니다. 그리고 더욱이 이들 세대는 한자로 표기된 우리말의 뜻도 그 한자를 배워서 알기 때문에 보다 더 잘 이해할 수 있었다고 생각합니다. 그런데 한글세대는 그렇지 않습니다.

흔히 70년대 이후에 초・중・고교를 다녔던 세대로 이들 세대가 학교를 다녔던 1970년은 학생 운동이 만연되고 있어, 一般學科 공부도 深度심도있게 하지 못하고, 영어 회화나 컴퓨터는 고사하고 한글전용이라는 일부 학자의 我執아집으로 인해 한자 교육의 기회를 얻지 못한 세대입니다. 그래서 한글로 表記된 우리말을 읽기는 하지만 그 말이 漢文 내지 漢字에서 온 것은, 즉 "가전제품 또는 냉장고"와 같은 것은 얼핏 그 뜻을 알지 못하거나 또는 잘못 아는 수가 많습니다. 그래서 심지어 어떤 대학생은 이런 가슴 아픈 현실을 통탄하면서, "漢字教育을 하지 않는 것이 愛國이라면, 영어를 배우지 않는 것이 愛國이라는 것과 무엇이 다른가?"라는 호소를 한 적이 있습니다.

우리가 잘 알고 있듯이 우리말은 많은 漢文 내지, 漢字에서 유래하고 앞으로도 그러하겠으니, 漢字教育은 필요하다고 하지 않을 수 없습니다. 다행스럽게 생각하는 것은 최근, 대통령 자문교육 인력위원회가 教育改革교육개혁으로 "정보화, 세계화"시대에 대비하여 초・중・고에서 컴퓨터, 영어, 漢字, 세계문화사 교육 등을 강화한다는 내용을 포함시키고 있어서 한자도 선택 과목이 될 가능성을 열어 놓았습니다. 그러나 여기에는 선택하지 않을 수도 있다는 가능성도 포함되어 있습니다. 世界化, 國際化 시대에 영어 교육 이상으로 漢字教育은 절실하기 때문에 선택적으로 이루어질 수밖에 없는 漢字教育의 일부를 이제는 가정에서 맡아 더 이상 漢字를 모르는 세대를 만들어서는 안 된다고 봅니다. 컴퓨터를 모르는 사람을 "컴맹"이라고 한다면 한자를 모르는 사람은 한자맹(漢字盲), 즉 한맹이라고 할 수 있습니다. 이 컴맹과 비슷한 한맹의 양산을 막기 위해서는 가정에서 힘을 써야하겠습니다.

그래서 저는 이 자리에서 우리 가정에서의 해야 할 일이 무엇인가를 생각해 보았습니다.

요사이 흔히 "태평양 시대이니, 아태 시대이니 하는데 이는 이미 서구의 많은 학자들이 인정하는 것으로, 21세기는 漢字文化圈인 나라가 세계의 중심적 역할을 하게 된다."고 합니다. 따라서 21세기는 漢字도 위력을 발휘하는 시대가 될 것이고, 우리는 이 점을 가정에서도 강조해서 로마자가 영어 문화권에서 통용되듯이 한자 문화권에서 한자가 통용되는 시대를 대비해야 할 것입니다. 한국, 중국, 일본, 三國에서 常用되는 漢字를 보면, 한국이 1800字, 중국이 9500字, 일본이 1945字입니다. 삼국이 공히 쓰는 常用漢字는 1245字 정도라고 듣고 있습니다. 최소한 삼국에서 쓰는 常用漢字는 가정에서도 자녀에게 가르쳐야 한다고 봅니다.

그리고 가정에서 漢字를 가르치는 일은 단순히 지식을 습득시킨다는 의미 이상을 가지고 있다는 점, 또한 강조하지 않을 수 없습니다. 예로부터 서당에서 훈장이 학생들에게 漢字와 漢文을 가르치는 모습을 그려보면 그 모습은 지금 우리 교실에서 가르치는 학과 교육과는 사뭇 다르다는 것을 느끼실 것입니다. 무릎을 꿇고 반듯한 자세로 한 자 한 자의 깊은 뜻을 새기며 마음가짐은 물론 전통 윤리와 가치관까지 익히게 되는 학습의 장이 바로 서당이었습니다.

이 모습을 우리 가정에서 재현하는 것은 아마도 쉽지 않을 것입니다. 그러나 선인들의 지혜와 자세를 배우면서 전통과 윤리를 다시 새겨볼 수 있는 기회가 되고 또 그것이 현재 우리 사회의 가치관의 혼란을 바로잡을 수 있는 좋은 기회가 될 수도 있을 것입니다.

身土不二와 같이 한글과 漢字, 즉 한漢不二라는 말도 나와야 할 것 같습니다. 우리말의 표현에는 70%가 漢字인데, 漢字表現을 빼고 한글로만 배운다는 것은 결국 알맹이가 빠진 교육이 될 것이며, 이것이 오늘날 많은 한글세대에게 불행을 안겨주었다고 할 수 있습니다. 한글 專用과 국한문 混用을 주장하는 학자의 논란에 희생되는 세대가 더 이상 나오지 않기 위해서는 가정교육의 역할은 더욱 강조된다고 봅니다.

그래서 다가오는 21세기에는 아시아가 세계의 중심적 위치가 되고, 또 아시아의 중심적 역할은 한국인이 해내는 快擧쾌거를 기대해 봅니다.

(記錄者: 姜明慧)

〈全國主婦敎室中央會長/ 어문연구 88호〉

國語教育의 原理와 改善

李 乙 煥

1925년 京畿 驪州 출생. 숙명여대 교수 역임. 國語教育에 대한 우리나라 獨自的인 主義와 方法이 정립되어 있지 않은 실정에 아쉬움을 느끼며 새로운 안을 제시하고 있다. 국어 교육 원리를 수립하기 위해 언어관, 국어 교육관을 바탕으로 해야 한다며, 현 시점의 국어 교육을 분석하고 재조명하여, 국어 교육의 現況과 原理에 입각한 개선 방향과 해결점을 찾아내려 하고 있다. 첫 번째로 효율적인 국어 교육을 위한 제도적, 환경적 造成 부분을 9개 항목에 걸쳐 지적하고, 두 번째로 國語學習指導, 教授방법, 교재면, 학습 분야를 7개 항목에 걸쳐 지적하고는, 8개 항목에 걸쳐 국어교육이나 학습지도에 유념되어야 할 사항을 지적하는 것으로 글을 맺고 있다.

Ⅰ 序　言

國語教育의 科學化과학화, 體系化체계화, 構造化구조화는 오래 전부터 論議되어 왔다. 그래서 國語教育學의 定立정립이 시급했던 것이다. 이 教科教育學을 바탕으로 하여 國語科의 教育課程교육과정, 教授方法교수방법, 評價方法평가방법 등은 다 이에 뿌리가 있는 것이다. 그러나 현시점에서 볼 때, 얼마만큼 國語教育學의 原理와 理論, 體系的 授業方法수업방법, 學習方法학습방법, 教材作成方法교재작성방법을 활용하고 있는가에 대해서는 자신 있는 대답이 안 나오는 것 같다.

그저 傳統主義的전통주의적인 방법, 經驗主義的경험주의적인 방법, 理性主義

的이성주의적 방법 등이 혼선을 일으켜 이렇다 할 뾰족한 方法이 안 서있는 것 같다. 솔직히 말해서 우리나라 독자적인 主義와 方法이 안 서있는 것 같다. 솔직히 말해서 우리나라 독자적인 主義와 方法이 定立 안 되어 있는 실정이다. 즉 '-ism'이 있는 국어교육, 뚜렷한 路線노선이 있는 국어교육의 아쉬움을 안 느낄 수가 없다.

칸트가 말한 바와 같이 理論이 없는 실천은 맹목적이요, 실천이 없는 이론은 공허한 것이다.

국어 교육의 원리를 수립하려면 言語觀, 國語教育觀이 우선되어야 한다. 우리나라 나름대로 이것이 단적으로 표명된 것이 국어과 教育課程에 나타난 목표다. 4次 고등학교 國語科 教育課程에 제시된 것을 인용하면 다음과 같다. 먼저 총체적으로 "中學校의 교육성과를 발전시키고 국어의 發展과 民族文化 創造에 이바지하려는 뜻을 세우게 한다"라고 전제해 놓고 다음 세 목표를 세우고 있다.

① 創意的인 表現力, 비판적인 理解力, 合理的인 思考力과 判斷力
② 言語와 국어에 대한 體系的 지식
③ 文學에 대한 體系的 지식, 鑑賞力감상력과 想像力상상력의 양성, 人間의 內面 世界에 대한 이해

이상을 보면 첫 번째는 言語의 情報的, 傳達的, 實用的, 機能과 思考的 機能에서 設定설정된 것이다. 둘째는 言語體系에 대한 이해와 지식으로서 國語自信의 科學的, 構造的 機能에서 본 것이다. 흔히 meta的 기능이라고 한다. 셋째는 言語의 文學的, 藝術的예술적, 美的, 感傷的감상적 機能에서 본 것이다. 이로 볼 때 言語의 특성에 입각한 여러 기능과 작용이 고루 반영되어 있다고 볼 수 있다. 문제는 이러한 목표가 現場教育, 教授方法, 學習指導, 授業에 어떻게 現實化, 具體化되느냐에 달려 있다고 하겠다. 그러나 우리나라 국어교육에 있어서 여러 면에서 改善點개선점이 많이 內包내포되어

있는 것은 사실이다.

참고삼아 프랑스의 유명한 言語學者 C. Bally의 言語敎育 至上目標를 들면, "우리 인간의 思考와 情緖정서를 言語를 통하여 어떻게 彫琢조탁하느냐에 있으며, 母國語에 대한 예리한 言語感覺언어감각, 語感을 기르는 것이다"라고 하였다. 또 독일의 意味論學者의미론학자 Weisgerber도 "母國語는 우리의 정신과 사고를 어머니와 같이 자상하고 곡진하게 길러주어 國民的 思想・感情을 키워준다"라고 하였다. 이들 名言은 다 言語의 정신적, 陶冶面도야면을 중대시한 것으로 우리 국어교육의 成果가 이런 면에서 실질적으로 어느 정도 발전되어 있느냐에 의심이 많이 간다. 이 밖에도 영국의 저명한 言語敎育家 L. R. Palmer는 "언어는 개인에 있어서 人間精神의 비밀을 여는 열쇠"라고 한 것은 國語敎育의 큰 지침이라고 할 수 있다.

여하튼 言語學習에 있어서 自然的 學習과 體系的 學習 *systematic learning*으로 二大別 하는데 각급학교의 국어교육은 후자에 속하나, 그 명칭 그대로 體系性과 構造性을 활성화하여 발전을 꾀할 필요가 있다고 생각한다.

Ⅱ 國語敎育의 현황과 原理에 입각한 改善方向

국어교육의 效果를 올리기 위하여서는 현하 전개되고 있는 국어교육의 狀況을 분석하고 국어교육의 原理를 再照明하여 問題의 是正點시정점, 解決點해결점을 발견하여야 될 것이다.

매사가 效率的효율적인 運行운행을 하려면, 외곽적인 制度的 與件과 環境이 잘 造成되어야 할 것이다. 이런 면에서 다음 몇 사항을 들 수 있겠다.

① 國語科 授業時間數 問題

母國語 敎育에 대한 熟意숙의는 우선 가능한 한, 많은 시간을 배당하는 데

나타난다. 선진국가에 비해 시간수가 적음.

② 選多型 入試教育 위주로써는 全人間教育의 기본이 되는 국어과 교육이 그 빛을 보지 못하고 形式的인 注入, 천박한 해답 찾기에 급급함. 점차 主觀式 출제도 시도되나, 문제점이 많이 남아 있음.

③ 國語科는 학생의 왕성한 言語活動을 유도·자극하여야 하는데, 반 배당 학생이 적을수록 학습지도 효과를 올릴 수 있음.

④ 教材의 작성, 편찬에 있어서 획일성을 면치 못할 國定制를 檢定制검정제로 개선, 意味探索의미탐색 *check of meaning* 지도를 풍부하게, 深刻하게, 충실하게 할 수 있는 정선된 文章이 아쉬움.

⑤ 教材의 분량, 질, 삽화, 도표, 一覽表일람표, 作家紹介작가소개, 文學的 解說 등, 윤택한 教材편찬이 아쉬움.

⑥ 國語政策上, 國漢混用의 教材가 바람직하다. 현사회의 적용문제, 論理的 思考發達사고발달, 文章의 意味把握, 讀解力의 신장, 語彙力의 확충 등, 시급한 문제다. Key Word, Topic, thema, 重要 語句는 漢字로 표시하여 視卽解시즉해 *see and understanding*에 도움을 주고, 文章의 展開論理를 시각적으로 뚜렷하게 하여야 함.

⑦ 참고서 편찬에 있어서 너무나 지나치고 자상하게 사항해설, 內容紹介가 되어 있어서 학생들의 主體的 학습을 위축시키고, 의타심만 기름, 調査조사, 發見學習에 지장이 많음.

⑧ 時間編制시간편제에 있어서 文法時間을 中學校나 自然系 高等學校, 實業學校실업학교도 作文練習작문연습과 더불어 새로 설치함이 마땅함.

⑨ 國語教育의 理論樹立이론수립과 現場현장의 실제적 학습지도, 수업방법과 밀착된 연구체제 확립, 一例 , 師範大學사범대학과 附屬부속 國·中·高校의 협동적 연구체제 확립.

다음으로 國語學習指導, 教授方法, 教材面, 學習分野에 있어서 몇 항목을 들어보면 다음과 같다.

① 읽기, 讀解教育 중심이 되는 것은 현실정에서 불가항력이나, 言語教育의 전분야가 조화롭게 발전되어야 함.

② 言語訓練언어훈련, 技術面기술면의 교육보다는 內容, 事項解說, 文學解說 등에 시간이 소요되는 것 같음. 上級學校일수록 강의식, 一方的 수업이 되기 쉬움. 특히 國語 II, 古典은 더욱 그러함.

③ 言語表現, 文章描寫문장묘사, 文體上의 특성, 修辭的수사적 技巧기교, 比喩語法비유어법의 妙味묘미보다는 內容 위주로 說明, 부연과 解說의 방향으로 흐르기 쉬움. 이는 '內容主義'라고 할 수 있는데, 表現性이 깃든 言語形式에 意味, 映像영상, 槪念개념이 여하히 投影투영되어 內容과 形式이 어떻게 止揚지양되어 있는가에 유념할 필요가 있음. Bally의 언어에 의한 조탁은 바로 이를 말함. 그래서 근자 文體性을 감안한 국어교육에의 止揚을 부르짖고 있는 현상임. text 言語學이 1975년경부터 발생되었는데, 응용언어학적 입장에서 국어교육에 活用함직도 함.

④ 敎材의 文章이 천박한 점도 있지만 意味의 深化, 新發見, 濃度性농도성을 探索, 조사하는 방향이 아쉬움. 자칫하면 走馬看山格주마간산격인 한번 스쳐가는 수업이 되기 쉬움.

⑤ 言語의 본질적 특성은 인간의 文法能力, 創造能力에 있는데, 독해력 위주, 文學作品 감상에 있어서는 거의 도외시되고 있는 현상임. 특히 중학교에서 그러함.

⑥ 國語科에도 現代文관계를 正讀本과 副讀本으로 敎材를 편찬하여 전자에서는 표준이 될 文章, 유형적, 규격적, 모범적 각종 文章을 다루고 후자에서는 文藝性문예성을 지닌 文章을 多讀케 하여 풍부한 情緖陶冶, 人間性 陶冶에 기여하여야 함.

⑦ 이상적인 이야기이나, 中·高等學校에도 'word book'을 편찬하여 학생의 자율적 학습은 물론, 旣習內容의 심화, 言語의 숙달, 言語意識의 觸發촉발에 기여하였으면 함. 국어교육, 학습지도는 集中的이며 단련주의에서 그 성과를 올릴 수 있음.

이상 여러 점이 거론되었으나 一時에 이를 是正, 改善한다는 것은 어려우며 國語敎育의 正道와 原理에 立脚입각하여 차차 軌道修正궤도수정을 할 필요가 있다.

Ⅲ 結　語

國語敎育이나 學習指導는 어디까지나 言語의 본바탕과 機能이 合致되어 진행됨이 當然之事당연지사이다. 이리하여 活力素를 불어넣어 더욱 活性化하고 생기발랄하고 母國語自體에 무한한 애착심과 感動性이 충만한 現場敎育이 되도록 敎師와 學生이 合心 努力노력할 필요가 있다. 이런 점에서 다음 몇 가지 기본적 사항이 유념되어야 할 것으로 생각한다.

(1) 國語科는 기본적으로 다른 敎科가 內容理解와 傳達전달을 主로 지도하는 內容敎科 *content subject*임에 대하여 技能敎科 *skill subject*, 訓練敎科 *drill subject*이다. 이런 점에서 言語技術 *language arts*의 自然的 技能 *moter skill*, 自動的 熟達 *automatic mastery*에 도달하여야 한다. 'skill getting', 'skill using'의 반복, 활성화 할 것.

(2) 言語는 하나의 高度한 記號體系기호체계임에 이의 意味機能과 作用을 최대한 活性化, 內實化하여야 한다. 人間은 記號操縱기호조종 動物이요, 象徵能力상징능력을 지닌 것이 특성이다. E. Cassirer 이는 精神作用을 왕성히 하며 思考陶冶, 情緖陶冶에도 직결된다.

(3) 學生으로 하여금 母國語의 言語能力 *competence*, 言語規則, 傳達體系에 대한 풍부하고도 확고한 지식과 認知能力인지능력을 형성시켜 준다. 이는 바로 言語實踐언어실천, 言語使用의 의거점, 準則준칙이 되기 때문이다. 또 言語規則에 따르는 創造的 活動 *rule-governed creativity*의 밑바탕이 된다. 이를 흔히 Comsky의 認知學習理論 *cognitive codelearning theory*이라고 하며, 文法規則에 대한 인식, 語彙力 등의 확장, 많은 作文修練은 이에 기여한다.

(4) 言語經驗主義 理論에 입각하여 自動的 言語習慣 *automatic language habits*을 형성하여 言語運用 *performance*의 流暢性유창성 *facility*을 발전시킬 것. 이 점은 (1)의 技能的 陶冶와 관련이 있다. 이를 力說한 것이 흔히 말하는 "習慣形成學習理論" *habit formation learning theory*이다. 다양하고도 풍부한 言語體驗과 言語環境, 言語敎材가 필수불가결하다.

(5) 言語의 開放體系개방체계 *open system*인 語彙擴充어휘확충, 確認확인, 驅使구사에 힘쓸 것. 純國語순국어는 물론이며, 漢字의 造語力, 轉移力전이력은 이에 크게 기여한다.

(6) 母國語 感覺을 더욱 섬세하게 하여 語感, 文感, 表現美, 描寫美, 文章構成美, 修辭美, 立體美를 더욱 의식화시킬 것.

(7) 言語라는 道具의 이해와 영향을 올바르게 하여 건전하고도 원만한 言語生活, 言語使用을 발전시킬 것, 이리하여 건전하고도 바른 커뮤니케이션 訓練을 통한 母國語의 醇化순화, 美化를 도모하여 人間結合媒體로서의 언어기능을 충분히 발휘케 할 것.

(8) 韓國語는 韓國人의 독특한 世界像의 반영이며 그 특성, 환경세계 및 事實世界 *non verbal world*와의 연관성을 인식시킬 것. 더 나아가서 言語世界만이 아니라, 바른 事實認識, 事實情報에 충실하게 사고하는 習性을 기를 것. 이는 事實이 意味나, 情報나, 價値判斷의 온상이 되기 때문이다. 또 事實的인, 事理的인, 觀察的인 思考力, 推理力, 判斷力을 기르는 계기가 된다. 또 論述, 作文力 발전에 기여한다.

〈淑大敎授 · 國語學/ 어문연구 55 · 56호〉

語文 운동의 今後 課題

李 應 百

1923년 京畿 坡州 출생. 이화여대, 서울대 교수, 한국어문회 이사장 역임. 1997년 정부가 발표한 公用文書 한자 併用 방침과 建設交通部의 간판·도로 표지판에서 필요한 한자 併記 지시, 行政自治部의 주민등록증 성명의 한자 併用방침은 1970년 이래 실시해 온 한글전용 교육정책을 뒤집는 조치로 환영할 만한 조치이며 이를 계기로 우리 사회의 語文 전환 및 한자교육의 노력이 필요하다고 주장하는 글이다. 특히 신문, 방송, 출판물에서 한자를 위한 여러 가지 콘텐츠를 활용하고 한자 사용을 늘리며 한글 세대는 한자를 알기 위해 노력해야 한다고 강조한다. 아울러 향후 초·중·고 과정에서 한자교육을 위해 시행해야 할 課題 여섯 가지를 제안하고 있다.

Ⅰ. 社會에서의 語文 전환

1997. 2. 9 國務會議 석상에서 政府가 公用文書에 漢字 併用 방침을 발표한 뒤, 6월 22일 建設交通部에서 각 市·道知事에게 看板과 道路 표지(標識)에 필요한 漢字를 併記하도록 지시하고, 7월 21일에는 行政自治部에서 近者 한글 專用으로 추진해 오던 住民登錄證 更新갱신 작업을 姓名에 漢字를 併用해 2000년 5월까지 發給발급하기로 方針을 바꾸었다고 일간지에 報道됐다.

이것은 政府가 1970년 이래 실시해 온 한글 專用 敎育政策의 一環으로 1948. 10. 9 公布한 법률 6호 '한글 전용법'의 但書단서 조항인 '다만 얼마

동안 필요할 때에는 한자를 병용할 수 있다.'를 無效化시킨 1968. 12. 24 국무총리 훈령 제68호(1970. 9. 18 대통령령 제5338호에 흡수)를 다시 無로 돌린 措置조치다.

이것은 그 동안 違法을 자행(恣行)해 오던 措置를 原狀으로 還元시킨 것에 불과하지만, 歷代 政權이 이 문제를 뜨거운 감자로 여겨 大統領이나 관련 長官들이 입에 올리지도 못했던 것을 이번에 勇氣용기 있게 斷行한 것이다.

住民登錄證 更新에 漢字를 倂用하는 것은 國民과의 약속이니 가장 분명히 實行될 것이라 여겨지며, 公用文書의 내용이 빠르고 分明하게 把握파악되도록 필요한 漢字가 섞어 쓰일 것이라 생각된다. 그리고 漢字文化圈內의 60%가 넘는 訪韓客방한객들에게 案內者 없이도 길을 찾아 用務를 볼 수 있도록 看板이나 道路 標識에 漢字 倂記를 하는 일은 서울이 名實 함께 有數한 國際都市국제도시로 格上되는 훌륭한 措置라 하겠다.

사실 그 동안 內國人에게도 漢字語로 된 간판이나 도로 표지가 뜻 전달과는 관계없이 발음기호로만 제공돼, 그 由來나 거기서 붙따라 일어날 情緖性정서성 등의 길이 완전 차단돼 버리는 愚가 저질러져 왔었다. 가령 지하철 2호선의 '서초'역은 상서 서(瑞)와 풀 초(草)로 된 '瑞草'로 표기할 때 상서로운 풀, 곧 벼가 잘 되는 고장이란 뜻이 나타나고, 5호선의 '방화'역은 防火도 放火도 아닌 '傍花'로 '길가에 핀 꽃'이란 낭만적인 이름이란 것을 알 때 한결 정이 가지 않겠는가.

간판에서 무슨 무슨 '무도학원'이라면 얼핏 '武道'를 연상하기 쉽지만, 아마 춤출 무(舞)와 밟을 도(蹈)로 된 '舞蹈'학원, 곧 춤을 가르치는 학원일 것이다. 論語 序文에 보면 論語를 읽을 때 기쁨이 넘치면 손이 저절로 춤추이고, 발이 저절로 굴러진다(手之舞之 足之蹈之)라고 한 것이 보인다.

거리의 看板은 거대한 칠판(漆板)이다. 여기에 漢字 간판이 나타나면 특히 漢字에 취약(脆弱)한 한글 世代들에게는 하루에 몇 자씩이라도 漢字 공부를 할 기회가 주어지게 될 게 아니겠는가.

Ⅱ. 社會에서 또 하나의 時急한 語文 전환

社會에서 또 하나 語文과 커다란 관계가 깊은 것은 매스컴과 出版이다.

1. 新聞

地下鐵지하철에서 책을 읽는 젊은이도 있지만, 男女老少 없이 新聞을 다 選好한다. 日本의 지하철에는 신문을 읽다 그대로 버려 바닥에 신문지가 즐비하게 깔린 모습이 곧잘 눈에 뜨이지만, 우리는 보던 신문을 그대로 가지고 가든지 자리에 그대로 놓거나 시렁에 얹어 놓아 바닥에 떨어지는 일이 없는 것은 美觀上 우리가 한 걸음 앞섰다 하겠다.

그런데 신문을 보는 것을 보면, 마치 신문에 빨려 들어가는 것처럼 좀체로 눈을 옮기질 않는다. 꼼꼼히 읽느라고 그러는 건가? 新聞이란 슬쩍슬쩍 훑어 보다가 關心 거리 기사나 글이 있으면 차분히 읽을 수도 있으리라. 그런데 모두가 다 新聞 精讀 현상을 일으킨다면 이는 하나의 奇現象일 수밖에 없다. 우리 新聞의 문면은 80년대만 하더라도 中心語句가 漢字語일 때엔 漢字로 표기했다. 그러므로 그것을 징검다리로 그 앞뒤가 한꺼번에 눈에 들어와 眼球 이동이 빠르게 되고, 거기에 따라 新聞에 눈을 오래 머무를 필요가 없었다.

그런데 현재의 新聞 文面은 비교적 漢字語로 中心軸중심축을 이루고 있는 社說이건 일반 기사이건 한글로 모래를 뿌려 놓듯 했으니, 文面의 視覺化는 아예 흔적도 없이 散漫산만하기 짝이 없다. 그러므로 눈알이 피로하도록 한줄한줄 읽어가자니 그렇게 시간이 걸릴 수밖에 없다. 新聞 제작을 쉽게 하기 위해 한글 專用 文面이 讀者에게는 遲讀지독의 逆作用을 한다. 빠른 소식을 그리 늦게 읽게 만드는 신문은 결코 슬기로운 제작법이라고는 할 수가 없다.

그래도 글 제목에는 곧잘 漢字를 섞는데, 그것이 視覺的 효과를 위한 것이라면 기사 文面에서도 漢字를 적절히 섞는 것이 內容의 빠르고 分明한 對角線대각선 읽기가 가능하게 될 것이다. 이렇게 할 때 눈을 新聞 어느 문면에 구워 박아 놓는 奇現象은 일어나지 않을 것이다.

지금 많은 신문이 人名에서 아주 쉬운 글자라도 한글을 앞에 놓고, 漢字를 괄호 속에 넣는 것이 하나의 流行처럼 번져 있다. 지금 우리 교육 수준이 최저한 中·高는 다 졸업했다고 하겠다. 중·고 「국어」에는 각각 900자씩 教育漢字가 괄호 속에일망정 들어가 있다. 따라서 教育漢字 범위를 벗어난 까다로운 글자에 한해 漢字를 괄호 속에 넣고, 그 외는 그냥 露出시킬 것이다. 글자 하나를 아끼는 新聞面에서 人名의 二重 표기로 허비되는 문면이 상당할 것이기 때문이다.

2. 放送

텔레비전의 字幕자막에 人名·地名·件名 등 漢字로 된 固有名詞를 漢字로 제시할 것이다. 여기서도 教育漢字 범위를 벗어난 漢字에는 한글로 자그마하게 讀音을 달아주면 된다. 귀로 들려오는 소리를 그대로 한글로 二重的으로 다시 보일 필요는 없다고 본다. 가끔 가다 字幕의 漢字가 나타날 때, 거의 예외없이 誤字오자가 나타난다. 이것이 아마 漢字를 字幕에 제시하지 않는 중요 원인일지도 모를 일이다. 그러나 公用文書에는 漢字를 倂用하게 된 지금, 內容 理解에 필요한 漢字를 字幕에 보이는 것은 너무나 당연한 일이다. 漢字로 표기할 때 제작팀은 校正교정 전담팀이 있어 아무리 바빠도 역할 분담을 하면 誤表記 현상이 일지 않게 될 것이다. 제작과 校正하는 이들이 漢字能力檢定試驗에서 3급(1,800字) 정도의 級數證을 갖출 것을 전제로 採用하면, 그러한 誤表記 現像은 간단히 해결될 것으로 본다.

社會에서 漢字를 쓰기로 했는데, 텔레비전은 視聽者시청자에게 教育 機能 의무도 지니고 있으니, 퀴즈 같은 데 漢字 읽기나 음(音)·훈(訓) 알아맞히기, 뜻 알아맞히기, 본보기 말에 해당하는 漢字나 語句 쓰기, 同字異音

字, 異字同音字 알아맞히기 등 다양한 내용을 곁들일 것이다.

3. 出版

出版은 단순한 利益 차원을 넘어 일종의 文化事業이다. 따라서 出版의 수준은 그 나라의 모든 면을 포괄한 文化의 수준이 된다.

우리말의 짜임이 固有語와 漢字語의 二重構造이중구조로 되어 있는 현실과 최근에 政府에서 취한 社會에서의 漢字 併用 정책을 감안할 때, 대체로 한글 專用 추세로 가던 出版界도 文化 내지 教育 수준의 先導役선도역으로서의 本格的 구실을 할 때라고 생각된다.

이제까지는 한글 世代를 인식하고 筆者분들에게 한글 위주로 쓰고 꼭 필요할 때 漢字를 괄호 속에 넣으며, 어려운 術語술어는 풀어 써 달라고 原稿 청탁서에 곁들이는 것을 慣例化관례화시켜 내려왔다.

文面의 視覺化는 어떠한 인쇄물에서이건 必須的으로 요구되는 기준 要件이다. 더구나 固有語와 漢字語의 이중 구조로 되어 있는 국어 원고에서 文面의 重心軸을 이루고 있는 漢字語로 된 中心語句를 발음기호 구실밖에 하지 못하는 한글로 표기해 그 視覺性을 무로 돌린다는 것은 있을 수 없는 일이다. 우리가 책을 읽어 갈 때 중요한 부분에 밑줄을 친다. 그 부분에 나타나는 漢字語를 漢字로 적는 것이 文面 視覺化의 요령이 된다.

學校 공부는 教科書에 나타나는 각 부면의 術語의 내용을 공부하는 일이다. 그것이 漢字語로 되어 있을 때, 語素어소인 漢字의 訓과 音을 통해 그 뜻을 분명하게 把握파악한다. 그런데 그 術語를 풀어 쓰면 마치 무슨 商品의 설명서와도 같이 그 이상도 이하도 아닌 기계적인 文章이 되어, 한번 보면 다시 읽을 매력이 없게 된다. 말하지 않아도 될 것을 省略생략하면서, 나름대로 內容을 類推유추하도록 行間을 비워 놓을 것이다. 이렇게 경험과 교양이 쌓이고 지혜가 열림에 따라 그 빈 행간을 메워나갈 여지를 만들어 줄 때, 두고두고 매력을 가지고 읽어갈 게 아닌가.

특별히 어린이 出版物을 내는 분들은 지금 대개의 경우 거기에 쓰인 말은 成人用 術語를 쓰면서, 그것을 한글 一色으로 처리하고 있다. 새로 제정한 用語가 漢字語로 돼 있을 경우 괄호 속에라도 그 漢字를 넣어 줄 필요가 있다. 곧 꼭 알아두어야 할 漢字語로 된 人名·地名·冊名·件名 등을 정선해 漢字로 제시해 그 말이 분명하게 腦裡뇌리에 깊숙이 入力되도록 留念유념할 것이다.

4. 한글 世代의 漢字 필요성 認知

흉보면서 배운다는 俗談이 있다. 1970년 이후에 量産양산된 한글 世代의 공통된 특성은 漢字에 대한 무조건적인 拒否感거부감이 아닌가 생각된다. 漢字는 한 글자 한 글자가 뜻(訓)과 음(音)을 지녀 그것을 알면 單語의 뜻이 分明하게 把握된다는 과정을 거의 거치지 않고, 漢字語도 고유한 우리말 단어처럼 그냥 덩어리로 짐작에 의해 뜻을 파악해 간 것이 큰 잘못이다. 이 말은 아마 이런 뜻일 것이라고 넘겨짚고 마는 것이 習慣化한 것이다.

가령 초등학교 수학(數學)에서 빗금의 斜線사선과 화살표의 射線사선이 있다. 이것을 그냥 '사선'으로 적어 놓았으니 그 實體가 드러나지 않는다. 또 진분수, 가분수, 대분수가 있다. 분수라는 것은 몇 분의 몇을 나타내는 말로, 가령 ⅔와 같이 分母보다 分子가 작은 것이 眞分數, 3/2과 같이 分母보다 分子가 큰 것을 假分數, 그리하여 머리가 큰 사람을 假分數란 별명을 붙이기도 한다. 2⅔와 같이 정수(整數)를 옆에 띠고 있는 分數를 帶分數라고 한다. 帶는 '띠 대'자로 '띠'라는 명사인 동시에 '띠다'라는 동사도 된다. 조선조 太宗 때 강희안(姜希顔)의 유명한 그림 '고사관수도'를 '高士觀水圖'라 漢字로 쓰면 '高尙한 선비가 물을 보는 그림'이란 뜻이 그대로 잡힌다.

漢字로 '山水 草木' 하듯이 한 자 한 자 축적시켜 가면, 몇 10자, 몇 百자, 몇 千자는 어렵지 않게 배울 수 있는데, 노력 안 하면 늙어 세상을 뜰 때까지도 한자도 모르게 된다. 子女들이 부끄러워서라도 市中에 나와 있는

漢字 학습서를 구입해서 自習해 갈 것이다. 그러면 눈앞이 환하게 트일 것이다.

Ⅲ. 今後의 漢字教育의 課題

금년 들어 국립 국어연구원에서 文化觀光部를 거쳐 제출된 教育漢字 2,000字案이 教育部에서 審議심의 중에 있다. 우선 1972년 文教部 制定 漢文教育用 基礎漢字(以下 教育漢字) 1,800字에서 2.000字로 늘린 데 대해 대환영이다. 北韓에서는 1968년부터 高校 과정까지 이미 2,000字, 大學課程까지 3,000자를 國漢 混用 교과서로 철저히 가르치고 있음에 비추어 때늦은 감이 있지만 잘한 일이라 본다. 北韓에서는 3,000자에 대한 代表 訓音까지 國家에서 정했는데, 우리는 1,800字에 대해 국가에서 정한 代表 訓音이 없이, 몇몇 個人과 작년에 社團法人 韓國語文會가 中心이 되어 국어국문학 관계 학회에서 代表 訓音 選定 委員會를 구성해서 그 案이 결정 단계에 있다.

종래도 1951. 9월에 文教部에서 常用漢字 1,000字를 정했고, 1955. 6월에 文教部 '우리말에 쓰인 글자의 잦기 조사(文字頻度문자빈도 調査)'에 나타난 1,312字에서 頻度가 높은 300字를 추려 常用漢字에 합쳐 1957. 11월에 臨時임시 許容漢字 1,300字를 정했다. 그리고 1972년에 教育漢字 1,800字를 정할 때에 그 1,300자를 포괄했으니, 이번 2,000字에는 1,800자를 무조건 포괄할 것을 바란다.

1970년에 초·중·고 각급학교에서 漢文과 中國語를 제외하고는 모든 教科書를 한글 專用으로 改版하고, 1975년부터 中·高 「국어」에 教育漢字 중·고용 각 900자씩을 괄호 속에 넣었는데, 아무 교육적 효과를 올리지 못한 것은 다음 세 가지 이유가 있다 하겠다.

첫째는 괄호 속에 넣었기 때문에 學習의 過程에서 꼭 필요한 豫習예습이

省略돼 學習의 효과가 오르지 않았다.

둘째, 漢字는 유치원 내지 초등학교 課程이 學習의 適期인데, 그 시기를 虛送했으므로 能率능률이 오르지 않았다.

셋째, 설령 「국어」에 괄호 속에 넣은 敎育漢字라도 어떻게 해서든지 읽고 쓸 수 있게 가르쳐 卒業시켜야 했었는데, 국어 敎師의 責任과 使命感이 不足했고, 그 상태로 졸업장을 주어 내보낸 中·高校 校長 先生들의 책임도 크다고 본다.

이를 反省할 때 앞으로 초·중·고 과정에서 漢字를 다음과 같이 가르쳤으면 한다.

① 초등학교 1학년부터 6학년까지 「국어」에 한자 1,000자를 露出 混用한다.

이를 위해 지금 敎育部의 敎育漢字 심의 과정에서 초등학교용 1,000자를 정하고 學年別 配定배정을 할 것이다.

② 중학교 「국어」에 500자, 高校 「국어」에 500자를 露出 混用하고, 이를 위해 中·高用 각 500字를 정할 것이다.

③ 각급학교의 「국어」 외의 교과서에는 1970년 이전까지 했듯이 內容理解에 필요한 漢字를 學年 水準에 맞추어 倂用할 것이다.

④ 校誌나 學校新聞에 復習 定着의 차원에서 漢字를 섞도록 할 것이다.

⑤ 學校의 揭示物게시물, 父兄에의 通信文도 政府의 漢字 倂用 方針에 따라 漢字를 섞을 것이다.

⑥ 大學 課程에서 리포트, 論文은 물론, 碩·博士 學位論文 중 국어로 쓸 경우에는 계획 단계와 中間 발표, 論文 작성에 漢字 混用을 義務化하고 한글 專用을 철저히 排除배제한다.

大學新聞에 漢字語로 된 人名·地名·特殊 用語를 敎育의 次元에서 漢字를 섞도록 할 것이다.

〈本會 理事長·서울大 名譽敎授/ 어문연구 103호〉

신문과 漢字

李 種 奭

1935년 京畿 龍仁 출생. 언론인. 일부 보수적 일간지들이 漢字에 한글 토달기를 시작한 것이 거의 모든 신문에 파급되고, 또한 점차 한자가 신문에서 줄어들거나 사라지고 있는 실태에 대해 元老 言論人으로서 우려하는 목소리를 들을 수 있다. 필자는 신문에서의 漢字 지키기 운동은 신문 밖에서의 제도적 뒷받침이 전제되어야 하며, 이 전제를 충족시키는 길은 학교에서 한자교육을 실시하는 것이라고 주장한다.

신문에서 漢字가 사라지는 속도가 의외로 빠르다. 70년대, 80년대 신문을 펼쳐볼 때 오늘의 신문 등에서 漢字의 사용 빈도가 얼마나 감소했는지를 한눈에 알 수 있다. 이런 추세로 간다면 머지않아 신문에서 漢字가 완전히 추방되는 게 아닌가 걱정되기도 한다. 중앙의 某일간지처럼 창단 당시부터 漢字를 배격했던 신문이 그런대로 社勢사세를 유지하는 것으로 봐서 漢字 없는 신문이라 해서 앞으로 창간될 신문 중에 순한글 신문이 더 나오지 말란 법도 없을 것이다.

한마디로 신문들이 漢字를 기피하게 된 원인은 젊은 독자들 중 漢字를 모르는 사람들이 많아서 漢字를 쓸 경우 이런 漢字文盲 독자들을 잃을 것이란 우려 때문이다. 실제로 여러 조사 결과에 의하면 청소년층을 중심으로 한 많은 한글세대들이 한자를 몰라서 신문 자체를 기피 또는 거부하는 것으로 나타나고 있다. 이들이 漢字 없는 일간지, 스포츠 신문, 주간지 등에 몰리고 있는 것은 당연하며 이들 순한글 매체들은 실은 이들 한글세대들에 의지하여 존립이 가능하다고도 볼 수 있다.

작년부터 시작된 일부 보수적 일간지들의 漢字에 한글 토달기는 지금 거의 모든 신문에 파급되고 있다. 불가피한 경우 기사 본문에 漢字를 쓰되 한글로 토를 달아 주는 것이다. 漢字文盲世代의 일탈방지를 위한 신문들의 처절한 전술인데 이는 이미 우리 정부가 교과서에서 괄호 안에 漢字를 倂記하는 수법을 연상케 한다. 아울러 독자들의 편의만 생각했지 漢字를 알려는 노력을 포기한 商業主義的 안이한 수법인 것이다.

신문이란 그런 것이다. 或者는 신문의 계도적 기능을 내세워 이를 비난하겠지만 시장경제체제 아래 상품으로서의 신문이 소비자인 독자들을 계도할 수 있느냐, 영합하느냐 하는 원초적 물음에 직면하게 된다. 오늘의 우리 신문들은 시장경제원리에 의한 생존경쟁에 휘말려 상업주의적 체질로 변신한지 이미 오래다. 진실보도나 건전비판이라는 신문 본연의 기능도 실은 이 상업주의의 울타리 안에서만 존재가 가능한 게 아닌가 하는 비판을 면할 수 없다.

결국 신문에서의 漢字 지키기 운동은 신문 밖에서의 제도적 뒷받침이 전제되어야 한다는 게 내 생각이다. 신문에서 漢字를 쓰니까 신문을 읽기 위해 漢字를 배워야 한다는 논리는 힘을 잃은지 오래이다. 상품으로서의 신문 중에는 漢字를 몰라도 읽을 수 있는 한글신문이 있고 신문이 제공하는 각종 정보도 라디오, TV 등이 대신 전해 주니 애써 신문정보를 위해 漢字를 배울 필요가 없는 것이다.

문제는 학교교육과 가정교육일 것이다. 신문독자가 되기 이전에 기초 한자를 익혀둬야 자연스레 國漢文混用 신문에 거부감 없이 접근할 수 있을 것이다. 그렇다고 신문의 역할이 없을 수는 없다. 현재 대학신문, 스포츠신문, 주간지, 월간지, 여성지와 某일간지를 빼면 대개의 일간지가 다 國漢文混用 체제인데 이는 신문의 중심권이 漢字사용에 긍정적이라는 의미가 아닐까.

신문들은 학교에서의 漢字교육의 필요성을 지면을 통해 적극 주장해야 한다. 하도 오래된 爭點쟁점이고 독자들이 食傷식상해 있으므로 이를 외면하는 게 오늘날 신문들의 이 문제에 대한 생각일 것이다. 그럼에도 불구하고 이를 외면해서는 안되는 까닭은 우리의 文化를 지키고, 21세기의 국민들을 有爲하게 키우는데 漢字교육이 필요하기 때문이다.

세계화 시대에 외국어가 칼이요 방패라면, 漢字교육은 外國語教育의 한 부분이기도 하고 이를 원활히 해 주는 윤활유임을 알아야 한다.

(記錄者: 崔洪烈)

〈東亞日報 論說顧問/ 어문연구 88호〉

한글專用과 漢文教育

李 鐘 殷

1928년 서울 출생. 대학에서 교양한문과목을 강의해 본 경험에 바탕을 둔 이 글은 중·고등학교에서 漢文의 학습 시간이 다른 語學 학습시간에 비해 턱없이 부족한 데다가 아울러 대학입시제도상 한문과목이 제외된 탓에 현하 대학생의 한문 실력이 턱없이 형편없다면서, 한문교육을 늘리는 한편, 한문교육도 다른 語學의 學習과 같이 語源을 추구하면서 文法的으로 다루어야 하기 때문에 漢文教師에게 한문교육을 맡겨야 한다고 주장하고 있다.

지난 6月 26日 國民學校 教科書에 漢字를 挿入삽입하는 與否에 관해서 檢討中이라는 文教當局의 發表가 있자, 벌써부터 贊反 兩論으로 갈려 많은 論難이 展開되고 있다.

한글專用 내지 國漢文混用의 是非는 결코 새삼스러운 問題가 아니다. 政府가 樹立수립되던 1948年 10月의 '한글專用에 관한 法律' 制定 公布를 契機계기로 상당히 論議되었고, 그 이후에도 國定教科書의 改編과 言語政策의 變動이 있을 때마다 줄곧 世論의 對象이 되어 왔다. 따라서 그 동안 한글專用論者로서는 그들 나름대로 그 專用으로 해서 일어날 몇 가지 難題들에 대하여 어느 정도 確乎확호한 對策을 마련했어야 했을 것이고, 反對論者로서도 또한 그들 나름대로 巨視的인 眼目에서 앞으로의 民衆의 文字生活에 各別한 配慮배려를 했어야 했을 것이다. 그럼에도 不拘하고 한글論爭은 아직껏 自己主張의 絶對性만을 固執고집하여 도그마의 反芻반추를 일

삼고 있는 實情이다.

우리는 그 端的인 例를 漢文敎育問題에서 찾아볼 수 있다.

國漢文竝用을 主唱주창하는 이들이 내세우는 重要한 理由의 하나는, 古典의 大部分이 漢字·漢文으로 되어 있으므로, 이것을 使用하지 않으면 過去의 文化와 絶緣狀態절연상태에 빠지게 되어, 民族 自身의 傳統을 喪失상실할 뿐 아니라, 國學·東洋學의 衰退쇠퇴를 招來초래한다는 것이다. 이에 대해서 한글專用을 主張하는 사람들은, 한글專用이 學問에서의 漢文의 驅逐구축을 뜻하는 것이 아니기 때문에, 漢文은 第2外國語인 獨·佛語 이상으로 徹底철저히 敎育되어야 한다는 意見을 提示하고 있다. 옳은 말이다. 그러나, 지금까지의 漢文敎育을 볼 때, 그들이 말하는 것처럼 그렇게 完璧완벽하게 施行되었다고 생각되지는 않는다.

筆者는 偶然한 因緣으로 2·3年前부터 本業 아닌 大學의 敎養漢文을 맡아 오늘에 이르고 있다. 基礎漢字는 中學校時節에 이미 익혔을 것이고 해서 처음에는 文章解讀法과 助字의 用法에 主力을 두어 講義를 進行해 나갔다. 그런데, 막상 試驗을 치르고 採點채점을 하다 보니 文章解釋에 있어서 가운데 허리를 아주 빼먹거나 얼토당토않게 새긴 答案이 심심하지 않게 나오는 것이 아닌가. 글자의 뜻에 따라 글을 풀이하지 않고 敎授가 講義한 內容을 無條件 외워 가지고 試驗에 臨하는 學生이 相當數 있다는 것을 뒤늦게서야 알아냈다.

그리하여 그 다음 學期부터는 漢字學習課題를 많이 賦課부과하였다. 이번 學期後半期에는 「論語」에 나오는 글자 2百字를 選定하여 그 音·訓을 調査 提出하게 하고, 거기서 다시 20字를 뽑아 20% 配點으로 期末試驗에 出題하였다. 그 속에는 常用漢字가 거의 半數 이상 包含되어 있었다. 國語國文學科 학생 30名을 놓고 보았더니, 다 맞은 사람은 하나도 없고 2~5개 틀린 이가 14名, 6~10개가 9名, 12~14개가 4名, 17~19개가 3名으로 1人當 平均 7, 8개 잘못 쓴 比率로 나타났다.

이것이 現下 大學生의 漢文實力이다. 여기서 우리는 中高等學校의 漢

字·漢文敎育實態를 한번 反省해 볼 必要가 있다.

現在 敎育用 基礎漢字 1,800字는 中學校와 高等學校에서 각각 900字씩 나누어 가르치고 있다. 昨年까지만 해도 國語敎科書가 몇몇 古典單元을 除外하고는 한글專用으로 되어 있으므로, 그 敎育은 週 一時間 割當되어 있는 漢文科目에 全的으로 依存하다시피 할 수밖에 없었다.

들리는 바에 의하면, 大學入試에서 英語는 3, 4千 單語를 要求하고 있다 한다. 그리고 이것은 週當 5~6時間이 配定되어 있다. 漢字·漢文의 比重이 로마 글자나 英語보다 가벼워야 할 理由를 도시 알지 못하겠다. 漢字가 로마 글자나 한글字母를 깨우치기보다 어렵다는 것은 天下公知의 事實이다. 뿐더러 그 文法構造문법구조 또한 國語와는 英語만큼이나 懸隔현격한 差異가 있다. 이러한 狀況에서 어찌 國學·東洋學專攻學生에게 「訓民正音」이나 「史記」와 같은 原典을 解讀하라 할 수 있겠는가. 中等敎育課程에서의 漢文敎育은 적어도 英語 정도의 比重이 주어져야 한다.

現行 大學入試制度에는 漢文科目이 除外되어 있다. 오직 國語(II)에서 다루도록 措處조처하고 있을 뿐이다. 今年度만 하더라도 豫備考査예비고사에서는 한 개도 出題되지 않았고 本試驗에서도 前期綜合大學의 경우 2~5개를 낸 것이 고작이었다.

이것은 우리나라의 漢文敎育 자체를 左右하는 실마리로 重大한 意味를 갖는다. 大學志望生들이 漢文學習을 等閑視해도 능히 進學할 수 있다는 結論이 나오는 까닭이다. 더구나 漢文知識이 要請되는 學科의 入試에서 이를 排除한다는 것은 있을 수 없는 일이다. 最小限 選擇科目으로라도 採擇하지 않으면 大學課程에서 眞正한 意味의 學問의 世界에 접하기란 어려울 것이다.

現代는 科學의 世界다. 모든 일이 科學的으로 處理되지 않으면 안 된다. 따라서 漢文에 있어서도 從來의 '讀書百遍而義自見' 식의 敎授方法은 절대로 容納용납될 수 없다.

다른 語學의 學習과 같이 語源을 追究하면서 文法的으로 다루어야 할 줄 안다. 그러기 위해서는 역시 專門要員이 敎育을 擔當담당해야 한다. 그런데 유독 漢文敎育만은 거의 國語科敎師가 맡고 있다. 하루 속히 是正해야 할 問題다. 近者 몇몇 師範大學에 漢文敎育學科가 設置설치되어 앞으로 2~3年이면 卒業生이 輩出배출되리라 한다. 반가운 일이다. 이들에게 거는 우리의 期待는 자못 큰 바 있다.

우리 國民치고 우리글을 專用하자는 데 덮어놓고 反對란 있을 수 없다. 오히려 발벗고 나서서 協助협조해야 할 것이다. 다만 우리가 漢字文化圈에 속해 있고, 그리하여 漢文敎育을 度外視할 수 없다는 점에 問題가 있다. 昨今의 各級學校 漢文敎育實態를 보면 말로만 遂行되었지 實效실효를 거두었다고는 하기가 어렵다. 名實相符한 强化策이 마련되고 制度化되지 않으면 안 된다. 그렇지 못할 바엔 國語敎育을 통해서 補完보완할 길 밖에는 없지 않겠는가.

(1975. 8. 30. 祥明師大學報)
〈本會會員 · 慶熙大敎授/ 어문연구 10호〉

大學에서의 國語教育의 問題點과 對策

李 柱 一

1942~2006년. 江原 江陵 출생. 尙志大 教授 역임. 대학에서 國語講義를 직접해 본 경험을 바탕으로 대학국어교육의 문제점에 대한 대책을 제시하고 있는 이 글은 우선 大學國語教育에 配當하는 시간을 現行보다 상당히 늘려야 하며, 대학국어 교재 내용에 있어서는 새로운 호기심을 가지게 함과 동시에 우리의 古典에 보다 폭넓게 접할 수 있도록 하기 위해서 高等學校 課程에서 다루지 않았던 새로운 作品을 취급해야 하며, 또한 대학생들의 형편없는 한자 실력을 극복하기 위해 초등학교부터 漢字早期教育을 실시하여 한자를 生活化해야 한다고 주장하고 있다.

大學 國語教育에 對한 論議나 問題點 提起제기는 지금까지 中·高校의 그것에 비해 조금 關心의 對象에서 벗어난 듯싶은 傾向경향이었고, 초점을 맞추어 크게 問題로 浮刻부각되어 論議된 적이 그리 많지 않았다. 그 端的인 한 例로 지난 번 「語文硏究」17號(1977·가을·제5권 제3호)에서 特輯특집으로 다룬 「國語教育의 諸問題點」에서도 動員된 7名의 筆者들의 거의가 中·高校에 있어서의 國語教育의 問題點들을 다루었지, 大學에 있어서의 國語教育의 問題點에 초점을 맞추어 다룬 것이 없음을 보아도 알 수 있다. 이렇게 大學에서의 國語教育 問題가 자주 論議의 對象에서 벗어나게 된 것은 물론 여러 理由가 있을 수 있겠지만, 우선 大學教育 자체가 各特殊특수 學問 領域영역에 대한 專門的인 知識人의 養成이라는 그 <專門性>에 집착되어 文字 그대로 <教養國語>라는 생각에서 벗어나지 못하

고 가볍게 다루어진 점이 그 두드러진 원인 중의 하나가 아닌가 한다. 그러나 敎養科目은 앞으로 大學에서 硏究할 各種 專功科目의 基礎가 되는 것으로 學生들이 그 어떤 分野의 學問을 하든 이를 소홀히 하고서는 기대한 바의 目的을 達成할 수 없으리라는 것은 自明한 일이며, 지금 美國 같은 나라에서도 General Education이 매우 重要視되고 있음은 周知의 事實이며, 이에 大學에서의 國語敎育은 결코 가볍게 다루어질 性質의 것이 아니며, 이렇게 볼 때 大學에 있어서의 國語敎育의 새 方向과 硏究가 충분히 檢討될 필요가 있다고 하겠다.

그러나 여기서 새삼 大學에 있어서의 國語敎育의 重要性을 論할 필요까지야 없고, 大學에서 國語를 실제 담당하고 있는 한 사람으로 平素평소 느끼던 몇 가지 생각과 問題點을 槪括的개괄적으로 적어볼까 한다.

解放해방 以後 지난 三十年 동안 우리나라 中·高校에서의 국어 교육은 日常生活을 해 나감에 있어 필요한 言語·文字의 生活化를 위한 敎育이나 우리의 情緖生活정서생활에 도움이 되는 方向이었다기보다는 한 마디로 上級學校의 入試에 대비하는 敎育이었다는 것은 否認 못할 事實이다. 各種 客觀式·選多式 問題와 또 斷片的인 知識을 요하는 것에 그치는 出題는 이 나라 國語敎育의 正道를 잃게 하였음을 생각할 때, 大學에 있어서의 國語敎育은 이런 데서 과감히 탈피하는 그 어떤 試圖가 있어야 할 것으로 본다.

우선 한 가지 提案제안으로 大學에 있어 國語敎育에 配當하는 時間을 現行보다 상당히 늘리는 問題가 바람직하다. 現在 거의 모든 大學에서 1학년 1년 동안에 週當 2시간 程度의 講義 時間이 배당되어 있는데, 外國語인 英語의 경우 2년 동안 다룬다든지 週當 시간 수에 있어서도 國語보다 많은 시간이 배당되어 있는 事實은 本末이 顚倒전도된 것이라 하지 않을 수 없다. 西歐 여러 나라의 例만 보더라도 各級 學校에서 자기 나라 國語에 할당하는 시간이 다른 外國語의 配當時間에 비해 엄청나게 높은 비율이며, 그것이 곧 그 나라 國語醇化국어순화와 國民情緖 함양에 큰 영향을 미침을 볼 때, 우리는 이 國語時間 配當에 상당한 配慮배려가 있어야 할 것으로 믿는다.

그리고 大學國語 教材 內容에 있어서는 現在 各 大學마다 자기 나름대로 教科書를 편찬하여 쓰거나 一般 出版社의 것을 쓰거나간에 거의 論說·小說·詩·隨筆수필·戱曲희곡·時調·古時調…… 등으로 나뉘어 있는 바, 筆者는 여기서 이런 分類 자체에 異議를 提起하고 싶지는 않다. 다만 한 두 가지 意見을 덧붙인다면 특히 古典作品에 있어 상당한 教科書가 高等學校 教科書에 이미 실려 學生들이 배워 온 古典作品을 그대로 싣는 경우가 허다하여 이를테면 重複이 되는 셈인데, 學生들은 이에 싫증을 쉬이 느끼는 結果를 招來했고, 또 大學國語 자체가 어떤 專門性을 파고 들어갈 性質의 것이 아닌 바에야, 가급적 이런 重複을 피하여, 高等學校 課程에서 다루지 않았던 새로운 作品을 취급함으로써, 學生들로 하여금 새로운 好奇心호기심을 가지게 함과 동시에 우리의 古典에 보다 幅넓게 접할 수 있는 機會를 마련해 주어야 하겠다. 具體的인 例로 古歌인 黃鳥歌·公無渡河歌·龜旨歌구지가나, 鄕歌에 있어 處容歌·讚耆婆郎歌찬기파랑가, 高麗歌謠고려가요인 靑山別曲·鄭瓜亭정과정·가시리·思母曲, 歌辭인 關東別曲·思美人曲·續美人曲속미인곡, 또 흔히 愛誦애송되는 몇 時調들은 學生들이 이미 學習하여 잘 알려진 것인 만큼, 大學教材에서는 가급적 빼어버리고, 같은 鄕歌·麗謠·歌辭·時調라 하더라고 學生들이 일찍이 作品을 접하지 못했던 것을 실어 古典에 대한 새로운 理解와 함께 幅넓은 學習이 되도록 하자는 것이다.

이 말은 現代文에서도 그대로 적용되어, 紙面이나 늘인 듯싶은 千篇一律的인 作品의 나열보다는 보다 嚴選엄선된 새 教材가 많이 실릴 수 있으면 좋겠다.

教材 얘기가 났으니 말이지만, 筆者가 調査한 數種의 教科書에 있어 띄어쓰기·맞춤법이 틀린 것이나 誤字오자·脫字탈자·作者紹介작자소개에 있어 生存年代 錯誤착오·註解의 잘못 등이 不知其數로 나타남을 보는데,

이것이 다른 책도 아니오 가장 정확해야 할 國語 教科書임을 생각할 때 啞然아연한 느낌이 들 때가 있다. 그 중에는 外來語 表記가 아주 제멋대로 나타난 것도 많았는데, 이것은 事實 그 동안 表記方式 자체에 混亂혼란이 많았던 탓도 있었겠지만 다행히 文教部에서 이를 再調整재조정, 지난 9월 6일 「國語審議委員會」에서 長音 廢止폐지와 破裂音파열음·終聲·摩擦音마찰음·破擦音·鼻音·流音 등의 表記 問題도 統一을 보아, 一線에서 이에 대한 混亂은 더 없을 것으로 보이는데, 이것은 위에 말한 誤字·脫字·띄어쓰기 등의 問題와 함께 大學에서 國語教材 편찬에 關係하는 이들이나 책을 만들어 내는 이들이 이런 점에 각별히 신경을 써 大學 國語教育이 하나의 死角地帶로 轉落전락하는 일을 스스로 막아야 할 것이다.

大學의 國語教育을 얘기함에 있어, 또 하나 빠뜨릴 수 없는 것으로 現在 大學生들의 漢字 實力이 매우 모자란다는 점이다. 여기서 일일이 例를 들지는 않겠지만 이것은 매우 심각한 問題로 받아들여지고 있다. 이렇게 된 것은 물론 過去 갈팡질팡하던 文教行政의 탓도 있었지만, 우리의 教育方式 자체에도 한 原因은 있다고 본다. 大學을 나온 사람이 漢文 典籍에 접할 能力이 없음은 차치하고라도, 卒業後 社會 各分野에 進出하여 業務를 처리함에 있어서도 漢字 知識의 결핍으로 窮地궁지에 빠지고 낭패하는 경우가 허다함을 우리는 주변에서 늘 보아오고 있다.

지난 72년 2學期부터 中學校에서 漢文教育이 復活되고 75年 新學期부터는 中·高 教科書에 漢字가 괄호 안에 併記되고 국어 시간에 漢字를 指導할 수 있게 되었지만 실제 大學 1學年에 入學한 學生들의 漢字 實力은 한심한 狀態상태인 바, 그들이 大入 예비고사에 合格한 學生들이라는 점을 감안할 때 餘他 學生들의 實力은 가히 짐작할 수 있으며, 이것은 그들이 이를 生活化하지 못한 탓이라고 여겨지며, 여기 漢字의 早期教育論이 擡頭대두되는 한 素地가 있다고 하겠다. 요즘 英語 早期教育 問題가 擡頭되고 있지만, 국민학교 때부터 基本漢字를 가르쳐 生活化할 수 있었으면 좋겠다. 國民學校 때부터 漢字教育을 實施하라는 主張은 거슬러 올라가면,

지난 75년 7월 5일 韓國 語文敎育硏究會·國語國文學會·國語學會 등 69個 學術團體학술단체의 「국민학교 漢字敎育復活 支持聲明書」가 發表되었고, 또 지난 번(78. 7. 4) 韓國語文敎育硏究會·국어국문학회·국어학회·震檀學會진단학회·白山學會… 등 73個 學術團體에서 79학년도부터 국민학교에서 國語敎育의 一環으로 漢字敎育을 實施할 것을 建議한 바 있어 그 귀추가 注目되는데 이의 實行이 간절히 要望된다.

아무튼 漢字의 早期敎育은 必要不可缺의 것이고, 學習 능률이나 思考力 增進에도 一助가 되는 것인데, 이를 소홀히 함으로써 大學에 있어서의 敎養國語 學習에도 적잖은 隘路애로를 느낌은 물론, 各種 專攻學問 영역에까지 적잖은 장애를 일으키는 事態를 招來하게 되었다고 본다. 事實 大學 敎養國語 시간에서의 漢字敎育은 새로운 漢字를 배운다는 것보다는 지금까지 닦아온 漢字實力을 再確認재확인하여, 실제 學問 영역에 利用하도록 하는 方向으로 나아감이 바람직하지 않을까 생각된다.

現下 大學에 있어 英語나 其他 獨語·佛語와 마찬가지로 漢字講讀한자강독 時間을 두어, 이를 가르친다면, 훨씬 도움이 되지 않을까 한다. 우리가 古典作品을 解釋할 때도 漢字·漢文의 知識이 있어야 解讀이 수월하다는 것은 당연한 일이다.

지금 筆者가 하고 있는 方法의 하나로 學生들에게 新聞社說 읽기를 권장하는 일이다. 이것은 자기 自身도 모르는 사이에 새 漢字 實力을 높여줄 뿐만 아니라 모든 것을 理論的으로 생각하고 또 論理整然한 글을 쓸 수 있는 能力－思考力과 文章力을 아울러 길러 주는 一石二鳥의 效果를 거둘 수 있다고 보기 때문이다.

以上, 大學에 있어서의 國語敎育의 몇 가지 問題點을 時間配當·敎材問題·漢字敎育問題 등을 中心으로 槪括的으로 살펴보았는데, 未洽미흡한 점이 많으니, 더 자세한 考察은 다음 機會로 미루며 붓을 놓는다.

〈尙志大 敎授/ 어문연구 20호〉

國民學校에서의 漢字教育 절대로 어렵지 않다

李 太 熙

1911년 平南 江東 출생. 梨花女大 교수, 檢察總長 역임. 이 글은 漢字語는 固有語보다 그 수가 월등히 많기도 하지만 그 속에는 고등문화에 속한 어휘가 담겨 있으므로 한자를 폐지하면 文化의 퇴보를 招來할 것이 뻔하고 또한 한자의 조어력이 매우 크기 때문에 여러 가지 결합을 통해 복합적인 의미전달에 좋으므로, 국민학교에서부터 한자교육을 할 필요가 있다고 주장하고 있다. 또한 한자를 폐지하면 漢字文化圈에서 탈락할 수 있다고 염려하고 있다.

나는 國語學者도 아니고 하나의 法學徒법학도이므로 내가 深奧심오한 語文觀을 가지고 있을 리가 없다. 그러나 解放 후 한글主義者들이 漢字語를 廢止폐지하자는 主張을 한데 대하여는 憤慨분개하지 않을 수가 없었다.

지금부터 약 2年前의 일이다. 어떤 크리스마스 파티 席上에서 偶然히 某 博士(國語學者는 아니다)를 만나 雜談잡담을 하던 중 내가 그분에게 學術학술에 관한 辭典의 語彙에 관한 이야기를 하였다.

즉, 나 自身도 法律學辭典, 經濟學辭典, 社會學辭典, 哲學辭典 등 數種의 辭典을 가지고 있는데 그 語彙를 보면 90% 以上이 漢字語로 되어 있다. 그럼에도 불구하고 한글主義者들이 主張하는 바와 같이 漢字語를 전부 廢止하면 우리 文化에 큰 變革변혁이 오지 않겠느냐고 물었더니 그 博士는 이 물음에 대한 對答은 하지 않고 突然돌연히 顔色안색을 달리하며 異

常한 態度를 하기에 나도 다소 놀란 表情으로 同席한 다른 사람에게 話題를 돌린 事實이 있다. 내가 이 말을 왜 새삼스럽게 하는가 하면 소위 한글主義者들은 한글과 漢字語에 관한 문제를 冷徹냉철한 理性에 의하여 合理的으로 解決하려는 것이 아니고 感情的으로 이 문제를 다룬다는 것을 直感하였기 때문이다. 그 博士는 나에게 對答을 할 道義的 義務가 있다고 나는 생각하였다. 우리의 愛國志士들이 日帝末期에 朝鮮語學會事件 등으로 獄苦옥고를 치러야 했고 많은 희생을 한 事實을 안다. 李熙昇先生으로부터 直接직접 들은 바도 있고 先生이 쓰신 文章을 통하여 알고 있다. 그분들의 우리 한글을 지키기 위한 精誠정성어린 行動을 崇仰숭앙하며 높이 評價한다. 그러나 한글專用主義와 愛國과를 混同하여서는 안 된다. 한글主義者가 쓴 글을 보면 위 두 가지를 混同하는 듯하다. 한글을 專用하는 것이 즉, 愛國이라고 생각하는 듯하다. 이 問題는 韓國文化發展의 根本問題이므로 우리가 한글을 貴하게 여기고 앞으로 더 닦아나가야 한다는 문제와 漢字語를 廢止한다는 問題는 全然 別個의 問題다.

李應百敎授가 「국어대사전」(民衆書館發行)에 收錄수록되어 있는 표제어에 의하여 만든 統計통계에 의하면 固有語가 25.9%, 西歐外來語가 7.08%인데 비하여 漢字語는 67.02%를 차지하고 있다고 한다. 漢字語가 固有語보다 越等월등 많다는 事實을 알 수가 있다. 우리 固有語는 대체로 우리 日常生活에 關係된 內容이 많고 漢字語는 學術用語, 理性에 의한 合理的 內容을 담은 것이 많다. 즉 高等文化에 속한 語彙가 大部分이다. 그렇다면 漢字를 廢止하자는 것은 學術用語와 같은 高等文化에 속한 語彙를 廢止하자는 말이 된다. 그렇다면 이 얼마나 놀랄 만한 일인가? 즉 이것은 文化의 退步퇴보를 招來할 것이 分明하다 아니할 수 없다. 漢字語를 中國語 또는 外來語라고 主張하는 사람이 있다.

우리 民族이 漢字語에 接한 지 2千餘年이 되어 우리의 피와 살이 되어 있으므로 漢字語는 外來語가 아니고 우리 國語라고 보아야 한다. 그러므로 우리 國語는 우리 固有語와 漢字語의 두 가지로 構成되어 있다.

言語文字는 長久한 歷史와 慣習관습의 産物이며 그 民族文化의 根幹근간이 되는 것이므로, 이것을 人爲的으로 一朝一夕에 改廢개폐할 수는 없는 것이다. 文化發達의 原則이 언제나 優越우월한 文化圈에서 低文化圈으로 流入되는 것인즉, 2千餘年前에 中國文化가 우리나라에 들어와 우리 文化에 同化된 以上 只今에 와서 外來語니 中國語니 하는 것은 문화發展의 槪念을 모르는 데서 緣由연유한 것이라 아니할 수 없다.

世界 어느 나라를 莫論막론하고 自己文化만으로 文化를 形成한 나라는 하나도 없으며 만약 그러한 鎖國政策쇄국정책을 취한다면 敗亡할 것은 定한 理致다. 文化의 交流라는 것이 文化發展의 基礎가 된다는 것을 알아야 한다. 漢字의 特性특성을 列擧열거하자면 여러 가지 있겠으나 漢字語는 意味表示語인 관계로 위에서 말한 바와 같이 抽象的추상적 槪念的 語彙에 適當하여 高等文化의 規範규범을 表示하는 데 使用되고 學術用語에는 絶對不可避절대불가피하다 아니할 수 없다. 또 漢字의 造語力은 大端히 크다. 漢字는 한 字 한 字가 意味를 內包하고 있으므로 다른 漢字와 結合시킴으로써 여러 가지 複合的복합적인 意味를 表示할 수 있어 그 造語力은 無窮無盡무궁무진하다.

年前에 高麗大學校·物理學科 某敎授가 視覺的인 觀點에서 漢字語를 論한 바 있는데 漢字語는 한글에 비하여 越等하게 빠른 速度속도로 우리 視野에 들어온다는 것이다. 이것은 우리의 讀書生活과 密接밀접한 關係가 있다. 한글과 漢字語를 混用한 文章을 읽는 速度가 빠르다는 것을 意味한다. 世界各國의 國民의 讀書量을 調査한 바에 의하면 日本이 先進歐美 各國보다 높고 우리 韓國과는 比較가 안 될 程度로 日本이 높다는 것이다. 그 原因을 一義的으로 말할 수는 없으나 우리가 解放 以後 한글 專用主義者들이 한글전용을 强行하여 各級學校에서 漢字에 대한 文盲을 量産하였고 旣成世代에 대하여도 讀書에 重大한 影響영향을 미쳤기 때문이라고 생각할 수 있다.

戰後 不過 40年 동안에 日本이 놀랄 만한 科學의 發展을 이룩한 것은

國民의 讀書量과 關係가 있다고 볼 수 있다. 故 吳之湖先生의 全南 光州에서의 實驗報告실험보고에 의하면 國民學校에서 한 班에서는 漢字를 每日 30分씩 가르치고 다른 班에서는 漢字敎育을 全然하지 아니하였던 結果 國民學校 卒業時에는 그 差異가 國語科目에 限한 것이 아니라 全科目에 걸쳐서 많은 差異가 있었다고 한다. 또 中央大學校 某 心理學敎授의 講演강연을 들은 일이 있는데 그 敎授는 자기 아들 딸에게 漢字敎育을 한 結果 國民學校 卒業時는 漢字敎育을 받지 못한 다른 班友들보다 全科目에 亘하여 優秀우수한 成績성적이었고 中學校에 進學한 후에도 成績이 優秀하였다고 말하고 있다. 그 理由는 漢字敎育이 특히 어린 兒童들의 思考力 啓發계발에 큰 도움이 된다고 생각된다.

日本에서는 國民學校에서는 물론 幼稚園유치원에서부터 漢字敎育을 하고 있다고 한다. 한글主義者들은 漢字가 배우기 어렵다는 것을 들어 非難하고 있으나 文敎部에서 定한 常用漢字 1,800字를 國民學校 時節에 배운다는 것은 絶對절대로 어려운 일이 아니다. 70세가 넘은 老人層은 다 經驗경험하는 바이지만 나는 7歲 前後하여 千字文을 數個月內에 다 외웠던 記憶기억이 있다. 英語공부를 해 본 知識人들은 다 經驗하여 보는 일이지만 外國原書를 제대로 볼 수 있으려면 單字를 萬以上은 알아야 한다. 이것에 비하면 常用漢字 1,800字는 문제로 할 것이 못된다. 쉬운 것만 따르고 어려운 것은 피한다면 高等文化는 있을 수가 없고 低級文化만이 우리 社會에 범람할 것이다.

林元澤敎授가 昨年에 東亞時論에 쓴 글을 읽고 많은 感銘감명을 받았다. 그 글에 의하면 '生産性 競爭경쟁에서 도전을 받은 美國은 지난 4月에 敎育向上委員會를 시켜 危機報告書위기보고서'라는 것을 만들게 했다. 거기에는 다음과 같은 말이 적혀 있다. "美國은 위기에 처해 있다. 美國의 敎育制度는 쉬운 것을 좋아하는 풍조 때문에 엉망이 되고 있다……"라고.

우리의 個人生活이나 社會生活의 規範규범은 儒敎, 佛敎, 基督敎 등의 宗敎規範에 基礎를 두고 있다. 그러나 그 중에서도 우리 生活에 깊이 파고

들고 있는 것은 儒敎의 規範이다. 極端的극단적으로 말하면 漢字語를 廢止하자는 主張은 儒敎의 이와 같은 規範을 廢止하자는 것이나 다름이 없다. 中共이 점차 政策을 變革함에 따라 우리나라에서도 漢字와 中國語敎育이 論議되고 있는 듯하다.

우리 韓國은 歷史的으로 地政學的으로 漢字文化圈에 속해 있다. 10億의 人口를 가진 中共, 1億以上의 人口를 가진 日本을 위시하여 東洋의 여러 나라들이 漢字文化圈에 속해 있다.

만약 우리가 漢字를 廢止한다면 우리는 東洋文化圈 漢字文化圈에서 脫落탈락될 것이다. 그렇게 되면 그 結果는 明若觀火한 일이다.

〈本會副會長·辯護士/ 어문연구 45호〉

國漢混用의 生活化
-國民學校 漢字敎育의 現場

李 漢 昇

國漢混用을 하는 것이 理想的이고 現實的이라는 전제 아래 초등학교 현장에서 실제로 한자교육을 실시한 결과 보고의 성격을 갖는 글로서, 31개 항에 걸쳐 한자학습을 실천한 사례를 구체적으로 제시하고 있는 점이 주목할 만하다. 그리고 이러한 한자학습이 敎職員, 學生, 學父母 등에게 끼친 영향을 또한 제시하고 있다.

一. 國民學校 어린이의 學習效果학습효과를 높이기 위해서는 敎師가 먼저 國語를 잘 하고 잘 가르쳐야 한다.

國語를 잘 하려면 한글專用만으로는 疑問의문이 간다. 國語의 半數 以上이 漢字語이기 때문이다. 國漢混用을 하는 것이 좋지 않을까? 그리고 漢字專用도 國語學習을 잘 하기에는 不足하다.

國民學校의 모든 敎科書가 한글로만 制作된 데서부터 問題가 있다.

이 問題解決문제해결을 위해서는 漢字語를 漢字表記하고 固有語나 外來語는 한글表記하는 것이 올바른 國語敎育이라고 말하고 싶다. 이렇게 생각해 본다면 자연히 國漢混用이 要求된다.

國語인 漢字語를 한글表記로만 하는 데서 音만 表記되었지 訓(意)은 모른 채 가르치며 배우게 되므로 國語로 이룩된 國民學校 모든 敎科를 敎學하는 데 있어서 無意味하게 敎科進度만 나가는 例가 許多하다. 이로 인하여 敎育에 비해 學習의 效果는 낮아질 수밖에 없다. 政府의 각 機關기관에서 國民學校에 보내오는 포스터(植木日 · 育林의 날 등)가 漢字가 섞인 것이 여러 面에 걸쳐서 그 數가 적지 않다.

國政指標국정지표를 비롯하여 施政目標 · 教育施策 · 教育方針 등 漢字를 使用하는 例가 많다. 이에 反하여 S教育院 강당에 獨立宣言書를 한글專用으로 써 붙인 것을 볼 때, 뜻(意)도 모르고 音만 읽어도 教育이 된다는 것인지 알 수가 없다.

朝刊 「한국일보」를 받아 보면서 漢字 때문에 뜻을 解得해득치 못하는 子女를 볼 때마다 답답하고 안타깝기 짝이 없다. 왜냐하면 "國民學校에서도 漢字指導를 하였더라면 新聞의 一部라도 볼 수 있을 텐데."라는 느낌이 나기 때문이다.

공부 잘 한다는 大學生이 新聞을 解讀은 못한다 하더라도 音讀조차 잘 못하니 寒心한심하다고 말할 수밖에!

學生은 學生新聞이나 보고 國民學校 어린이는 「소년한국일보」 혹은 「소년동아일보」만을 볼 것이지 成人이 읽는 新聞은 아예 보지도 말아야 하는 것인지 좀 釋然석연치 않다.

「소년동아일보」 二面에 오늘의 漢字공부欄이 있기는 하다. 하루에 한 字씩 공부해서는 안하는 것보다 낫다고 하겠지만, 그래도 學校教科書에서 배우는 것만큼 效果를 올리지는 못할 것이 뻔하다.

漢字 한 字만 알아도 그 活用하는 面이 많을 뿐만 아니라, 하루에 漢字의 單語 하나씩만 익힌다 하더라도 1年이면 730字 以上을 알게 되고, 730字 이상으로 造語된 單語의 數는 鐵材組立式철재조립식앵글의 用途보다도 훨씬 더 많은 漢字의 單語인 國語를 알게 된다.

이렇게 볼 때 個人의 創意力창의력이 發達되고 뿐만 아니라 家庭教育(學習)이 잘 되고 學校教育(學習)이 잘 되고 社會教育(學習)이 잘 되고 나아가서는 國家(國民)教育(學習)이 잘 돼서 國家發展의 原動力으로서의 教育(學習)이 잘 될 것이다. 理由는 漢字의 音과 訓을 가르치고 배워서 音으로만 한글表記한 漢字語를 詳細상세히 그 뜻을 理解하게 되기 때문이다. 그러므로 表音文字의 不便한 點을 補完보완하기 위해 表意文字인 漢字敎育이 必要하게 된다.

한글은 우리 글자이고 漢字는 남의 나라 글자로만 볼 것이 아니다. 한글도 漢字도 모두 우리 글자인 것을 알아야 한다.

中國産의 漢字이지만 우리 祖上들이 그 音訓을 우리말로 만들었기 때문에 分明히 漢字는 우리 글자이다.

우리말로 '須菩提'를 '수보리'라고 하지만 같은 漢字인 '須菩提'를 '히푸티'라고 하는 中國發音의 例를 본다 하더라도, 中國産 漢字이지만 우리말의 發音으로 고쳤기 때문에 漢字는 우리 글자로 보아 잘못이 없다.

二. 漢字專用에 長短點이 있고, 한글專用에도 長短點이 있다.

두 專用에서 取長捨短취장사단하여 國漢混用을 하는 것이 理想的이고 現實的이라는 前提下에 本校에서는 漢字指導를 하였고 現在도 하고 있으며 앞으로도 繼續계속할 것이다.

漢字學習의 實踐事例실천사례를 적어 보면 다음과 같다.

1) 우선 學校長이 漢字辭典(民衆書館 編著)과 漢字大典(韓英出版社 印刷) 두 卷을 椅子의자 위에 常置상치해 놓는다.

2) 漢字語를 한글로만 적은 常用語를 發見할 때마다 곧 辭典을 찾아보아 그 意味를 分明히 해 둔다.

3) 한글로만 된 公文書에 나와 있는 낱말이 釋然치 않을 때는 卽時 大典을 펼쳐서 公文의 뜻을 分明히 하고 나서 學校職員학교직원을 對하고 있다. 學校長이 公文을 잘못 解釋하면 行政의 잘못을 犯하기 때문이다.

4) 事務分掌사무분장에 의한 각 係員계원이 全職員에게 朗讀낭독해야 할 公文을 對할 때 漆板칠판에 漢字로 써서 全敎師가 알도록 指導한다.

5) 또 年少한 敎師가 한글專用의 影響영향으로 單語의 意味를 알지 못할 때 質問에 解答을 잘 해줘야 하며 學校長은 語文에 있어서만은 學校에서 가장 잘 알고 校內奬學指導교내장학지도와 學校運營학교운영을 해야 하기 때문

에 꾸준히 硏究하고 있다.

6) C國民學校에서 實驗的으로 漢字指導를 兼해 할 수 있는 國民學校 敎科書(吳之湖 著)가 있으니 이 冊을 入手하여 敎科書를 校長이 먼저 읽어 보고 꾸준히 硏究한다.

7) 朝・終禮時間에 訓話훈화할 때 敎務室교무실에서 먼저 必要한 漢字語를 써 놓고 敎師들로 하여금 音訓을 完全히 理解케 하였으며 擔任敎師담임교사로 하여금 月曜愛國朝會월요애국조회 때 敎室마다 '愛國' 두 字를 칠판에 써 놓고 愛國(Po)은 '사랑 愛' '나라 國' 두 漢字로 된 낱말인데 그 뜻은 '나라를 사랑한다'라고 解釋하는 語順을 가르치기도 한다.

8) 土曜反省朝會 때는 '反省' 두 字를 칠판에 크게 써서 '돌이킬 反' '살필 省'이라고 音訓을 구별해서 指導한다. 그렇게 하면 一週日의 生活을 그 週의 生活目標에 맞게 生活하였는가를 돌이켜 살펴보게 되는 데 있어서 '反省'의 뜻을 알고 하는 것과 '反省'의 뜻을 모르고 하는 것과는 差異가 많을 것은 當然하다.

9) 出席簿출석부에는 生活記錄簿를 보고서 兒童의 姓名을 漢字로 記入해서 짧은 時日에 學級 全員의 姓名을 暗記암기할 수 있도록 한다. 한글專用으로 姓名외우기와 漢字使用으로 姓名외우기는 實際로 經驗해 볼 때 差異가 난다.

10) 新任敎師를 全職員에 대해 人事紹介인사소개할 때마다 姓名을 漢字로 칠판에 써 놓고 字意를 말하면서 紹介를 하면 全職員이 쉽게 新任敎師의 姓名을 외울 수가 있다. 그것은 視聽시청하는 사람의 마음에 주는 印象이 다르기 때문이다.

11) 學校長이 敎師의 人事記錄카드를 볼 때 姓名을 漢字로 쓴 것을 보고 全職員의 이름을 짧은 期間內에 외울 수가 있었다.

12) 學校長이 使喚사환을 시켜 어느 學級擔任에게 쪽지를 傳할 때 반드시 漢字를 몇 字 挿入삽입해서 記入해 보내면 意思傳達이 明確히 된다. 理由는 視覺的 效果와 提示된 漢字의 뜻이 印象 깊게 받아지기 때문이다.

13) 每週 月曜日에 發表하고 提示하는 生活目標의 用語 중에 있는 漢字語는 반드시 音訓을 가르쳐 주고서 뜻을 分明히 알고 난 뒤에 實踐실천할 수 있도록 周知시킨다.

어린이들이 生活目標 內容의 意味를 把握파악하고저 實踐하는 것과 意味도 모르고 實踐하는 것은 그 效果에 있어서 天地의 差가 있기 때문이다.

14) 金曜日은 同學年會議날 :

職員朝會직원조회 때 學校長이 칠판에 '會議' 두 字를 적어 놓고 "學年擔任敎師 모두 主任敎室에 모여(會)서 議論하되 말씀 언(言)字와 옳을 의(義)字로 構成된 의논할 議字 그대로 有名(會議)有實하도록 해야지 有名無實하게 會議를 한다면 發展이 없습니다."라고 함으로써 圓滿원만한 同學年會議가 되도록 企圖기도해 보았다.

15) 每月 15日 民防衛訓練민방위훈련 :

事前에 民防衛의 3字를 解釋해 주고 '백성(s)이 防衛(Ap)한다'라는 單語의 뜻을 알려 주고 訓練에 臨하도록 한다.

室內에서 擔任이 民防衛의 뜻과 訓練해야 할 必要性을 말하고서 訓練을 하므로 짧은 時間에 많은 效果를 얻을 수 있었다.

16) 길가나 商街의 看板의 大部分은 한글表記의 固有語나 漢字語 또는 外來語로 되어 있다. 가끔 發見되는 '中華料理중화요리' '大衆食事' '蔘鷄湯삼계탕' 등의 漢字語가 눈에 띌 때마다 "漢字語가 漢字로 表記돼서 多幸이다."라는 느낌이 든다.

같이 車에 탄 어린이나 혹은 같이 同行하는 子女에게서 한글表記 漢字語는 音만 보고는 뜻을 알지 못하는 境遇경우를 發見한다. 그럴 때는 音訓을 말하고 그 單語를 理解시킨다.

塵合泰山진합태산으로 그 回數가 많다면 敎育의 效果는 將來에 크게 나타날 것이라고 생각한다.

17) 時事敎育의 事例 :

1980년 11월 20일 아침 職員會 때는 學校長이 칠판에 飛行機비행기라고 써 놓고 날[訓] 비[音], 다닐[訓] 행[音], 틀[訓] 기[音]라고 音訓을 말해 주고 한글로 '날아다니는 틀' 또는 '날아다니는 기계'보다 漢字 3字로 縮約축약돼서 좋기 때문에 漢字語는 漢字로 表記해야만 말하는 사람의 에너지節約과 듣는 사람의 時間節約과 쓰는 사람의 用紙節約용지절약이 되므로 高速時代에 每事에 걸쳐서 迅速正確신속정확을 期해 處理할 수 있으니 이런 點에 누구나 首肯수긍될 것으로 본다.

18) 學期運營錄 :

모든 職員이 教科目만은 道·國·社·算·自·體·音·美·實의 9個 教科를 漢字의 1字만으로 教科學習指導計劃교과학습지도계획의 題目을 記錄해서 輔導內容보도내용은 한글로 쓰도록 하면 視覺的으로 보는 卽時 어느 科目의 內容記載내용기재를 一目瞭然일목요연하게 볼 수 있으며 느낄 수 있으며 보기에도 좋고 時間도 節約되어서 事務能率이 向上된다고 본다.

19) 赴任人事紹介를 할 때 :

漢字로 姓名을 칠판에 記入하고서 紹介시킨 事例를 또 하나 들어 보면 "'金姬兒' 先生님의 '姬'字는 '계집 희' '여자 희' '왕비 희'라고 읽는데 왕비와 같이 백성의 어머니 노릇 하듯 兒童의 어머니 노릇까지 하여 兒童을 사랑으로 精誠정성을 다하여 指導하실 先生님으로 생각합니다"라고 한다면 듣는 教師의 마음에 印象이 깊게 되고 漢字學習도 잘 된다.

20) 學級運營錄 속의 각종 記錄資料기록자료 페이지에는 隨時수시로 배워 온 漢字를 記錄케 한다. 1週日에 1번씩 職員相對로 評價평가를 하되 運營錄을 보고 答을 써도 좋다고 하여 漢字工夫時間을 職員研修日직원연수일로 定한다. 이렇게 함으로써 漢字와 親近해지고 復習도 되어서 한글專用보다 國漢混用이 利得이 더 많다는 것을 느끼게 한다.

21) 어머니教室 :

큰 글씨 漢字簇子한자족자를 만들어서 前面에 걸어 놓고 學校長 人事時間에 簇子에 쓰여진 붓글씨를 說明하되 '學校와 家庭과 學生이 一體를 이루어야 三位一體'인 것이며 學校發展·家庭發展·學生發展을 이룩하자면 먼저 三位一體가 이룩되어야 하므로 三位一體의 簇子글로써 一體感 形成(同一體意識)을 鼓吹고취시킬 수가 있었다.

使用된 簇子는 먼저 어머니敎室會長에게 贈呈증정하고 다음 어머니敎室 開講 때는 畵仙紙화선지에 漢字를 써서 前面에 붙여 놓고 說明한 後에 簇子를 만들어 가지실 분(希望者희망자)에게 贈呈한다. 어머니敎室 開催時개최시마다 實施하는 以上의 方法은 漢字指導는 물론 紐帶强化유대강화와 視聽覺敎育이 되므로 一擧兩得三得일거양득삼득의 效果를 보게 된다.

22) 敎務主任의 敎務日誌, 硏究主任의 硏究日誌는 반드시 國漢混用으로 쓰게 하고 敎務室前面 칠판에 옮겨 쓸 때도 決裁결재받은 그대로 國漢混用으로 板書하고 그 날의 職員會 때 어려운 漢字에 대해서는 學校長이 解釋해 준다. 提示된 內容을 말하면서 漢字指導하기 때문에 자연스럽게 할 수가 있다.

23) 職員住所錄 作成時에 반드시 本籍과 姓名은 漢字로 쓰도록 付託부탁을 함으로써 本校職員은 全員이 國漢混用의 生活化가 되도록 한다. 特히 自他의 姓名三字는 반드시 漢字로 쓰는 것이 同音異字의 混同이 안 온다. 例컨대 金銘子와 金明子는 分明히 同音이지만 文字도 다르고 사람도 다르다. 각 學級에서 最小限度최소한도 自己姓名과 父母의 姓名은 漢字로 쓸 줄 알도록 指導한다.

24) 結婚式결혼식에 祝賀金축하금을 보낼 때나 喪家상가에 弔慰金조위금을 보낼 때 '축 화혼' '부의'라고 한글表記하지 않고 漢字語이니만큼 漢字表記하여 '祝華婚' '賻儀'라고 쓰는 것이 本校職員으로서는 習慣化가 되어 있다.

25) 少年幼女隊 野營訓練時 :

江華島傳燈寺강화도전등사에 갔을 때 大雄寶殿대웅보전의 柱聯주연에 나온 佛身普遍十方中불신보편십방중과 月印千江一切同월인천강일절동을 說明해 줘야 傳燈寺에 갔다 온 보람을 느낄 것으로 前提하고 "전할[訓] 전[音], 불[訓] 등[音], 절[訓] 사[音]… '어둠을 밝히는 마음의 등불을 傳해 준다는 뜻을 가진 절(寺)'이다. 큰[訓] 대[音], 영웅[訓] 웅[音], 보배[訓] 보[音], 집[訓] 전[音]… '큰 영웅을 모신 보배로운 집(여기서 영웅은 석가부처님을 指稱함)', 부처[訓] 불[音], 몸[訓] 신[音], 너를[訓] 보[音], 두루미칠[訓] 편[音], 열[訓] 십[音], 방위[訓] 방[音], 가운데[訓] 중[音]… '부처님의 몸은 널리 東西南北 前後左右 上下인 十方에 두루 미치는 가운데의 마음'이다. 달[訓] 월[音], 찍을[訓] 인[音], 일천[訓] 천[音], 물[訓] 강[音], 하나[訓] 일[音], 온통[訓] 체[音], 같을[訓] 동[音]… '달이 천 강에 도장 찍듯 찍으니 하나같이 온통 같다.'"와 같이 ①傳燈寺 ②大雄寶殿 ③佛身普遍十方中 ④月印千江一切同을 全員에게 解說해 준 다음 其他는 質問받는 데 대해서 個別的으로 答辯답변해 주는 것이 어린이들의 알고자 함에 卽應즉응하여 傳道解惑전도해혹하는 教育이라고 보아도 좋을 것이다.

26) 以下同文 :

月末學力考査施賞에 賞狀상장 또는 善行兒表彰선행아표창할 때 첫 번에 學年代表로 받는 兒童에게는 賞狀이나 表彰狀內容의 文脈을 全部 읽어 주지만 다음부터 받는 學年代表 어린이에게는 '以下同文'이라는 漢字語를 使用하게 된다. 教室에서 '以下同文'이라는 4字를 칠판에 써 놓고 解釋을 해 줌으로써 낱말을 分明하게 알려 준다. 이렇게 함으로써 漢字의 習得이 되도록 한다. 學習效果가 나타날 때는 언제인가? 消風소풍 갔다 올 때 버스 안에서 司會者가 技士에게 "感謝감사합니다." 하니까 車內에 있는 모든 어린이가 "以下同文이요."라고 외치는 것을 보고 심은 대로 마음의 싹이 나는 것을 發見하였다.

27) 小漆板活用 :

校舍교사 本館入口와 後館入口에 각각 3개씩 있는 都合도합 6개의 칠판은 나라사랑 국어사랑 칠판이다. 4層 建物건물에 出入하는 兒童이 出入時에 보고 漢字學習이 되도록 1週日에 1回씩 漢字語를 漢字表記하여 音과 訓을 써 놓는다. 家庭에서도 小漆板을 活用하여 家族들이 漢字學習에 도움이 되도록 하는 本校教師가 多數 있음을 볼 때 이는 國漢混用이 學習

效果를 높일 수 있기 때문에 이와 같이 實施하는 것으로 보인다.

28) 生活目標(週訓) 發表時 :

"학용품을 아껴 쓰자."라는 生活目標 發表時에 한글表記 漢字語인 '학용품'을 반드시 漢字表記 漢字語로 하여 學(배울 학), 用(쓸 용), 品(가지 품)으로 音訓을 알려 주고, "學習에 使用하는 物品을 아껴 쓰자."로 指導를 한다. 배우는 데 쓰는 여러 물품인 연필 · 공책 · 지우개 · 종이 · 붓 · 먹 · 크레용 · 물감 등의 여러 가지를 例示해 주고 物件(物品)을 아껴 쓰도록 指導함으로써 漢字指導와 生活指導가 同時에 이룩되는 것이니 一石二鳥의 效果를 얻을 수 있다.

29) 學校給食 :

本校가 文教部指定 示範給食學校시범급식학교이므로 給食과 配食배식을 하게 되는데, 그 過程에서 漢字指導가 要請요청된다.

"줄[訓] 급[音], 밥[訓] 식[音] 또는 먹을[訓] 식[音]… '먹을 것을 준다'가 給食(Po)이며, 나눌[訓] 배[音], 먹을[訓] 식[音]… '먹을 것을 나누어 주는 것'이 配食(Po)이다."라고 指導하였다. "給食에서는 營養을 主로 따지며, 配食에서는 秩序질서를 主로 지켜야 한다."라는 말을 하더라도 듣는 어린이로 하여금 漢字語를 배웠으니까 잘 알아듣는다고 본다.

給食食單은 營養師가 짜야 하며, 配食은 擔當教師가 念頭염두에 두고 秩序를 지키도록 留意해야 한다.

30) 派出所가 생겼을 때 :

學區內 派出所가 新設되었다.

어린이들에게 派出所가 무엇하는 곳인가를 指導해 줘야 하겠기에, 職員朝會 때 칠판에 보낼 파[派], 날 출[出], 곳 소[所] 3字를 쓰고 訓과 音을 적어 주되, 訓은 黃色粉筆황색분필로, 音은 赤色粉筆로, 漢字는 白色粉筆로 써서 3色을 利用하여 漢字의 訓과 音을 區別할 수 있게 해 놓고, '警察署경찰서에서 보낸[派遣파견] 警察官이 나와[出張]서 勤務근무하는 곳[場所]이 派出所'라고 兒童에게 教室에서 說明해 주도록 한다.

朝會 끝에 각 教室을 巡視순시하면서, 큰 글씨로 板書해 놓고 說明을 하며

"누가 보냅니까?" "警察署에서요."

"누가 나와서 勤務합니까?" "警察官이요." "派出所는 무엇하는 곳입니까." 여러 가지의 答이 어린이 나름대로 나오는 것을 發見하였다. 이렇게 해서 漢字語教育도 하고 社會科授業도 되고 生活指導도 되니, 漢字의 音訓을 알게 하면 單語의 意味를 正確히 할 수 있어서 좋다.

31) 學力評價 :

月末考查 때 考查用紙에 배운 漢字語를 반드시 한두 개(學年에 따라 다름) 出題하여, 漢字指導에서 오는 學習指導와 生活指導가 잘 되도록 企圖해 보기도 한다.

三. 漢字語指導의 影響

1) 全職員에게 미치는 影響으로는 한 사람의 例外도 없이 한글專用보다 國漢混用이 좋다는 것을 設問紙答설문지답을 보고 알게 되었다. 特히 時事教育·新聞解讀·教材研究 등이 철저하기 때문에 어린이 指導에서 失手가 없고 모든 科目의 基礎科目인 國語教育의 進展을 가져올 수가 있었다고 異口同聲으로 말하는 것을 들었다.

2) 全校兒童에게 미치는 影響으로는 國語科目에 限해서만 아니라 모든 教科目에서 한글表記 漢字語를 音讀만으로 그치지 않고 解釋까지 해주었기 때문에 낱말理解를 分明히 하게 됨으로써 學習效果가 높아짐을 볼 수가 있었다.

많은 漢字의 習得으로 먼 將來에는 많은 單語를 國語辭典을 찾아보지 않아도 漢字의 音訓을 알았기 때문에 語彙가 豊富풍부해지고 자연히 國語學習에서 뿐만 아니라 其他 學習까지도 能率을 올릴 수가 있어서 國漢混用이 좋다는 것을 發見하였다.

3) 學父母에게 設問紙를 通한 調查에서 漢字指導하는 것이 안 하는 것

보다 教育上 좋다는 答이 80% 程度를 차지하는 것으로 보아 學校에서의 漢字指導에 대하여 많은 關心과 好感을 나타낸 것으로 解釋된다. 또 한글 表記 漢字語를 指導할 때 漢字를 써서 낱말의 뜻을 正確히 알도록 指導해 주시는 學校 先生님께 感謝드린다고 말하는 사람의 數가 大端대단히 많았다.

〈서울弘延國民學校長 · 本會理事/ 어문연구 28호/ 特輯－國民學校 漢字教育의 現場〉

中等學校 漢字漢文 教育에 대하여

李 勳 鍾

1918~2006년. 京畿 廣州 출생. 전 건국대 교수. 1972년 文敎部에서 選定한 '漢文敎育用基礎漢字' 1,800자가 선정한 경과나 선정기준을 제시하지 않은 채 발표된 것에 대해서 우선 문제 제기를 하고, 기초한자라고 명칭을 붙였으면서도 실제로 거의 사용되지 않거나 漢文古典을 읽을 글자들을 포함시킨 것에 대한 문제점을 지적하고 있다. 漢字知識은 道具지 目的이 아닌데도, 단순히 古典을 읽기 위한 基礎로 생각하는 것은 비극이라고 하면서, 선정된 1,800자를 더 줄이는 한편, 초등학교에서부터 2~300자라도 한자를 가르칠 것을 주장하고 있다.

(1) 目的意識

어느 上司에게 귀가 아프도록 들은 적이 있다.

"이것을 이렇게 했는데 目的意識목적의식이 무엇인가? 왜 이렇게 해야 했던가? 分明하게 對答대답하라."

事事件件 이렇게 다그쳐 묻는데 정말로 唐慌당황하였다. 常識的상식적으로 —率直솔직히 말해서 漫然만연하게—每事에 當해 오던 우리에겐 커다란 警鐘경종이 아닐 수 없었다.

(2) 失望

失望처럼 허전한 것은 없다. 期待가 크면 클수록에 어긋났을 때의 失望은 크고 그것이 되풀이되었을 때는 괘씸한 생각마저 든다.

釜山避難부산피난 중 常用漢字로 千字가 選定선정 發表발표된 적이 있다. 國內外로 歡迎환영을 받은 것까지는 좋았는데 그 가운데 '校'字가 빠지고 엉뚱하게 '蘭'字가 들어 있었다. 거기에는 그럴만한 理由이유라도 있었겠는데 궁금증을 풀어 줄 만한 選定基準이라든가 選定의 經過경과같은—어떠한 說明 팜플렛조차 없었다.

재빨리 京鄕新聞경향신문에서 追加로 260字를 發表하였다. 이것은 自己네 新聞에서는 이것만으로 新聞을 만들겠노라고 態度태도를 明白히 한 處事요 目的意識이 뚜렷하다.

그런데 먼저 千字에 대한 批判비판이 높아지자 文敎當局이 定한 300字 追加案이 發表되고 거기 依據의거해서 敎科書를 내었다.

그런데 '舟' 같은 글자를 넣어 當局에서 定한 範圍범위를 벗어났다고 많은 敎科書가 檢認定-正確정확하게는 認定-에서 벗어났다. 가르치라고 指定한 '船'은 넣어야 하지만 '舟' 같은 것을 露出시킨 것은 잘못이라는 것이다.

(3) 거듭되는 失望

몇 번의 迂餘曲折우여곡절을 거쳐 가지고 新聞協會신문협회에서 2,000字를 選定 發表하였다. 여기서의 目的意識은 分明히 '制限使用제한사용'이다. 그리고 이것은 歷史的인 意義를 가진다. 여태까지 當局의 處事를 못마땅하게 여겨오던 新聞들이 大同하여 協調협조하는 態度로 나온 것이다.

그랬더니 1972년 8월 17일 文敎部에서 選定한 1,800字가 發表되었다. 他民族의 壓制압제에서 벗어난 지도 28년이나 되니 사람이라도 成年이 되었겠는데 그리고 그것은 成年祖國이 내놓은 最高최고 最善의 案이어야겠는데 그게 그렇질 못하였다.

다시 한 번 나대로의 常識으로 選定의 經過나 選定基準 등을 밝힌 冊子가 隨伴수반되기를 期待했는데 또 虛事였다. 委員위원이 누구누구인 것도 잘 모른 채 오늘까지 왔다.

⑷ 名稱의 解義

그런데 이 1,800字의 正式名稱은 '漢文教育用基礎漢字'다. 新聞協會 것은 '常用漢字'고.

教育用이란 가르치겠다는 얘기요, 基礎란 바탕이 된다는 말이다. 그렇다면 바탕이 되는 漢字를 가르쳐 다른 것도 미루어 알게 한다는 뜻도 되고, 이것만은 꼭 알아야 하겠다는 풀이도 된다. 綜合하여 말한다면 이것도 몰라선 안 되겠으니 꼭 가르쳐야겠다는 主張이다.

이만큼이나 거창한 이름이고 보면 宜當의당 무슨 說明이 있어야겠는데 그것이 아직껏 없는 실정이다.

⑸ 名實의 相符

앞서의 1,800字表를 新聞에서 오려내 놓고 나는 몇 번이나 되풀이해 훑어보았다. 그리곤 놀라운 몇 가지를 發見하였다.

漢字에는 꼭 한 가지 單語만을 만들기 위해 만들어진 글자가 있다. 日本人學者가 金剛山 楡岾寺유점사의 '岾'字는 楡岾寺라 할 때만 쓰이는 字라고 한 것을 興味흥미롭게 보았는데 '大東輿地圖'를 보니 京畿道경기도 楊州郡양주군을 비롯하여 몇 군데 散見산견된다. 中國人들은 滿洲式만주식 上衣라고 해서 旗人기인의 옷이라는 뜻으로 旗袍기포라는 단어를 만들어 쓰다가 요새는 祺袍기포라고 쓴다. 이럴 때 祺는 滿洲式 웃옷만을 가리는 字요 다른 데는 아예 所用이 없는 글자다.

또 한 가지 單語를 이루기 위해 動員되는 수가 있으니 '百合'에서는 百이나 合이 어떠한 뜻으로 糾合규합한 것은 아니다. 그저 百合이니까 百合일 뿐이다.

그런데 앞서의 '祺'에서처럼 '其'라는 發音에 옷이란 뜻으로 '衣'를 더한 것 같은 造字法이 單語形成에서 나타나는 것이다. '比巴비파'라면 될 單語가 그것이 '나무'인 때문에 '枇杷비파'로 쓰이고 樂器인 때는 琴을 省略생략한 '玨'을 머리에 얹어 '琵琶비파'로 쓰인다.

이런 것으로는 薔薇장미-葡萄포도-蟋蟀실솔-鞦韆추천 등등 꼽을 수 있는데 '梧桐오동'도 이러한 類다. 그리고 이 글자들은 다른 單語는 形成하지 못하는 것이 特徵특징이다.

그런데 여기의 '梧桐' 두 字가 의젓하게 '教育用基礎漢字'라는 어마어마한 題目제목아래 收錄수록돼 있는 것이다.

獨立宣言書독립선언서에 한 번 나오는 '噫'字도 基礎漢字라는 表題와는 아무래도 어울리지 않는 글자다.

(6) 깨친다는 過程

한글에는 깨친다는 段階단계가 있다. 요새도 國民學校 新入生들이 成語로 된 몇몇 課를 읽다가 다른 배우지 않은 글자도 읽을 수 있는 能力을 갖추게 된다. 옛날에는 '本文'이라는 一覽表일람표를 놓고 가르쳐 訓民正音 鄭序정서에 있듯이 '智者지자라면 不終朝而會'하게 글자부터 깨치고 들어가는 式을 썼었다.

漢字에도 깨친다는 段階가 確實히 있다. 한 千餘字 배워서 알고 그것으로 類推유추해서 한 3,000字 읽고 쓰고 어려운 글자를 만나면 字典을 찾아서 밝혀내고…… 이것이 漢字의 깨친 境地경지다.

이 때의 千餘字 이것을 '教育基礎漢字' 이렇게 불러야 걸맞는 것이다. 一平生 한 번 쓸까말까 한 글자를 넣고 '吾'나 '同'만 알면 얼마든지 읽을 수 있고 한 가지 單語밖엔 造語해 내지 못하는 '梧桐' 같은 것을 넣어 놓고 그것을 '基礎漢字'라 한다니 딱한 노릇이다.

制限使用이야 新聞을 爲始위시해서 民間에서 잘 協助해 주고들 있으니까 教育에서는 그리 神經신경을 쓸 必要가 없다.

(7) 道具學科라는 特徵

語學이나 數學을 道具學科라고 한다. 그것을 배우는 데도 뜻이 있겠지만 그것을 通해 다른 學問을 해야 하기 때문이다. 안 드는 연장으로 나무를

깎자는 것이 잘못이듯 道具學科의 充分충분한 體得체득없이 知識을 넓히겠다는 것은 어리석은 일이다.

또다시 目的意識 얘기를 꺼내거니와 普通敎育, 즉 國民敎育의 目的은 무엇인가? 한 마디로 말해 '國民의 한 사람으로서 제 앞가림은 하게 하자'는 것이다. 다른 말로 한다면 '병신 구실은 하지 않게 하자'는 것이다. 모처럼 가르쳐 내놓은 게 모두 병신 구실을 한다면 그 나라 꼴이 무엇이 될 것인가?

그런 것을 高等敎育을 받아도 제 앞도 가리지 못하게 가르쳐 놓고(가르치게 하여 놓고) 마음이 便하더란 말인가? 아무래도 모를 일이다.

漢字 배우는 것을 英語單語를 배워 英文 읽는 것처럼 생각한다면 큰 잘못이다.

漢字知識은 道具지 目的이 아니다. 單純단순히 古典을 읽기 위한 基礎로 생각한다면 悲劇비극이다. 그것은 더 많은 知識을 吸收흡수하고 더 많은 分野를 開拓개척하기 위해 活用되어야 한다.

산돼지가 그 튀어나온 어금니를 바위에다 북북 갈고 있다. 여우가 보고

"相對도 없는데 이 좋은 날씨에 그건 뭣하러 그렇게 갈고 있소?"

산돼지 對答은 眞理다.

"敵을 보고 갈아선 이미 늦어!"

한창 旺盛왕성하게 배워야 할 中學에 와서야 한 획 한 획 漢字初步한자초보서부터 始作하다니 정말 모를 일이다.

國民學校에서 그야말로 한글이나 깨치거든 卒業졸업 때까지 단 2~300字라도 가르쳐 놔야 한다.

(8) 밥 따로 반찬 따로 먹는 사람

여럿이 먹을 밥을 해서 함지에 펐다.

"저걸 싱거워서 어떻게 먹어?"

반찬 담은 그릇 늘어놓은 것을 보곤

"아이구 저걸 짜서 어떻게들 먹어?"

國語時間에는 國語만 가르치고

"저걸 싱거워서 어떻게 먹어?"

漢字時間에는 漢字만 가르치고

"저걸 짜서 어떻게 먹어?"

中學校의 漢字冊은 文教部에서 만들겠다니까 물론 좋은 것이 나오려니 期待한다. 그러나 아예 分冊 말고 한데 엮어 指導해야 옳을 것이다. 밥 먹고 반찬 먹고 반찬 먹고 밥 먹고…… 그래야 맛도 있고 營養영양도 된다.

餘他 學科에서는 國民學校에서 배운 程度를 活用하도록 하면 되겠으나 지금 當場당장은 바탕이 없으니 學年別로 配定배정한 漢字를 橫으로 有機的으로 關聯관련지어 露出시켜 活用하여야 된다. 왜냐고? 道具니까. 휘둘러 써야 能熟능숙해지고 또 成果도 豊盛풍성하게 오르고 그런 法이다.

(9) 바람맞은 사람

떵떠떡 쿵더쿵 長鼓장고 가락에 맞춰 손발이 統一性 있게 움직이면 춤이다. 그런데 손발이 제각각 논다면 그건 中風맞은 사람의 짓거리지 藝術境地예술경지의 춤이랄 수는 없다.

學校文法 統一作業에 參與참여한 적이 있다. 品詞調整段階품사조정단계에서 나는 接續詞접속사 두기를 主張하고, 그 理由로서 文章理解에 도움이 되며 外國語理解와 有關하다는 것을 내세웠다.

그랬더니 發言이 채 끝나기도 前에 한 委員이 핏대를 올리며 대든다.

"우리말 文法을 論議하는 데 外國語가 무슨 상관이 있단 말요?"

배우는 學生을 中心으로 생각해 보자. 英語는 英語體系로 國語에서는 전혀 상관없이 우리 體系로 거기에 아주 有能?한 漢文教師는 또 그의 獨自的독자적인 漢文法體系로—學生이 가엾어 못 살겠다.

漢字는 가르쳐야 한다면서 一般學科에서는 露出을 禁한다? 國史를 가르치다가도 漢字에 대해 質問할라치면

"임마 그건 漢文先生에게 물어. 내가 어떻게 안단 말야?"

이것이 꼭 바람직한 모습의 學習이라면 그것은 中風맞은 이의 動作을 보고 훌륭한 前衛藝術전위예술이라고 拍手박수를 보낼 그런 人士들이나 할 主張이다.

⑽ 指導目標와 現實

피라밋의 頂上정상의 돌이 높은 곳에 있는 理由는 밑에서 三角形으로 받치는 큰 덩치가 있기 때문이다. 高等學校 敎育課程의 漢文科 一般目標를 보면 매우 거창하다.

<漢文解讀의 機能기능을 伸張신장시켜서 典籍理解전적이해의 바탕을 마련하게 한다.>

이것은 第一項인데 이러기 위해서 敎育基礎漢字에는 거기 必要한 漢字들이 끼여 있다. 非常한 關心과 配慮배려다. 그래서 動員된 글자들이

蓋 厥 乃 奈 弗 斯 嘗 孰 耶 焉 矣 以 已 耳 而 且 奚 兮 乎 噫

물론 이 가운데는 造語力이 큰 글자들도 있지만 漢文文章 그것도 古典을 읽는 데 所用되는 字들이다.

漢文에서의 一은 實業高校와 人文系 一般이 對象인데 '奚'字가 들어 있는 例文을 찾자니 短文한 탓인지 잘 눈에 안 띈다. 글자를 골라 놓고 例文을 찾아 헤매다니 참 기가 막힐 노릇이다. 그러기에 現存 實業高校用 漢文에서는 '奚琴해금'이라는 單語로 提示제시했고 演奏연주하는 寫眞사진까지 곁들여 있다. 國樂器 중에서도 그 코먹은 소리나는 '깡깽이'를 가르치라고 이 글자를 골라 넣었더란 말인가?

이렇게 漢文古典을 읽을 글자들이 敎育基礎漢字에까지 들어 있어 매우 높은 데다 理想을 두고 있는데 經過로는 어떠한가? 大學卒業者가 제 住所姓名도 바로 못 쓰고 있다. 試驗시험에다 냈더니 '慶尙道경상도'의 慶字를 못

써서 쓰다 쓰다 새까맣게 짓고 忠淸道충청도로 本籍을 옮겨 적은 머리좋은?學生도 있었다.

⑾ 達成目標의 下限線

그런 學生이 어떻게 大學까지 갔느냐고 물을 이도 있을 것이다. 그러나 熱意열의 있는 先生이 있어 身邊신변의 漢字를 試驗에 내었다. 20字 중 여덟 字를 틀렸으니 60點, 열 字를 틀려서 50點, 班全體반전체를 볼 때 落第낙제가 너무 많아 10點씩 올려 줬더니 70點, 60點 이렇게 大蛇越牆柊대사월장종으로 無事通過무사통과해서 그 꼴이 되어 社會에 나오고 教育全體를 욕먹이는 것이다.

外國教材외국교재에 痴呆치태가 아닌 正常兒의 경우 到達目標도달목표의 下限線이 미리 教科書末尾에 提示되어 있는 것을 보았다. 콩나물 教室에다 擔當時間數담당시간수는 過重하고 격무에 시달려 隘路애로는 많겠지만 이것만은 分明히 하였으면 한다.

⑿ 檢認定의 關門

國語教材에서 모든 漢字를 括弧괄호에 넣었던 時節, 一部地域(主로 慶尙道)에서는 該當해당되는 한글 部分을 몽땅 먹으로 지우고 國漢混用文으로 가르친 적이 있었다.

이번 檢認定教科書가 進行되는데 空然공연한 걱정이 두어 가지 있다. 하나는 嘆과 歎, 效와 効, 卽과 即의 字體의 差異 등은 一次로 合格한 후 修正命令으로 統一하는 方法도 있긴 하겠지만 미리 좀 어떻게 안 될까 하는 問題요, 또 다른 하나는 難易度난이도 問題다.

外國語指導에서 初步者라고 童話教材동화교재 같은 것을 잔뜩 넣었는데 外國人에게는 靑壯年청장년에서 쓰인다. 이럴 때 內容하고 學習者의 成熟度 하고가 걸맞지 않는다.

教科書執筆교과서집필에서 著者가 意圖했던 바와 當局의 指針지침을 어떻게 解釋 料理요리했느냐 하는 基本態度를 書面으로 함께 提出받아야 할 줄로 안다. 그래서 認定에 通過된 教科書는 若干약간 程度 높은 것, 아주 親切하고 쉬운 것 등등 몇 種類가 共存할 때 檢認定으로 몇 卷 冊을 받아들이는 眞意가 達成될 것이다.

⒀ 大統領指示와 今後

지난 8월 18일 大統領의 文教長官에 대한 指示가 新聞紙上에 大大的으로 報道보도되었다. 그리고 이것은 한글專用派 漸進派점진파 양편에서 함께 歡迎환영받았다.

한 쪽에서는 "그것 봐, 더 가르치지 말라시지 않았어?"하고 한편에서는 "指示가 있으니 運營운영의 妙를 얻으면 成果는 거둘 수 있다." 이렇게들 同床異夢格동상이몽격으로들 解釋을 내리고 있다.

나는 마지막으로 이렇게 마무리지으려고 한다.

社會에서는 積極적극 制限方向으로 나아가라. 教育에서는 徹底철저하게 가르치라. 그러면 萬事가 順調롭게 트일 것이다. 그것을 여태까지는 社會는 外面한 채 만만한 教育만을 돌이키지 못한 形態로 이끌어 온 것이다.

既往기왕에 選定된 1,800字는 더 줄여도 좋다. 如何間하여간에 再調整재조정되어야 한다. 그러나 現行制度間에서도 헤치고 나아갈 길은 열려 있다. 그것은 위에서 이미 밝혀놓았으므로 다시 더 再論 않으려 한다.

〈建國大文理大教授 · 本會理事/ 어문연구 17호〉

傳統文化와 漢字文化

-漢字는 우리의 글이다

全 海 宗

1919년 서울 출생. 서울대 교수, 西江大 교수 역임. 현 학술원 회원, 서강대 명예교수. 傳統은 動的인 것이며 發展的인 것이라야 하는데, 漢字文化의 受容은 전통의 발전 과정에서 이루어진 것이므로, 漢字文化는 우리의 전통문화 속에 융합되어 불가분의 要素를 이루고 있는 점을 우선 강조하고, 따라서 우리의 글인 한자에 대한 早期敎育이 필요하다고 주장하고 있다. 또한 漢文의 습득은 英語의 습득과도 같이 전문적 지식을 위하여 필요한 것이므로 대학과정에서 입문적인 교육을 하는 것이 필요하다고 주장하고 있다. 한자와 한문을 각각 實用的 측면과 學問的 측면으로 나누어 고찰하고 있는 점이 특기할 만하다.

우리는, 우리의 文化 또는 우리의 傳統전통이라는 말을 자주 쓴다. 그런 경우에 우리의 것이란 우리 固有의 것이며 外來의 것을 排除배제한 것이라고 생각하기 쉽다. 그러나 매우 그릇된 생각이다. 왜냐하면 순수하게 우리 固有의 것이라고는 있을 수 없다. 만일 우리 固有의 것이 있다고 하여도 그것은 우리가 現在 지니고 있는 文化遺産문화유산의 극히 一部分에 지나지 않는 것이며, 또 그것이 다른 文化遺産과 비교하여 質的으로 優秀우수한 것이라고 말할 수도 없다.

우리가 보통 固有의 것이라고 하는 것과 外來의 것이라고 하는 것이 우리 祖上들의 오랜 歷史를 통하여 融合융합되고 調和되어서 우리의 文化遺産을 이루고 있으며, 그것을 우리의 傳統이라고 말하는 것이다. 漢字와 漢字文化는 우리 歷史에서 과거 적어도 2천년 동안에 우리의 祖上들이 이룩

받아들여 우리의 言語 속에 融合되어 있으며 우리의 文化的 生活과 우리의 文化的 思惟사유 속에 溶解용해되어 分離분리할 수 없는 要素요소를 이루고 있는 것이다. 그리하여 우리의 傳統文化 속에서 除去하려고 하여도 除去할 수 없는 融合物이 되어 있는 것이다.

우리의 傳統은 固有의 것 만이라고 생각하는 그릇된 생각의 原由는 傳統이라는 것은 過去에 한번 이루어져서 변하지 않는 것, 다시 말하면 이미 이루어진 것, 動的이 아니고 靜的정적인 것이라고 錯覺착각하는데 있다. 傳統이란 過去로부터 이어받고 未來로 이어나가게 하는 것인데, 우리는 단순히 傳統을 引受인수하고 그 引受한 것을 그대로 引繼인계하기만 하면 되는 것이라고 생각하는 安逸안일한 思考가 많다. 그러나 傳統은 그런 것이 아니다. 傳統은 어떤 形式으로든지 항상 變質하고 있는 것이다. 그대로 引受하고 引繼할 수 있는 것이 아니다. 傳統의 變質이 不可避불가피한 것이라면, 우리가 傳受한 傳統을 더욱 훌륭한 傳統으로 發展시켜서 그것을 傳達전달할 필요가 있고 또 그 義務의무가 있는 것이다. 다시 말하면 傳統은 動的인 것이며 發展的인 것이라야 한다.

漢字文化의 受容은 이와 같은 傳統의 發展의 過程에서 이루어진 것이며, 漢字文化는 우리의 傳統文化 속에 融合되어 우리의 傳統에서 不可分의 要素를 이루고 있는 것이다. 그리하여 漢字文化는 우리 文化의 한 部分인 것이다. 漢字를 처음 만든 것은 우리 민족이 아니라고 하여도 漢字文化가 우리의 傳統文化 속에 融合되고 있는 이상, 그것은 우리의 것이라고 할 수 있다. 일반적으로 文化는 처음에 누가 그것을 만들어 냈는가 하는 것이 중요한 것이 아니고, 누가 그것을 活用하고 發展시켜 나가고 있는가 하는 것이 중요한 것이다. 한글은 물론 우리의 글이다. 그리고 漢字도 우리의 글이다.

傳統은 過去에 이루어져서 變化가 없는 것이라고 생각하는 입장에서는 創造창조는 過去에 없었던 전혀 새로운 것을 만들어 내는 것이라고 생각한다. 그러나 無에서 有가 發生하는 일은 없다. 文化上의 創造는 傳統文化

의 遺産과 斷絶단절된 것이 아니고, 그 遺産을 基盤기반으로 이루어져 나가는 것이다. 다시 말하면 文化上의 創造는 傳統과의 斷絶에서 期待할 수 있는 것이 아니고 그 發展의 形態로서 나타나는 것이다.

漢字의 廢止폐지를 主張하는 입장이나, 國漢文의 混用을 주장하는 입장이나 다 같이 우리 文化의 發展을 所望소망하고 있다는 점에서는 共通되고 있다. 그러나 漢字의 廢止 내지는 한글의 專用을 주장하는 입장에서는 이것이 傳統文化 발전을 위한 하나의 必須條件필수조건이라고 생각하고 있는데 이것은 傳統文化의 意義와 文化發展의 原理를 度外視하고 있는 것이며, 文化發展은 傳統과의 斷絶에서 期待할 수 없다는 明白한 眞理를 無視하고 있다는 점에서 同調하기 어려운 見解인 것이다.

從來로 漢字文化(國漢文 混用의 範圍범위에서)가 우리의 文化發展을 沮害저해하여 왔다고 假定가정한다면 우리는 萬難을 무릅쓰고 그 廢止의 方向으로 努力하여야 할 것이다. <漢文>이 우리에게 있어서 生活化되기 어려웠으며, 따라서 眞正한 意味에서 우리의 傳統文化의 遺産으로서 바람직한 것이 아니었다는 점에 대하여서는 筆者도 同感동감이다. 비록 歷史上의 文獻문헌은 대부분 漢文으로 되어 있다고 하여도, 漢文은 歷史的으로 一部 專門的 知識人에 局限국한되어 利用되었기 때문에 그렇게 말하는 것이며, 그 習得에 많은 精力과 時間이 消耗소모되었던 것이 사실이다.

그러나 歷史的으로 漢字文化가 과거의 東洋의 高度文化를 이루고 있었던 中國文化를 吸收흡수하는데 있어서 必要不可缺필요불가결한 것이었으며, 漢文의 習得은 오늘날 英語의 習得과도 같이 專門的 知識을 위하여 필요한 것이었다.

여기에 매우 重要한 事實이 있다. 그것은 <漢字>의 使用과 <漢文>의 使用을 混同하여서는 안 된다는 일이다. 漢文은 오늘날의 英語와 같이 外國語이다. 專門的 知識인 까닭으로 모든 韓國人이 이에 能通할 필요는 없다. 모든 韓國人이 다 中國語나 英語를 알 필요가 없는 것과 같이 漢文을 알 필요가 없으며 그것은 專門家에게 있어서만 필요하다. 그러나 <漢

字>의 경우는 다르다. 表意文字로서의 漢字가 우리의 言語의 本質을 變質시켜서 극히 基本的인 日常用語를 除外하고는 表意文字의 特質특질을 無視하고서는 우리의 言語가 充分한 意思表示를 하기 어렵게 되었다.

反對論者들은 흔히 中共에 있어서의 中國語 로마字化運動을 擧論거론한다. 바로 여기에 문제가 있다. 中共의 로마字化는 文化向上을 意圖한 것이 아니고 獨裁政權독재정권이 蒙昧몽매한 大衆을 支配지배하기 위한 手段인 것이며, 文化的으로는 退步퇴보를 뜻하는 것이다. 또 論者들은 우리나라에서도 小說은 순한글이라는 점을 指摘지적한다. 그러나 이것도 大衆化이며, 大衆化가 文化向上은 아니다. 大衆은 安易한 것을 취한다. 그러나 文化發展은 安易한 데서 이루어질 수는 없는 向上하려는 努力은 大衆의 安易에 附和부화하는 것이 아니고, 大衆의 安易를 覺醒각성시키고 指導하는 데서 나타나야 하는 것이다.

더욱이나 科學的 論理的인 敍述서술을 위하여서는 한글은 현재로서는 매우 未洽미흡하다. 現在의 西歐의 言語에 라틴語系統의 用語가 많은 것도 그 때문이다. 또 日本의 경우에 있어서 그들은 일반적으로 國粹的국수적 傾向경향이 강하며, 固有文字인 假名(가나)이 이루어진 지 매우 오래지만 漢字를 廢止할 생각은 전혀 없다. 오히려 日本의 識者들은 韓國의 한글專用論者의 主張은 理解할 수 없다고 한다.

한글專用이 우리나라에 있어서 좋지 못한 結果를 가져오고 있다는 사실은 우리가 明白히 體驗하고 있다. 國民學校에서는 물론하고 中·高等學校에서도 漢字를 習得하지 않았던 현재의 大學의 初級學年生들의 理解力, 나아가서는 그 推理力과 論理性이 그것을 證明하고 있음은 周知의 사실이다.

한글專用을 주장하는 論者들의 하나의 主張은 漢字가 複雜복잡하고 그 習得이 어렵다는 점을 强調한다. 그러나 幼稚園유치원이나 國民學校의 低學年에서 成功的으로 學習할 수 있다는 理論이 벌써부터 國內·國外의 學者들에 의하여 實驗을 통하여 論證되고 있다.

筆者는 漢字의 敎育은 少時로부터 필요하다고 생각하나 漢文의 敎育은 다른 문제라고 생각한다. 그 까닭은 앞에서 말한 바와 같이 漢文은 하나의 外國語로서의 性格이 강하기 때문이다. 우리가 外國語를 習得하는 理由는 주로 두 가지 점에서 생각할 수 있는데, 그 하나는 外國의 文化를 理解하고 受容하려고 하는 學問的인 것이고, 또 하나는 外國人과 直接직접하는데 있어서의 實用的인 目的 때문이다. 우리나라의 學校에서 敎育하는 外國語의 경우를 보면 英語는 그 두 가지 目的에서, 독일어와 프랑스어는 주로 學問的 목적에서, 그리고 日語와 中國語는 주로 實用的 目的에서 敎育하고 있다고 할 수 있다. 漢文은 實用性보다 學問性이 문제가 된다. 이제 學問性과 實用性의 兩面을 綜合하여 漢文과 앞에 든 外國語와의 重要性을 비교하여 보면 다음과 같이 말할 수 있다. 漢文은 日語나 中國語에 비하여 훨씬 더 중요하며 독일어·프랑스어보다도 또한 중요하다. 다시 말하면, 第2 第3의 外國語를 中·高等學校에서 敎育하는 것은 바람직하지 못하다는 筆者의 見解를 前提로 하고, 漢文은 적어도 大學課程에 있어서는 入門的인 敎育을 하는 것이 마땅하다는 結論이 된다. 즉 漢字는 國民敎育에 있어서 절대로 필요하고 漢文에 이르러서는 大學에 있어서 적어도 初步的인 敎育을 하는 것이 바람직하다. 이것이 우리의 傳統文化를 繼承계승·發展시키는데 있어서 時急시급히 要請요청되는 일이라고 생각한다.

〈西江大 文理大敎授·文博/ 어문연구 15·16호〉

韓國語 敎育의 正道를 위하여

鄭 琦 鎬

1931년 京畿 楊洲 출생. 현 인하대 명예교수, 한국어문회 이사장. 한국 文化의 歷史的 거울인 한국어 어휘의 중추는 한자어임에도 불구하고, 한국어를 '쉬운 우리 글자'만으로 쓰자는 것은 한국어가 어떤 언어인가 하는 것에 대한 認識의 결여라고 강조하는 등, 한글專用 정책의 문제점을 지적하고 있다. 이런 맥락에서 한글을 한국어와 동일시하는, 곧 문자와 언어를 동일시하는 오류의 문제점을 지적한다. 그 문제점 중 하나는 대학에서의 國語敎育을 한글교육 정도로 생각하고 그 중요성을 인식하지 못하는 결과를 낳고 있다는 것이다. 끝으로 필자는 한글이라는 表記文字의 교육이 韓國語 敎育의 전부가 결코 아니며, 한국어를 한국어로 교육해야 한다고 강조한다.

國字 한글의 창제는 韓國語 表記에 劃期획기가 되는 것이다. 그 창제로 韓國語는 비로소 그 소리대로 完全하고 正確정확하게 文字化되어 現場현장의 一回的인 言語에서 벗어나게 된다. 韓國語 文字言語의 出發이다.

그러나 그 창제는 不過 500餘年 前의 일이다. 그 以前 長久한 歷史의 時間을 韓國人은 漢字로 文字生活을 해 왔으며 그러한 文字生活은 한글 창제 뒤에도 달라지지 않았다. 우리말을 소리대로 表記할 수 있게 된 것이 곧 우리의 歷史的 文字言語의 출발이 되는 것은 아니었다. 한글로 된 文獻문헌도 한글로 받아들일 수 있는 知識도 없었으니 한글은 世宗의 뜻한 바대로 '어린 百姓'의 '날로 쓰는' 文字일 수밖에 없었다.

단순하게 音聲言語를 有形化한 文字言語라 해도 그것이 音聲言語와는 다른 次元의 言語로 발달하게 되는 것인데 韓國語의 소리表記文字 아닌 表音文字 만으로 文字生活을 해 온 그 歷史에서 韓國言語가 어떻게 發達해 왔을 것인가는 물을 것이 없다. 韓國語의 殆半태반의 語彙가 漢字語로 된 것은 그럴 수밖에 없는 것이다.「殆半」이라 하지만 실제로 그것은 原初的이며 日常的인 語彙 外에 歷史의 進展진전에 따라 形成 展開된 이른바 文化語의「全部」라 할 수 있다. 韓國人이 漢字로 思考하고 認識인식했으며 韓國 文化가 漢字에 힘입어 形成 發展된 것임을 뜻한다.

韓國文化의 歷史的 거울인 韓國語는 이렇게 漢字語가 中樞중추인 言語다. 그 漢字語들이야말로 韓國語의 資産자산이며 韓國文化의 표징이며, 敎育을 필요로 하는 말들이며 우리가 효과적으로 사용해야 할 어휘들이다. 한국어는 이 한자어들을 한국인의 문법형태로 사용하는 언어다. 그것은 한글과 더불어 발달해 온 언어는 아니다. 그 敎育에 漢字가 必須不可缺필수불가결의 것임은 두말할 필요도 없다. 漢字 아니고는 그 漢字로 된 文化語들을 감당하지 못한다.

表意文字로 이루어진 語彙들의 二次的인 '소리'를 한글이라는 소리글자로 表記하는 것으로는 개념이 쉽게 파악되지 않으며 전달에 혼란이 일어나며, 글의 理解를 어렵게 한다. 그런 모든 것을 바르게 넘어선다 해도 그 非效率性비효율성은 이루 말할 수 없다. 흔히는 바르게 그 '소리' 表記의 개념을 파악하지 못하고 그 理解의 어려움을 넘어서지 못한다. 그리하여 韓國語는 다른 敎科 敎育의 道具도 되지 못한다. 國民 知性을 低下시키며 學術 發展을 沮害저해한다. 韓國人의 傳統的 思考·認識 世界의 斷絶단절이며 韓國語는 이미 韓國文化의 歷史的 거울일 수가 없게된다. 韓·中·日等 共用의 文字를 오직 우리만 廢하여 國際的 孤立을 招來초래한다.

그럼에도 不拘하고, '우리말을 적기 위하여 창제한, 쉬운 우리 글자 한글'에 '우리말의 소리를 적는 글자가 아닌, 익히기 어려운 남의 글자 漢字'를 對比하는 論理로 한글만 써야 한다고 主張하는 專用論者들 따라 文敎當局이 光復 以後 一貫되게 한글 專用敎育을 指針지침으로 하여서 우리

語文教育은 深刻심각한 危機위기를 맞고 있다.

한글은 우리말의 소리를 完全 正確정확하게 表記할 수 있는 우리 글자이지만, 그런 文字 창제 이후에도 오랫동안 文字生活은 漢字가 主였으며 한글은 '어린 百姓'의 日常語를 적는데 그쳤다. 近代 先驅的선구적 知識人들에 依해서 한글이 비로소 國字로 確定되나 곧 이 나라는 日帝에 强占강점되어 韓國語와 더불어 抹消말소될 運命에 處했다. 日帝에 맞설 우리 民族의 긍지로 한글을 연구하던 志士들이 모두 投獄투옥되었다. 그러다가 光復으로 되찾은 國字 한글이다. 光復 직후의 그 감격을 생각할 수 있고, 그 民族 情緖정서의 바탕을 理解할 수는 있다. 지난날 漢字가 一部 階層계층의 文字였었던 것도, 戰勝國전승국인 西歐 先進國들의 文字들이 모두 表音文字라는 것에서 받은 영향도 생각할 수 있다.

그러나 民族情緖나 새로운 西歐의 衝擊충격은 言語學的, 文字學的 원리나 법칙은 아니다. 表音文字를 쓰는 나라라고 先進國이 되고 表意文字를 적절하게 썼다고 後進國에 머무는 것이 아님은 지금 확연하다. 쉬운 우리 글자를 쓰고 어려운 남의 글자를 버리자는 지당한 論理가 그 글자로 表記할 언어가 쉬운 우리 글자로 表記되면서 비롯되는 言語—그 言語의 始發點시발점에서 제시되는 論理라면 몰라도 그 言語는 '쉬운 우리 글자' 없이 이른바 '어려운 남의 글자' 속에서 몇 千年 내려온 言語다. '쉬운 우리 글자'가 창제된 것은 500여년이다. 비록 500여년이기는 해도 그 글자만을 써오지는 않았다. 이제부터 그 言語를 '쉬운 우리 글자'만으로 쓰자는 것은 韓國語가 어떤 言語인가 하는 것에 대한 認識의 缺如결여라고밖에 더 말할 것이 없다.

뿐만 아니라 그 '쉬운 우리 글자', '어려운 남의 글자' 自體가 事實인 것은 아니다. 字의 構造나 數로 單純 比較하면 勿論 한글은 쉽고 漢字는 어려운 글자다. 그러나 表音文字와 表意文字를 같은 次元에서 比較하여 쉬운 글자—어려운 글자로 규정하는 것은 우스운 일이다. 言語는 뜻(意思)의 전달 수단이다. 表音文字는 여러 字(소리)의 組合조합으로 비로소 한 뜻의

單位를 이룬다. 漢字는 一字가 곧 뜻의 單位다. 表音文字라고 해서 소리대로만 적히는 것도 아니다. 뜻의 形態로 적힌다. 그 表音文字의 組合의 形態와 漢字의 形態가 比較될 수는 있을지 모르나 그것조차 單純단순하게 比較될 것은 아니다.

韓國語에서 익혀야 할 漢字는 그 수가 그렇게 많은 것이 아니다. 그 글자를 익혀서 그것이 옛날처럼 一部 階層의 글자가 되는 것도 아니다. '漢文學'은 아니며 1000字를 익히면 그 字들로 이루어진 그 몇 倍의 어휘의 개념을 파악할 수 있다. 한글로 적어서 그 모든 어휘들의 개념을 개별적으로 하나하나 익히는 勞力노력과 비교해 봄직하다. 뜻 없이 생각 없이 발음부호처럼 적어가는(言語로서가 아닌) 기준에서는 한글이 쉽고, 漢字가 어려울지 모르나 그런 基準기준으로 韓國語를 재단하려 한다는 것은 통탄할 노릇이다. 韓國語를 바르게 理解하며 그것을 道具로 쓰는데 漢字가 한글보다 결코 어려운 것이 아니지만 또 基本的으로는 '字'로서 설사 좀 어렵다 하더라도 '말'(글)의 바르고 효과적인 이해를 위해서 그것을 克服극복하는 것이 教育의 길이라는 것도 알아야 한다. 教育이 쉬운 것만 찾는 일인가.

한글專用 주장과 더불어 있는 漢字 否定論이야말로 重大한 問題의 하나다. 漢字도 韓國語 表記文字이며 漢字로 表記될 때 意味傳達의미전달이 效率的효율적일 수 있으며… 하고 文字로서의 漢字의 機能기능 効用을 認定하게 되면 한글 專用論은 成立될 수 없는지라 그래서 漢字는 한글의 對極에 놓여 國語 속에 있어서는 안될 글자, 심지어 나라 망하게 하는 글자라고까지 하니, 우리 歷史, 우리말에 대한 모독이 이에서 더할 수 없다.

漢字를 韓國語에 쓸 수 없다는 論理에서인가 한글 곧 韓國語로 생각한다. 言語와 그 言語를 表記하는 文字를 가리지 못한다. 韓國語 表記文字도 넓게는 韓國語 범주 안에 한 분야로 자리할 수 있을지 모르나 그 自體가 韓國語는 아니다. 그런데도 한글이 韓國語 그것인 것처럼 말한다. 어처구니 없는 일이다. 한글학자, 한글날의 國語사랑, 國語醇化국어순화 등 標語표어들에서 한글이라는 表記文字의 범주를 넘어서는 생각을 본다. 漢字가 끼어들 자리는 없다는 것이다. 反對로 漢字를 쓴다는 것은 곧 한글의 絶對性을 침해하는 것으로 생각한다. 한글專用이 漢字 否定이니 그 否定될 漢字를 쓴다는 것은 곧 한글 否定이 되는 것으로 치부한다.

한글과 漢字 字形構造의 單純 比較에서 規定규정하는 그 '어려움', '쉬움'의 虛妄허망한 論理로 漢字否定論을 展開하면서 어려운 것은 除去제거되어야 할 惡이며 쉬운 것만이 善이라는 認識을 심어 그것으로 國語의 모습을 잘못 보게 하고 잘못 생각하게 하는 것은 그 罪過죄과 이만저만이 아니다. 漢字로 表記할 말(國語 가운데 知識語의 全部다)은 쓰지 않으면 된다는 생각—쉬운 우리말만 쓰고 어려운 漢字말은 우리말로 고치면 된다는 생각(그것을 愛國愛族으로까지 認識시키려 한다)이 얼마나 위험한 생각인가는 여기 再論할 것도 없다. 셈본, 세모꼴, 날틀 따위, 그 말이 쓰이는 바가 다른 언어의 본질도 모른 채 心臟심장은 염통이니 염통을 쓰지 무엇 때문에 心臟을 쓰느냐는 얘기 등등. 그런 위험한 생각이 지금 통하지는 않으나 그러나 國語는 쉬워야 된다는 생각, 소리대로 적을 수 있고 적힌 소리글자를 읽을 수 있으면 된다는 생각, 한글 해득의 수준 이상일 것이 없다는 생각은 날이 갈수록 커지고 있음을 본다. 書店서점에서 한글만으로 된 冊 아니면 팔리지 않는다 하고 그래서 한글로 된 冊 아니면 出版되지 않는다 한다. 그 한글만으로 된 冊을 우리 國民의 知性의 水準과 관련하여 생각해 본 일이 있는가. 비록 比較 次元에서 쉽고 어려움이 있다 해도 그 어려운 것은 除去될 惡이며 쉬워야만 옳은 것인가. 世界 어느 나라 國語敎育에서 어려운 것은 除去되어야 할 것이라는 認識을 심어 쉬운 日常語로 된 冊만을 出版하게 하는 原因을 만들고 있는가.

筆者가 奉職봉직하고 있는 大學은 처음 「工科大學」으로 出發했다. 人文系學科가 그안에 들기 시작한 것은 40年 歷史에서 20年에 미치지 못하며 지금도 「××工大」로 널리 통한다. 그리고 실제로도 校史에서 校勢에서 또는 校內 機構기구 施設시설이나 一般의 認識에 있어 理工系가 中心을 이루고 있는 大學이다. 반드시 이런 理工系 中心이라는 理由에서만 생각될 문제는 아닐지 모르나 이 大學에서 敎養敎科課程교양교과과정의 「國語」가 자주 論難이 되는 것을 보면 참으로 寒心한 생각을 어찌할 수가 없다. '工學徒공학도가 되려는 사람에게 무엇 때문에 國語敎育이 더 필요한가' 그것은 時間浪費낭비라는 것이며 그 時間에 어려운 英語(表音文字로 表記되는 言語인데 어찌해서 어려울까)나 더해야 한다는 소리다.

대학에서의 敎養課程의 意義를 새삼스럽게 말할 것은 없다. 그 敎養敎科의 中心이 國語가 되어야 할 것은 더 말할 것이 없다. 韓國語는 韓國文化의 歷史的 거울이며 韓國人을 韓國人답게 만드는 것일 뿐 아니라 韓國語로 學問을 해야 하고 그것으로 敎養을 갖춘 知性人(人格陶冶인격도야)이 되어야 하는 것이다. 西歐의 大學에서는 自國語를 적어도 10餘 單位 敎養必須로 受講수강하지 않으면 안 된다 한다. 겨우 3단위 國語 수업인데… 그러나 이런 事例들로도 說得되지 않는다. 한글로 적을 줄 알고 한글을 읽을 줄 아는데 그것을 되풀이할 것은 없지 않은가 하는 생각이다. 한글 곧 國語이니 國語敎育 곧 한글 敎育—더 敎育 받을 것이 없다는 생각이다. 한글로 적어서 알기 어려운 글은 나쁜 글이다. 우리 國語를 이렇게 생각하는 지경에 이르게 한 罪 그 무엇에 견주랴.

그러나 勿論 失望만은 아니다. 지금 筆者의 책상 위에 浦項工大포항공대 敎養課程의 「國語」 敎材가 있는데 이렇게 正道를 指向지향하는 國語敎育을 하고 있는 곳도 있다는 것을 알게 되면서 마음 든든함을 느낀다. 講讀文章과 함께 實用文이 있고 끝에 「漢文」도 一部 끼어 있는 敎材가 國漢 混用인 것은 다른 大學의 國語敎材에서도 다를 바 없으나 특히 筆者를 感動하게 하는 것은 그 講讀文章 가운데 學長의 儒敎思想에 대한 글과 副學長의 「日本書紀의 虛와 實」이 收錄수록되어 있는 것에서다. 學長도 副學長도 韓國의 高名한 工學者다. 서울 工大를 거쳐 美國의 이름 있는 大學에서 博士가 되고 美國大學에서 오래 敎授로 在職재직하다 歸國한 분들이다. '工學者가 되려는데 또 國語는 무슨…'하는 사람들에게 보여주고 싶은 國語 敎材다. 이름 높은 工大가 있는 浦項學園 안에는 中·高校도 있고 國

民學校도 있는데 그 國民學校에서는 自體로 1300字 漢字教材를 편찬하여 教育하고 있다고 들었다. 이 學園안에서는 國語를 이 學園 밖의 現狀현상처럼 한글 教育으로 끝내려 하지는 않는 것이다. 한 事例를 보면서 韓國語 教育의 正道를 다시 생각한다. 韓國民族과 더불어 있어온 韓國文化의 거울인 韓國語를 教育할 것이 없는 言語로 '쉽게'만 認識시키는 罪를 더 以上 犯해서는 안되겠다.

한글이라는 表記文字의 教育이 韓國語 教育의 全部는 아니다. 韓國語를 韓國語로 教育해야 한다.

〈本會副會長 · 仁荷大 教授/ 어문연구 73호〉

漢字를 바로 認識하자

鄭 秉 學

1920년 京畿 始興 출생. 현 국제한자진흥협의회 회장. 이 글은 일부 語文學者들이 主唱한 漢字無用論의 근거 3가지를 조목조목 비판하고 사람들의 왜곡된 漢字觀을 과학적으로 再인식하도록 해야 한다고 주장하고 있다. 즉, 한자는 4千餘年間 사용해 온 우리 문화이므로 개개인의 의식구조도 한자의 영향을 크게 받고 있기 때문에 현실적으로 早期한자교육이 필요하며, 국제화 시대에 발맞추면서도 전통을 보존·발전시키기 위해 韓·中·日 共用의 常用漢字를 선정해야 함을 주장하고 그에 필요한 전문가들의 認識 條件 5가지를 제시하고 있다.

Ⅰ. 歪曲된 漢字觀은 是正되어야 한다

紀元前 2000餘年에 이미 制定된 甲骨文字는 東方民族이 빚어낸 가장 값진 文化的 遺産유산의 하나로서 이것이 바로 오늘날 漢字의 母體임은 周知의 사실이다.

漢字는 韓族, 東夷族동이족 等 이른바 東方民族이 아득한 太古時代부터 黃河流域황하유역에 定着하여 農耕生活농경생활을 영위해 가는 過程에서 體驗해 온 人間과 自然環境關係자연환경관계를 背景배경으로 형성된 家族社會가 民族國家社會로 發展해 가는 過程에서의 經驗경험을 智慧지혜롭게 漢字制定에 反映반영시켜 紀元前 八世紀頃(春秋時代初葉춘추시대초엽)에는 오늘날과

거의 같은 漢文字體系로 다듬어졌던 것이다. 그렇기 때문에 漢字는 人間의 生活環境 속에서 보여지는 여러 自然現象과 形態를 나타낸 表形文字이며 人間生活의 精神的側面과 物質的側面을 나타내는 表意文字이기도 하며 또 2個 以上의 文字가 합쳐져 하나의 意味를 나타내는 會意文字形式 等으로 體系的인 發達을 거듭하여 春秋時代에 이르러 世界文字史上 그 類例유례를 찾아볼 수 없는 독특한 表意文字로 그 體系를 完成하게 되었다. 漢字는 글자 하나를 읽는 순간부터 그 뜻의 把握파악이 可能한 特徵특징을 지니고 있어 人類가 創案창안한 수많은 文字 가운데에서 가장 완벽한 文字의 機能을 가진 것이라 말할 수 있다. Alphabet을 비롯한 世界의 수많은 文字는 表音文字이기 때문에 글자 하나하나가 단독으로는 音을 나타내나 訓意가 없으므로 여러 글자가 連結연결되었을때만을 하나의 語彙가 成立된다.

그럼에도 불구하고 18世紀 中期 以後 눈부신 科學 및 軍事技術군사기술의 發達에 힙입은 西歐帝國主義서구제국주의 列强열강의 武力무력에 의하여 停滯정체된 封建的社會體制下봉건적사회체제하에서 벗어나지 못한 아시아 여러 國家는 점차 그들의 侵略침략을 받아 그 支配下지배하에 들어가게 되었다. 이와 같은 趨勢추세 아래에서 中國, 日本, 韓國 等의 一部 知識層에서는 西歐列强의 强大한 國力의 源泉이 表音文字인 Alphabet을 驅使구사하는데 있다 하여 難解한 漢字를 西洋의 Alphabet으로 이에 對替대체할 것을 主唱주창하기도 했다. 그러나 이는 크게 잘못된 견해로서 아시아 여러 나라의 停滯原因은 封建的인 專制君主制가 빚어낸 政治의 腐敗부패, 指導層의 隧落으로 말미암은 國民大衆의 窮乏궁핍과 그들에게 가해진 처참한 搾取착취와 彈壓탄압에 보다 큰 원인이 있었다. 그리고 子女教育에 있어서 機會均等기회균등을 갖지 못했던 事實을 생각해 볼 때 文字改革으로서 民族社會의 近代化를 指向한다는 一部 語文學者들의 漢字無用論은 전혀 無根據무근거한 것으로 說得力이 없는 것이다.

이러한 과거의 교훈에 비추어 볼 때 우리가 國際化 趨勢에 對應대응하여 과감한 社會改革을 推進해 나감에 있어서 모든 政策은 보다 實際的이고도 科學的인 根據下에서 實施되어야 할 것이다. 우리의 語文敎育 政策 역시 이러한 觀點관점에서 摸索모색, 推進되어야 한다.

그러므로 從來와 같은 盲目的인 西歐化 運動이 結局결국에는 民族固有文化의 衰退쇠퇴를 가져왔음을 戰後 世界各國의 여러 社會的 現象이 이를 잘 말해주고 있다. 따라서 이러한 西歐文化 追從風潮추종풍조는 第二次大戰後부터 더욱 加速化가속화되어 各國의 語文學界에 까지 波及하기에 이르렀다. 이와 비슷한 추세로서 우리나라 一部 語文學者들이 主唱주창한 漢字無用論의 根據를 보면

① 漢字는 字劃자획과 字數가 너무 많아 어릴때부터의 文字敎育에 不適當하다.

② 漢字는 古典研究에 從事하는 專門家에게나 必要한 것일 뿐 보편적인 國民 敎育用으로서는 不適當하다.

③ 漢字印刷한자인쇄에 있어서 "타이프라이터"와 같은 機械處理기계처리가 不可能하여 學術研究와 煩雜번잡한 日常 事務 處理에 不便이 至大하다. 等等

그러나 以上과 같이 列擧열거 指摘된 漢字無用論의 根據는 전혀 事實과 다른 것이다. 卽 漢字無用論의 根據 第1項은

① 우리의 漢字敎育의 目的은 基礎的인 常用漢字 敎育에 있으므로 그 字數는 大略 2000字 前後이며 字劃이 너무 많아서 敎育上 不便하다는 論據는 전혀 成立될 수 없다.

② 漢字敎育이 古典研究를 하는 專門家를 爲해서나 必要하다는 主張은 우리나라 語文敎育과 語文의 特性을 忘却망각한 論理이다. 왜냐하면 우리 한글 語彙의 70% 以上이 漢字音을 利用해서 이루어졌기 때문이다.

③ 漢字印刷에 있어서 機械化기계화가 不可能하다는 主張 역시 전혀 理致에 맞지 않는다. 30年前에는 그러한 不便이 있었으나 現在는 萬字 以上

도 능히 Computer에 入力시켜 容易하게 이를 완전히 利用할 수 있기 때문이다. 卽, 우리의 日常生活에 있어서 必須的인 Word Processor의 登場은 이 問題를 완전하게 解決해주고 있는 것이다.

요컨대 漢字는 古典硏究와 같은 專門 知識人들만이 必要한 것이 아니라 4000餘年間에 걸쳐 漢字文化圈에서 生活해온 民族이라면 漢字的 語文 生活에 適應적응되어 各其 固有한 民族文化가 創造되어 왔기 때문에 그러한 歷史的 文化的 環境환경에서 독특한 日常 言語와 文字는 勿論 民族共同體의 一員인 個個人의 意識構造도 自然的으로 漢字的 影響영향을 크게 받고 있는 것이다. 따라서 어린이의 語文 敎育에 있어서 常用漢字를 初步부터 敎育시키는 것이 보다 效率的효율적인 일로서 幼稚園유치원, 國民學校, 中·高等學校 等 全敎育過程에서 大略 2,000字 程度의 基本的 常用漢字를 學習케 하는 것이 人間의 知能開發과 智慧지혜로운 生活適應力 培養배양에 크게 效果的인 것임은 國內外 語文學者들에 의해 이미 立證된 것이다. 더구나 漢字의 習得過程 自體가 자연스러운 論理敎育의 一環일환일 뿐 아니라 人間의 精神生活의 基本要件기본요건인 忍耐인내의 習性도 涵養함양되고 協同生活에 適應하는 意識構造 形成에도 크게 作用된다는 點을 우리는 重視해야만 한다.

Ⅱ. 漢字에 對한 科學的인 再認識

8·15光復 以後 오늘에 이르는 半世紀間 우리 社會는 東西冷戰동서냉전의 틈바구니에서 思想的 갈등과 價値觀가치관의 混亂혼란이 深化된 結果 西歐化가 卽 近代化를 意味하는 것으로 錯覺착각하는 現象이 全社會에 蔓延만연되어 여러 가지 弊害폐해를 誘發유발시켰던 것이다. 이러한 社會的 環境에서 우리 民族의 歷史性과 文化的 傳統性전통성 마저 外面하는 方向없는 敎育政策이 今日의 韓國社會에 痼疾的고질적인 病弊를 招來초래하고 만 것

이다.

우리나라의 無原則했던 語文政策도 混亂혼란했던 社會的 環境이 빚어낸 產物이었다. 이러한 社會的 環境에서 한때 漢字 無用論이 나오기도 하고 혹은 漢字는 近代化 運動의 障碍物장애물인양 極言하는 人士들도 많았다. 따라서 現在의 國民學校나 中·高等學校 教育 現場의 教師들 大部分이 漢字의 特殊性특수성과 그 重要한 價值와 機能에 對해 認識이 없는 것은 당연한 것이다. 왜냐하면 그들의 大概가 在學時에 漢字 習得의 機會가 주어지지 않았기 때문이다. 그러므로 우리 社會 指導層은 國家千年大計의 基本이 되는 教育政策 樹立수립의 一環으로서 于先 語文政策 改革을 위한 體系的인 漢字教育方案을 早速조속히 마련해야 하는 것이 當面課題당면과제이다. 이러한 관점에서 우리는 무엇보다도 漢字 自體에 對한 徹底철저한 再認識이 先行되어야만 한다. 卽, 漢字學習은 結果的으로 人間 本來의 心性을 淳化순화시키는 效果효과를 가져온다는 점에서도 漢字에 대한 再認識은 絶對절대 緊要긴요한 것이다. 그것은 漢字의 한 字 한 字가 지니고 있는 論理性과 倫理性 및 藝術性예술성에 緣由연유되기 때문이다. 現在 世界의 수많은 文字 中에서 文字 自體가 高度의 藝術的 價值가치를 지니고 있는 文字는 오직 漢字뿐이며 漢字體가 楷書해서, 行書, 草書, 篆書전서, 隸書예서 等 여러 가지 形態로 發達하여 漢字는 오늘날까지도 그 독특한 書藝의 예술적 價值를 지닐 수 있는 것이다.

돌이켜보건대 漢字의 字數가 過多하고 그 字劃이 複雜하다는 問題를 해결하기 爲하여 中國에서는 5·4運動을 契機계기로 漢字의 大衆化를 指向하는 文字 改革運動이 일기 시작한 후 于先 從來와 같은 어려운 文語體를 一般大衆이 讀解하기 쉬운 口語體의 文章體, 卽 白話體로 普及보급시키고자 하는 文學革命이 일어나고 이어서 漢字의 복잡한 字形을 簡略化간략화시키는 文字改革運動이 中共 政權 成立 直後부터 본격적으로 전개되어 文字의 大衆化로 文盲 退治퇴치를 도모했던 것이다. 그 後부터 점차 全中國 社會에 流布유포되기 시작한 것이 바로 今日의 簡體字인 것이다.

그러나 近代 以前의 中國社會를 살펴볼 때 당시 尨大방대한 文盲 계층이 발생한 根本原因은 漢字의 字劃이 복잡하고 그 字數가 過多한데서 派生파생된 것이라는 論理는 과연 妥當타당한 것일까? 이에 대한 많은 專門家들의 見解는 그것과는 전혀 다르다. 왜냐하면 4,000餘年間에 걸쳐 中國社會에 文盲 계층이 많았던 것은 漢字의 難解性난해성에서 緣由연유되었다기보다 教育의 核心핵심인 漢字教育은 實際上에 있어서 中國社會의 支配階層지배계층에만 必要했던 社會制度上의 矛盾모순에서 비롯된 것이기 때문이다. 즉 士·農·工·商의 四個 階層 中에서 教育을 받을 수 있었던 階層은 선비 士類와 中農以上의 階層이 아니면 教育을 받을 機會기회가 없었던 것이다. 오직 선비階層만이 漢字 教育의 對象이 되었던 고로 먹기에 허덕이는 一般 國民 大衆은 教育對象이 될 수 없었던 것이다. 이러한 現象은 선비階層을 基盤기반으로한 封建的봉건적 專制君主制度전제군주제도에서 緣由연유되었다. 그러므로 過去 社會에서 文盲이 많았던 主因은 선비 中心의 政治體制와 教育 制度라는 社會的 矛盾의 必然的인 現象이었다. 卽, 韓·中·日 三國社會에 있어서 각기 文盲이 많았던 것은 결코 漢字의 字劃이 복잡하고 그 字數가 많았던데서 原因된 것이 아니었음을 우리는 알아야 한다.

Ⅲ. 韓·中·日 三國의 共用 常用漢字 選定의 必要性

中國大陸중국대륙의 東北方에서 直接직접 中國과 이웃한 韓半島한반도 그리고 韓半島의 東南쪽 大韓海峽대한해협을 끼고 指呼之間지호지간에 位置위치한 日本列島일본열도 等 이웃한 이 三國의 地政學的 條件조건은 漢字로 하여금 共通 類似유사한 民族 文化의 基盤形成기반형성에 決定的 役割역할을 擔當담당케하여 이른바 漢字文化圈이 成立된 것이다. 그러나 近世 以來 西歐帝國主義서구제국주의 列强열강의 侵略침략을 받아온 亞細亞아세아의 여러 民族社

會에는 西歐風潮崇尙서구풍조숭상의 氣風이 造成조성된 것이다.

이러한 時代的 環境에서 韓·中·日 三國社會에서는 漢字懷疑論한자회의론이 일기 시작하여 심지어는 漢字廢止論한자폐지론마저 擡頭대두했던 것이다.

따라서 第二次世界大戰 直後부터 中國에서는 簡體化간체화 運動이 韓·日 兩 社會에서는 한때나마 漢字無用論이 學界에 激烈격렬한 論爭을 誘發유발시켜 日本에서는 國漢文混用論이 支配的지배적이었고 이에 대해 韓國에서는 한글 專用論과 國漢文混用論의 論爭이 이제껏 되풀이 되고 있는 실정에 있는 것이다.

이에 이들 三國은 漢字文化라는 共通의 文化的 傳統을 保存 發展시키면서도 激動격동하는 國際化의 趨勢에 適應적응하려는 具體的 方案으로서 三國 共用의 常用漢字 選定을 마련하는 길이 바로 韓·中·日 三國의 相互繁榮상호번영, 相互協調상호협조, 相互理解를 促進촉진시키는 捷徑첩경이 될 것이다.

이와 같은 趣旨취지에서 三國 共用의 常用漢字 選定 作業은 韓·中·日의 相互 相異한 內部事情 때문에 그 進行이 결코 容易한 일이 아닐 것으로 예상되나 三國에 있어서의 代表的인 專門家들이 다음에 제시되는 事項에 대해 충분한 理解와 認識을 같이 할 수 있다면 그 實現은 예상보다 容易할 것으로 생각된다.

1. 漢字는 결코 中國만의 文字가 아니고 韓·中·日 共通의 文字라는 認識

2. 三國 共用의 常用漢字는 幼兒유아의 語文 教育을 始發點시발점으로 하여 國民學校, 中學校, 履修課程이수과정에 通用하는 基礎的 漢字로서 그 字數는 大略 2,000字 內外인 것으로서 이 常用漢字는 全國民이 履修해야만 될 基礎的인 必須 國民教育用이라는 點.

3. 中國은 現在 實施실시하고 있는 簡體字 教育과 倂行병행하여 三國의

共用 常用漢字를 初等教育 課程부터 철저히 實施함이 보다 效率的인 結果일 것이라는 點.

4. 日本의 固有 略字와 國字도 三國의 協議협의로서 점차 縮小축소하여 共用의 略字를 選別하는 일이 서로를 위하는 일이 될 것이다.

5. 韓國은 國漢文 混用 政策을 確立확립하여 國民學校부터 基礎 常用漢字를 教育시켜 中·高校 教科課程에서 共用 常用漢字를 完全 履修함이 妥當하다는 認識의 確立

上述상술한 事項에 따라 三國 共用의 常用漢字가 마련된다면 漢字 文化圈의 主要國인 韓·中·日 三國이 보다 效果的인 文化的 經濟的경제적 紐帶유대를 强化시킬 수 있어 대등한 相互主義에 依한 友好親善도 促進되어 바람직한 善隣關係선린관계의 形成과 世界的인 經濟競爭경제경쟁에서도 至極히 有利해 질 것이다.

이러한 目的으로 三國이 各自의 國民教育을 비롯한 相互間의 交流活動을 더욱 圓滑원활히 促進시키기 위하여 今日 共用 常用漢字의 範圍범위와 略字의 字數 統一을 摸索모색하고자 韓·中·日 三國의 專門學者들이 이 자리에 함께 모이게 된 것이다.

그러므로 우리들은 自己中心의 偏見편견을 떠나 漢字 文化圈의 千年萬年의 풍요로운 將來장래를 위하여 韓·中·日 三國의 代表的 學者들이 相互間에 忌彈기탄없는 所見을 開陣개진하여 三國共用의 適切적절한 常用漢字 選定 方向이 設定되는 契機계기가 되기를 期待하는 마음 참으로 간절한 것이다.

끝으로 漢字는 單純단순한 文字로서의 機能만이 아니라 이것을 習得하는 過程에서 人間의 心性을 淳化시켜 주는 神秘신비로운 機能도 保有한다는 사실을 새삼 상기하면서 本人의 所見을 끝내고자 합니다.

〈前淑明女大 大學院長 國際漢字振興協議會長/ 어문연구 84호〉

國民學校 漢字敎育의 診斷과 治療

鄭 愚 相

1930년 忠南 洪城 출생. 현 서울교육대 명예교수, 한서대 대우교수. 이 글은 서울市內 근무 敎師 中 교육경력이 10년 전후되는 敎師 290名을 對象으로 한 설문조사에 대한 보고서의 성격을 갖는다. 설문내용은 1) 한자교육의 현황, 2) 그 필요성에 대한 인식, 3) 한자를 가르치지 않는 이유, 4) 한자 학습을 위해 이용하는 시간, 5) 교육하는 漢字類, 6) 한자교육의 효과 등의 여섯 개 항목으로 이루어져 있는데, 그 결과 많은 교사들이 한자교육의 필요성을 절감하고 있으며 없는 시간을 틈타 한자 학습을 실시하고 있음이 밝혀졌다며 국민학교에 漢字敎科를 신설할 것을 제언하고 있다.

Ⅰ 序 言

大多數의 學父兄들이나 學生들이 國民學校 敎育에서 漢字敎育을 찬성하고 있음이 이번 國民學校의 漢字敎育問題 共同討論會공동토론회에서 또 다시 밝혀진 셈이다. 父兄들이나 學生들이 漢字敎育 實施실시를 희망하고 있는 것은 單純단순히 新聞이나 雜誌잡지를 讀解할 수 있는 能力의 신장이나 現實適應面현실적응면에서 뿐 아니라 思考力이나 推理力추리력 등, 學力의 伸張신장이 두드러지게 나타나기 때문이다.

學父兄들이나 學生들의 意見도 所重하지만 그보다 먼저 一線 敎育現場교육현장에서 初等敎育을 담당하고, 직접 敎育에 臨하고 있는 젊은 敎師(所謂소위 한글 世代)들의 意見은 어떠한지 알아보아야 할 것이다. 設問調

査한 것 가운데서 本稿와 關聯관련되는 몇 條項조항을 引用하여 教師들의 意思를 밝혀보고자 한다.

設問調査는 서울 市內에서 勤務근무하고 있는 教師 中 教育經歷교육경력이 10년 前後되는 教師 290名을 對象으로 했다.

Ⅱ 漢字教育 現況

<表 1>

	問題	對象人員	應答者數	百分率(%)	備考
1	學校에서 全體的으로 實施	290名	76	26.20	
2	아니오(전혀 가르치지 아니함)	290名	86	29.65	
3	個人的으로 꾸준히	290名	49	16.89	
4	個人的으로 가끔	290名	79	27.24	
計			290	100	

<表 1>에서 보는 바와 같이 學校에서 全體的으로 實施한다고 답한 사람이 76名으로서 26.2%이며 個人的으로 가르치는 것이 126名으로서 44.13%를 차지하고 있다. 결국 漢字教育을 實施하고 있는 教師는 202名으로 全體의 70.33%이며 전혀 가르치고 있지 않는 교사는 29.65%밖에 되지 않는다.

Ⅲ 漢字教育의 必要性

<表 2>

	問題	對象人員	應答者數	百分率(%)	備考
1	꼭 必要하다	290名	49	16.89	
2	必要하다	290名	198	68.27	
3	必要하지 않다	290名	27	9.31	
4	모르겠다	290名	10	3.44	
5	無應答	290名	6	2.06	
計			290	100	

國民學校에서 漢字教育이 必要하다고 보는 教師가 247名으로서 85.16%를 차지하고 있다. <表 1>과 비교해 보면 現在 漢字教育을 實施하고 있는 사람이 70.30%인데 비해 漢字教育이 必要하다고 생각하는 教師는 85.16%에 이르고 있다. 다시 말하여 約 15%에 달하는 教師들은 必要하기는 하나 實施하지 못하고 있는 形便형편이다. 이 教師들은 漢字教育을 제대로 받지 못한 所謂 한글 世代의 教師들이다. 自身들이 漢字를 잘 모르기 때문에 社會生活이나 學校生活에서 많은 불편을 느끼기 때문에 弟子들에게는 이러한 잘못이 되풀이되지 않기를 바라는 心證심증이 드러난 것이라 생각된다.

Ⅳ 漢字를 가르치지 않는 理由

<表 3>은 <表 1>의 漢字教育 實施現況調査에서 가르치지 않는다고 답한 教師들에게 그 理由를 알아본 것이다. 正規科目이 아니기 때문에 가르치지 않는다고 답한 사람이 59%이며 가르치기가 막연해서 가르치지 않는다는 答이 12%로서 모두 71%나 가르칠 意思는 있으나 正規教科가 아

니라 가르치기가 막연해서 가르치지 못함을 說明하고 있는 것이다.

<表 3>

	問題	對象人員	應答者數	百分率(%)	備考
1	正規科目이 아니어서	86名	59	68.60	
2	兒童이 興味없어 하므로	86名	1	1.16	
3	가르치기 막연해서	86名	12	13.95	
4	기타	86名	11	12.79	과목수多, 시간부족, 학교에서 금지, 영어교육 중심
5	無應答		3	3.48	
計			86	100	

V 學習하는 時間(利用時間)

<表 4>

	問題	對象人員	應答者數	百分率(%)	備考
1	國語時間	204名	12	5.88	
2	他教科時間	204名	7	3.43	
3	아침自習	204名	149	73.03	
4	쉬는時間	204名	20	9.08	
5	방과후	204名	6	2.94	
6	特活時間	204名	10	4.90	
計			204	100	

<表 4>에서는 어느 時間에 漢字教育을 實施하고 있는가를 調査한 것으로, 아침 自習時間을 利用한다는 教師가 73.03%로써 가장 많은 比率을 차지하고 있다.

Ⅵ. 敎育하는 漢字類

<表 5>는 學生들에게 어떤 漢字를 가르치고 있는지 調査한 것으로, 學校나 敎師 任意로 選擇선택해서 指導하는 敎師가 204名 中 172名으로서 84.8%를 차지하고 있다. 學校나 敎師들 나름대로 選定한 漢字敎材는 「어린이 신문」「중학교 교과서에서 다시 選定해서」「國民學校 國語 敎科書에서 使用하고 있는 漢字들을 使用 빈도에 따라서 自作한 敎材」 그리고 「千字文」 등으로 나타나고 있다.

이와 같이 學校나 敎師들 임의로 敎科를 選擇하여 漢字敎育을 實施한다는 것은 漢字敎育의 段階性이나 系列性 그리고 難易度 등 많은 問題點을 안고 있는 것이다.

<表 5>

	問題	對象人員	應答者數	百分率(%)	備考
1	文敎部 制定 基礎漢字	204名	29	14.21	
2	學校 나름대로	204名	61	29.90	어린이신문, 중학교 교과서에서 추출
3	敎師 나름대로	204名	112	54.90	천자문, 중학교 교과서에 나오는 한자
4	無應答	204名	2	0.98	
計			204名	100	

Ⅶ 漢字敎育의 效果

그럼에도 不拘하고 敎師들은 漢字敎育을 實施한 結果 다음과 같은 學習效果를 거둘 수 있다고 答하고 있다.

1) 낱말의 뜻을 바르고 쉽게 理解할 수 있다.

2) 語彙力어휘력과 造語力조어력이 伸張신장된다.

3) 日常生活이나 社會生活에 도움을 준다(新聞, 雜誌, 讀書 등).

4) 文章 讀解力독해력이 向上된다.

5) 文章力, 즉 表現力이 伸張된다.

6) 論理的이고 組織的조직적인 思考力이 伸張된다.

7) 同音異義語의 구별을 잘 한다.

8) 國語學力이 向上된다.

9) 他教科타교과의 語彙 概念 파악에 도움을 준다.

10) 中學校 漢文공부의 바탕이 된다.

11) 우리 民族文化에 接近접근한다(孝, 敬, 信, 忠 등).

Ⅷ 結語 및 提言

以上에서 서울 市內 一線 初等教師 290名을 對象으로 國民學校 漢字教育의 現況과 必要性 그리고, 學習教材와 이것을 다룰 수 있는 學習時間과 漢字學習의 效果 등을 알아보았다.

漢字教育을 正規的으로 學習하게 되어 있지 않은 데도 教育現場에 있는 많은 教師들이 漢字教育의 必要性을 절감하고 있으며, 없는 時間을 틈타서 漢字學習을 實施하고 있다. 그리고 오늘 發表한 文昌國民學校 郭仁成 校長의 「우리 學校 漢字教育」과 仁川教大附國 許元基 校監의 「國民學校 漢字教育에 대한 學父兄들의 輿論여론 分析」에서 나타난 바와 같이 學父兄들이나 學生들 自身이 漢字教育을 願하고 있는 實情이다. 學生과 學父母 그리고 一般教師가 漢字教育의 必要性과 重要性을 主張하고 있고 言語生活의 實際面에서도 漢字教育이 절실히 요구되는 現時點에서 教育制度上 그대로 지나칠 수는 없는 重大한 問題라고 思料된다. 이렇게 절실하게 要求하고 있는 漢字敎育을 敎育的으로 어떻게 處理처리해야 가장 타당한 것인가? 이 問題를 내 나름대로 생각해 본다면 文敎部에서 選定한 敎育用 基礎漢字는 國民生活에 必要한 常用漢字와 漢文文章 敎育에 必要한 漢字를 가르칠 수 있는 兩面性을 띠고 있다. 그렇기 때문에 國民學校에서 다루어야 할 漢字는 敎育用 基礎漢字 中學校用 900字 중에서 選定하되 國民學校 全敎科書의 漢字語 중에서 가장 빈도가 높고 活用度가 높은 漢字를 600字 程度 選定하여 漢字敎本을 만들고, 國民學校 3·4學年부터 漢字敎育을 實施한다면 國語敎育은 勿論 他敎科의 學力 伸張에도 크게 이바지 할 것이다.

다시 말하면 우리나라에서는 漢字야말로 基礎 中에 基礎가 되는 道具文字이기 때문에 基礎道具敎材로서 中學校에서처럼 漢字敎科를 新設하고 「漢字敎本」을 別途별도로 편찬하여 專門的이고 科學的으로 指導해야 한다. 만약 從前과 같이 國語敎科書 안에서 漢字敎育을 實施하게 된다면 國語敎育의 本領인 말하기, 듣기, 읽기, 쓰기, 言語, 文學 등의 學習에 지장을 줄 우려가 있고 자칫 漢字指導에 時間을 빼앗겨 本然의 國語敎育을 그르칠 가능이 있기 때문에 敎育課程上 漢字敎科를 新設하여 國語, 社會, 道德 등, 諸敎科의 基礎 道具敎科의 구실을 다 할 수 있도록 한다면 當面하고 있는 國民學校에서의 漢字敎育 問題는 원만하게 解決해결할 수 있을 것이다.

〈서울敎大 敎授·文博/ 어문연구 52호〉

漢字·漢文敎育의 內實的 方向

趙容郁

1902~1991년. 全北 益山 출생. 동덕여대 교수, 율곡문화원장 역임. '한글專用論'이나 '國漢混用論'에 관계없이, 文字生活을 원만히 하고 傳統文化를 이해하며 학문적 기초를 튼튼히 하기 위하여 漢字 및 漢文敎育을 적극적으로 추진하여야 한다고 주장하는 한편, 한문 교사를 양성하여 초등교육과정에서부터 한문교육을 적극 실시할 것, 그리고 漢文敎育審議委員會를 상설기구로 설치할 것 등을 한문교육의 방안으로 제안하고 있다.

1

過去 20여년간 漢字·漢文敎育問題는 우리나라 語文敎育에 있어 可謂 그 中心的 課題과제로서 많은 論難논란을 거듭하여 왔습니다. 그러나 一貫된 方向이나 政策이 없이 여러 가지 矛盾을 드러낸 것도 또한 事實입니다. 漢字의 廢止와 並用에 대한 功過공과는 그동안 30년에 가까운 歲月세월을 통하여 충분히 試驗시험을 거친 셈입니다. 그러나 우리는 漢字를 버릴 수 없다는 結論에 到達도달한 것입니다. 漢字를 버려야만 우리의 文化가 向上된다는 생각이 잘못된 것임을 충분히 깨닫게 되었습니다. 바로 1972년에 이 方面의 專門家들이 審議심의를 거듭하여 1,800字의 基礎漢字를 制定하여 中·高等學校에서 가르치기로 한 것은 매우 妥當타당한 決定결정이었으며, 또한 今年에 국정교과서인 고등학교 국어독본에 漢字를 並用하기로 결정한

文教部의 國語教育 政策轉換정책전환은 당연한 歸結귀결이라고 생각합니다.

語文教育에 대한 深刻심각한 反省과 함께, 이렇게 漢文教育이 復活부활되고 있음에 대하여는 우리의 文字生活과 文化暢達문화창달을 위하여 매우 多幸스러운 일이라 하겠습니다.

本人은 여기서 새삼 '한글專用'이나 '國漢文混用' 문제를 놓고 論議코자 하는 것이 아니요, 보다 넓은 視野시야에서 漢字 및 漢字教育에 대하여 言及하고, 그 實效실효를 거두기보다 原則的인 方案을 提議코자 합니다.

2

첫째, 本人은 '한글專用論'이나 '國漢混用論'에 관계없이 漢字·漢文教育의 必要性을 강조하고자 합니다. 漢文(字)을 안다는 것은 文字의 表記方法과는 別個의 문제인 것입니다.

오히려 漢文(字)의 知識은 한글 表記나 漢文表記에 있어서 다같이 必要하고 妥當타당한 것이라 하겠습니다. 漢文에 있어서는 말할 나위도 없거니와, 한글 表記에 있어서도 그것이 漢字語인 경우 該當해당 漢字를 알고 있을 때는 그 뜻을 容易용이하고 正確정확하게 알 수 있는 것입니다.

한편 漢字·漢文知識이 풍부한 사람이라도 한글을 자유롭게 사용할 수 있을 것이며 固有語로서 보다 적절한 말이 있을 때에는 그것을 사용하는 것이 좋을 것입니다.

다시 말하면, 한문을 잘 알고도 한글을 사용할 수 있는 것이요, 한글로 表記한다 하더라도 漢文(字)을 아는 것이 補完的보완적이라는 말입니다.

한글과 漢文(字)은 二律的이율적인 것이 아니라, 相補的인 관계에 있는 것입니다. 여기서 우리는 世宗大王이 「訓民正音」과 「東國正韻」을 같은 時期에 完成시킨 事實을 想起상기할 수 있거니와 이것은 한글과 漢文字를 同時에 잘 알아야 된다는 뜻으로 풀이됩니다.

그러므로 漢學者들은 한글을 從前에 있어서와 같이 '諺文언문'이라 하여 貶下폄하하거나 漢文을 지나치게 露出노출시켜 誇示과시할 것도 아닌 것이며 한글학자라 하여 한글만을 아는 것이 애국이며 문화창달의 길인 것같이 안다면 이것은 매우 固陋고루한 思考方式이라 아니 할 수 없는 것입니다.

漢字는 지극히 오래 된 글자이면서도 現實的으로 우리의 言語와 文字生活에 그대로 살아 있는 것이려니와 漢文(字)教育의 필요성이란 異論의 餘地여지가 없는 것이라 하겠습니다.

둘째, 本人은 위에서 주로 漢字教育의 중요성을 論하였거니와 民族의 歷史와 文化를 理解하기 위하여는 漢文(文章)教育이 必要不可缺필요불가결함을 주장하는 바입니다.

오늘날 우리에게는 傳統文化의 再認識재인식이 要請요청되고 있습니다. 正音의 創制창제 以前은 말할 것도 없고 그 以後에도 우리의 文學과 歷史와 哲學철학과 思想全般사상전반이 漢文으로 記述기술되어 있는 것입니다. 이를테면 「三國史記」나 「高麗史」나 「李朝實錄」은 다 漢文記錄이지만 우리 民族의 역사입니다. 漢文으로 된 古典의 번역도, 해설도 모두 필요합니다. 大概대개 高等教育을 받은 사람이라면 平易한 古典은 읽을 수 있어야 할 것입니다만 고등학교나 대학을 나와도 제 나라의 歷史書 하나 제대로 읽지 못하는 것은 正常이 아닌 羞恥수치라 할 것입니다. 이것은 漢文教育의 不實에서 오는 것이요, 學生의 知能不足에서 오는 것이 아닙니다. 다시 말하면 傳統文化를 理解하기 위하여는 平易한 文章을 解讀할 수 있을 程度정도의 漢文(文章)教育을 實施하여야겠다는 것입니다. 이에 대하여는 漢文自體의 難解性난해성을 들어서 拒否거부할 수도 있으나, 實際로는 원래 生疎생소한 西洋말도 잘 할 수 있는 것이 사실일진대 학생들이 본시 능력이 없는 것이 아니라 教育을 하지 않은 결과인 만큼 教育方法을 科學化하면 훌륭한 實效를 거둘 수 있으리라고 봅니다.

以上에서 漢字 및 漢文教育의 必要性에 대하여 言及하였습니다만 現今 고등교육을 받은 者라도 대부분이 基礎漢字에 대한 知識조차 갖추고 있지 못한 것이 事實입니다. 따라서 學術書籍에 대한 讀解가 困難곤란하거나 讀書意慾을 喪失하기 쉬운 實情입니다.

그러므로 文字生活을 圓滿원만히 하고 傳統文化를 理解하며 學問的 基礎를 튼튼히 하기 위하여 漢字 및 漢文教育을 적극적으로 推進추진할 것을 主張하는 바입니다.

3

이제 漢文教育의 方案에 대하여 言及하고자 합니다. 解放後해방후 西洋文物이 流入되어 그동안 그것의 吸收흡수에 汲汲하는 한편 純한글주의 운동으로 말미암아 傳統的인 것과 함께 漢文輕視한문경시의 傾向경향을 띠어오더니 급기야 漢文教育의 廢止에까지 到達하여 「三一獨立宣言書」조차 순한글로 가르칠 수밖에 없었던 것이 昨今작금의 일이었습니다. 國文學과 國史學을 연구하였으되 漢字와 漢文教育에 대하여는 매우 輕忽경홀히 하였음이 사실이었습니다. 이러한 實情에서 과연 새로이 著述저술된 內容이 얼마나 되었겠는가는 問題입니다. 학생들은 少數의 專門家들의 記述에 얽매였고 학교를 졸업하여도 國學을 獨自的으로 연구할 도리가 없으며 自身을 잃어버리는 경우가 許多하였습니다.

30년간, 즉 1世代라는 期間에 걸쳐 漢文教育을 放置방치한 까닭에 體系的인 研究가 遂行수행되지 못하였고 그것을 계승할 수 있는 人材를 養成해놓지 못하였습니다. 語文教育의 蹉跌차질로 因하여 傳統文化의 斷切을 招來하게 된 것입니다. 이제 아는 사람이 차차 없어지면 전통문화의 계승 발전은 매우 어렵게 될 수밖에 없을 줄 압니다.

문제는 무엇인가? 첫째, 그것은 時急시급히 教師를 養成하는 일이요, 漢文教育을 적극적으로 實施하는 일입니다.

大學에 있어서는 最近최근에 數個校가 漢文學科를 新設하였거니와 專

門知識을 갖춘 教員을 충분히 養成하기 위하여는 앞으로 계속 增設증설하여 必要한 人員을 確保확보하여야 할 것입니다. 그러나 大學에서는 短時日에 많은 數를 輩出배출할 수 없으므로 우선 漢文硏修機關한문연수기관을 따로이 設置하여 자격을 구비한 者로 하여금 相當期間(1年 또는 半年) 硏修케 함으로써 漢文教師로 採用채용함이 可하다고 봅니다.

過去에 있어서 漢文이라고 하면 학교에 따라서 校監이라든가 國語教師가 非專門的인 立場에서 形式的으로 하다가 말다가 한 것이 事實이므로 實際的인 效果를 기대할 수는 없는 것이었습니다. 그러므로 正規大學이든 硏修過程이든 실제로 資格자격을 具備구비한 다음에 教師로 臨하여야 할 것으로 봅니다.

둘째, 漢文教育의 對象과 方法에 대하여 言及하면, 현재 文教部制定의 1,800字는 中等學校에서 나누어 교육하도록 되어 있습니다. 그러나 本人의 見解로는 漢文字의 教育은 感受性감수성이 强한 初等教育 課程과정에서부터 實施하는 것이 適合하다고 생각합니다. 量的으로 無理하지 않은 정도라면 홍미롭게 학습할 수 있을 것입니다. 그리하여 初·中·高等學校 및 大學으로 연결되는 一貫性 있는 教育內容을 賦與부여하고 이에 따라 教材가 編纂편찬되어야 할 것입니다. 이것을 有效하게 실시하기 위하여는 어느 個人의 연구와 著述에 依存할 것이 아니라 相當期間을 두고 '漢文教育硏究會' 또는 '漢文教科書編纂委員會'를 구성하여 斯界사계의 權威권위로 하여금 著述케 하여야 할 것입니다.

또한 實際的인 教育에 있어서는 在來의 非科學的 方法을 止揚하고 現代의 進步된 教育理論을 適用적용하여 實施한다면 顯著현저한 效果를 거둘 수 있을 것입니다.

특히 漢文에 있어서 基本이 되는 글자를 語源的으로 밝히는 것은 매우 홍미로울 것입니다.

이를테면 漢字의 六書, 卽 象形·會意·指事·假借가차·形聲, 그리고 轉注전주 등으로 分類하여 그 構成구성을 說文學的으로 說明하면 理解가

용이할 것입니다.(宋君字典 紹介소개)

또한 漢文의 語順이 英語와 恰似흡사한 點을 들어서 그 文法을 說明할 수도 있을 것입니다.

오늘날의 漢文字는 멀리 3,500년 전 殷墟은허의 甲骨文, 그리고 金石文으로부터 오랜 歲月을 通하여 構成되고 發達해오는 동안 人間의 體驗체험과 叡知예지와 生活哲學이 스며 있는 것이라 하겠습니다. 그러므로 漢文字의 學習은 단순한 학문이라기보다 興味흥미있는 일이며 사람들로 하여금 一般教養을 비롯하여 推理力추리력·構成力·應用力응용력을 기르는데 貢獻공헌할 것입니다.

끝으로 附言부언코자 하는 것은 漢文教育에 있어서 되도록이면 國學에 있어서 가장 重要하고 普遍的보편적으로 알아 두어야 할 것을 選擇선택하여 가르치도록 하는 同時에 우리나라 先賢선현들의 言行에서 有益한 句節을 뽑아 많이 挿入삽입시키는 것이 바람직하다고 봅니다. 이것은 우리 祖上들의 좋은 點을 가르쳐 줌으로써 一石二鳥의 教育的 效果를 거둘 수 있으며 漢文教育이 곧 民族文化의 理解에 직접적인 通路가 될 것이기 때문입니다. 素朴소박하고 具體的인 것으로부터 점차로 水準을 높여간다면 漢文教育은 圓滿히 遂行될 수 있을 것으로 전망됩니다. 이러한 目的을 위하여 初·中等學校 教師의 再教育도 또한 時急시급히 考慮고려되어야 할 것입니다.

4

以上에서 本人이 論及한 바를 간추리면 다음과 같습니다.

1) 현재 漢字·漢文教育이 復活되었으나 이것은 初等教育에서부터 始作하여야 할 것입니다. 과거에 漢文教育이 不振부진하였거나 廢止되었었음에 비추어 漢字·漢文教育의 重要性, 必要不可缺性을 再闡明재천명하는 바입니다.

2) 漢文教育은 한글의 사용이나 國漢文混用에 있어서나 扶助的부조적 役割역할을 하는 것이니만큼 두 立場의 論難에 關係없이 漢文教育을 積極적극 實施하여야 합니다.

3) 漢文教師의 養成이 緊急긴급한 課題입니다. 正規大學課程인 漢文學科의 增設을 통하여 漢文教師를 養成할 것이며 또한 時急히 要請요청되는 教師를 充當충당하기 위한 漢文研修院을 설치하여 資格자격을 賦與부여하여야 할 것입니다.

4) 教育內容을 全 教育課程을 통하여 具體的으로 組織조직하여야 합니다. 初·中等學校와 大學에 適合한 內容이 賦與되어야 할 것인바, 이를 위한 研究委員會가 構成되어야 할 것입니다.

5) 教育方法을 科學化하여야겠습니다. 視聽覺教育시청각교육 등 效率的효율적인 教育方法이 研究되어야 할 것입니다. 漢文字의 構造的구조적 特徵특징, 文法 등을 學問的이면서도 흥미롭게 설명할 수 있어야 하겠습니다.

6) 現職현직 初·中等學校教師들의 再教育과 資格의 賦與 및 待遇대우의 문제가 考慮되어야 할 것입니다.

7) 以上과 같은 趣旨취지와 目的을 效率的으로 遂行하기 위하여 漢文教育審議委員會한문교육심의위원회를 常設機構상설기구로 設置할 것을 提議제의하는 바입니다.

〈哲博·同德女子大學長/ 어문연구 5·6호〉

우리 학교에서의 漢字敎育方法과 人性敎育에 미치는 영향

朱 炅 燮

이 글은 〈漢字能力檢定試驗 志願을 위한 說明會 및 學術發表〉의 발표문으로, 한자교육의 필요성을 강조하면서 일선 고등학교에서 1, 2학년을 대상으로 행하고 있는 한자교육의 方法을 구체적으로 소개하고 또한 그 效果를 간략히 제시하고 있다. 교육 결과 학생들은 한자를 읽을 수 있게 되어 교양을 축적할 수 있게 되었고 한자에 대한 거부감이나 공포감이 사라졌으며, 한자 속에 담겨 있는 깊은 뜻을 알게 되어 "뜻 깊은 인간"으로 성장하는 밑거름이 되었음을 보고하고 있다.

安寧하십니까? 저는 大新高等學校 校長입니다.

漢字敎育과 漢文敎育

漢字와 漢文敎育의 重要性은 앞에서 여러 演士연사님께서 말씀하신 바와 같이 매우 重要한 사안입니다. 하지만 學生이나 一般人들이 보통 漢字를 익히는데 매우 어렵다고 느끼며 漢字를 두려워하고 있는 것이 現實인지라 저는 어떻게 하면 漢字를 쉽게 접할 수 있을까 하는 疑問의문을 오랜 時間을 두고 깊이 생각하여 왔었는데 이 疑問의 解答은 오로지 꾸준히 漢字와 漢文을 접할 수 있는 時間을 가지는 것, 그리고 持續的지속적인 關心어린 指導지도가 隨伴수반되어야 한다는 것을 느낄 수가 있었습니다. 그래서 저는 우선 우리 大新高等學校 學生들에게 프린트로 나눠 드린 敎育內容으로 持續的인 漢字와 漢字敎育을 그리고 一般人들을 對象으로 하여 여름과 겨울에 1~2 차례씩 여름 漢文書堂과 겨울 漢文書堂을 無料로 開設개설하여 孝와 禮를 根幹근간으로 하는 四字小學을 教材로 하여 많은 市民들이 漢字와 漢文의 恐怖공포에서 벗어날 수 있도록 努力을 해 왔습니다.

그 結果 수많은 大新高等學校 學生과 市民들은 漢字의 참 맛을 스스로 攄得터득하게 되었으며 더 나아가 여러 先賢들의 말씀에 서서히 同感하는 모습을 볼 수 있게 되었습니다.

그러면 여기서 우리 學校의 漢字 教育 方法과 人性 教育에 미치는 影響영향에 對해서 말씀드리겠습니다. 우선 저는 全人教育을 위해 漢字工夫, 日記 쓰기, 讀後感 쓰기, 作文 또는 論述, 便紙편지 쓰기 등 다섯 가지를 學校長 5대 課題로 選定하여 學生들이 能力있는 生活人으로 成長함을 꾀하고 있습니다. 특히 漢字 공부를 매우 重要視하여 꾸준히 工夫를 시키고 있습니다.

現在 高1 學生과 高2 學生들은 나눠 드린 프린트와 같은 教育課程으로서 熱心열심히 漢字와 漢文에 대해 親熟친숙하고자 努力하고 있는데 그 結果 現在 高3 學生들, 즉 高等學校 1學年과 2學年 때 學校의 方針방침에 따라 漢字工夫를 充實히 한 學生들은 많은 發展을 가져올 수가 있었습니다. 教育內容은 다음과 같습니다.

- 1 學 年 -

① 入學前 봄 放學期間 동안의 漢字課題
- 100單語(200자) - 音과 뜻을 쓰고 외워 쓰기
- 新入生 오리엔테이션 期間中 漢字 쓰기 試驗을 봄

② 여름 放學期間 동안의 漢字課題 200선
- 高等學校 國語 教科書에서 자주 쓰이는 必修單語 200單語(400자) - 音과 뜻을 달고 외워 쓰기

③ 겨울 放學期間 동안의 漢字課題
- 高等學校 2學年 國語 教科書에서 자주 쓰이는 必修單語 210單語

(420자) - 音과 뜻을 달고 외워 쓰기

④ 漢字能力試驗에 應試시킴

⑤ 여름·겨울 放學期間 중에 漢文 書堂에 參席참석하기

⑥ 學級에서 오늘의 漢字工夫하기 - 黑板흑판에 板書하여 漢字를 習得시킴

- 2 學 年 -

① 여름 放學期間 동안의 漢字課題 200선

·故事成語 및 漢字成語 200개(800자)를 課題로 내어 주고 習得시킴

② 겨울 放學期間 동안의 漢字課題

·高等學校 3學年 國語 教科書에 자주 나오는 必須單語 210개(420자)를 課題로 내어 주고 習得시킴

③ 漢字能力試驗에 應試시킴

④ 여름·겨울 放學期間 중 漢文 書堂 參席하기

⑤ 學級에서 오늘의 漢字工夫하기 - 黑板에 板書하여 漢字를 習得시킴

이러한 教育內容의 結果 크게 세 가지로 教育의 發展을 가져올 수 있었는데 그것은 다음과 같습니다.

첫째, 自身의 이름과 家族의 이름, 더 나아가 新聞을 읽을 수 있게 됨으로써 教養을 많이 蓄積축적할 수 있게 되었습니다.

둘째, 모르던 漢字를 새로 알게 되었고 쓰는 法도 바르게 익혀서 漢字에 대한 拒否感, 恐怖感공포감을 없이하고 自信感을 가질 수 있게 되었습니다.

셋째, 漢字 속에 담겨 있는 깊은 뜻을 알게 되었습니다. 우리는 TV나 放送媒體방송매체를 통해서 자라나는 青少年들을 自稱자칭하여 '禮儀예의가 喪失상실된 階層계층'이라고 걱정하고 있습니다. 하지만 大新高等學校 學生들은 漢字 속에 담겨 있는 깊은 뜻을 알고 그 뜻으로 하여금 自身의 生活에 接木접목시키고자 努力하여 忠·孝·禮의 人間의 基本 良心을 '살아있는 良

心'으로, '生動하는 良心'으로 이어나가고자 努力하고 있습니다.

漢字와 漢字教育

이 教育은 多變化된 情報化정보화 社會에서 사라져 가는 人間의 基本을 바로 세워주고 더 나아가 더욱 "뜻깊은 人間"으로서 成長하게 하여 주는 밑거름임을 이 자리에서 다시 한 번 말씀드리는 바입니다.

끝까지 들어 주셔서 感謝합니다.

〈서울大新高等學校 校長/
어문연구 94호/ 漢字能力檢定試驗 志願을 위한 說明會 및 學術發表 ②〉

우리학교의 漢字教育

崔 承 萬

초등학교 현직 교장이 학교 현장에서 실시한 한자교육에 대해 보고하고 있는 글이다. 漢字教本을 개발하여 활용한 결과를 구체적으로 보고하고, 이런 결과를 놓고 볼 때 교육부 당국은 하루빨리 초등학교에 한자교육을 실시하는 정책을 펴야 한다고 촉구하고 있다.

Ⅰ. 漢字教育의 必要性

1. 우리民族과 漢字文化

우리 동양문화권에서 살고 있는 民族은 漢字文化의 영향을 크게 받고 있다. 일본이나 중국, 동남아 등지에서는 언어는 通하지 못하나 한자로써 약간의 의사소통을 할 수 있다. 우리나라 말 중에서도 한자에 뿌리를 둔 말이 69%가 넘는다고 한다. 이렇게 한자어가 많은 것은 한글이 만들어지기 훨씬 전인 2-3000여년 전부터 우리 民族이 漢字를 받아들여 써 왔기 때문이다.

2. 國民學校 國語 읽기 教科書의 漢字語

國民學校 國語 읽기 教科書를 학년별 1개 단원씩 낱말 구성을 분석하여 본다.

학년	학기	단원	한자어 낱말
1	2	5. 秋夕	飮食, 家族, 名節, 淸掃, 穀食, 親戚, 祖上, 農藥 등 19개 단어
2	2	8. 훌륭한 사람	人物, 先生, 少年, 靑年, 旅行, 下人, 所重, 學者, 弟子, 硏究사람 등 32개 단어
3	2 5.	우리말	中心, 內容, 俗談, 簡潔, 絶對, 複合, 分明, 原因, 敎訓, 部門 등 29개 단어
4	2 1.	남해를 다녀와서	區別, 南海, 價値, 關心, 海上, 到着, 年後, 全景, 記念, 使用, 宿所, 直接, 大捷碑 등 79개 단어
5	2 14.	김정호	事件, 場面, 表現, 人蹟, 地形, 決心, 書堂, 調査, 農夫, 完成, 三伏, 道路, 路資 등 96개 단어
6	2 5.	전자공장의 활기	申請, 電子, 活氣, 外國, 連洛, 車便, 見學, 家庭, 便利寄宿舍, 用件, 案內, 外部, 利用 등 131개 단어

위와 같이 많은 漢字語로 文章이 구성되어 있다. 위의 표의 한자어 수가 여러 번 중복되어 사용됨으로 4, 5, 6학년의 경우는 상당히 많은(50% 이상) 한자어로 문장이 구성되어 있다.

3. 生活公器에서의 漢字

1) 新聞 : 地方紙나 中央紙를 막론하고 각종 신문에는 많은 漢字 또는 漢字語를 使用하고 있어 한자를 모르면 불편을 느끼고 있다.

다음은 1991. 5. 18자 新聞에서 조사한 漢字數이다.

신문	한 자 수
D신문(중앙지) 1면	二十代 改閣, 在野, 國政 등 429자
K신문(중앙지) 2면	光州, 南北韓, 妥當性, 駐韓美軍 등 327자
S신문(중앙지) 17면	公人, 政治, 時局, 世代, 古學力자 등 327자
K신문사(지방지) 1면	年內, 南洞, 工團, 民心, 訪韓 등 310자
I일보(지방지) 5면	勞組, 聖職者, 大學, 根源, 通貨 등 301자
J신문(지방지) 11면	時局, 週末, 不祥事, 自制, 現實 등 271자

신문이나 잡지에 나타난 한자는 70%이상이 人名, 地名 등 고유명사이다.

2) 人名 : 근래에 와서는 '아람', '큰빛', '들레(閔들레)', '다운(丁다운)' 등 우리말 이름이 나타나고 있다. 그러나 아직도 漢字 이름이 90%가 넘는다. 그러므로 집집마다 문패에는 대부분 남자이름으로 10% 가까이 한자로 표기되어 있으니 漢字를 모르고서는 집을 찾기 어렵다.

4. 漢字教育에 대한 설문조사

國民學校에 있어서의 漢字교육에 대하여 설문지를 통하여 조사하여 본 결과는 다음과 같다.

구분	설문	꼭필요하다	필요하다	필요없다	잘모르겠다	대상자	응답자
본교 학부모	인원	482	126	7	2	764	617
	%	78.1	20.4	1.1	0.3		80.7
인천시 국교장	인원	36	45	12	3	105	96
	%	37.5	46.8	1	2.5		91.4
인천시 국교사	인원	94	123	38	9	300	264
	%	35.6	46.5	14.3	3.4		88.0
전 국 국교장	인원	79	37	12	2	160	131
	%	60.3	28.2	9.9	1.5		81.8

위와 같이 우리 韓族은 역사적, 또는 문화적으로 한자의 영향을 받아 언어생활에서 많은 한자어를 쓰고 있어 한자의 訓과 音을 앎으로서 언어 또는 문장의 이해력을 높일 수 있고 언어 구사력이 능통하여지므로 학부모나 일선교사, 교장이 한결같이 한자학습을 바라고 있다. 그러나 당국의 語文政策에 있어 이렇게 중요한 漢字教育을 소외함으로 文盲 아닌 文盲을 낳게 되었다.

5. 漢字교육의 소외로 語文生活의 혼돈

① '李英一', '李榮一', '李永一', '李泳一'이라는 이름을 모두 똑같은 발음으로 '이영일'로 부르니 문제가 아닐 수 없다. '英', '榮', '永', '泳'자는 한글로 표기할 때는 '영'이지만 발음할 때는 완전히 다름을 알아야 한다. 심지어는 지식층에 있는 분, 또는 교단에 계신 분도 혼돈을 일으키는 예가 있으니 안타까운 일이다.

② 요새는 남의 姓을 잘못 부르는 사람도 많거니와 自己姓조차 잘못 말하는 사람이 있다. 예컨대 '丁'씨와 '鄭'씨의 경우 다 한글로는 모두 '정'이지만 '丁'씨의 경우는 짧고 약간 강하게 '정'이고 '鄭'씨는 좀 길고 약하게 '정'이라고 발음해야 한다. (한국어문교육연구회편, 남광우 기획, 감수 한자와 발음을 참고하시기 바람.)

③ 학교생활기록부에 학생들의 姓名을 쓴 漢字를 보면 可觀인 것을 종종 발견한다. 글씨인지 그림인지 분간키 힘든 한자가 눈에 띈다. 이런 원인은 한자를 모르는데도 있지만 筆順을 몰라서 그런 과오 아닌 과오를 범하게 된다.

필순은 글자의 모양과 필사의 속도 등을 가름하는 것이다.

'女'자는 𡿨 𠂈 女의 順인데 一 𠂈 女의 順으로 쓰거나 '十'자는 一 十의 順인데 丨 十의 順으로 쓰거나 生자는 ノ 𠂉 𠂉 牛 生의 順인데 ノ 𠂉 𠂉 牛 生 順으로 쓰는 예가 있다. 또한 같은 글자라도 변으로 쓰일 때는 글자의 모양이 약간 달라야 한다.

나무 목자를 쓸 때는 木으로 쓰지만 변이 될 때(植, 樹)는 一 十 木으로 쓰고 ㇏비침은 丶점으로 나타내 '木' 이런 글자의 모양이 되게 하여 植, 樹로 써야 한다. 그러나 한자 공부를 안 한 사람은 植, 樹로 쓰니 글자 모양이 흉하게 된다. 銀, 鐵자의 경우도 있다.

Ⅱ. 우리학교의 漢字教育

1. 漢字교육의 필요성을 절실히 느끼게 되어 본교에서 1988년부터 1990년까지 실시한 내용을 요약하여 소개하고저 한다.

○ 1차년 교육(1988)

교 육 내 용	개 선 점
·대상 : 3~6년 (1, 2학년은 2부제 수업을 실시함으로 어려움) ·실시시간 : 월, 수, 목 각 20분 주 60분 특설시간 설정	·교재의 선택에 있어 담임교사의 창의성이 부족하여 내용이 부실하고 심지어는 시중에서 파는 책을 무계획적으로 지도하는 경향이 있음
·교재의 선택 : 학급 담임이 선정 ·학습이 분량 : 학급담임 재량에 의함 ·평가 : 학급담임에 의하여 실시	·학급간의 균형이 맞지 않을 뿐 아니라 교재의 난이도에 큰 차이가 있음 ·학급간의 분량도 학급간의 차가 크므로 학부모로부터 문의가 많음 ·심지어는 유야무야한 학급도 있음 ·교재를 학교에서 개발 제공할 필요성을 느꼈음

○ 2차년 교육(1989)

교육내용	개 선 점
·대상 : 3~6년 ·실시시간 : 화, 수, 목 각 20분 주 60분, 특설시간 설정 운영 ·교재의 선택 : 3~6년까지의 한자실력이 별 차이가 없으므로 학교에서 교재를 개발하여 배부함 ·학습의 분량 : 신습한자 수를 주 5자로 하되 시기시사 등에 관련있게 내용 선정 ·평가 : 학교에서 출제	·교재를 월별로 선정하였기 때문에 일관성과 체계성이 결여되고 학습자에게 약간의 혼돈을 주었음(매달 낱장으로 교재를 배부하였기 때문) ·3~6학년까지 같은 교재이므로 난이도가 고려되지 않았음 ·국어교과서와 연계 지도할 수 있는 체계적인 교재개발이 절실히 요망됨 ·90년도부터는 교육과정이 개편되므로 90년도에 교재를 개발하여 91년부터 활용할 수 있도록 추진계획이 필요함

○ 3차년 교육(1990)

교육내용	개 선 점
·대상 : 3~6학년 ·실시시간 : 화, 水, 목 각 20분, 주 60분, 특설시간 설정 운영 ·교재의 선택 : 학년별로 교재를 선택하여 국어읽기 교과서와 관련을 짓고 시사적인 내용도 함께 지도토록 함 ·학습의 분량 : 신습한자 수를 주 5자로 함 ·평가 : 학년 자체에서 실시	·신습한자가 주 5자는 학습 분량이 약간 많은 것 같다. 특히 고학년이 될수록 기습 익히기 위하여 반복연습을 해야 하기 때문에 ·학년 간 일관성 체계성 난이도 등이 불합리하고 교재선택과 내용 구성이 미숙함 ·매월별 교재를 인쇄 배부하게 됨으로 교재내용이 합리성, 일관성이 결여됨 ·금년도에는 교육과정이 개편되었으므로 신교육 과정에 의한 한자교본을 개발하여야 겠음

2. 漢字教本 開發計劃

① 개발기간 : 1990년 3월~1991년 1월

·1차 실험단계 3월~7월

·1차 실험결과의 분석 및 검토 : 8월~9월

·2차 실험 및 원고 퇴고 : 10월~11월

·인쇄 및 제본 : 12월~1월

·아동에게 배부 : 1991년 2월 20일까지

② 개발의 대원칙

가. 교재의 선정 : 3학년 1학기는 획수가 적은 한자 중 일상생활에서 많이 사용하는 한자(한자어)를, 3학년 2학기부터 6학년까지는 국어 읽기 교과서 중에서 일상생활에 많이 쓰이는 한자를 선정한다.

나. 교재의 분량 : 1주일에 신습한자를 4자로 하고 1학기에 17문제(17주) 2학기에 15문제(15주)의 학습문제를 제시한다.

다. 학습시간 : 화, 수, 목 각 20분씩 주 60분의 특설시간을 설정 운영한다.

라. 훈(訓)과 음(音)의 지도 : 한자는 뜻글자이므로 훈과 음을 철저히 가르치도록 한다.

마. 필순지도 : 필순은 기초학습을 철저히 하여야 함으로 획수가 적은 3학년 1학기 때 철저히 하도록 하고 각 학년 문제마다 필순을 꼭 제시한다.

바. 한자어 문장란의 설치 : 문장내용은 국어 읽기 교과서 관련단원의 문장과 일상생활에서 많이 쓰이는 한자어 문장을 작성하여(5:5 정도) 국어읽기 공부와 일상 언어생활에 도움이 되도록 한다. 문장 중의 신습한자어에는 밑줄을 그어 신습한자의 학습력을 높이도록 하며 기습한자를 익히기 위하여 나선형 방식으로 문장을 구성한다.

사. 참고사항 또는 한자어 풀이란의 설정 : 한자공부에 참고가 될 사항이나 어려운 한자어의 뜻을 풀이하여 한자어 문장에 대한 이해도를 높인다.

아. 연습문제란의 설치 : 연습문제를 나선형 방식으로 제시하여 기습한자 또는 신습한자의 학습력을 높인다.

자. 조어공부란의 설치 : 5, 6학년에는 조어공부란을 설정하여 기습한자의 응용력을 높인다. 신조어가 어려울 때는 알고 있는 한자어를 써서 복습토록 한다.

차. 부록란 설치 : 부록에는 학년별 학습한자와 자전에 한자 찾기 등을 수록한다.

3. 開發된 漢字敎本의 活用

漢字敎本 開發計劃개발계획이 차질 없이 진행되어 1991년 3월 2일부터 學習에 들어갔다.(敎本의 內容構成내용구성은 附錄부록을 참고하시기 바람) 3월부터 5월까지 2개월간 개발된 漢字敎本에 의하여 학습한 결과를 어린이와 학부모에게 반응을 조사한 바 다음과 같은 응답이 있다.

① 어린이의 반응

가. 한자교본으로 공부하게 되어 한자공부가 재미있다 (92%)

나. 어떤 점이 재미있느냐는 물음에

㉮ 예습과 복습을 할 수 있어서 (86%)

㉯ 국어 읽기책을 읽으면서 한자생각을 하게 되어 (85%)

㉰ 한권의 책으로 되어 있고, 여러 가지 재미있는 글이 많아서 (81%)

㉱ 기타 (26%)

② 학부모의 반응

가. 한자교본을 학교자체로 만들어 줌에 찬성한다. (96%)

나. 어린이 교육에 어떤 점이 유익합니까?

㉮ 사회에서 많이 쓰고 있는 한자를 알게 되어 (87%)

㉯ 중학교 교육(한자)과 연계되기 때문에 (76%)

㉰ 한자교본의 내용이 잘 되어 있어서 (79%)

㉱ 예습과 복습을 잘 할 수 있어서 (75%)

㉲ 기타 (12%)

위와 같이 매우 긍정적인 반응을 보이고 있어 본교에서 실시하고 있는 한자교육은 어린이들에게는 매우 유익함을 엿볼 수 있고 학부모에게는 희망과 신뢰를 받게 되었으며 교사에게는 보람을 느낄 수 있다고 본다.

Ⅲ. 결어 및 제언

한자교육의 필요성은 작금의 문제가 아니다. 서론에서 언급한 바와 같이 우리 일상생활에서 한자의 필요성을 절실히 느끼고 있다. 그런데도 국민학교에서 한자교육이 이루어지지 않고 매우 유감스러운 일이다. 우리와 같은 문화권에 있는 일본에서는 유치원에서부터 한자공부를 하는데도 많고 국민학교에서도 1006자의 한자공부를 하도록 교육과정에 명시되어 있다.

우리나라 국어 읽기 교과서에 고학년은 50%이상의 한자어로 문장이 구성되어 있는데 한자학습이 교육과정에 제시되지 않고 있음을 재고할 여지가 많다고 본다.

여러 학자들의 연구에 의하면 한자교육도 어려서부터 하는 것이 좋다고 한다. 그러기에 일본에서는 많은 유치원에서도 한자교육을 하고 있으며 국민학교때부터 교육과정에 제시된 것이 아닌가 한다. 본교에서는 이를 안타까이 여겨 본교 연구진들의 노력으로 3학년이상 학년별 한자교본을 편제하여 특설시간에 운영하고 있다. 어린이나 학부모들은 모두들 "한자공부 재미있다", "참 좋아요", "신문도 볼 수 있어요" 등등 크게 찬사를 보내고 있다. 이것이 교육자의 보람이요, 또 하여야 할 일이라고 믿는다.

바라건대 교육부 당국에서 이점을 충분히 고려하여 국민학교 시절부터 한자교육(가장 기초적인 것)을 실시하도록 배려하여 주기 바라는 마음 간절하다. 또한 우리 현장의 교육자들도 필요성을 느낀다면 과감히, 한자교육과정을 작성하여 교육시킬 수 있는 연구와 지혜와 용기와 실천력이 필요하다고 느낀다.

〈仁川石泉國民學校 校長/ 어문연구 70·71호〉

編輯後記

韓國語文教育硏究會가 기획한 <語文叢書> 發刊 事業은 語文運動 및 語文政策에 관련된 글들을 수집하여 이 가운데 일부를 嚴選하여 發刊하는 사업이다. 이 사업의 첫 번째 結實로서 이번에 발간되는 <어문총서>는 다음과 같은 과정을 거쳤음을 밝혀둔다.

2005년 가을, 한국어문교육연구회의 總務理事인 본인을 위원장으로, 編纂理事인 朴德裕(仁荷大學校 敎授), 方仁泰(서울敎育大學校 敎授), 崔尙鎭(慶熙大學校 敎授), 韓東完(前西江大學校 敎授) 등을 위원으로 한 <語文叢書 刊行委員會>를 구성하였으며, 이 위원회에서 논의된 결과 本事業을 3개년에 걸쳐 進行하기로 하였다.

1차년도 작업은 『語文硏究』 1호에서 127호까지를 대상으로 하여 어문운동과 관련된 글을 가려뽑아 발간하기로 하고, 위원장이 중심이 되어 2006년 초, 『語文硏究』(1973년~2005년) 게재 글 가운데서 어문운동과 관련된 759편의 글을 일차적으로 가려내었으며, 이 작성된 目錄을 바탕으로 본위원회에서 1차 選定 作業을 하고 이를 다시 會長團에 回附하여 2차 선정 작업을 한 결과, 126편의 글을 간행하기로 결정하였다.

126편의 글은 내용상 크게 國漢混用論과 漢字敎育論의 두 주제로 나뉘므로 이에 따라 각 63편씩 두 책으로 分冊하기로 하였으며, 『語文硏究』에 게재된 原文을 그대로 옮겨서 入力하여 펴내는 것을 원칙으로 하되 일부 變改가 있었는데, 첫째 1989년 개정된 <한글맞춤법> 규정에 의거하여 바꾸는 변개, 둘째 원문에서 분명한 誤打로 보이는 것을 바로잡는 변개, 그리고 마지막으로 漢字로 쓰여진 한자어들 가운데 일부 한자어에 한글 표기를 아래첨자로 倂記하는 변개가 그것들이다. 또한 각 글마다 내용에 대한 간략한 解說을 달았는데, 해설의 앞머리에는 필자에 대한 略歷을 調査하여 덧붙였다.

<어문총서>의 계속되는 사업은 1) 解放 이후 1970년대 初까지의 어문운동 관련 글들과, 2) 開化期 이후 해방 이전까지의 어문운동 관련 글들을 新聞이나 雜誌 등에서 수집하여 발간하는 것인데, 현재 1)의 작업을 진행하고 있다.

아무쪼록 <어문총서>의 發刊을 통해, 韓國語文教育研究會가 주장하고 있는 國漢混用論과 漢字教育論의 根本 趣旨가 널리 알려지고 실천되기를 기대한다. 아울러 계속되는 사업에 대한 讀者 諸位의 관심이 增幅되기를, 특히 기왕에 발표된 글 가운데 다시 揭載되어 널리 알려졌으면 하는 글이 있으면 本會에 推薦해 주십사는 當付의 말씀을 간곡히 드리는 바이다.

2006년 11월 31일

語文叢書 編纂委員會 委員長
江原大學校 教授 南 基 卓
e-mail : nkt@kangwon.ac.kr

語文叢書 ①-2
漢字教育論

초판 1쇄 인쇄 2006년 12월 11일 **초판 1쇄 발행** 2006년 12월 15일
편저자 韓國語文敎育硏究會 **해설** 南基卓
펴낸이 박성복 **펴낸곳** 도서출판 월인
등록번호 제6-0364호 등록일 1998. 5. 4.
주소 142-879 서울특별시 강북구 수유2동 252-9
대표전화 (02) 912-5000 팩스 (02) 900-5036
e-mail worinnet@hanmail.net homepage http://www.worin.net

ISBN 89-8477-339-5 94710
ISBN 89-8477-337-9 (세트)

값 20,000원